实践与探索
——学前教育专业管理、教育与教学案例精选

彭世华 / 主 编

北京师范大学出版社

图书在版编目(CIP)数据

实践与探索：学前教育专业管理、教育与教学案例精选 / 彭世华主编.—北京：北京师范大学出版社，2022.1(2022.4重印)
 ISBN 978-7-303-22545-3

Ⅰ.①实… Ⅱ.①彭… Ⅲ.①学前教育－教学研究 Ⅳ.①G612

中国版本图书馆 CIP 数据核字(2017)第 148129 号

营销中心电话　010-58802755　58800035
北师大出版社职业教育分社网　http://zjfs.bnup.com
电　子　信　箱　zhijiao@bnupg.com

出版发行：北京师范大学出版社　www.bnup.com
　　　　　北京市西城区新街口外大街 12-3 号
　　　　　邮政编码：100088

印　　刷：	保定市中画美凯印刷有限公司
经　　销：	全国新华书店
开　　本：	787 mm×1092 mm　1/16
印　　张：	20.5
字　　数：	386 千字
版　　次：	2022 年 1 月第 1 版
印　　次：	2022 年 4 月第 2 次印刷
定　　价：	59.80 元

策划编辑：于晓晴　姚贵平　　责任编辑：康　悦
美术编辑：焦　丽　　　　　　装帧设计：焦　丽
责任校对：段立超　　　　　　责任印制：马　洁
封面插图：刘芊童

版权所有　侵权必究
反盗版、侵权举报电话：010-58800697
北京读者服务部电话：010-58808104
外埠邮购电话：010-58808083
本书如有印装质量问题，请与印制管理部联系调换。
印制管理部电话：010-58805079

目 录

管 理 篇

学前教育专业五年一贯制学生分段教育与管理模式的实践 …………… 黄梅学(3)

内外兼修　内外皆秀——学前教育专业文化建设 ………………………… 崔　梅(8)

创新大学生导师指导策略　提升学前教育专业新生专业成长适应力…… 杨　佳(14)

以科研反哺教学，构建"三师"共同成长的教学研训生态系统——福建幼儿师范高等
专科学校"教学研训一体化"实训基地建设改革案例 ……………………… 程　英(21)

师范院校女生宿舍人际冲突干预的案例分析 ……………………………… 罗香群(28)

运用非暴力沟通化解学生宿舍矛盾的尝试——以宿舍午间矛盾的平息为例
……………………………………………………………………………… 钟丽锋(34)

学术治校　促进学校转型与内涵建设——记广西幼儿师范高等专科学校学术委员会
创建 …………………………………………………………… 周燕军　梁雄霞(41)

实践取向的学前教育专业原创性课程资源建设 ………………… 孙　诚　张亚军(49)

"一切为儿童"办学理念的创新与实践 ……………… 方东玲　袁　萍　陆庆九(54)

学前教育科研助推学前教师教育发展 ……………………………………… 梁　平(59)

践行教育类课程"双导师制"——互进课堂之走进幼儿园 ………………… 翟　岚(62)

学生管理制度变更的应对策略 ……………………………………………… 郑国香(67)

一样的境遇，不一样的蜕变——升格为高等专科学校后的改革思路
……………………………………………………………………………… 敖敦格日乐(71)

教 育 篇

怎样成为一位合格的高校教师 ………………………………………… 徐晓燕(79)

"奇怪的转变"——学前教育专业男生的培养策略探究 ………… 邢春娥(83)

从"非主流"女孩到文艺委员——中专幼儿师范生教育案例 ……… 马春琴(88)

对东莞市市区幼儿园音乐教育氛围的调查与研究案例 …………… 冯 琦(93)

幼儿教师教育一体化改革 ………………………… 袁 旭 李艳荣 张文军(98)

有效处理冲突,践行教师公正 ……………………………………… 游 佳(108)

儒学氛围下的幼儿师范生书写训练实践与探索 …………………… 吴 海(113)

学前教育专业应关注学生实践能力的培养 ………………………… 郝慧男(119)

倡导助人为乐精神 探索非指导性教学模式 ……………………… 张 超(125)

老师,您能慢一点吗? ……………………………………………… 王 波(129)

找准那个点,唤醒学生的内在力量 ………………………………… 唐 晋(135)

心理疏导助力班主任工作 …………………………………………… 王 平(140)

青岛幼儿师范学校男生课程构建研究案例 ………………………… 刘大勇(144)

幼儿师范女生教育特色课程开发研究案例 ………………………… 李文毅(149)

师德教育始于第一课 ………………………………………………… 王 晶(156)

免费幼儿师范男生评价体系建设研究——以徐州幼儿师范高等专科学校为例
……………………………………………………………………… 李 飞(161)

教 学 篇

学前教育专业课堂教学改革与尝试——以幼儿园班级管理和幼儿园教育活动设计与
指导为例 …………………………… 隋广岩 王玉秋 王琳琳 刘 岩(171)

有效指导学生进行模拟教学活动评价——以一次幼儿数学模拟教学活动为例
………………………………………………………… 史月杰 张志力(176)

目 录

剪纸教学案例 ……………………………………………… 赖其平(184)
对《动物游戏之谜》本身的讨论与探究——幼儿师范语文教学案例 …… 李 烨(187)
幼儿园管理实务课程案例教学的设计、实施与反思 ……………… 肖 玉(190)
幼儿美术教育课程教学中研究性学习的运用 ……………………… 封 蕊(194)
运用案例教学，提升学生实践能力——以大班社会活动"麦子的一生"为例
………………………………………………………………… 冷雪姣(199)
幼儿自我中心性及其教学应用 ……………………………… 李国强(203)
基于翻转课堂的思想道德修养与法律基础对话式教学改革的思考 … 陈香珠(207)
课程项目化，评价多元化——以专业综合实践课程幼教技能节为例 … 李珣馥(215)
关于初中起点学前教育专业教学法类课程核心价值的思考——以幼儿园音乐教育活动指导课程为例 ……………………………………………… 魏 敏(218)
案例教学法在幼儿园管理课程中运用的初步探索 ………………… 陈笑颜(225)
基于工作过程系统化的幼儿教师口语课程改革 …………………… 伊彩霞(230)
彰显特色 创新幼专思想政治课教学 ……………………… 姜泽晓(236)
学前教育专业数学课程改革教育案例 ……………………… 李 宏 王冠宇(241)
浅谈实践性教学在专业理论课程中的应用——以幼儿教育学课程为例
………………………………………………………………… 尹洪洁(247)
集体创编——探寻幼儿诗创编训练新模式 ………………… 王 勤(252)
乱云飞渡仍从容——调查学生需求，走向教学成功 ……………… 贾少英(260)
从预设到生成——以幼儿园科学教育活动设计与指导课程为例 … 李 娜(268)
把"表演"搬上课堂——角色扮演法在幼儿师范语文教学中的应用 … 闫倩倩(274)
高效简笔画课堂教学案例 ……………………………… 李爱娟(280)
幼儿师范幼儿歌曲弹唱课程改革案例分析 ………………… 张 毓(285)
基于"全实践"理念的高职学前教育专业实践教学体系构建——以上海行健职业学院为例 …………………………………………… 李 娜 王增收(291)
体验式教学在学前儿童美术教育课程教学中的尝试 ……………… 马晓琳(299)

关于幼儿园五大领域教育目标的教学思考——以科学领域教育目标的教学为例
.... 陈　颂(304)

相信童话背后的力量——儿童文学"童话"章节教学案例分析 ………… 夏　晶(308)

放飞思想——师生互动的魅力 ………………………………………… 王　婷(313)

你们尽情绽放，我只是一个欣赏者——幼儿师范语文课堂教学案例分析
.... 刘冬勤(317)

管理篇

学前教育专业五年一贯制学生分段教育与管理模式的实践

长沙师范学院　黄梅学

五年一贯制又称"初中起点大专教育",招收参加中考的初中毕业生。这些毕业生达到录取分数线后,直接进入高等职业技术院校或高等专科学校学习,接受一贯制的培养。由于这种学制的学生入校时年龄小,在身心发展特点方面与大学生有比较大的区别,需要建立区别于大学生的管理模式。我校学前教育专业一直保留有五年一贯制。学校围绕五年一贯制学生人才培养问题开展了多年的研究和实践,探索出了学生管理"2+3"分段管理的模式,取得了较好的效果。

一、问题的提出

(一)学生年龄小、自律性差与学生自主管理的诉求之间的矛盾

随着社会经济和文化的发展,高校原有的教育管理机制已不能适应学生多样化的发展需求,学生自主管理的理念深入人心。推行学生自主管理,就要坚持教育与自我教育相结合,既要充分发挥学校教师、党团组织的教育引导作用,又要充分调动大学生的积极性和主动性,引导他们自我教育、自我管理。这对高校管理队伍和学生自身素质提出了较高的要求。

五年一贯制学生是初中学历起点,入学时年龄在14~15岁。这些学生多来自独生子女家庭。受现代社会多种思潮的广泛影响,他们自我意识较强,是非观念较弱,合作意识淡薄,自律性差,难以抵挡周边环境的诱惑,容易染上不良习气,不重视学习,承受挫折的能力较差,缺乏良好的行为习惯,做事易冲动,如不对他们加以正确引导有可能产生严重的后果。

(二)学生自我进取意识淡薄与社会需求提高之间的矛盾

受人生阅历的影响,初入学的五年一贯制学生对学前教育专业并不了解,不少学生没有认识到学前教育是一门科学,而简单认为他们毕业后就是到幼儿园照顾孩子。更有不少家长迫不及待地引导子女提高学历,报考小学教育专业的自考本科,以便将来让子女从事小学教育;另外,现行五年一贯制学前教育培养方案在低年级阶段以基础文化课和技能类课程为主。相对中学的课程设置,基础文化课的授课时

间较少，课程进度偏快。学习方法也不再以题海战术为主，而需要学生养成良好的学习习惯。很多学生未接触过钢琴、声乐、舞蹈等技能类课程，在学习方面有一定的困难。此外，学生缺乏高考升学压力，自觉、自主学习的意识明显不强。由于对所学专业缺乏了解，对高等专科教育的特点和教学方式不适应等，五年一贯制学生的学习目标不明确，自我进取意识淡薄，对高校相对宽松的管理模式难以接受，面对大量的课余时间不知所措。

然而，随着社会的快速发展，人们对幼儿园教师提出了越来越高的要求。2010年，为积极发展学前教育，促进学前教育事业科学发展，国务院发布了《关于当前发展学前教育的若干意见》，明确指出要加快"建设一支师德高尚、热爱儿童、业务精良、结构合理的幼儿教师队伍"。教育部、财政部等四部委《关于加强幼儿园教师队伍建设的意见》、国务院《关于加强教师队伍建设的意见》等文件都指出了要大力加强幼儿园教师队伍建设。为此，提高幼儿园教师教育质量，培育出师德高尚、热爱儿童、业务精良的学前教育专业毕业生是人才培养中亟待解决的难题。

(三)学生心理状态不成熟与学生生理快速发展之间的矛盾

初入学的五年一贯制学生处于未成年向成年转变的阶段。生理上的快速成熟使他们产生成人感，但是心理发展的相对缓慢使他们仍处于半成熟状态。成人感和半成熟状态使他们的青春期心理活动产生种种矛盾。一方面，他们的独立意识强烈起来，要求在精神生活方面摆脱教师和家长的束缚；另一方面，面对许多复杂的矛盾和困惑，他们希望在精神上得到成人的理解和支持。一方面，他们拒绝向教师和父母袒露心声；另一方面，他们又希望与他人沟通与交流，并得到他人的理解。因此，心理发展较为成熟的学生进入大学后，能很快适应大学生活，而心理发展慢的学生在适应大学生活时产生了问题，增加了学校管理的难度。

这一阶段的学生阅历浅，思想不成熟，往往缺乏道德感、美感和社会责任感，对美丑、善恶、是非往往分辨不清，道德标准混乱，难以自觉地按校规校纪、社会准则和道德要求约束自己，因此破坏校规校纪的现象屡禁不止，严重的还会违法乱纪。但是他们的可塑性极大。如果教师能及时排解学生心中的困惑，及时发现学生身上存在的问题，并加以正确的引导，学生将能取得很大的进步。

(四)学生整体综合素质不高和校园文化建设需求之间的矛盾

受招生模式和生源质量的限制，五年一贯制学前教育专业学生整体综合素质不高。学生普遍缺乏社交能力，尤其是创新能力和实践能力，在体育、美术、音乐、舞蹈等方面也没有多少特长。因此，在校园文化建设中，学校需要在各类活动组织中，花大量的时间和精力对学生进行锻炼和培养。学生的自律性在这一阶段较差，能够得到培养和锻炼的学生首先是团干部和班级核心干部。由于学生缺乏社交能力、文化修养和逻辑推理能力，如何调动学生参与到校园文化建设中来，也成了高校管理亟待解决的难题。

二、改革的目的

探索五年一贯制学生教育管理模式，建立贴近学生实际的管理机制。

三、改革的措施

(一)分段的依据

①2001年8月，教育部颁布《幼儿园教育指导纲要(试行)》，指出要改革学前教育课程和师资培养方式。

②2010年，国务院颁布的《关于当前发展学前教育的若干意见》中的"多种途径加强幼儿教师队伍建设"指出要"积极探索初中毕业起点五年学前教育专科学历教师培养模式"。

③长沙师范学院学前教育专业有近10年五年一贯制学生培养经验和教训。

(二)分段的方法

采取2、3分段的模式。前两年统一开设基础文化课和技能类课程，后三年根据不同方向执行相应的教学计划。在第二年结束前，通过填报志愿的形式，引导学生报考综合类、音乐类、舞蹈类、美术类等方向，通过组织科学的笔试和面试工作，将有音乐、舞蹈、美术等特长和有培养潜力、兴趣的学生分到各个方向进行培养。

(三)分段管理的具体做法

1."2"段管理的具体做法

(1)重视入学教育，开展职业规划，培养学生的幼儿教育理念

精心进行入学教育，在开展校史、法纪、安全等教育的同时，做好学生的幼儿教师职业规划，培养学生的幼儿教育理念。此外，在入学的时候，通过组织召开家长会，向家长宣讲学前教育职业前景及相关要求，引导学生家长在对学生进行经济支持的同时，对学生的职业前景给予广泛的支持。

(2)重视第一课堂，开展第二课堂，培养学生的学习兴趣

在做好第一课堂教学的同时，积极开展第二课堂。通过建立声乐、舞蹈、语言、健美操等兴趣小组，引导学生积极参与各类兴趣小组。通过兴趣小组的带动，抓好各类活动的组织，培养学生的学习兴趣。

(3)改革考试制度，增加学习压力，培养学生的进取意识

变革原有的学期期末考试，改为期初、期中、期末三段考试，将每次的成绩按照一定的比例折算入期末成绩。在每段考试结束后，根据相关成绩，对学生进行一定的帮扶；在期中考试结束后，对部分成绩较低的学生进行预警。通过分段考试的方式，及时掌握学生的学习进度和效度，并适当给予学生一定的学习压力，培养学生的进取意识。

(4)引进导师制度,选拔人生导师,培养学生的师德取向

在全员育人的基础上,在全校范围内开展人生导师选拔,选拔出有一定资历的教师组成教师团队。以宿舍为单位,将若干个宿舍的学生分配到某一教师的名下,由教师进行日常培养,意在引导学生养成良好的行为习惯,并通过教师的日常言行举止,培养学生的幼儿教师职业道德。

(5)加强日常管理,引导自主管理,培养学生的管理能力

充分发挥系部团总支的指导作用和团学组织的能动性,通过加强日常管理,让团干部在学生事务工作中增强管理能力。充分发挥辅导员的能动性,引导辅导员做好班干部的培养,将工作的重心转移到大学生思想政治教育工作中来。

2."3"段管理的具体做法

(1)重视专业理论教学,深入开展实践教学,培养学生的操作能力

加强学前教育专业教学,大力开展实践教学,通过入园见习、实习等形式,培养学生的操作能力。

(2)改革考核方式,增强动手能力,培养学生的创新能力

对专业课程采用笔试+操作的考核模式,笔试成绩以卷面成绩为主,操作成绩以在幼儿园的见习和实习表现来评判,由课程教师和实习指导教师综合评分。

(3)实施导师制度,选拔专业导师,培养学生的专业精神和科研能力

通过校内选拔和校外聘用等形式,选拔专业导师。以宿舍为单位,通过导师和学生之间的双向选择。建立导师培养机制。通过导师的专业素养和科研课题,带动学生开展科学研究,培养学生的专业精神和科研能力。

(4)强化日常管理,引导自主管理,培养学生的综合能力

继续强化日常管理,通过开展校园文化建设,引导学生树立团队意识,培养学生的综合能力。

四、改革的成效

(一)强化了低年级学生的教育管理

实施2、3分段式管理,强化了低年级学生的教育管理。低年级学生树立了从事幼儿教育事业的理念,并养成了良好的学习习惯和学习兴趣,学生的自主管理能力有了较大程度的提高。具体体现为:学生在学历提升方面倾向于报考学前教育专业本科,而非报考小学教育本科;在校园文化建设中,学生积极参与学科活动和竞赛,并积极参加省内外的相关竞赛活动;在日常学习和管理方面,学生学习的自觉性明显增强;由于人生导师的介入与影响,学生初步建立起符合社会规范和要求的人生观、世界观和价值观,自觉接受系部和其他人的监督,管理能力和合作意识有了较大程度的提高。

(二)教育教学质量有了进一步提高

在低年级阶段重视养成教育,培养学习兴趣;在高年级阶段重视专业教育和实践教学,并加强学生创新能力和科研能力的培养,切实提高了教育教学质量。

(三)解决了2、3两段的衔接问题

通过在第2年结束前的分方向考试,选拔出了具有音乐、舞蹈和美术等方面特长的学生,引导学生进行特长培养。对于选择综合方向的学生,通过后3年的专业领域课程学习和实践教学的推行,引导他们树立专业观念、培养专业技能,并磨炼他们的创新能力和科研能力。

(四)实现了2、3两段的有效贯通

低年级阶段树立的职业理念、培养的学习习惯和职业道德精神,为学生在高年级阶段开展专业学习打好了基础,而后一阶段的学习和自主管理的实效又是检验前一阶段的有效方式。

内外兼修　内外皆秀

——学前教育专业文化建设

广东省东莞市幼儿师范学校　崔　梅

广东省东莞市商业学校学前教育专业创建于1986年，一直作为学校骨干专业得到重视和建设。我们还从东莞市有名的幼儿园聘请了富有实践和科研经验的一线骨干教师，和幼儿园合作培养全部的三年级学生。

2013年5月，东莞市幼儿师范学校在东莞市商业学校成立，一校两牌。

一、案例背景

广东省东莞市地处珠江三角洲腹地，毗邻深圳、广州，属经济发达地区。生活在这一特殊经济、文化、地理条件下的中等职业学校（简称中职）学生有自身独特的心理特点。一方面，随着经济的高速发展，东莞市的学生有较好的保险福利。我校有70%的学生来自经济发达、三资企业特别是IT产业居全市前列的东城街道，生活上的富足安定使学生无经济压力与就业之忧。另一方面，大部分学生家长的文化层次较低，他们迅速致富的现实及低质量的家教方式影响着学生的学习目标和学习期望，造成了部分学生消费超前、有严重的依赖心理并脱离现实生活，以致不少学生在校期间学习无目的、得过且过。

每年的8月初，是中职招生的日子。每次在选择学前教育专业考生的时候，面对成绩不到400分的学生档案，学校领导的心是焦虑的、沉甸甸的。这些学生学业不佳不仅是因为文化素质的缺失，而且与普通中学的学生相比，他们的失落感和自卑感较为严重，基本没养成良好的学习习惯和行为习惯。三年的在校学习，能否让学生重拾自信，形成基本的尊重他人、关爱他人的能力？三年后，学生能否有效地以自身良好的素质和人格影响正处于人生奠基时期、个性习惯刚开始形成的幼儿，成为合格的幼儿园老师？

二、事件描述

人的心理是在学校、家庭、社会的影响下，通过个体的活动内化而成的。因此，培养学生应是多方面齐抓共管的综合性工程，其中，教育起主导作用。我们认为，学生从初中阶段甚至从小学阶段开始的学业不佳，使他们经常受到否定的评价，因而学校必须让学生在学业上获得成功感，才能在本源上达到培养一个自信且合格幼儿教师的目的。此外，学科教学是学生接受学校教育达到目标的主要途径，教学素来承担着全面塑造学生身心的重任。现代社会发展的需求与教育科学的研究显示：教学的价值取向由知识技能的传递转向培养学生积极的态度、良好的情感和正确的人生观、价值观，即塑造学生的健全人格。所以，我校明确提出学科教学是学生接受学校教育达到培养目标的主要途径。好的课堂教学，就像一个漂亮的苹果，使学生见了就喜欢，营养也自在其中，使学生在增长知识的同时获得对自己能力的肯定。为了提高课堂教学效率，我校从2001年开始一直坚持不懈地探索有效教学的模式，通过多年的实践与探索，2006年在申报省重点专业时，把办学理念和专业文化建设理念定为"内外兼修　内外皆秀"，即以有效教学培养学生的职业能力，在教授专业知识的同时利用本专业音乐、舞蹈、美术、儿童剧表演等艺术课程的优势，改善学生的气质及仪态，帮助学生树立起做人的自尊、自信，促进学生人格的健康发展。

我们主要做了以下工作。

(一)根据学生的知识基础、能力爱好，结合幼儿园的用人需求，按相应职业岗位群的能力要求设置调整课程结构

2009年，我校参加了由广东省教育厅牵头组织的调查研究，选取幼儿园入职3年以下和4～6年的教师群体为研究对象，采取分层抽样法从全市63所幼儿园中抽取样本333个，了解新入职幼儿教师工作中遇到的最大困难和入职后的需求；也对园长群体进行了幼儿教师职业能力的问卷调查和访谈，了解新入职幼儿教师的职业能力状况。同时，学校在全省抽样调查了13所中等职业技术学校，了解入职前中职学前教育专业的课程与形成毕业生职业能力之间的关系。根据调查结果，我们认为，学前教育专业课程的设置应包括四部分：一是文化基础课程，这有利于构建教师所必备的文化底蕴；二是专业基础课程，主要包括幼儿卫生保健、幼儿心理学、幼儿教育学等和幼儿身心发展与教育密切相关的专业基础知识，它有利于学生形成做幼儿教师应具有的专业知识结构和能力结构；三是专业应用课程，它以专业基础知识在教育实践中的应用为核心，指导学生应用专业理论知识进行教育活动设计、幼儿游戏设计与指导、幼儿园班级管理、幼儿园环境创设、幼儿园教玩具制作、家长指导等实际工作，也包括有效组织幼儿活动所需要的音、体、美专业知识与技能的学习和运用；四是专业实践课程，它向学生提供亲身观察儿童与教育、亲身从事教育实践的机会，使学生在积累经验中感悟、体会，加强对理论知识的理解，加强对教育方法、策略的运用，从而不断形成、提高自身多方面的教育素质。

根据专业培养目标，我校将原有学科根据其与形成学生职业能力的密切关系进行模块化归类，构建模块式专业课程体系，根据学生个性发展、就业岗位需要，增设与幼儿园工作岗位相适应的专门化方向课程，打破传统的以理论知识为主的学科体系，将原有科目内容按照职业活动的特点和要求进行整合。例如，音乐课中的乐

理与琴法合并，视唱与声乐合并，声乐课加强了儿童歌曲演唱，钢琴课增加了儿歌演奏和编配，舞蹈课增加了幼儿舞蹈编排与幼儿律动；美术课增设了幼儿园环境创设和幼儿园教玩具制作；高二年级的语文课改成儿童文学，使学生有更多的机会接受人文素养的熏陶，还加入了木偶表演和儿童剧表演；鉴于幼儿教师的表达能力特别重要，增加了听话与说话课时，并且由两位教师分小组上课，让学生每次上课均有一次在集体面前朗诵及表演的机会，使学生的表达能力得到提高，体态大方自信。开设的各科目由教师根据实际精简或整合，降低教学要求，尽量让学生在自己感兴趣的学习中找到成功的感觉。

(二)通过教师的专业成长提高课堂教学的有效性

课程结构调整，对教师提出了更高的要求。学校通过研讨、讲座和培训等形式，使教师明确学科课程在幼教岗位上的作用，使教师树立以就业为导向的课程理念。通过组织一系列理论学习，如什么是有效教学、教学设计的流程、学习同化理论、学生厌学的原因分析、解决学生厌学的方法等，为教师提供翔实的教学改革理论和舆论准备，帮助教师明确学生需要什么样的课堂教学。学校加大对专业课教师的培训力度，培养"双师型"教师，建立专业课教师到幼儿园实习的制度，要求每位教师三年内累计上岗实训时间达三个月，从而提高教师的实践能力和专业水平；选派骨干教师参与有专家参加的课程开发和教材编写工作，提高教师校本教研的能力；积极鼓励学科带头人进行学历、学位的提升，支持他们参加校外的学术交流活动，择优选派培养对象到国内高水平大学进行培训，并有效利用校外实习基地为专业带头人的教学科研活动搭建平台，使校外实习基地成为科研开发和实践锻炼的基地；针对青年教师的具体情况，由教研组指派教学经验比较丰富的教师担任其指导教师，在教学、教研及个人发展等方面为他们提供指导和帮助。学校通过每学期的教学研讨课、示范课说课、评课和课题研究，以及面向全市乃至全省的公开研讨会，极大地提高了教师的课堂教学水平，使教师掌握了恰当地处理教学内容、定位课堂教学目标的方法，找出了有效的教学方法和评价标准。以实践为主线，主要通过观察、模仿、练习形成技能的行为导向的课程模式成为学校教学主流，课堂教学精简高效。例如，教师在教学内容处理上，根据学生的知识基础、能力和心理准备的实际确定教学要求，把教学内容按由易到难、由简到繁的原则分解成合理的层次，分层渐进；在教学方法上，针对学生注意时间短、记忆容量小、概括能力低的特点，教师变大段讲解为师生互动交流，尽量采用现代信息技术整合课堂教学以符合学生形象记忆强的特点，弥补学生空间想象力差的不足；在组织形式上，教师采用小组合作学习的方式，不仅调节了学生的注意力，更重要的是还让学生最大限度地参与教学活动，增加学生自我表现的机会，使学生的学习能力、表达能力、合作能力逐步提升；在教学反馈中，教师注重形成性评价，通过快速的反馈把学生取得的进步变成有形的事实，如美工老师通过让学生比较自己前后两幅作品的方式为学生提供反馈信息，两幅作品的区别使学生真实地看到了自己的进步和努力的效果，使学生受到鼓励，在体会自己能力增长的同时获得了情感的满足。在幼儿数学的教学中，教师为学生提供相应的直观教学用具，让学生模拟幼儿园教学活动的情境，既强化了学生对幼儿园教学理论的学习，又锻炼了实际动手能力。讲到营养学方面的知识时，教师就从生活中给学生找例子，特别是各营养素的作用和常见疾病与意外伤害的处理方法等，从实际着手，收到了很好的效果。

(三)把现代管理理论和心理健康教育的方法引入德育工作，使德育卓有成效

我校心理健康教育以团体辅导为主，充分发挥人际的影响力，借助团体舆论、团体从众心理、模仿和暗示改变学生的思想观念，并制订了系统的心理教育方案：在一年级以"补缺"为主，先让学生重新认识自我，认识到人之为人的尊严和价值，同时开展磨炼教育，让学生明白不劳而获的想法在现代社会特别是在外来人才遍布东莞市的形势下是行不通的，使学生树立危机意识及创业难、守业更难和致富思进的观念；在二年级，培养学生的成功意识和技能，通过专业技能的学习帮助学生找寻适合自身素质的技能并加以发展，使学生克服学习上的无力感，并结合归因训练使学生形成通过努力"我能行"的心理；在三年级，主要通过择业指导和就业指导帮助学生顺利走向社会。

我们借鉴罗杰斯人本主义心理学和道德的价值澄清学派的观点，认为德育工作中，教师不应以施教者的身份要求学生应该怎样、不应怎样，而应先对学生的经历、思想、情感尽可能地全面了解，引导学生认清各种行为的后果，促使他们厘清自我与现实的关系，然后使他们自主做出行动选择。例如，在培养学生学习动机上，首先，我们组织学生到幼儿园进行社会调查和见习，让学生自己发现在校所学的知识技能在工作中的价值。然后，教师和学生一起讨论如何快乐地度过在校的三年时光。学生每说出一种方式，教师都要求学生讨论该种方式的结果。例如，现在我们可以从家里拿钱消费，到为人父母时，是否也靠父母生活？自己做父母时，可以为子女提供什么？通过这样层层剖析，教师给学生一个开放的思维空间，让学生有效地培养耕耘与收获的意识。

(四)通过专业实践，提高学生的综合素质和职业技能

为了实现职业教育以能力为本位的培养目标，学校把学生专业技能的培养放在教学的核心位置。首先，学校非常重视专业实验实训室的建设、使用和管理工作，在学前教育专业的设备方面投入了550多万元资金，专门为学前教育专业留出的艺术楼建筑面积达5000平方米，有满足专业教学要求的专业教室20间和专业实训室19间，室内布局合理，面积和主要实验实训设备符合教育部重点建设专业设置标准的要求，并达到省内学校同类专业先进或示范水平。其次，学校积极组织学生考取各种与学前教育相关的专业技能证书。通过教师的精心辅导、学生的努力学习，本专业近三届毕业生在校期间获得本专业相关技能证书的人数比例超过90%，学生的专业技能和专业实际操作能力得到较大幅度的提高。最后，学校提供了大量的技能展示平台，如每个月举办的声乐、舞蹈、诗歌朗诵、讲故事、儿歌表演、儿童剧表演、木偶表演、教学活动说课等月技能竞赛，每学期一次的学校技能节及面向全市的开放日，代表东城街道、市教育局参加的各种文艺演出活动，东莞市博物馆、图书馆举办的学生美育作品展。这些不但给予了学生大量的实践机会，而且逐步丰富了学生的舞台表演经验。为了取得好的表演效果，学生学会了自己化妆、选择演出服装和制作表演道具。学生的信心得以逐步增强，仪态和气质得以逐步改善。

人们每次走近实训场所艺术楼，总能强烈地感受到一种生机、一种和谐、一种让教师和学生舒心的温暖。这里歌舞飞扬，学生们轻盈的步伐、大方的举止、自信的笑容经常会让人心生疑惑：他们是考不上普通中学而入读职业学校的学生吗？

三、案例评析

教育的质的规定性是培养人的活动。学生首先要学的是做人，唤醒人之所以成为人的尊严和价值才是教育的最高目标。我校学前教育"内外兼修　内外皆秀"的办学理念及其有效的措施是教育人道化的需要，是学校对社会、家庭负责的体现。

中职的课程实践性强，重视学生动手能力和合作能力的培养。根据多元智力理论，对于以数理逻辑为主的文化课学习成绩不好的学生而言，操作能力也许恰好是他们的长处。所以，以能力为本位的培养目标符合职业教育的理念。实践课程让学生可以有更多的时间在专业技能的广阔领域发现自己的潜能或使自己的爱好特长得到认可和支持。

人的成长是在学校、家庭、社会的影响下，通过个体的活动内化而成的。因此，学生的培养应是多方面齐抓共管的综合性工程。但我们在为学生的成长全力付出的过程中，经常体会到家庭与社会不支持、不配合的无奈。例如，当我们鼓励学生大胆正视自我、悦纳自我时，许多家长却对学生持放弃态度；当我们对学生开展磨炼教育时，家长却非常在乎子女的物质享受。如此种种对学生学习的积极性必然很有影响。

一棵树在适宜的阳光、空气、水、养料所构成的良好生态环境中会茁壮成长，人的成长也需要良好的教育生态。教育从根本上说是人与人相互联系的活动，是人与人心理的微妙接触。教师对学生的态度是教育环境的重要变量。学生只有处于一种生理和心理都很安全的环境中和相信教师会真诚地支持他们的教育生态中，才会显露自我本能。因此，如何在现有教育体制下调动教职工的积极性，建设以学生为本的生本校园是我们要继续探讨的问题。生本校园里，学生不仅是学习而且是学校一切活动中的主体，教育是为了学生，课程开发是为了学生，活动样式的选择是为了学生，课程评价也是为了学生。总之，学校的一切是为了一切学生、为了所有学生而存在的，学校的职责是珍惜每个受教育者的权利，尊重他们的存在，尊重他们的个性、人格和选择。只有在这个前提下，教育才有取得成功的可能。

课程结构决定学生的素质结构。我们降低文化课的教学要求，虽然让学生体会到了对学习的胜任感，但大部分学生的知识水平仍处于识记层次。文化素质的降低会影响他们在幼儿园工作中综合运用知识的能力。是否可以采用扩大阅读量或其他方法来丰富学生的智力背景以便于学生同化新知识？目前我校正积极探求与高校合作的途径，提升学生的学历层次，进一步完善学生的知识结构和知识迁移能力。

多年来，我校学前教育专业一直精益求精，用有效的途径和方式帮助学生"内外兼修"以达"内外皆秀"。历届学前教育专业毕业生受到实习单位的好评。学生参加省市文艺比赛获得优异的成绩：2007年、2012年获广东省中学生舞蹈比赛一等奖，2007年、2008年、2012年参加广东省中学生合唱比赛均获一等奖，2013年参加东莞市"经典诗文诵读比赛"获特等奖。我们正致力于创设师生共同成长的精神家园，为教师乐教、学生乐学提供良好的教育生态，使这种温暖和谐的环境如芳草地，在绿色的默契中，使学生如花朵般怒放。

创新大学生导师指导策略
提升学前教育专业新生专业成长适应力

福建幼儿师范高等专科学校 杨 佳

2011年新学期开学，我有幸被学校聘为首批学前教育专业大学生导师，担任学前教育专业某班25名学生的导师。刚接到任务时，我没有太在意。大学生应该已经有了较强的生活与学习能力；同时，辅导员还会负责管理与协调他们生活与学习上的事情。我作为大学生导师，不就是有空和学生聊聊天，引导一下即可吗？也许正是因为我对这项工作不了解，我在第一次导师会上有些措手不及。

一、问题的提出

第一次导师会安排在新生入校后第一周。本想只是相互认识一下，但出乎我的意料，在第一次会上，新生的各种需求与困惑就如泉涌一样，让我瞬间感觉身上的责任之重。会后，我认真梳理与反思了新生的问题，总结起来，主要有以下几个方面。

(一)对专业的茫然与质疑

从导师会开始到结束，不少学生一直在问："老师，什么是学前教育？别人说幼儿园老师就是保姆，真的吗？""老师，这个专业要学什么？会不会很难？师姐说琴棋书画样样都要会，可我什么都不会，会不会跟不上？""老师，听说我们这个专业就业率很高，但是工作强度也很大，而且工资不高，你说我选这个专业有没有错呀？"……从这些问题中，我可以看出这些新生对自己所报专业的认知度不高。因为不了解，他们感到很焦虑。为了缓解焦虑，他们试图从多方面了解学前教育，但了解的内容又以偏概全，引起更强的焦虑情绪。此外，享乐、拜金等不健康的思想让个别学生在不了解教育本质的前提下，对专业与就业产生了很大的疑惑。

(二)个人挫败感强，缺乏自信

在第一次导师会上，不少学生缺乏自信，总觉得自己很差。当我提到可以通过专升本考试获得本科学历并且有机会考研时，大部分学生都无奈地笑。有一些学生直接说："算了吧，就凭我们？"

(三)情绪波动大

第一次导师会上,我没想到和学生们才聊了不到一小时,很多人就哭了起来。有几个学生哭了快一小时,其情绪波动之大是我始料未及的。

(四)对人际有较强的不安全感

在我的导师组里,有一个学生因为伤病要推迟一个月到校。她的几位舍友就一直在问我:"那个同学为什么没来?""那个同学好不好相处?"甚至有学生暗示,她们现在几个人挺好的,再多一个人可能会不习惯。她们对迟到者的担忧反映出她们对人际关系有着较强的不安全感。

二、事件描述

第一次导师会后,我开始思考学生反映出的问题是否具有普遍性。如果要引导,有没有什么好的办法可以借鉴。带着这些问题,我首先进行了大量的文献研究。通过阅读文献,我知道了我的学生存在的是大学生学习适应不良的问题,主要包括人际关系适应、学习适应、校园适应、择业适应、情绪适应、自我适应及总体满意度等多方面。

那么,如何通过导师组活动快速帮助新生适应大学生活呢?我在参考、借鉴他人有效策略的前提下,结合本导师组学生的个性化问题,尝试建立"以专业实践为主线,以团队家庭式辅导为辅助,以专业指导为依托,以多渠道互动为保障的导师指导策略",以帮助学生建立健康的人际交往圈,减少不良心理反应;深入了解学校,适应校园环境;尽快了解教师角色,提升职业认同感;明确学习目标,提升学习自信心等,全方面提升学生的学习适应性。下面,我将具体介绍导师指导策略的主要内容与实施方法、效果。

(一)以专业实践为主线,培养职业认同感,激发学习动机

加强学前教育专业学生的专业实践力度在近年被大量的研究者推崇,"全实践"理念也被广泛采用,由此可见实践对于学前教育专业学生的学习有着重要作用。我所在的学校本身就较为重视学前教育专业实践教学体系的建设,但一年级新生的实践活动时间较短,机会较少。因此,在导师指导策略中,我将专业实践放在第一位,尝试以专业实践为主线,帮助学生了解学前教育行业,提升学生的职业认同感,并以此激发学生的学习动机,调动学生的学习兴趣,明确学生的学习目标与方向。

1. 实践方选择

我调用自己的实践资源,根据以下几个原则,为导师组学生选定两个实践基地:①以0~6岁学前儿童为主要教育对象;②具有较先进的教学理念、较强的师资力量、较好的教学环境;③有较强的社会责任感,家长满意度高;④主班教师有一定的指导能力;⑤乐于为职前教师提供见实习平台;⑥能满足学生周末见实习的要求。

2. 实践内容

以 0~6 岁学前儿童教育为主，以了解行业、了解教育体系与具体内容、了解教育对象及其家长为重点。在此基础上，部分学生可能会承担配班教师的工作任务。

3. 实践时长

除寒暑假外，周末开展活动，每周一个半天，每半天 3 小时左右。

4. 实践特点

（1）定岗实践

每位学生一"入职"，实习方即根据他们的兴趣与特长，为其定岗。定岗是为了让学生能较轻松地上岗，减轻学生的实践压力。当然，随着学生的专业能力不断提升，导师会鼓励他们尝试各种不同的岗位，真正让实践全面开展。

（2）实行实践导师制

实践方安排经验丰富的专业教师作为学生的实践导师。他们不但是学生所在的实践班的主班教师，还担负着指导学生实践、为学生解疑解惑的工作，为学生实践提供专业支持。

（3）组织专业研讨活动

我每两周会组织学生就两周实践情况进行总结与梳理，并就学生的实践困惑进行小组研讨。大家共同研讨解决办法，同时我从专业角度对问题的解决进行引导与提升。对于在研讨活动中无法解决的问题，学生可以去查阅资料，或询问任课教师，以找到解决问题的最好方案，并在下次活动中进行分享。

（4）为学生建立个人实践成长档案

我为学生建立了个人实践成长档案。学生可以将自己的实践心得体会与实践困惑通过网络的形式与我、同学进行沟通交流。

实例回顾：

小玲（化名）在第一次导师会上，就明确表示想退学。经过与她多次沟通，我知道她想退学的主要原因是她感觉学前教育专业没有什么好学的，将来的工作也无法实现她的人生价值。几次沟通后，她想退学的意愿并没有被彻底消除。于是，我请求她在参加完至少 4 次下园实践后再做决定。我认为小玲对专业不认可的主要原因是她还不了解这个专业。为了让她的感悟更深，我请一位长期从事感觉统合训练的老教师做她的实践导师。下园实践第三周后，小玲主动找到我，说的第一句话就是："老师，我不走了！"我的眼眶顿时就湿润了。我知道我的方法是对的，与其劝她百句，不如让她亲身去感受。她告诉我，她第一天去园所只做了一件事，就是陪同一个有注意缺陷多动障碍倾向的孩子玩。当时，实践导师给她的任务是在确保孩子安全的情况下，陪同这个孩子玩。刚开始，她觉得这个任务很简单，可是慢慢地她发现这个孩子在不停地挑战她的耐性与底线，孩子的行为远不是她能控制的，最后她只好求助实践导师。第二周、第三周下园时，那个孩子的情况并没有好转，她心灰意冷时却意外得到了孩子母亲的感谢。小玲在描述这段经历时，眼泪落了下来，说："孩子妈妈说，孩子在幼儿园是头号'魔头'，因为很多老师都管不住他，所以园里安排一个老教师来镇住他。这个老教师很凶，所以他会怕。妈妈虽然心疼孩子，却也没有更好的办法。孩子妈妈说我能那么有耐心地陪他玩，她很感谢我。但我真觉得对不起这个孩子，因为我什么也不会，以我现在的能力和水平，我帮不了他。园里的老师说，像这样的孩子，每个幼儿园都有，幼儿园缺少的就是既有专业能力又有专业道德的好老师。我想，也许我可以成为这样的老师去帮助他们。"

小玲如今已是大三学生了，在过去的两年里，她被推选为全国大学生自强之星候选人，获国家励志奖学金、省"三好学生"称号，还多次获校级奖励。她在学业上的成就，与她下园实践的感悟一定有千丝万缕的联系。

（二）以团队家庭式辅导为辅助，建立健康的人际交往圈，帮助学生尽快适应校园环境

团队家庭式辅导以团体心理辅导为基础，借鉴萨提亚心理咨询模式，贯穿情感体验活动。团体心理辅导有助于新生缩短入学适应的时间，帮助新生在合作中建立信任、体验成功，帮助新生了解自我、形成积极的自我概念。实践证实了该模式的有效性。

团队家庭式辅导每两周安排一次，每次活动总时长为2小时。活动内容包括团队凝聚、专业研讨、个人总结、近期目标制定。团队家庭式辅导的特点如下。①通过团队凝聚活动，营造温馨向上的氛围。每次团体心理辅导都安排团队凝聚的体验式活动，例如，"看看你离目标有多远""心灵舞蹈""站报纸"等活动，让学生通过活动，感受团队力量，产生归属感，这样学生才能更放松地参与活动，更开放地接受改变，更真诚地表达想法，从而使辅导更有效。②通过专业研讨活动，提升学生的学习适应性。专业研讨活动主要围绕学习与实践目标设定、学习与实践方案设定、学习与实践方案执行等方面开展，活动形式以体验式为主，通过引导、体验、分享、再次体验、升华等基本流程帮助学生将行动内化为思想，再用思想指导行动。③通过个人总结、近期目标制定，切实有效地将辅导落实到个人，有针对性地提升学生的学习适应性。

实例回顾：

小黄（化名）因为伤病比正常新生晚一个月入学，她所在的宿舍有4个人是我导师组的学生，其他人来自其他导师组。她的加入，让刚刚建立稳定关系的舍友们感到不安。小黄入学第二天，就有舍友在QQ签名上写"来者何人呀"，表现出对新舍友加入后宿舍关系的不安与焦虑。果不其然，小黄入学后第三周，另一个导师组的一位学生对小黄大打出手，并联合其他舍友要赶走小黄。经多方了解，我发现冲突的主要原因是小黄的生活作息时间和生活习惯与舍友们不同。虽然小黄已在适应调整了，但还是让那个舍友不舒服；另外，那个舍友非常强势，不少舍友都在迁就她的习惯。这件事让小黄深受打击，舍友的集体排斥让她几次想退学回家。为了改善小黄的宿舍关系，除了进行大量的个人交谈外，我还通过一系列的团队凝聚活动改善她们的关系(为了让活动更有效，在得到另一位导师的同意下，我邀请小黄宿舍全体舍友都来参加我的导师组活动)。团队凝聚活动从两人关系的建立开始。我给所有人安排了一个"感情孵化计划"，我认为感情要像母鸡孵小鸡一样孵化出来。通过匿名方式，每一名学生都将成为"母鸡"，去关心、照顾一个"小鸡"；每一名学生也会当别人的"小鸡"。我要求这个活动开展一个学期，并要求学生不能说出自己的"小鸡"是谁。小黄非常幸运地得到一位舍友的"孵化"，那个舍友不久之后就和小黄同进同出，所有人都感觉小黄慢慢地开朗了起来。在两人关系建立后，我安排了"风雨同行""孤岛救援""心灵之旅""同舟共济"等凝聚宿舍关系的活动，帮助大家形成小组关系。在"风雨同行"时，小黄和那个有冲突的同学第一次牵手；在"孤岛救援"中，小黄第一次得到那个同学的帮助；在"心灵之旅"中，小黄第一次愿意向那个同学表达自己的感受，并且那个同学没有再以敌意相待。几次活动下来，小黄慢慢地融入了宿舍。最后，为了稳固这样的关系，我开始帮助大家形成导师组的大联合。我安排了"看看你离目标有多远"活动，来设定导师组同学的集体目标与个人目标；安排了"价值拍卖"活动，来摆正导师组同学的价值观；安排了"你做得到吗?"活动，来稳固导师组相互扶持、共同进退的团队情感。几次团队活动后，除了小黄的宿舍关系改善了之外，我还真切地感受到整个导师组充满了爱、向上、团结的力量。

我指导的学生所在的班级成为省"先进班集体"候选单位，并多次获校级奖励。小黄的大一总成绩进入年段前10名(年段共有近400名学生)。

(三)以专业指导为依托，为学生实践与专业学习提供支持

我通过各种途径，了解导师组学生在学习、生活与实践过程中存在的困难与困惑，利用我个人的专业优势，以及邀请我院学前教育专业教师、实践方一线优秀教师等，为导师组学生开展相关专业讲座，从学习、生活与实践等多方面入手为学生提供专业支持。例如，为了让学生的下园实践更有效，我开设了"如何进行有效观察与纪录"专题讲座；为了解决学生下园实践的困惑，我邀请实践方园长进行了"我的教师路"的现身说法式演讲等。此外，我还利用自己的专业优势，随时帮助学生解决学习与实践中的专业问题，为学生的进步提供专业支撑。

(四)以多渠道互动为保障，全面了解学生的发展动态

我充分利用多渠道进行师生互动，例如，利用QQ、微信等网络媒体进行交流，利用团体心理辅导进行直接交流，通过观察学生在实践单位的工作情况、实践单位的反馈、各学科教师的反馈，从侧面了解学生的发展动态，通过开放式问卷了解学生的学习困难等。

以上策略实施一学期后，我采用信效度较高的大学生学习适应性量表对导师组学生与非导师组学生的学习适应能力进行匿名测验。测验结果表明，参加导师组活

动的学生在适应性各维度和总得分上都要高于非参与组,尤其是在学习适应、自我适应、情绪适应上。除了科学的研究证实了导师组策略的有效性外,导师组学生也用其他方式证实了此策略的有效性。例如,导师组学生的平均成绩在全年段 9 个班中名列前茅;导师组学生中有 4 个人的学年总成绩排全年段前 10 名;导师组多名学生获国家级、省级、校级表彰;导师组学生所在班级多次获校级表彰等。

三、案例反思

提升新生学习适应性的方法有很多。例如,李德芳等人认为可以通过校史和学校优势专业的宣传教育,增强新生对学校的认同感,提升学生的自我效能感和心理承受力。郑元元等人从大方向入手,认为应通过努力营造学习型校园环境、让学生学做职业生涯规划、正确引导学生合理规划学习和生活、定期对大学生开展心理健康教育等方法提升学生学习适应性。我充分发挥自己的专业优势,从实践入手,关注个体成长的差异性,利用自己的专业优势,从点滴入手,以"润物细无声"之法,提升学生的学习适应性。该导师策略因易操作、可控性强,具有一定的可普及性。

此外,导师组策略之所以获得成功,还与以下因素有关。

(一)能以学生为本,多做少说,让学生在亲身经历与感悟中成长

从第一次导师组会议开始,我就时刻关注学生的需求。我相信,只有学生需要的东西,才真正能促进他们成长。不论是团队家庭式辅导的主题,还是专业研讨的内容,都是学生自己提出的,所以这些内容能引起学生的共鸣,从而引发他们自发改变。同时,作为导师,我更是扮演着一个环境创设者的角色,通过创设有意义的环境,让学生自我经历、自我感悟、自我成长。

(二)能发挥导师的专业优势,以专业发展与实践能力提升为导向,开展导师组工作

大学生的学习要以专业发展为导向,只有所学能为之所用,才能有效调动学生的学习主动性;同时,从大学入学开始,就要让学生参与未来就业岗位的实践,这样才能帮助学生了解目标行业,提升职业认同感与责任感,并建立个人专业自信。导师组策略中,我利用自己的资源优势、专业学术优势,除为学生争取见实习机会外,还通过专业研讨活动、专家讲座等形式让学生建立以专业发展为导向的学习理念和以实践能力提升为导向的学习路径,以此激发其学习动机,使其学习更有效。

(三)能耐心倾听,积极跟进

导师组工作是以人为主的工作,其工作性质决定了导师要做到耐心倾听、积极跟进,这样才能真正了解学生的需求,有针对性地服务学生。在导师组策略中,我通过团队家庭式辅导,以及 QQ、微信等多通道,让学生时刻感觉被关注。同时,在互动过程中,我以倾听者的角色介入,接纳学生所有的情绪,让学生在安全的心

理氛围下尝试自我成长。在学生成长过程中，我会积极跟进，以确保其成长的方向正确。

回顾三年的导师工作历程，"以专业实践为主线，以团队家庭式辅导为辅助，以专业指导为依托，以多渠道互动为保障的导师指导策略"以它独有的魅力收获了25颗成长的心，今日借此平台予以介绍、推广，希望能对所有与我一同开展大学生导师工作的同人有所启示。

参考文献

1. 教育部《大学生心理健康测评系统》课题组，方晓义，沃建中，蔺秀云.《中国大学生适应量表》的编制.心理与行为研究，2005(2).
2. 章明明，冯清梅.大学新生学习心理障碍分析及调适途径.广州大学学报(综合版)，2001(4).
3. 许晓菁.大学新生综合症之分析与对策.思想理论教育导刊，2008(12).
4. 秦金亮."全实践"理念下高师学前教育专业实践整合课程探索.学前教育研究，2006(1).
5. 张承宗.团体心理辅导在独立学院新生适应性教育中的作用初探.科技信息，2011(21).
6. 李德芳，陈丽，宁维卫.不同生源地大学新生的适应差异与对策研究.西南交通大学学报(社会科学版)，2008(3).
7. 郑元元，杨昊凡.在校大学生现状分析与思考.读与写(教育教学刊)，2011(7).

以科研反哺教学,构建"三师"共同成长的教学研训生态系统

——福建幼儿师范高等专科学校"教学研训一体化"实训基地建设改革案例

福建幼儿师范高等专科学校　程　英

2000年,我校开始招收五年制大专生,之后,开始逐步踏上高等教育的办学之路。如何加强课程建设以尽快适应专科层次的办学定位?如何有效提升专业教师的教学科研水平,培养一支既能开展高校精品课程建设又能在幼儿园教育改革中发挥积极引领作用的"双师型"教师团队?如何将学生培养成为基础扎实、实践能力过硬、能快速适应幼儿园教育改革的高素质人才?这些都是摆在学校内涵发展中的重要课题。新课程改革在幼教界掀起了学习贯彻《幼儿园工作规程》《幼儿园教育指导纲要(试行)》(以下简称《纲要》)、《3—6岁儿童学习与发展指南》等精神的浪潮。社会对幼儿园的保教质量及教师的专业发展提出了更高的要求,幼儿园急需一批高校专家为其课程改革、教学研究等提供专业引领与支持。

时不我待,我校领导在第一时间就提出了"创建精品幼教专业,打造教师教育品牌"的办学思想。同时,一批负责学校教育专业课程教学的骨干教师开始深入幼儿园,与实训基地幼儿园的骨干教师联合组成课题研究团队,合作开展课题研究与教学改革,取得了较为丰硕的研究与改革成果。经过10余年的努力,我校创建了一批"教学研训一体化"的实训基地,有效解决了教师的教学科研、学生的实训、实训基地教师的专业成长等诸因素相互脱节的棘手问题,提升了学校的专业影响力,创建了学校教学科研的品牌,建设了学前教育省级精品专业与多门省级精品课程,促进了学校教师与实训基地园教师的专业成长,造就了一批幼教名师,培养了一届届实践能力过硬、综合素质优秀的未来教师,构建了学校教师、基地园指导教师以及实习教师这"三师"之间共同成长的良好生态系统。下面,本文就以我主持的学前儿童音乐教育课程为例,管窥我校科研反哺教学、开展"教学研训一体化"实践基地建设改革的具体实践。

一、问题情境

《纲要》刚颁布时,我就结合幼儿教育学、学前儿童音乐教育等课程,把最新的

教育理念渗透到教学中，并让学生边下园实习边带着课题开展实践研究。在学生下园实践时，我想，学生在这次见实习中一定会表现得比较出色，幼儿园指导教师也会表扬学生的教育观念比较先进。正美滋滋的时候，我接到几位实习学生的电话。学生诉说幼儿园教师似乎不太支持她们，大家在实习时感到非常困惑。第二天，我赶到基地园了解情况。

情境1：一进幼儿园正好遇见了园长，我热情地说："园长，我们学生又给你们添麻烦了，谢谢您的支持！"园长先是十分客气："哪里哪里，这是应该的。我们都是一个学校毕业的，理所当然要为母校服务。"聊了一会儿，园长隐隐约约地透露出这样的意思：最近幼儿园正在开展贯彻实施《纲要》精神的教学研究与实践改革，教师都非常忙，这时候实习生来了，的确给教师增加了很多负担。

情境2：走到教师的办公室，我与几位幼儿园指导教师聊起来，向她们了解这届实习生的表现。

教师A："这批学生整体比较乖，听话，也挺能干的，对待孩子很亲切。"

教师B："实习生的经验不够，什么事情都要问个不停，这是很正常的。但我们最近要交教学改革方案与教研计划，没时间细细指导她们。"

教师C："实习生一来，我们就忙坏了，前面两天要开课让她们见习，接下来又要给她们改教案等。幼儿园已经有一摊'事'，再加上实习指导，我们确实顾不过来了。"

教师D："我觉得实习生的观念还是比较落后的，本来她们刚刚从学校出来，应该掌握最新的知识，但我觉得她们设计出来的教案的教学理念还比较陈旧，与《纲要》的精神有距离。"

教师E："我们也希望用最新的理念指导她们，但是我们自己也不太清楚幼儿园音乐教育课程改革的步伐该怎么走，自己也很茫然。希望母校能够帮助我们，让我们和实习生共同进步。"

听完教师E的话，在场的几位幼儿园教师都不约而同地说："是呀，我们现在最需要的就是专业引领了，如果您能来指导我们研究，对我们的帮助可就大了。实习生也可以一起参与，这样实习生的进步会更快，我们指导实习生不就和其他任务也能同步了吗？"

情境3：中午，我召集该园的实习生交流实践中的困难与问题。

实习生A："幼儿园教师基本都比较负责，在教学常规、生活细节方面指导得很细致。但是教案与课题研究方案迟迟没有批改，因为她们也不知道该如何用最新的理念进行教学改革，她们自己都不懂课题研究。"

实习生B："我觉得理论与实践的距离太远了，我不知道怎么将您上课时说的那些理论和理念运用到实践中。您说要注重幼儿的音乐兴趣与主动性，怎么注重？我也设计了游戏，但幼儿园教师说幼儿的主体性体现不够，而且幼儿似乎也不感兴趣。"

实习生C："我觉得幼儿园教师的观念也比较落后，我在设计韵律活动时采用了让幼儿自主创编的方法，可幼儿园教师说孩子不会创编，上课时会比较乱，又让我改成教他们学习动作。"

实习生D："我觉得结合实习开展实践研究的想法挺好，但我们拿着研究计划无从下手。我们能否在参加教师的研究过程中慢慢学习？"

……

离开幼儿园与园长告别时，园长微笑地对我说："程老师，现在提倡幼儿园教师也要在研究中成长，但是教师们感觉力不从心。大家都盼着能在专家的引领下开展研究、获得进步，希望母校能给我们更多的支持与指导。这样，教师就能用更先进的理念指导实习生了，您看呢？"

回家以后，我的内心久久不能平静。从与多方的交谈中，我明显感觉到传统实训生态系统中几方存在着相互指责、抱怨的现象，生态系统已经开始失去平衡。"理论与实践的距离太远了"，学生的这句话一直萦绕在我耳边。的确，在专业理论课程教学中，先进而科学的教育理论"在空中高歌"的现象还是比较普遍的。学生通过课程学习，死记硬背一些教育概念、原理并在教育实践中简单套用，不善于用复杂的思维方式分析与应对千变万化的教育现象和个性化的教育问题，毕业后需要很长一段时间来适应我国幼儿园教育课程改革的需求，并可能缺乏可持续发展与创新教育的能力。幼儿园指导教师接受实训指导任务仅是源于园长布置的任务以及原始的母校情感，这种单向付出的额外负担与她们个人的专业成长脱节，极易使她们倦怠而应付了事。这样一来，指导学生实训的效果会大打折扣。

此时，我深刻反思，上述问题与我们"双师"素质不高、幼儿园实践经验不足及服务意识欠缺息息相关。虽然我们也坚持下园，但仅起着联系、沟通与管理等作用，缺乏长期深入的实践研究，与幼儿园一线教学改革实践联系得不够密切，在幼儿园教学改革理念、实践指导能力等方面更多停留在理论高度上，无法切实引领幼儿园的课程改革，且课程教学资源亟待建设。这样既影响课程教学的质量，又不利于调动幼儿园一线教师指导学生实践的积极性，我们自身的专业成长也无法有效实现。实训教学是学校人才培养与教学体系的重要组成部分，只有建设"教学研训一体化"的实训基地，合作共赢、可持续发展的实训生态系统才能得以有效构建。

二、事件描述

从2001年开始，在学校各级领导的大力支持与指导下，我们以课题研究为切入点，组建了由学前教育专业教师、音乐教育专业教师与幼儿园一线教师共同组成的课题研究团队，并引导学生参与其中，开展了"教学研训一体化"的实训基地建设系列工作。

(一)组建研究团队，分层次推进实训基地建设

2001年，我们先与福州市区的10所实训基地园的教师合作，组建了一个"紧密共建型"的课题研究小组，以学习贯彻《纲要》精神为切入点，以幼儿园音乐教育中存在的问题为抓手，开展合作性的课题研究，同时携手进行课程内容、教育资源、实训指导等方面的课程建设与实施工作。

2003年，为了能够更广泛地了解福建省幼儿园音乐教育课程改革的动态，同时也为了更好地满足学生回乡实践的需要，我们将研究范围扩大，以自愿为原则，征集福建省"审美与快乐"音乐教育课题研究的基地幼儿园。全省有30多所幼儿园130多位教师报名参与我们的课题研究。通过扎实的合作研究，我们将课题研究的理论与实践成果通过培训平台及时推向全省，基地园教师全部参与培训。

2004年，全省有60所幼儿园300多位教师报名参与我们的课题研究。

2008年，我们在近7年课题研究的基础上，成立了"福建学前儿童音乐教育研究中心"，全省有70所幼儿园通过申请成为我们研究中心的基地园。我们与这些基地园一直合作至今，从而有序推进学校所在地"紧密共建型"基地与全省"松散合作型"基地的区域联动、发展和整体提升。

(二)开展课题研究，分阶段研讨教育实践问题

课题研究团队在潜心解读《纲要》精神的基础上，构建了"幼儿审美感受与快乐表现"并重的幼儿园音乐教育观，从幼儿园音乐教育改革中的各种理论与实践问题入手，分阶段、持续深入开展幼儿园音乐教育课题研究。从最初的《纲要》精神的解读与初步贯彻，到促进幼儿音乐能力发展的研究，到幼儿音乐兴趣及游戏化音乐教育的研究，再到当前的《3—6岁儿童学习与发展指南》精神的贯彻研究……我们根据幼儿园教育改革的需要及幼儿园课题研究的实际水平，分阶段逐步推进，与基地园教师共同开展扎实深入的研究与实践，并指导学生边学习、边实践、边研究。

在课题立项上，我们先以学校重点课题为起点，逐步争取省教育厅、中国学前教育研究会等各级课题，10余年来主持了学校重点课题、福建省教育厅社会科学研究项目和中国学前教育研究会立项课题等8项有关学前儿童音乐教育的课题研究，长期坚持深入幼儿园一线，并引领与带动全省70多所基地园积极参与学前儿童音乐教育的课程改革与行动研究，取得了丰富的学前儿童音乐教育研究经验和教学研究成果，并反哺学前儿童音乐教育课程的教学改革和福建省在职教师培训，培训全省幼儿教师5000多人次，形成了富有特色的研究体系，在全省乃至全国产生了较大影响。

(三)以科研反哺教学，开发丰富多元的课程资源

通过长期深入的课题研究，我们积累了大量关于幼儿园音乐教育课程教学与改革的第一手资料，并通过研讨会、沙龙、QQ群等进行分享与交流。2003年以来，

我们每年举办一次全省性的课题研究观摩研讨会，并根据需要组织区域性研讨会。基地园的教师与学生共同参加，一起分享课题研究的理论与实践成果，共同开发了丰富多元的课程资源。

①课题负责人撰写的专著《审美与快乐——学前儿童音乐教育的理论与实践》与编著《幼儿园音乐教育》，基于长期的教学经验与深入的课题研究，为学生的课程学习提供了优质的教材。

②课题负责人主编、基地园骨干教师参编的《福建省幼儿园教师用书（音乐）》，将多年来课题研究基地的课程改革研究的优秀实践成果整理出版，并推广到全省幼儿园让教师共享，促进了全省幼儿园音乐教育的改革；同时，我们又将这些内容作为学生教学实训过程中宝贵的课程资源，反哺职前教育的课堂教学。

③我们建设了丰富、先进、多元的课程资源库：《幼儿园音乐教学设计优秀案例汇编》9本；《幼儿园音乐教育优秀论文汇编》9本；幼儿园音乐素材音像资料光盘35张，包括幼儿歌曲、律动音乐、奥尔夫音乐、体态律动、音乐欣赏作品等；幼儿园音乐教学音像光盘100张，荟萃了近10年来福建省各基地园及全国幼儿园近200个优秀音乐教学活动的实况录像；国内外知名儿童音乐教育家的教育讲座资料光盘34张。

④教学研训结合，建立学生专业成长系列档案。我们将研究与实训有机结合，利用学生下幼儿园开展实训活动过程中的教学系列推进、反思活动及课题研究过程中积累的资料，追踪学生专业成长过程的课程建设方式，将课程改革放眼于"学生学习经验的历程"，创造性地建立了学生在教学实训、幼儿园音乐教学研究等方面的专业成长系列档案。

上述资源为学生开阔视野、获取学科教学最新动态、增强理论与实践的联系等提供了有力支持。在学校教师、基地园教师、学生三方共同努力下，学前儿童音乐教育课程被建设为省级精品课程。

（四）建设研究平台，促"三师"共同成长

我们的研究团队于2008年建立了福建学前儿童音乐教育研究中心，并曾聘请南京师范大学博士生导师许卓娅教授、北京师范大学杨立梅教授等专家为研究顾问。通过该研究平台的示范与引领作用，通过联动和滚动的方式，并通过课题和项目，遍布福建省的70多个"教学科研""工学结合""培训"为一体的基地园的课程建设与教学改革实现带动，"三师"得到共同成长，基地园也逐步建设为各级示范性幼儿园。

首先，基地园教师的研究意识与教学改革能力不断增强，综合素质与实践指导能力也有了很大程度的提升。她们开发的100多个优秀教学活动在福建省观摩研讨中，有30多个被选送到全国观摩研讨会，获得好评；从2004年开始，在中国学前教育研究会课程与教学专业委员会每两年举办的"全国幼儿园优秀音乐教育论文与案例"评选活动中，基地园教师每年都有100多篇论文与案例获奖，还有30余篇论文与案例在各级各类刊物上发表。通过课题研究，基地园教师的专业能力获得了很大程度的提升。她们不仅增强了专业自信，还密切了与幼儿师范学校的情感联系，指导学生实训的积极性与能力也大大增强。经过长期的"教学研训一体化"合作，70%以上的基地园建设成为省级示范园。例如，福州融侨幼儿园这一民办幼儿园，通过长期以来的合作研究，建设成福建省首家民办性质的省级示范性幼儿园；闽侯县祥谦中心幼儿园是一所农村基地园，该园教师在多年合作研究的基础上，设计的音乐活动也被推荐为全国观摩研讨活动，其教学改革经验与案例也在《福建教育》上公开发表。一批骨干教师成为福建省幼教学科教学带头人，并受聘为高校的兼职教师，共同参与课程的教学与建设。

其次，通过参与教师精心指导的教学、实训以及课题研究，实习生的以《纲要》精神为指导的教育理念逐步内化。在多方努力与指导下，实习生设计的活动开始十分强调幼儿音乐教育的生活化、游戏化、个性化，能抓住音乐艺术的审美、独创与快乐体验等特点，能实践"审美感受与快乐表现"并重的学前儿童音乐教育观，增强了教育教学实践能力，并初步形成了教学反思能力及研究幼儿、研究教育教学的意识与能力，增强了专业可持续发展的后劲。在中国教师教育学会主办的第1～7届全国高校学前教育专业优秀毕业论文评选中，我校学生获一等奖的数量独占鳌头。

最后，学校教师在专业发展上也获得了长足进步，不仅教学水平显著提升，所建设的专业被评为省级精品专业，所建设的课程被评为省级精品课程，科研能力也突飞猛进，先后出版了专著、教材9部，在权威与核心刊物上发表研究论文30余篇。学校教师的幼儿园课程改革与科研的引领指导能力得到幼儿教师的普遍认可与一致好评。

三、反思

(一)以课题研究为链接点，构建和谐共赢、可持续发展的实训生态系统

在社会经济迅速发展的今天，片面依靠幼儿教师服务母校、奉献性地指导实习生的单向合作关系，或幼儿园将实习生当成简单劳动力使用等方式已经遭到挑战，并日益显示出其弊端。学校教师、实习生与基地园教师作为教育实训生态系统的几个重要因子，不再是相互独立的，不再是单边的服务或被服务的关系，而需建立起优势互补、相互促进、相互依存的和谐共赢体，这样才能确保该生态系统的各个环节不掉链脱钩，保证生态系统和谐、可持续发展。几个因子除了保持各自的角色特征与运行轨迹外，还必须拥有大家一致认可、共同合作的链接点。在当前"教师成为研究者"的教师专业成长需求的背景下，课题研究成为较为适宜的链接点。

生态链上各因子良好的人际关系是团队健康生存与可持续发展的基础和"润滑剂"。为了建设和谐共赢、可持续发展的实训生态系统，我们建立了平等对话、合作共赢的共同体，合作各方都尽量设身处地为对方着想，让整个研究机制更具民主性

与平等对话的氛围，使共同体的关系更显和谐。在研究过程中，共同体各方保持相互协作与支持的关系，在理论与实践方面优势互补，以确保实训生态系统的和谐平衡与可持续发展。

(二)让调查研究先行，确定循环互动式的选题

确定选题是课题研究中重要的第一关。我们强调"忌草率地择定课题"，认为只有经过观察教育实践与调查研究，从中发现值得研究的问题和解决问题的经验基础，经过初步的理论论证，才能确定课题。因此，在开题前，我们就对各基地园的音乐教育现状及幼儿教师普遍关心的教育问题以问卷与访谈等方式进行调查，并结合教育理论与课程改革精神，思考课题研究的理论意义与实践意义，并在科学论证的基础上初步拟订课题，之后与幼儿教师进行多次互动，探讨课题的实践价值与可行性，在理论与实践多次循环互动的基础上最终确定课题，以确保研究的深入、可持续发展。

(三)在扎根性的现场研究中，实现合作各方的有效互动与共同成长

高校教师与幼儿园一线教师合作研究的途径很多，如进修研习、主题报告、现场研究等。实践表明，现场研究是一种高效促进教师专业成长的经济、长效的合作研究方式，广受幼儿教师欢迎。因此，长期扎根幼儿园进行研讨，或根据需要组织集中性的现场观摩与研讨，是我们合作研究的重要方式。作为课题组教师的合作伙伴，学校专业教师的主要工作如下：观摩幼儿教师及实习教师在研究中的具体活动，聆听她们叙述各自在教育实践中的作为、对教育的感悟与理解、所遇到的问题以及试图尝试的行动方案，结合我们的理论思考与她们共同分析问题、讨论方案；既充分尊重幼儿教师的智慧与经验，又力图站在她们的位置上用更高的视角看待问题，发挥集体的智慧，开阔她们的视野，在解决实践问题的过程中增强她们专业成长的自豪感与成就感。

扎根教育现场的研究能很快地发现幼儿教师及实习教师的所思所想，找到教师专业成长中的两难困境。幼儿教师与实习教师在现场分析与研讨中逐步理解了"幼儿是学习的主体""教是为了不教"等抽象的教育理论，并将其逐步活化为指导自身教育实践的内在教育观与实践智慧。

总之，在这一民主平等的研究共同体中，幼儿教师及实习教师逐步学会了如何进行教育教学研究，并在此过程中学会了如何进行自我反思，如何制订研究方案，如何开展研究实践，如何在专家的引领下进行独立的分析与判断，如何将先进的教育理念纳入自己的教育实践，如何在螺旋式循环向上的研究过程中不断总结研究成果并将之推广应用等，从而逐步把自己从一个纯实践型的教师发展为研究型教师。这一研究共同体对幼儿教师专业成长的促进作用是十分显现的。学校专业教师也在其中增强了对教育理论的学习与思考，进一步提高了自主学习的要求与指导教育实践的专业能力，他们的科研知识、能力以及素养也在不断丰富，这就是实践研究对理论发展的反哺作用。因此，研究共同体是一种互惠互利的合作模式，合作各方都在其中共同成长。

师范院校女生宿舍人际冲突干预的案例分析

福建幼儿师范高等专科学校　罗香群

各级师范院校学前教育专业学生中女生的比例很高，有的甚至清一色都是女生。我在日常接待的学生心理咨询中，发现人际交往问题是大学生尤其是女生最突出的心理困扰之一，其中又以宿舍人际交往问题最为典型。宿舍是大学生在校期间学习生活与人际交往的重要场所，舍友是大学生交往最频繁的对象，宿舍人际关系的好坏对大学生的身心健康、学习生活以及幸福感都有着极大的影响。作为一名心理健康教育教师，我一直在思考该如何做好女生人际冲突的预防与干预工作。

一、案例背景

真正让我意识到做好女生宿舍人际冲突的预防与干预迫在眉睫，源于一起女生宿舍人际冲突事件。在这之前，我一直认为女生的人际冲突应该很少发展到暴力阶段，但一名辅导员告诉我他所带班级的一间女生宿舍闹得不可开交，出现暴力手段。

该宿舍住着6名女生，她们之间的矛盾闹到辅导员那里的时候是大二下学期接近期中的时候，她们之间的矛盾已经持续了一年多。根据舍友们的描述，大一刚入校时，大家还相处得不错，以姐妹相称，彼此也比较客气，互相尊重。可是好景不长，随着大家相处时间久了，各自的缺点也开始暴露出来了，6名女生慢慢分成了小团体，小莎（化名）是被舍友们孤立的一个。按舍友们的说法，这一矛盾源于小莎口是心非，经常对她们撒谎，撒谎的内容涉及同学关系、自身情感、对舍友的信任等问题，因而舍友们便慢慢疏远她，有时还会发生一些口角。一开始小莎不与舍友们沟通，甚至躲着不去面对，还曾经特别消沉，想要退学。但是真正使她们之间产生冲突的是小莎开始由过去的退缩转为攻击舍友，遇到宿舍的任何矛盾都首先向外人告状，如告知她以前的同学朋友，告知家人，有时还通过 QQ 和微博等进行言语攻击，尤其让舍友们无法接受的是小莎的父亲也参与到宿舍矛盾的解决中甚至当面抨击舍友。一开始时，彼此的误解还能适当缓和。经过这一波一折之后，舍友们到了无法容忍的地步，闹着要将小莎赶出宿舍，因此才将宿舍的矛盾告知辅导员。

二、案例描述

该事件引起了系部相关负责人和辅导员的高度重视，她们希望心理健康教育教师能介入并帮助调解该宿舍女生之间的矛盾。在辅导员的协助下,全体舍友同意接受心理辅导。因此,我决定对5人小团体进行团体辅导,对小莎进行个体咨询。

在辅导的设置上,我将团体辅导与个体咨询交叉进行,即在对5人小团体进行团体辅导的同时,对小莎进行个体咨询。将团体辅导与个体咨询相结合,有针对性地解决冲突,效果会更加显著,这也符合人际吸引中的交互性原则,即人际交往中的喜欢与厌恶、接近与疏远都是相互的,所以心理辅导也要符合人际交往的原则。

(一)团体辅导的过程与方法

团体辅导是与个别辅导相辅相成的一种心理咨询形式,是在团体情境下进行的一种心理辅导形式。通过团体内人际交互作用,成员在共同的活动中进行交往,使成员能通过一系列心理互动的过程探讨自我,尝试改变行为,学习新的行为方式,改善人际关系,从而解决生活中的问题。

考虑到5人小团体在这个宿舍是一个交往良好的小群体,只是和小莎无法正常交往,所以我认为对她们进行团体辅导是可行的。通过面谈,我发现这个5人小团体总体上身体健康,积极主动,无明显心理障碍,有意愿要改变当前舍友关系的现状,并保证能全程参加心理辅导,也愿意敞开心扉与我进行沟通交流。考虑到人际交往的交互性原则,我将此次团体辅导的实施过程分为两个阶段,第一阶段是5人团体辅导阶段,第二阶段则安排小莎加入,同时再招募20名成员参加。第一阶段为期3周,每周1次,总辅导时间为6小时。活动内容分为3个专题,专题一为"认识自我",专题二为"成功的交往与沟通",专题三为"人际关系的心理变量",让5名成员增强对自我的认识,学习与人沟通的技巧,并在相互信任与彼此接纳的游戏中重新认识自我和舍友。

第一阶段的团体辅导结束时,我对5名舍友进行逐一访谈,了解她们在宿舍与小莎的相处现状。访谈结果显示,她们表示愿意接受小莎,包括她的生活习惯、处事方式等,对之前要将小莎赶出宿舍的做法转变为"将与小莎的相处当成一次学习与人交往的机会,愿意接受小莎并尝试和她在同一宿舍继续相处下去"。根据辅导员的反馈,我得知她们之间从过去的对立状态转变为和平共处。同时,经过协商,5名舍友表示同意让小莎一起参加团体辅导。

第二阶段的团体辅导安排小莎与5人小团体共同参加,这一团体辅导安排在小莎第4次个体咨询结束后。这个阶段除了该宿舍的6名成员,还面向全校招募了以宿舍为单位的同样有宿舍交往障碍的3个宿舍共20名女生,通过横向比较让她们看看其他宿舍女生之间存在的交往问题以及处理方式。该阶段为期2周,每周1次,总辅导时间为4小时。专题一是"我想有个家",主要通过破冰、暖身小游戏、主题团队竞赛来培养小组成员的相互信任感,帮助她们更好地了解宿舍人际关系的内涵与意义,深化宿舍团体辅导的主题;专题二是"相亲相爱一家人",主要通过团队活动,让她们了解人际交往的基本知识,发现自己的问题,培养成员之间的合作能力,学会包容与接纳，学会跟舍友有效沟通，合理地解决冲突。

第二阶段的团体辅导结束时，我让所有成员写下想对自己舍友说的话。收集的结果显示，她们表示一天中一半以上的时间都是在宿舍度过的，同在一个屋檐下抬头不见低头见，她们渴望有一个良好的宿舍氛围，并希望大家平日里能多一些包容、谦让与沟通。

(二)个体咨询的过程与方法

根据5名舍友提供的信息及小莎自己的意见，我和小莎达成以下咨询目标。①具体目标与近期目标：引导她合理宣泄不良情绪，正确认识自我，认识他人，接纳舍友，改善当前人际关系。②最终目标与长期目标：帮助她塑造健康的人格，增强社会适应能力，尤其是人际关系方面的适应能力，建立良好的人际沟通模式，掌握健康有效的人际交往技巧。

通过交谈，我了解到小莎当前主要的心理困扰是对宿舍环境的不适应、与舍友关系紧张，这些都与其成长环境和自身个性特征有关。小莎是独生女，从小受到父母的百般呵护，没有集体生活的经验，自身性格较为内向，对身边人的一言一行过于敏感且不善言谈。除此之外，与舍友缺乏共同话题、生活习惯的差异也引发过一些摩擦。这些对小莎的情绪带来了负面影响，加重了她对舍友的偏见。如果不及时干预，小莎很容易陷入人际交往的恶性循环，并产生更为严重的心理问题。

根据以上了解与分析，考虑到小莎目前的心理问题还没达到严重程度和小莎作为一名大学生已具有一定的认知水平，我对其采用合理情绪疗法。该方法的操作性、目标性、时效性都较强，适合小莎目前的状态。同时，考虑到小莎当前正处在不良情绪状况中，伴有强烈抑郁现象，并有退学的念头，我们需要给予及时的心理支持与帮助。人的态度和行为方式的改变需要一定的时间。因此，我在小莎的心理咨询时间设置上遵循先密后疏的原则，共安排5次心理咨询，每次1小时，具体安排为第一次与第二次间隔2日，第三次与第二次间隔1周、第四次与第三次、第五次与第四次分别间隔2周。

第一次咨询主要在于了解小莎的基本情况并完成SCL-90测验和艾森克人格测验，结合心理测验结果，对小莎的心理状况和人格特征做初步分析，并安排小莎完成第一次作业"我是谁"，让小莎从"我自己眼中的我""父母眼中的我""高中同学眼中的我""舍友眼中的我"等角度罗列自己在性格、生活环境、人际关系等方面的优势和不足。

第二次咨询主要帮助小莎分析自己的优势和不足，并要求小莎将自己目前遇到的困扰按严重程度排列出5项，并反思自己的解决方式。我发现小莎对自身的不足认识不够，经常把责任和错误归咎于他人。针对发现的问题，我安排小莎做第二次作业：①跟关系较好的同学或朋友交流自己所遇到的困难及解决办法；②多观察舍友，每天至少记录一条舍友的优点或值得学习的地方。

第三次咨询中，小莎分享她找到的解决问题的办法，并将一周来发现的舍友的优点进行总结。我发现小莎学着发现舍友的优点时很勉强，但还是坚持记录了一周。因此，本次咨询的重点是与小莎讨论人际交往经验，分析她的个性、认知及人际交往技巧方面的优势与不足。我发现小莎对他人存在不合理的认知，所以布置第三次咨询作业：①继续坚持每天记录舍友和班级同学的优点；②对舍友的哪些看法或认识让自己感觉不舒服，一一列举；③观察舍友对自己的态度，并记录自己的内心感受；④阅读一本有关人际沟通的书籍；⑤当对舍友存在不满情绪时，记录自己如何宣泄。

第四次咨询时，我得知在辅导员的帮助下，小莎参加过两次舍友聚餐，氛围还算融洽。小莎也找出了一些自己对舍友的误解和不合理认知，表示希望得到帮助并改进。因此，此次咨询的重点放在改变小莎的不合理认识上，如"总是觉得舍友说她值日时做得不够好，那是她们在故意找事"，"睡觉时，大家都应该关灯并不能出声"等，同时要求小莎回忆入学以来与舍友交往成功及失败的各种经历，找出原因，并总结适合自己与舍友的交往方式。

第四次咨询结束时，小莎慢慢意识到自己存在斤斤计较、敏感、太以自我为中心等不足，发现自己有时确实误解了舍友，并后悔当时太冲动在微博上公开辱骂舍友，表示今后如果再和同学起冲突时，不再让家长过多介入。征求小莎的意见后，小莎表示愿意一起参加其他5名舍友的团队活动。

第五次咨询时，小莎表示通过参加宿舍团体辅导自己很受启发，因为自己以前从没住过集体宿舍，住在该宿舍快两年了也没用心尝试跟舍友好好相处，并认识到"如果自己不太敏感的话，其实舍友们也没想象中那么针对自己"，"其实有一两名舍友平时还是会找我说说话、邀我一起到食堂吃饭的"。小莎表示会继续努力，这样做不仅为了和舍友友好相处，也为了自己能更快乐地学习和生活。

5次心理咨询结束时，小莎认为："我觉得住在这间宿舍也没有那么糟糕，其实每个人都有自己的优点，我今后绝对不会在微博上辱骂别人了，我相信以后我会跟别人友好相处。"辅导员反馈小莎开始把注意力放在学习上，甚至打算毕业时参加专升本的考试，不再纠缠宿舍同学关系。考虑到小莎之前的抑郁症状分数较高，我给小莎做了抑郁自评量表(SDS)测试，发现小莎没有抑郁症状，同时发现小莎不仅跟舍友的相处有变化，她的个性也获得一定程度的改善。

三、案例反思与启示

(一)及时发现、适时介入、科学指导，是干预女生宿舍人际冲突的关键

1. 及时发现

该案例的发现不够及时，该案例从该宿舍开始产生摩擦到家长的介入，再到辅导员、系部相关负责人的知晓，最后到心理咨询教师进行干预时，已经历时一年多，

这给干预带来了很大的困难,干预的效果也受到很大的影响。因此,此次干预能让她们和平共处、各退一步已经是很理想的状态了。心理咨询的作用毕竟是很有限的,因此,有些宿舍人际冲突如果发现不及时、干预不及时的话,最后就只能通过重新调整宿舍的方式来缓解。在日常的学生管理工作中,相关人员要及时发现宿舍内部存在的小矛盾,防止矛盾积压而引起大冲突。

2. 适时介入

该案例引发宿舍出现暴力相向的原因是小莎父亲的介入,家长的介入令舍友们非常反感。之后,相关学生工作负责人先后介入并进行调解,这些调解使得学生的矛盾转为"地下战",实际冲突并没有缓解。大学生大都已经是成人,她们渴望得到尊重,并希望能自己独立地解决问题,而小莎父亲的介入甚至直面抨击她们,很容易激怒她们。相关学生工作负责人如果在学生的隔阂已经很深的情况下,还是一味地以说教和命令的方式要求她们的话,很难得到大家的信任,冲突的调解效果就会微乎其微。因此,我认为不管是家长的介入,还是学生工作负责人的介入,甚至是心理咨询教师的介入都要适时,同时一定要以为了学生的成长为目的。家长的介入不能只是为了维护自己孩子的利益,教师的介入不能只是为了平息学生的冲突。家长和教师的介入不要各自为政,要沟通交流。另外,人际冲突存在反复性和难以调解等特点,所以介入还要坚持定期跟踪。当学生的冲突已经发展到她们自己无法调解的时候,她们不仅需要家长、学生工作负责人、心理咨询教师的共同介入,还需要长期的跟踪与沟通交流。

3. 科学指导

单纯的说教很难让学生真正信服,因此,科学的干预方法就显得很重要。根据我对本案例的干预及近几年从事大学生心理咨询工作的经验,并参考相关研究,我认为采用团体辅导与个体咨询相结合的方法是干预女生宿舍人际冲突的有效做法。团体辅导是一项需要在相互协作的情境下完成的辅导活动,经常被认为是一个通过成员相互作用来协助成员自我了解、自我抉择、自我发展进而自我实现的一个学习过程。团体辅导对于人际关系适应不良的人有着特别的作用。已有的研究表明,团体辅导对改善女生的孤独感、社交焦虑、交往回避与苦恼,增强女生的自信心效果明显。宿舍通常是由4~8名学生组成的一个小团体,如果能通过发挥宿舍成员自身的力量来促进宿舍成员和谐相处,其效果将远远超过教师的说教。同时,在平时的学生教育管理过程中,相关人员也可以通过开展专题团队活动来促进学生加强自我认识,学习悦纳自我和接纳他人,学习人际沟通与交往的技巧,以预防人际冲突的发生。而对于一些存在人格缺陷、与他人生活习惯差异较大、过于自我等的学生,则除了让其参与团体辅导,还必须对其进行个体咨询,这样才能真正地解决学生的个人问题,并最终改善其人际关系状况。

因此,对女生宿舍人际冲突的干预,关键在于发现要及时、干预要及时,介入要适时适度，方法要讲究科学性与针对性，这样很多时候就可以避免人际冲突问题恶化到暴力相向的程度。

(二) 以预防教育为主，是干预女生宿舍人际冲突的指导思想

该案例中，当辅导员知情时，该宿舍女生的冲突已经发展到了暴力相向的程度。俗话说"破镜重圆终有痕"，当友谊出现了裂痕，便很难回到从前。女生宿舍人际冲突问题很容易给学校的管理埋下安全隐患，宿舍人际冲突所引发的校园恶性事件时有发生。因此，大学生辅导员、导师等学生工作者和心理健康教育工作者，一要有防患于未然的意识，经常深入学生群体，及时发现学生之间的问题，将人际冲突危机扼杀在萌芽状态；二要以预防教育为主，开展人际交往专题教育，系统传授人际交往知识和技巧，开展人际交往团队训练，让学生体验人际交往的快乐。我在一项女生宿舍人际关系的问卷调查中发现，女生认为宿舍人际关系比较重要和非常重要的比例高达95.1%，可见绝大多数女生都很重视宿舍人际关系，但因为生活习惯的差异、个性差异及人际交往技巧不足等，仍有49.2%的女生认为自己经常因为找不到合适的方法而在与舍友交往时而感到苦恼。这也说明在女生中开展人际交往教育的重要性与紧迫性。

(三) 健全预防与干预体系，是干预女生宿舍人际冲突的重要保障

女生宿舍人际冲突的干预是一项系统工程，仅靠高校辅导员与心理咨询教师的教育与辅导是远远不够的，必须集合学校与家庭的双重力量，发动一切可以发动的力量。本案例中，家长参与到宿舍冲突的调解中，但家长是以维护者的角色出现的，不仅没有起到调解作用，反而还激怒了舍友。除此之外，在调解该宿舍的人际冲突时，学校相关负责人也介入了，但是没有建立起顺畅的沟通渠道。因此，平时的学生管理工作可以创建"学校—家庭""宿舍—辅导员—心理咨询中心"的快速反应通道，形成一个相互作用、有机结合的预防与干预工作网络体系，并建立"预防教育—早期预警—危机诊断—危机干预—后期跟踪"的全方位工作机制，这将有利于人际冲突的及时发现、及时报告、及时干预和定期跟踪。其中，建立学生人际危机报告制度可以起到很好的预警作用。日常工作中，相关人员要重视宿舍信息员、辅导员的信息汇报工作，即要求宿舍信息员发现宿舍存在危机情况时第一时间向辅导员汇报，辅导员每月定期向心理咨询中心汇报学生的心理动态情况，以便及时掌握存在心理危机的学生动态。宿舍人际冲突的干预是一项连续性、长期性的工作，加强后期跟踪是必不可少的。顺畅沟通渠道，做好早期预防、中期干预和后期跟踪，是干预女生宿舍人际冲突的重要保障。

运用非暴力沟通化解学生宿舍矛盾的尝试

——以宿舍午间矛盾的平息为例

福建幼儿师范高等专科学校　钟丽锋

非暴力沟通，又称为爱的语言、长颈鹿语言，是马歇尔·卢森堡博士发现的一种沟通方式，依照它来谈话和聆听，能使人们情意相通、和谐相处。在学生工作中，辅导员经常会遇到比较棘手的问题，尤其是在如何帮助学生处理好人际关系矛盾方面，辅导员缺乏理论指导和成功经验。

学生宿舍矛盾较为常见。2015年3月中国青年报社会调查中心对1355名大学生进行的宿舍问题专项调查显示，70.5%的受访学生曾为宿舍矛盾而感到烦恼，67.6%的受访学生曾想调换宿舍。宿舍矛盾产生的主因是舍友生活习惯不同、缺乏沟通、性格不合。

本文从一间学生宿舍的矛盾爆发说起，运用非暴力沟通这种新的沟通方式成功化解矛盾，实现学生之间的和谐共处，在一定程度上为此类问题的解决提供了经验。

一、宿舍午间矛盾的爆发

某宿舍住着Z、L、M、W 4名女生，平常她们一起上课或两两走在一起。一天，M、W来到我的办公室，要求换宿舍。我问起换宿舍的理由和近期宿舍是不是有什么不愉快的事情发生，两个人都不愿说。在我再三追问下，她们只说："性格不合没必要住在一起！"考虑到此间宿舍之前已经有两名学生搬离，这两名学生又并没有说明换宿舍的具体原因，若仅仅因为一点小事就同意学生换宿舍，无形中会让学生学会以逃避的方式解决问题，恐不利于宿舍管理和学生独立解决问题能力的培养，所以我没有同意她们换宿舍，而是要求她们回去后多与宿舍其他成员沟通、和睦相处。

第二天傍晚，我遇见该宿舍的舍长Z，她说自己很苦恼，想找我谈一谈。Z反映宿舍气氛怪怪的。对此，我建议Z做些工作，鼓励她在宿舍遇到问题的时候试着独立解决问题，建议她组织宿舍同学开会，让大家开诚布公地说出真实的想法，找找问题出在哪里，商量好对策。Z表示愿意尝试一下，然后向我反馈效果。

两天后的中午1点，我未等到反馈信息，却接到一名学生干部发来的短信："老师，快来，407宿舍要打起来了，很多人围在这里。"几分钟后，我来到该宿舍，发现宿舍门口围聚着一群本班学生，宿舍里面有3名其他班级的学生正在七嘴八舌地"调解"，而该宿舍的4名学生却黑着脸，站着不说话。

二、运用非暴力沟通平息矛盾

见此状况，我立即明白了该宿舍的矛盾已经恶化，让学生自己通过沟通来化解矛盾的计划已经失败，宿舍矛盾已经公开化、炽热化，演变成了一场"战争"，牵涉不同宿舍、不同班级、不同年级的学生，变得更加复杂。我必须立即采取措施查明问题，从根源上化解矛盾，防止事态进一步恶化。由于事发突然，对涉事双方分开了解再做教育的传统办法在时间上不可行，我采取了新的化解矛盾的办法——非暴力沟通。具体措施如下。

（一）疏散围观学生，创设沟通情境

疏散无关人员，让宿舍静下来。先叫111班的学生回去休息，对留在宿舍的其他班级、其他年级的3名学生进行劝离。她们是宿舍长Z叫来的老乡，认为Z受了"欺负"不愿离开，要帮助该宿舍解决问题，但宿舍其他成员并不信任她们。我劝导她们离开，强调这是407宿舍内部的问题，最终要通过她们自己解决。无关学生走后，我关好门，请对峙站立的学生坐下放松心情。

（二）了解冲突起因，缓和沟通氛围

宿舍里紧张的氛围已经持续了几天，矛盾双方都很不舒服，但她们找完我以后并没有坐下来谈谈，宿舍紧张的气氛依然如故。M、W对Z的不满情绪在逐渐积聚，但并不言明，而是通过不与Z说话、不与Z交流等"冷战""暗战"的方式在表达自己的不满。察觉宿舍氛围怪怪的Z不知问题从何而起，但她感觉到了M、W两人对自己的不友善。宿舍成员的敌意在蔓延，像一个气球一样在膨胀，引爆它的是中午的拉窗帘事件。当日中午，准备休息的W不顾正在写作业的L（L的床位靠近窗户），面无表情地走过去重重地拉上窗帘，窗帘撕拉的声音牵动着宿舍里每个人的神经。L没有了光线写不了作业，不满W的做法但克制了情绪，没有说什么。Z见状，走过去以更大的力气拉开窗帘。大家立即吵起来，M叫来20多名同学来评理。这些同学围在门口观看，不说话。Z见状也马上打电话给自己的老乡，叫她们快来帮自己，于是就有了我看到的围观一幕。

（三）取得学生信任，奠定沟通基础

宿舍内部矛盾演变成一场全班级、不同年级学生卷入的公开争吵，双方都觉得难堪。我询问她们想不想解决问题，她们都说想。既然双方都有解决问题的意愿，

接下来我询问她们是否同意由我作为第三方来主持调解她们之间存在的矛盾,她们表示同意。在正式调解之前,我表明我将持中立的态度,不偏袒任何一方,取得双方的信任。同时为了保证调解有效,我要求她们开诚布公地说出内心的真实想法,她们表示可以做到。接着,我指出她们争吵的根源,即遇到问题不沟通,希望别人来猜自己的心思或是让别人完全按照自己的意愿行事。平和、理性的沟通才是有效的沟通,我向她们强调正确沟通、非暴力沟通的重要性。

(四)倾听双方感受,纠正偏差,端正认识

1. 快速列出事件,了解学生之间的分歧和不同感受

鉴于之前 M、W 不愿说出自己的想法,而 Z、L 两人又不知引发此次问题的起点在哪里,分开询问又需要很长的时间,而且分开询问还容易让学生胡思乱想、猜忌对方是否向我告状,不利于解决问题,因此,我征得她们的同意,采取了快速有效的现场列清单法,即让每个人都写出自己和他人的优点和缺点,写出内心的感受,由我一一读出(见表6-1)。我如果有不明白的地方会进行追问,让宿舍成员补充或解释说明为什么形成这样的感受,澄清自己为什么这样做,以观察宿舍成员之间的不满和敌意的起源,摸清隔阂,顺蔓摸瓜找准问题。这样,我既能在较短的时间内迅速地掌握学生的想法,帮助她们端正认识、纠正错误思想、改正错误做法,还可以让宿舍成员相互"照镜子",看看"心中的我"和"别人眼中的我"的差距,引导学生认识自己的感受哪些是合理的,哪些是有偏差或错误的。

表 6-1 学生的优缺点、个人感受及调解着眼点清单

姓名	自己的优点	自己的缺点	W的优点	W的缺点	M的优点	M的缺点	备注
Z	敢作敢为,为大局着想,不爱记仇,敢于为宿舍做事。	控制不住自己的情绪,看不惯不顺眼的事。		虚伪,喜欢卖弄,在宿舍和外面是两个样子,一有什么小矛盾就爱煽风点火,还叫别人也针对我们,妒忌心强。		爱搬弄是非、挑拨离间,自己有事需要帮忙的时候就无比亲近,没事时就爱答不理,不认真值日。	第一次写
			本来觉得她还挺好的、挺温柔的。	势利,不懂事,主观情绪很强,喜欢把气撒在我们身上。	觉得她还不错,挺单纯可爱的。	爱跟风,多嘴,胆小怕事。	第二次写

管 理 篇

续表

姓名	自己的优点	自己的缺点	L的优点	L的缺点	Z的优点	Z的缺点	备注
M	不爱跟人计较，安静。	说不过别人，不懂如何表达。	对事不对人！我们只是不能和Z相处，不针对L。		活泼开朗	不顾别人感受。（能说出的委屈便不算委屈，个中滋味要自己体会。品味不同，性格不合，个人修养不同，就是合不来。）	

姓名	对W的意见及自己的想法	对M的意见及自己的想法	备注
L	1. W的舞跳得不错，但没见她对我们有多大帮助。在平常生活中，我不喜欢和别人闹僵，所以总会和她们开玩笑，但实在不喜欢有事献殷勤。我平时说话时已尽量小心，但她们俩（M、W）有时会莫名其妙给脸色。我本来就是第一次过集体生活，对同学之间的困难能帮也会帮。也许是因为第一次（住宿舍），所以有些话是"说者无心，听者有意"。我其实就希望大家有什么不满可以在宿舍说，没必要跑其他宿舍抱怨。 2. W平时不仅注重打扮、喷香水，还总在别人面前表现得很好，但回到宿舍又说自己开销太大以后要节省。 3. 近期又在宿舍说想申请生源地贷款，但在其他同学面前绝口不提。	M在我面前甚至还说W的不是，我们听听也就过了。有事时她就很殷勤，没事就给脸色。每次带东西，我都会问大家要不要吃，M、W也都会拿。但她们不给我东西就算了，有必要偷偷拿给Z吗？就不和我分享吗？平时我对她们有太多意见，有时候觉得妒忌心很可怕。我可能和Z走得近了些，那也没什么。	L对Z非常依赖，两人形影不离

问题与纠正	1. 宿舍有问题要学会相互沟通，尽量通过正确的方式解决问题。散布宿舍问题、叫别人一起争吵不利于团结。 2. 宿舍成员要相互尊重，相互包容，不要较真，不要斤斤计较。 3. 尊重不同的生活方式，求同存异，相互宽容，以和为贵，做到宽以待人、严于律己，制定宿舍公约，遵守宿舍作息时间，维护好宿舍卫生。 4. 爱美是人的天性，打扮是个人的自由，但要合理消费、支出有度。 5. 合理控制情绪，做情绪的主人。 6. 想得到同学的帮助或者分享可以直接说出来，不能让别人猜自己的心思。 7. 换位思考，多做利于团结的事，不做不利于团结的事，不说不利于团结的话。

37

2. 以澄清事件为着眼点,纠正偏差,弥合裂痕

从学生所写可见,她们均存在认识上的偏差和观念上的差异。学生写的意见、说的事情能够清晰地显示出双方的分歧,映射出各自的价值观念。我逐一读出学生写的内容,让双方对同一事件说出自己的感受,对没有机会说出的事件进行澄清,创设一个对话的平台。在这个平台上,我引导学生相互倾听,尊重对方的感受,解释自己做事情的初衷,善意地理解他人,尊重对方的合理情绪。同时,我帮助她们认识到各自存在的问题,纠正她们的错误观念,帮助她们消除隔阂、恢复信任,重新建立良性的关系。

(五)拥抱融冰,巩固沟通成果

经过两小时的谈话,宿舍成员均能够认识到自己的问题,也明白了沟通的重要性。把话说开后,双方的意见没有了,敌意也随之消除,她们开始为之前的冲动感到难为情。从她们的肢体语言来看,她们从我刚进门时各自站立僵持、初坐下时候的勉强、身体紧绷,到最后面带笑容,说明她们已经相互谅解。我建议她们用一个大大的拥抱结束沟通。这是因为身体的接触有助于减缓紧张关系,传达友好,让彼此感受到爱、信任和亲密,促进双方关系的恢复。

三、案例反思

高校辅导员是开展大学生思想政治教育的骨干力量,是高校学生日常思想政治教育和管理工作的组织者、实施者和指导者。辅导员的主要工作职责之一就是有针对性地帮助学生处理好生活等方面的具体问题。在日常事务管理中,辅导员面对学生的人际关系困境,要善于运用社会学、心理学等方面的知识,在科学理论的指导下帮助学生走出困境,提高工作的科学性。用非暴力沟通的办法处理好了这次宿舍问题,让我体验到巨大的成就感,也促使我对大学生和谐宿舍的建设进行了以下思考。

(一)要高度重视大学生宿舍存在的人际关系问题

宿舍是大学生的栖息地,应该有"家"的温暖。但遗憾的是,这个大学生生活、休息、交流和情感传递的主要场所,似乎成了大学生学会群体生活的第一道关卡,并且不少大学生难以通过这道关卡。许多大学生虽然从年龄上来看已经是成年人,但在人际关系方面仍显得比较幼稚,往往采取不正确的方式处理问题,导致矛盾激化,造成不良后果。在宿舍生活中,有些学生因为舍友对自己不友好、受到舍友排斥等而变得心情低落,情绪波动很大,出现睡眠障碍,出现吵架等泄愤举动,严重的还会自残、轻生、伤害他人。学生的状态牵动着家长的心。有些家长甚至卷入宿舍矛盾,认为自家孩子受到了"欺负"或不公平待遇,一味地维护自家孩子,冲到学校来责怪老师、辱骂同学,甚至纠结一群人来威胁、恫吓孩子的舍友,使矛盾变得

愈加复杂。

宿舍矛盾具有隐蔽性，辅导员要善于发现隐藏的宿舍问题。一般来说，学生不太愿意告诉辅导员宿舍有矛盾，等学生主动反映问题或辅导员发现时问题已经比较严重了。学生在宿舍受了"委屈"常常选择忍。他们之所以忍，是因为有很多顾虑：他们认为这是"家丑"，不好意思说；跟辅导员说了，会被同学认为是"告密者""叛徒"，将遭到舍友更坏的对待；跟辅导员说了也没用。有些学生向辅导员诉说自己的宿舍矛盾，是基于对辅导员的信任，希望得到辅导员的情感支持和指导，并不希望辅导员直接介入事件，比如，他们会说"辅导员，我跟你说完心里好多了，你不要去找他们。"

当学生主动向辅导员诉说宿舍矛盾时，辅导员要分清情况，评估一下矛盾的严重程度，决定是否直接介入，要寻找合适的介入时机。辅导员贸然介入宿舍矛盾会招致对立方的反感，不利于调解矛盾。在本次事件中，我虽然追问过学生想换宿舍的原因，也建议宿舍成员开会自我调解，但给予建议后没有及时跟踪落实，低估了矛盾的尖锐程度，高估了学生自我调解的能力，给了矛盾滋生的空间。作为高校思想政治教育工作者，辅导员要善于发现学生宿舍存在的问题，在接到学生的求助信息后要主动跟踪进展，防止事态进一步发展。前期的预防、疏导比事后的刚性处置更重要，做好大学生宿舍矛盾的预防工作可以避免矛盾的扩大。这意味着辅导员要下移学生管理重心，深入学生，与学生谈心、交朋友，及时发现学生中存在的矛盾。

（二）要正确理解矛盾背后的心理诉求

宿舍是学生生活、休息、交流和情感传递的主要场所，是学生生存的重要空间。从马斯洛需要层次理论来看，人人均有安全需要、情感和归属的需要。人有很多情绪：快乐、悲伤、焦虑、愤怒等。但人的心灵深处只有两种情绪：爱和恐惧。所有的正面情绪都来自爱，所有的负面情绪都来自恐惧。而恐惧的情绪往往也来自对爱的渴望。一个和谐温馨的宿舍，能够满足成员的安全需要，满足成员情感和归属的需要。当宿舍出现不和谐之音时，学生的安全感、归属感遭到破坏，身心会受到很大的影响，他们无法安心学习、做好其他事情。隐藏在矛盾背后的心理诉求是她们希望得到接纳、爱与关怀。这一需求是化解宿舍矛盾的基础。

在本案例中，Z、L两人关系的亲密引发W、M的妒忌，因为M、W渴望大家都亲密；L希望W主动帮忙辅导舞蹈、分享食物，是希望得到宿舍成员一致的爱和友好、平等的对待。M同学想搬离宿舍，是因为她觉得这个宿舍满足不了她的需求，甚至觉得她的需求受到了压制，寄希望搬去一个她认为能够满足她安全的需要、情感和归属的需要的宿舍。实际上，M同学提出的性格不合不是最重要的原因，主要原因是她不满Z的强势性格，认为自己生活在Z的阴影下，心情不愉快，不满情绪在积累。在此之前，她们4个人相处得不错。为什么宿舍有6个人时M没有表现出对Z的敌意呢？那是因为她们能够相互接纳。两名舍友走了之后，4个人没有变得更加融洽，反而有了裂痕，这与 M 的需求没有得到满足有关，所以她产生了不满情绪，发动了对 Z 的攻击。调解宿舍矛盾时，辅导员一定要耐心倾听矛盾双方的诉说，也要尽量尊重学生，最大限度地维护学生的正当权益，要通过学生说的具体事情捕捉到背后真正的诉求，满足正当合理的需求，纠正无理的要求，帮助学生通过非暴力沟通达成共识，共同维护宿舍的和谐。

(三)引导学生运用非暴力沟通化解矛盾

沟通是人与人之间的"交通工具"。大学生缺乏人际交往经验和沟通技巧。作为教师，辅导员要引导学生掌握沟通技巧，理性对待矛盾，通过非暴力沟通减少分歧、化解矛盾。

非暴力沟通通过语言捕捉人们的需要，通过一些原则和方式增强自己与他人的联系，进而达到最终目的——促进人与人的友爱互助，建立协作性的人际关系。它认为，当我们专注于澄清彼此的观察、感受、需要和请求而不是分析和评判时，我们将发现自己内在的慈悲，这有助于促进相互尊重、关注和理解，进而引发双方互助的愿望。非暴力沟通强调，感受的根源在于我们自身的需求和期待，所以我们要接受情绪，理解情绪背后的感受。Z、L、M、W 4 名女生基于各自内心的一套信念系统(信念、价值观)，有自身的需求和期待。本案例中，我让学生写出内心的想法，再由辅导员一一读出她们的实际想法，就是运用非暴力沟通的技巧澄清宿舍成员彼此的观察、感受、需要和请求，品读宿舍成员的需要信息的过程。正确理解学生的需求才能有效调解矛盾。

(四)要积极开展和谐宿舍建设

和谐的宿舍需要宿舍成员共同经营和维护，需要教育者有意识地培养学生的人际交往能力。宿舍是开展思想政治教育的重要场所。开展丰富多彩的文娱活动，创设平台让学生经常性地进行非暴力沟通，有助于培养温馨、友爱的集体。民主生活会进宿舍，是建设和谐宿舍的尝试。实践证明，民主生活会进宿舍能够取得良好的效果，有助于学生融合相处，促进宿舍和谐。为此，我校学工部开辟出宿舍思想教育阵地，每个月开展一次宿舍和谐班会，搭建学生沟通的良好平台，把和谐宿舍建设变成一个课堂。这项举措弥补了当前学生人际关系交往教育方面的不足，给予空间让学生探索和谐模式的建立，有助于培养学生开创美好生活的能力。

学术治校　促进学校转型与内涵建设

——记广西幼儿师范高等专科学校学术委员会创建

广西幼儿师范高等专科学校　周燕军　梁雄霞

2009年，我校升格为高等专科学校，学校迎来了向前发展的良好机遇。为此，学校的组织架构随着学校的发展有了新的调整，首次组建了具有高校特色的学术委员会，并充分发挥学术委员会的作用，以学术治校，促进学校内涵建设，完善现代大学制度，进一步推动我校职业教育的发展。

一、案例背景

2009年3月，学校经教育部批准升格为广西幼儿师范高等专科学校。学校转型之际，恰逢国家颁布《国家中长期教育改革和发展规划纲要（2010—2020年）》（本文中简称《纲要》）。《纲要》是指导我国教育改革发展的纲领性文件，为我校的转型发展提供了方向与思路。《纲要》第六章"职业教育"第十四条明确提出大力发展职业教育。在我国职业教育进入快速发展阶段的时候，我校由中等职业学校向高等职业学校转型，迎来了良好的发展机遇。《纲要》第十三章"建设现代学校制度"的第四十条"完善中国特色现代大学制度"提出，充分发挥学术委员会在学科建设、学术评价、学术发展中的重要作用，探索教授治学的有效途径，充分发挥教授在教学、学术研究和学校管理中的作用。

此外，《中华人民共和国高等教育法》第四章"高等学校的组织和活动"第四十二条亦提及学术委员会的建立：高等学校设立学术委员会，审议学科建设、专业设置、教学、科学研究计划方案；评定教学、科学研究成果等。我校升格之前，没有成立学术委员会，升格为高等专科学校后，力争在职业教育发展新时期完善现代大学制度，遂组建首届学术委员会。2014年出台的《高等学校学术委员会规程》是我国关于高校学术委员会的专门法规，为我校学术委员会在组织构成、职责权限、管理运行方面提供了指导。因此，根据国家政策法规，建立具有学校自身特色的现代大学制度，组建学校学术委员会，是我校转型发展的必经之路。

二、事件描述

(一)第一阶段：创建阶段

1. 创建学术委员会

2009年3月，学校升格后，为建立现代大学制度，进一步促进我校学术活动的开展，加强和规范学术活动的管理，创造良好的校园学术氛围，同年11月决定组建广西幼儿师范高等专科学校第一届学术委员会，成立学术委员会秘书处，将秘书处设在改革与发展规划处。广西幼儿师范高等专科学校第一届学术委员会组建事宜通过学术委员会秘书处正式公布，明确学校学术委员的入选范围、条件、程序及办法。经过一年多的筹备，学术委员会于2011年4月正式成立。根据学校的发展以及组成人员自身的情况，学术委员会成员每年相应地进行一定的调整。

2. 制定学术委员会章程

组织的良好运行，离不开制度的保障。学术委员会在成立以后，着手制定学术委员会章程。学术委员会的委员结合学校整体工作及总体目标，厘清工作思路，明确学术委员会的工作目标和重点，多次召开相关讨论会，反复修改，最后于2012年3月公布《广西幼儿师范高等专科学校学术委员会章程（试行）》。2014年11月，学术委员会在广泛收集师生反馈意见的基础上，对试行的章程内容进行了认真修改。

(1)副主任委员、秘书长任职人员的变动

学术委员会副主任由2名减少至1名；主管教务科研的副校长、教务与科研管理处处长担任副主任改为改革与发展规划处处长兼任秘书处处长一职。

(2)部分职能移交教学工作委员会

根据教育部《关于加强高职高专教育人才培养工作的意见》精神，高职高专院校要建立教学工作委员会。为促进学校教学管理工作的制度化、规范化、民主化和科学化，建立和完善教学质量保障体系，不断提高教学工作水平和人才培养质量，结合学校的人才培养工作评估实际情况，2012年，我校成立了教学工作委员会，由若干位教师代表和教学管理人员组成，由校长任主任，由主管教务与科研的副校长任副主任，并制定委员会章程。学术委员会的专业人才培养方案、专业建设发展规划、教学团队建设等的审核职能移交教学工作委员会。

经过此次修改后，我校于2014年11月形成了《广西幼儿师范高等专科学校学术委员会章程（修订）》。修订后的章程共分为6章21条，学校学术委员会的组织、职责及其议事规则更加明确、清晰。

3. 坚持"三个面向"开展各类学术讲座

(1)面向教职工群体的学术讲座

教职工是提高学校学术水平的主力军。学术委员会组建后，积极开展面向教职工群体的学术讲座，旨在提高教职工的学术水平。2009年学校新班子到任后，为了进一步转变教职工的工作观念，提升工作能力，实现人才培养工作的转型，书记、校长带头开展学术讲座，围绕教职工的角色定位、高职高专人才培养、高职高专课程开发、学校内涵建设等，广邀校内外、国内外专家学者到我校开设学术讲座。2009—2013年学校累计开展学术讲座40余场。其中，学校的书记面向全体教职工做了题为"转变作风·克难攻坚·努力开创学校科学发展新局面"的讲座，学术委员会主任面向全体教职工做了"认知·定位·执行力""教育教学改革及其选题与论证""人才培养水平评估体系解析与总体工作规划"等讲座，清华大学教育研究院韩锡斌博士做了题为"面向数字时代：职业院校教育教学的变革"的讲座等。

（2）面向在校学生群体的学术讲座

学校学术活动的开展应当将在校学生纳进来。为形成浓厚的学术氛围，提高学生的学术素养，进一步推动学校职业教育的发展，学术委员会于2012年邀请了儿童音乐教育家陈泽铭先生、中国教育科学研究院早期教育研究中心主任白爱宝女士等专家做了题为"关注音乐儿童教育""早期阅读与儿童发展"等的讲座。专家通过诙谐风趣的语言和多种讲演方式，将专业知识传输给学生，拓宽了学生的专业视野，激发了学生的学习兴趣，同时让学生感受到学校的学术气息。学术委员会的作用得以彰显。

（3）面向职后学员的学术讲座

我校推行幼儿教师职前职后一体化教育。职后教育统筹考虑教师教育资源和培养培训计划，以整合的教育模式来改变目前教师教育中终结性、一次性教育的割裂状态。职前培养与职后培训一体化突出了我校的办学特色。我校将职后学员也列为学术活动的对象。例如，2013年，我校在职后学员的培训活动中开展"师德论坛""教师沙龙"等专题讲座。

学术委员会成立后所开展的学术活动是一种尝试，结合学校办学特色，不断探索研发适合学校的学术活动。在活动开展过程中，师生反映良好。学术活动不仅拓宽了师生视野，还营造了学术氛围。活动的效果反映出学术委员会所开展的学术活动是成功的实践。这也为今后学术委员会的工作提供了思路和依据。

（二）第二阶段：规范和丰富学术委员会活动

1. 完善学术委员会组织机构，形成校系二级学术架构

（1）建立校级学术委员会的相关机构

在成立学术委员会的基础之上，我校分别组建成立了学术道德建设委员会、学校学风建设委员会。学术道德建设委员会是学校学术委员会下属的专门委员会，负责学校学术道德建设工作的总体部署和相关政策的指导、检查和督促，负责接受学术道德问题的举报、调查，并提供调查结果和处理建议。学校学风建设委员会，负责制定学校学术风气建设相关规章制度，负责开展学术风气建设的宣传教育工作，

负责进行学术风气建设管理、监督、检查工作。

(2)组建系部二级学术委员会——专业建设委员会

学术道德建设委员会、学校学风建设委员会相继成立，完善了学术委员会的横向组织架构。为了完善学术委员会的体制机制，学校学术委员会积极组织建立了系部二级学术委员会，即专业建设委员会，完善了学术委员会的纵向组织架构，分清各层次的功能，明确各层次的职责，深化校系两级管理模式改革。

学术道德建设委员会、学校学风建设委员会、二级系部学术委员会的组建，使学术委员会组织架构得到进一步完善，使各相关机构职责分工清晰，为学术委员会有条不紊地开展活动提供了组织保障。

2.制定学术委员会制度和工作流程，保证学术委员会规范运行

学术委员会自成立以来，不断丰富制度内容，形成多个制度文件，以《广西幼儿师范高等专科学校学术委员会章程（修订）》为指导，从多方面保障学术委员会职责的落实。学术委员会下设的学术道德建设委员会、学校学风建设委员会，结合自身职责，制定相关制度文件，充实学术委员会运行制度，规范学术行为，提高教师学术水平。

学术道德建设委员会围绕学术道德基本规范、学术不端行为、学校机构与职责几大模块，制定了《广西幼儿师范高等专科学校学术道德行为规范及学术不端行为处理规定（试行）》。该文件的出台，使广大师生清楚了解了何为学术道德行为以及违反的后果，对加强学校学风建设、规范学术行为、营造良好的学术氛围、防止学术腐败起到了重要作用。

学校学风建设委员会就组织机构、学术规范制度、科研诚信教育、过程管理几方面制定了《广西幼儿师范高等专科学校学术风气建设实施细则（试行）》（简称《实施细则》)和《学校学风建设管理规范（试行）》（简称《管理规范》)。这两个文件将学风建设活动更加具体化、详细化，进一步明确了学风建设方式、学术活动开展方式、学术成果管理方式。在学风建设方面，学校高度重视学术诚信，《实施细则》和《管理规范》均单独列条款加以强调，可见学术诚信的重要性。学校学术委员会制定了《学校师生学术诚信承诺书》，积极倡导师生在该诚信承诺书上签名，将学术诚信理念融入师生的学术活动，规范学术活动的开展。

文件为学术活动的开展提供了制度保障，工作流程为学术活动的开展提供了具体的实施规范。学术委员会相继制定了学术不端行为调查、开展学术活动、开展学术评审三大工作流程。三大工作流程明确了活动开展的步骤，活动准备环节、实施环节以及反馈环节各环节之间的关系，从而指导活动有序进行。学术委员会制定制度以及工作流程，从制度层面和实际操作层面规范了活动的开展，完善了学术委员会运行机制。

3. 树特色、创品牌，学术活动日趋丰富

（1）开展特色学术讲座

第一，抓特色专业，开展特色专业教育学术讲座。学前教育是我校特色专业，学术讲座的开展立足于学前教育专业。我校学术委员会邀请了中国教育科学研究院早期教育研究中心主任白爱宝女士，华东师范大学学前教育研究所林茅老师，儿童音乐教育家陈泽铭先生，香港许娜娜博士，台湾朱曙明、吴青烨等校外专家，开展了"关注音乐儿童教育""幼儿园创造性戏剧教育""台湾及高雄的戏剧教育发展状况——戏剧教育给教学和孩子们带来什么""早期阅读与儿童发展"等学前教育领域的讲座。专家学者根据学前教育的特点，采用小品、戏剧等多种形式，通过诙谐幽默的语言，生动形象地将学前教育领域的知识介绍给广大师生，得到了广大师生的认可。

第二，抓学生特色，助力学生成长发展。女学生比例高是我校学生结构的一大特色，所以我校将关怀女生作为开展相关活动的出发点与落脚点。基于女生特点开展的"美丽女生"系列讲座具有丰富的内涵，主要从三个方面进行。一是文化素养底蕴，如我校校长的"大爱——教书育人的起点与归宿"、语言文学系主任的"汉语·汉字·汉文化"等讲座。二是职业生涯发展，如幼儿园李淑贤园长的"倾听花开的声音"讲座，通过"了解自己，能做什么；了解职业，能干什么"来阐述职业生涯管理。三是身心健康，如监狱科长的"远离犯罪，创靓丽人生"专题讲座等。"美丽女生"系列讲座始于2011年，截止到2015年已成功举办60多期。"美丽女生"系列讲座既有专业素养，又有职业规划，更关注身心健康发展，全方位助力学生的成长成才，逐渐成为我校的特色校园文化品牌活动。

第三，抓学校转型阶段的职业教育特色。我校由中等职业学校转型为高等职业学校，抓住转型机遇，大力发展高等职业教育。我校拓宽师生的职业教育理念始终把握三个主要脉络：一是国际先进的职业教育理念；二是现代职业教育技术；三是学校管理改革。为此，学术委员会邀请了校内外多名学者在学校举办了"国际视野下的职业教育""面向数字时代：职业院校教育教学的变革""科学技术与文明""职教人硅谷行"等20多场学术讲座或活动。

此外，我校校长以"大爱"为主题开展了"大爱——办学理念的思考与践行""大爱——校园文化的支点""大爱——校园文化的传承与创新"等系列讲座，形成以"大爱"为核心的校园文化精神，创"大爱"品牌学术活动。我校校长还根据学校发展特点，以主题形式开展"校长沙龙"系列讲座，如"关注学习领域的革命""我心中的校园文化""追梦幼教：男教师的成长之路"等。校长主持的"校长沙龙"系列活动，主题贴切师生实际，受到广大师生的好评。在沙龙活动中，我校师生积极响应，师生"谈天论地、会友交朋、砥砺思想、激荡心灵"。经过近几年的发展，"校长沙龙"逐渐成为学术委员会的品牌活动。

学术委员会开展的各类学术活动，让广大师生对国家、学校的职业教育有了深入了解，拓展了师生关于职业教育的思维和视野。

(2)以评审为导向，促进教师人才培养

人力资源是最重要的资源之一。学校的建设发展离不开教师人才的培养。学术委员会主要完成人才推荐和职称评定工作，学术委员会积极鼓励教师参与学校教师人才培养计划，秉承公平、公开、透明的原则，开展广西高校优秀人才资助计划、广西"新世纪十百千人才培养计划"人选的推荐工作，鼓励青年教师攻读硕士研究生，同时开展广西高等学校优秀骨干教师培养对象申报、广西高校优秀青年骨干教师国内访问学者推荐、客座教授聘请等工作。这些评选、推荐工作使学校更多的优秀人才得到资助并成长起来。我校以公正的评审，引导教师的培养方向，切实提高教师人才质量。在教职工的职称评审工作方面，学术委员会主要根据不同职称系列、不同职称等级，有针对性地指导教职工编写职称评审材料，完成相关的答辩工作。我校对教职工的工作给予评定，以评审为导向，明确学校今后发展的方向，使教师的素质能力与学校战略相匹配，使整体效用最大化。

(3)以项目推荐、课题评审、论文发表为载体，不断提升教师科研水平

评定学校的科研成果是学术委员会的职责。学术委员会积极践行职责，多次就课题、项目开展讨论会。委员们围绕课题项目的创新性、可行性等方面进行认真评审。目前，学术委员会已完成"广西教师教育课题研究项目""广西高等学校人文社会科学项目""广西高等教育教学改革工程项目""广西高校科研项目"等7个科研项目申报材料的评审推荐工作，对所申报的科研项目提出了评审意见及建议申报的课题类型，积极鼓励教师进行科研项目的申报，提倡学术自由，使学校更多教职工获得参与各级各类科研项目的机会。

学术委员会在我校75周年校庆之际，面向全校教职工开展优秀论文评选活动，组织专家层层评审，并向广西优秀学术刊物《高教论坛》推荐发表，最终有7篇优秀论文得以在《高教论坛》的2013年第9期上发表。教师刻苦钻研自己所研究的学术领域，专家就学术论文提出评审意见，有利于促进教师学术水平的提高。论文得以推荐登刊极大地增强了教师的科研信心，活跃了学校的学术气氛。

(三)第三阶段：以评估促建为契机，开展各类学术活动，促进学校转型与内涵建设

在"以评促建，以评促改，以评促管，评建结合，重在建设"方针的指导下，学术委员会以评估为契机，开展各类学术活动，促进学校转型与内涵建设。

1. 营造氛围，开展迎评促建系列学术讲座

升格以来的首次评估工作是学校的重点工作。为了使广大师生清楚了解学校的工作重点，参与评估工作，提高师生的工作主体意识，学术委员会积极营造氛围，开展了一系列与评估相关的学术讲座。学术委员会以国家政策文件为依据，认真研讨评估指标，结合我校实际情况，邀请校内外专家开展"人才培养水平评估体系解析

与总体工作规划""高职院校教学评估与质量建设""推进中国特色现代高职教育改革与发展的几个根本性问题""人才培养工作评估与教学常规管理"等50多场迎评系列讲座。邀请校内外专家开展的专题学术讲座，普及了迎接评估工作的重要性，使广大师生充分了解了评估工作的内容，提高了师生的参与意识、共建意识，使全校师生拧成一股绳，为评估工作的顺利开展打下了坚实的基础。

2. 以案例大赛推进评估工作

学校升格以来，在校园文化、教育教学改革、常规管理等内涵建设方面取得了一系列理论和实践成果。为进一步提炼学校的教育教学特色和亮点，系统总结学校转型建设工作经验，全面迎接人才培养工作评估，学术委员会于2014年7月举办了首届案例大赛。

案例大赛分为校园文化建设组、教育教学改革与建设组、常规管理组3个组别和8个初赛组委会。学术委员会从初赛的154篇中选取80篇作品入围决赛，最终评选出一等奖、二等奖、三等奖、优秀奖并编制成《于无声处孕芳华——学校全员育人工作案例集》《院校转型案例集》《教学改革案例汇编》。大赛的案例由作者根据实际工作进行选取、组织，最终以完整的文本样式呈现出来。案例大赛的举办有利于学校进一步提炼学校教育教学、管理等方面的特色和亮点，系统总结学校转型建设工作经验。案例大赛所形成的三本案例集，为学校内涵建设工作提供了重要的依据和思路。

三、案例评析

(一)建立了学校学术治理体制

我校的转型发展，必须大力推进高等职业教育，必须强化学术委员会的学术权力，特别要在党委领导下的校长负责制的体制中探索学术委员会委员参与治校的有效机制。建立学术委员会，通过制度对权力进行合理的分配，赋予学术委员会成员学术管理和参与学校重要事务的实际权力和责任，才能发挥学术委员会在学校办学定位、发展规划、学科建设、科研布点和教学质量等方面的重要作用。我校学术委员会经历了组织机构从无到有、学术活动类型和内容日益多样的发展历程，学术权力得到了保障，学术治校的理念得以彰显。

学术委员会制定了委员会章程、下属工作委员会章程，确定了决策管理范围，建立了正常的活动程序，从而保证教师能在其中充分行使自己的学术权利，保证学校学术管理落到实处；同时适应学校转型发展的要求，适应学校规模扩大与学科专业增加的形势，逐步建立起院系二级治理模式，完善了我校现代大学制度，为大力发展高等职业教育提供了助力。

(二)形成了学术活动的品牌特色

学术委员会成立以来，开展了形式多样的学术活动，旨在提高师生的学术科研水平。在近年来的发展中,学术活动逐渐形成品牌特色。以专业素质教育为主要品牌特点的学前教育系列讲座、以人文关怀为特点的"美丽女生"系列活动、以职业技能实操为特点的技能大赛、以评审为导向的科研项目申报评选活动等都各具特色,从而多方面推动了学术水平的提高,充分调动了广大师生参与科研的积极性。

学术委员会在学校的发展中发扬学术民主,活跃学术气氛,极大地提高了学校的学术科研水平,推动我校教育教学不断发展。

实践取向的学前教育专业原创性课程资源建设

合肥幼儿师范高等专科学校 孙 诚 张亚军

一、改革背景

我校学前教育专业的历史最早可追溯到1980年建校,该专业积累了几十年的办学经验,现已成为安徽省学前教育专业人才职前培养、职后培训以及科学研究的中心。自2011年正式升格为专科学校以来,我校紧密围绕社会发展对幼儿园教师培养的现实需求,结合高等职业教育和教师教育改革,依托安徽省高等学校省级"质量工程"相关项目,深入探索实践取向的学前教育专业人才培养模式改革,特别是在专业课程建设上,主要致力于主干课程原创性课程资源的开发与利用,取得了丰硕的成果。自2012年起,我校建设中的原创性课程资源同步运用于课堂教学,取得了显著的成效。

本案例所取得的成果主要依托于安徽省高等学校省级"质量工程"教学研究重点项目,即"'全实践'理念下的高职高专学前教育专业课程与教学模式整体改革研究"(2013年)和"基于《教师教育课程标准(试行)》的高专学前教育专业主干课程教学改革研究"(2012年),还依托省级学前教育专业教学团队项目(2013年)、省级"名师工作室"项目(2014年)、省级精品资源共享课学前教育学(2012年)和大规模在线开放课程学前教育学(2014年),以及教师教育国家级精品课学前儿童发展、幼儿认知与学习(2012年)等课程。这是近年来我校学前教育专业教学研究改革成果的综合体现,也是学前教育专业整体实力的体现。

二、事件描述

(一)编写系列(国家规划)教材

多年来,我们深感教材对于教学的重要性,但基于实践取向的好学好用的学前教育专业教材十分难求,即便是经过我们精心遴选的教材,也总是有不可避免的各种缺憾。我们总结多年的教学改革经验,首先从专业主干课程入手,编写简明的实践取向的专业教材,致力于改变现行教材理论繁杂、艰深晦涩的弊端。

我们先后主编了7部专业主干课程教材,包括《幼儿园教育基础》《幼儿园课程》

《幼儿教师职业心理素质培养》《学前儿童卫生与保健》《学前教育简史》《幼儿行为观察与指导》《特殊儿童心理学》，其中后4部教材入选"十二五"职业教育国家规划教材。这些教材均强调内容体系的简明扼要，在内容取舍上以是否有助于解决一线中的实际问题为参照标准，并以丰富的一线资料和案例来充实，还提供了明确的实训与实践的任务安排。

以专业主干课程学前教育基础为例，我们在教材名称或课程名称上淡化理论或学科倾向，不再使用《学前教育学》或《学前教育原理》等名称。教材的内容体系简明扼要，容易理解，在内容的取舍上以是否有助于幼儿园教师在一线工作中解决实际问题和提升保教水平为参照标准；在内容的呈现方式上，也体现出简明性，即文字表述力求简明不晦涩，更不将简单明白的道理复杂化。首先，实践取向是指教材的所有内容都是指向解决一线问题的，而不是为了维护一个严密的知识体系。因为这门课程是为培养合格幼儿园教师服务的，所以不能脱离幼儿园一线的实际；其次，实践取向体现为以丰富的一线资料和案例来充实教材，这样会淡化理论的色彩，会更好地融合理论与实践；最后，实践取向还体现为安排明确的实训与实践的任务，这样才能将传统的专业理论课程改造成为实践取向的课程。

学前教育基础虽然在传统上被认为是专业理论课，但我们也强调实践与实训的任务安排。这门课程课内总学时为51学时，其中设计了12学时的实践教学，其中课堂练习8学时、校内实训4学时。校内实训在专业实训室开展，具体包括如下内容。①蒙台梭利方法实训。学生通过观摩蒙台梭利方法实训室，直观了解教具的设计理念及操作要点，深入理解蒙台梭利思想和方法的核心内涵，把握蒙台梭利方法的当代价值及与幼儿园课程的有机结合，具体安排为课内1学时的实训室活动和课外1学时的观摩报告撰写。②幼儿园区域课程实训。学生通过观摩游戏与区角实训室，直观了解幼儿园活动区的类型与设置，全面理解幼儿园区域课程模式的价值取向与特征，把握幼儿园课程模式在实践中的应用，具体安排为课内1学时的观摩实训和课外1学时的实训报告撰写。

(二)主编教师教育系列读物

我们深感职前培养就应瞄准一线，对接幼儿园教师岗位，尽量实现职前职后的衔接。我校专业教师不断深入一线，与一线教师共同合作，编写高水平、实用性强的幼儿园教师教育读物。我校整合全国范围的学前教育一线专业力量，编写的幼儿园教师教育读物被列入华东师范大学出版社"大夏书系"。这套丛书包括《幼儿园活动设计与经典案例》《幼儿成长及发展个案研究》《幼儿教师专业成长》《幼儿教师如何做研究》《幼儿园环境设计与指导》《家园沟通实用技巧》，是专业课程的重要辅助材料，成为学生了解一线幼儿园的重要参考书。

(三)录制国家、省级精品课

我们优先建设专业主干课程，其中学前儿童发展、幼儿认知与学习获批教师教育国家级精品资源共享课,目前已初步建成,接受了教育部的验收;学前教育学(基础)获批省级精品资源共享课、大规模在线开放课程(MOOC)示范项目;学前儿童卫生保健、幼儿科学教育与活动指导列入校级精品课。我们初步完成了对课程基本资源的组建及教学录像的录制,特别是对实训环节进行了精心系统的设计,拍摄了实训课程,使其成为非常有特色的专业课程资源。

(四)建设原创微视频库

我们还根据教学的现实需要,与一线幼儿园合作,开发原创性教学资源,形成了一套较为完整的原创性微视频库,为实践取向的课程提供了重要的保障。我们与多所幼儿园签署了合作协议,围绕专业主干课程进行了通盘设计,选取了可供拍摄的知识点,在编写脚本的基础上与幼儿园一线工作者沟通后,再由园方进行有组织、有目的的拍摄。我们在园方提供的大量视频的基础上根据教育教学的需求进行遴选,并且通过精心剪辑,形成成品视频。为更好地满足专业课课堂教学的需要,视频时间大部分控制在10分钟内,一般为1~3分钟。为方便使用,我们还对视频进行编码,撰写描述性文字,这些文字包括对视频内容的介绍、可能涉及的知识点等。目前我校有学前教育学类微视频31段、学前卫生学类视频18段、学前心理学类视频23段。

(五)编制实践课程方案

我们坚持"全实践"的理念修订了学前教育专业人才培养方案,并且编制了全新的实践课程方案。以往的实践课程安排得比较集中,次数也比较少。新编制的实践课程方案本着"学期遍布,循序渐进"的思路,使整个见实习过程由浅入深,符合学生学习的规律,同时与专业课的学习步调一致。相邻两次见实习之间互相衔接,见实习的要求逐层递进,见实习的深度不断增加,形成一个层层递进、有机结合的完整体系。见表8-1。

表8-1 三年制专科学前教育专业集中实践教学安排表

	第1学年		第2学年		第3学年	
	第1学期	第2学期	第3学期	第4学期	第5学期	第6学期
具体见实习内容	1天教育见习	1周教育见习	2周教育见习	3周教育见习	4周毕业实习	12周顶岗实习
课时	6	30	60	90	120	360
学分		1	2	3	4	12

由于专科层次学校学前教育专业学生规模大,专业教师数量有限且任务繁重等,实践教学指导不到位的情况还是普遍存在的。因此,学校务必要重视实践教学实施环节,要有可操作性的规范可遵循,做到任务具体化。我们可以举一个例子来说明。

见表8-2。

表8-2　三年制专科学前教育专业幼儿园一周教育见习任务安排表(实践项目二)

任务	一般描述	具体要求
1	选取一天，观察记录幼儿一日生活活动各环节的流程安排及组织管理，包括晨检、盥洗、餐饮、午睡、点心、离园等环节。	各环节流程记录完整，各环节均有分析评价，翔实完整，体现出专业知识的运用。
2	根据表格内容，记录自己见习所在班级幼儿对性别的认识、对自己的认识以及语言方面发展的情况。	记录完整、客观，访谈幼儿不少于8名。(记录表略)
3	收集一幅本班幼儿的绘画作品，并根据幼儿心理发展特点对作品进行分析。	作品可以以照片形式呈现，能从专业的角度分析，全面、具体、客观。
4	全班分成3组，有重点地分工考察幼儿、教师及环境。每人提交一份不少于300字的考察报告，分别描述你眼中的幼儿、幼儿园教师及幼儿园环境。	紧密围绕考察要素描述见习见闻，文字通顺，条理清晰，重点突出，实例或案例典型，既要结合专业课程，有一定的专业性描述，理论或术语表述准确恰当，又要文笔生动活泼，具有叙事性。

(六)研制学生专业从教能力考核方案

学前教育专业曾经有一套完整的学生基本功考核方案，对培养学生的教学及艺术技能起到了较好的作用。我们依据实践取向的课程整体改革思路，全面调整了这个方案，编制了全新的学前教育专业学生从教能力考核方案，侧重考查幼儿园教师所必需的教师教育核心能力。考核项目包括幼儿园活动模拟、幼儿园教师语言运用、幼儿行为观察与评价、幼儿园环境创设、幼儿园音乐表现及运用等。

三、点评与反思

(一)创新点

1. **实践取向**

学前教育专业是培养幼儿园一线教师的，必须要坚持实践取向，即职前培养应与幼儿园一线教师需要的能力对接。长期以来，我校专业课程的实践取向因缺乏系统资源支持而不能充分体现，我们花大力气建设的这些资源无一不指向实践、坚持实践，充分体现了课程与人才培养的实践取向。

2. **原创性**

我们能收集到的现有学前教育专业的课程资源不可谓不多，但真正实用的、完全配合各门专业课程使用的资源相对较少，更没有系统设计的课程资源。我们在3年多的时间内花大力气建设的资源是从教学实际、从一线出发的，是全新的、原创性的课程资源。

3. 示范共享性

我们建设的学前教育专业课程资源坚持共享共用的原则，服务于全省同类专业，尤其是学前教育专业联盟内成员。我们还要充分打磨，进一步优化这些资源，在学前教育专业领域起到示范作用，并不断共享共建，以期带动全省学前教育专业水平整体提升。

(二)应用情况

1. 教材及教师教育读物

配套精品(规划)教材在我校已使用 2~3 轮，并在全省、全国范围内广泛选用，各方反映良好。教材改变了烦冗、晦涩的倾向，令教学焕然一新。幼儿园教师教育读物成为学生重要的辅助资源，为学生尽快对接一线提供了帮助，在全国范围内使用广泛，已多次重印，单册平均累计印刷 2 万册左右。

2. 精品课资源及原创微视频库

这些资源一方面直接来源于教学实践并在教学实践中建设，建设成型后又系统用于教学实践，使教学能充分对接一线，取得了明显的教学效果。这些课程资源还为改革教学方式提供了条件。我们逐步尝试混合型教学(课堂与线上课程结合)，并加快慕课建设步伐，注重培养学生的自主学习能力。

3. 实践课程方案

新修订的人才培养方案已全面实行，实践课程方案也付诸实施，这一方面增加了教育见实习的时间，另一方面使时间编排更加合理，还注重与校内课程的有机结合。从学生及一线幼儿园的跟踪反馈来看，这一方案的实施效果很好，并被兄弟院校广泛借鉴。

4. 学生专业从教能力考核方案

全新的学生专业从教能力考核方案初步形成，开始在小范围内试行。新方案减少了考核项目，减轻了学生的负担，重点瞄准了一线教师最需要的核心能力。这些考核项目将与学前教育师范生技能大赛考核项目对接，在行业内发挥引领作用。

"一切为儿童"办学理念的创新与实践

合肥幼儿师范高等专科学校　方东玲　袁　萍　陆庆九

一、案例背景

20世纪末21世纪初，在高等教育大众化浪潮的冲击下，全国的师范教育由过去的三级师范向两级师范过渡。当时，对于有近30年中师办学历史的合肥幼儿师范学校来说，学校升格成为学校发展历程中的一个重大问题。正是在这样的历史条件下，2009年，学校为了升格的需要，经过广泛征集，确定以我国著名儿童教育家陈鹤琴先生多次题写的"一切为儿童"为校训。

"一切为儿童"校训，言简意赅，寓意深远，独具一格，既体现幼儿师范高等专科学校的文化底蕴、办学理念和特色，又蕴含我校师生的道德理想、学术人格和历史责任。

2011年学校升格成功，成为安徽省第一所独立设置的幼儿师范高等专科学校（简称幼专）。此时学校处于由过去的中师向高专转型的发展时期，大家在专业建设、人才培养目标等问题上意见不一，在学校的办学目标、办学规模、办学质量等问题上议论纷纷。

学校的转型发展期恰恰是我国高等职业教育改革的加速时期，学校面临着新老问题相互交织的困境。在我国教师教育改革的大背景下和学前教育大发展的历史阶段，社会需要和改革浪潮都要求学校必须厘清发展思路，科学定位，找到一条适合学校的可持续发展之路。"一切为儿童"办学理念的创新与实践正是在这样的背景下展开的。

二、案例描述

（一）"一切为儿童"办学理念创新与实践的发展历程

2011年学校升格后，学校围绕着"一切为儿童"办学理念，在专业建设方面进行了诸多探索和创新。学校的"十二五"专业建设规划明确提出"突出'幼'字特色，坚持师范属性"；学校的"十二五"事业发展规划也明确提出"做优做精教师教育专业"。

2013年年底学校主要领导到任之后，"一切为儿童"办学理念的创新与实践进入发展成熟期。2014年年初，以迎接人才培养工作评估为抓手，学校开展了为期半年多的办学思想大讨论，成立了校文化建设委员会（简称校文委），制订了《关于深入开展治校理念全校大讨论活动的实施方案》《合肥幼专"办学思想"研制方案》《合肥幼专学校标识系统征集方案》等，通过开设专家讲座、组织座谈会、进行知识测试、教职工撰写心得体会、开展建议征集等方式，对学校办学定位、校训、"三风"等进行了深入研讨。经过学习讨论，大家在专业建设思路、专业建设目标上实现了高度的统一。学校在集中了广大教职工和校内外幼专学生的集体智慧的基础上，邀请社会各界精英和知名专家教授对校训、办学思想等进行了论证，最终确立了"一切为儿童"的校训和"三风"。"一切为儿童"办学理念开始深入人心，逐步成为全校师生的共识，成为学校办学思想的灵魂，成为学校事业发展的心脏。在转型发展和高等职业教育改革的大环境下，"一切为儿童"办学理念为学校的科学定位、特色发展、个性彰显，提供了理论基础和思想武器。

2015年4月学校启动迎接省教育厅的个性评估时，围绕学校办学特色的凝练等问题，全校上下又进行了10多天的思想大讨论活动，对照个性评估的"科学定位、分类指导、多元发展、特色办学"方针，结合学校办学实际，从"一切为儿童"办学理念入手，对学校的办学目标、办学定位、办学特色进行了全面梳理和提炼，构建了"一切为儿童"办学理念的创新理论体系。

"一切为儿童"办学理念的创新研究，使得学校将诸多的理论成果应用到学校的学生工作、专业建设、人才队伍建设、制度建设、标识系统征集、环境文化建设等教育教学实践当中，特别是在学校"十三五"事业发展规划的制订、学校个性化评估自评报告的起草过程中，起到了重要的引领和支撑作用。

"一切为儿童"办学理念的创新为学校的科学定位、特色发展、个性彰显，提供了强大的理论基础和思想武器。在它的催化下，2015年5月，学校在人才培养个性化评估中成绩优异。安徽省教育厅专家组对我校的人才培养工作给予了高度评价：办学定位准确，办学特色鲜明，办学条件良好。2015年10月，我校成为安徽省首批地方技能型高水平大学立项建设学校中的一所。

(二)"一切为儿童"办学理念创新与实践的主要内涵

1. 确立了办学宗旨

"一切为儿童"成为学校基本的办学理念，服务儿童成为学校一切工作的出发点，为儿童教育事业输送合格的师资成为学校的首要任务，使学校在现代职业教育大变革的历史时期为自身的发展找准了方向。"一切为儿童"办学理念符合学校几十年的发展轨迹，是对学校办学经验的总结和继承，更重要的是它符合社会对于学校人才培养的要求，是学校在新的历史条件下的一次新的蜕变。办学理念得到重新诠释，使学校从旧的中师阶段的办学模式、办学思想的桎梏中解脱出来，为学校的发展注入了新的生机和活力。全校上下在重大问题认知上的高度契合和积极响应，为学校坚定前行步伐奠定了重要的思想基础和群众基础。

2. 明确了办学定位

"一切为儿童"办学理念为学校科学定位提供了理论基石，即围绕儿童教育和发展，学校在应当为社会培养什么类型、规格、层次的人才，怎样输送更多更优秀的人才方面，厘清了"十二五"规划后期和"十三五"规划时期的办学思路。在办学层次上，高中起点三年制专科教育和初中起点五年制专科教育并举，以高中起点三年制专科教育为主。在办学形式上，学历教育和非学历教育相结合，以全日制专科学历教育为主，以非学历培训为辅，职前教育与职后培训相贯通。在专业建设上，坚持以师范类专业为主，适度拓展非师范专业；师范类专业以学前教师教育为主，适度调整和提升其他教育类专业；非师范类专业以儿童事业为主，适度拓展适合女性就业的专业。在服务目标上，"立足合肥、服务安徽、面向全国"，培养具有良好科学人文素养、专业能力较强、具备终身学习能力的高素质应用型人才。

3. 提出了发展目标

"一切为儿童"办学理念确定了学校未来的发展期望，进一步明确了学校的办学方向和目标。学校未来的办学目标是：通过转变观念、深化改革，全力推进内涵建设，稳步提升综合实力、办学活力和服务能力；通过"责任合幼、科学合幼、民主合幼、人文合幼、法治合幼"（合幼指合肥幼儿师范高等专科学校）建设，逐步凝聚合肥幼专科学人文精神，努力实现"全国一流的幼专"的奋斗目标。

4. 促进了专业建设

围绕"一切为儿童"办学理念，学校在专业拓展上紧紧围绕师范教育和儿童教育，新增了早期教育、特殊教育、舞蹈教育、书法教育等专业；在重点专业建设上牢牢专注学前教育不放松。经过四年建设，学前教育已成为学校的核心主干专业、省级特色专业和中央财政支持的重点建设专业。

5. 创办了幼教集团

学校从"一切为儿童"办学理念出发，围绕儿童教育，积极拓展社会服务领域，组建了幼教集团，利用自身优势，积极推进校企合作、校地合作和校园融合，为社会提供优质的学前教育服务。学校与地方政府、国企合作时采取"公建公办"方式，先后与合肥城投房地产发展有限公司合作承办了琥珀名城幼儿园，与包河区政府合作承办了欣星幼儿园，与新站区合作承办了北岗花园幼儿园。

6. 引领了文化建设

紧紧围绕"一切为儿童"办学理念，学校开展标识、校歌等的征集活动，研制了一整套体现"一切为儿童"办学理念的学校标识系统。"一切为儿童"办学理念时时处处渗透在校园当中，形成了独具幼专特色的标识文化，推动了"两代师表一起抓"的师生行为文化建设。从"一切为儿童"办学理念出发，围绕儿童教育师资的培养，学校启动了新一轮的教师行为建设和学生行为建设，促进了具有儿童教育特色的学生活动的发展，建立了大学生艺术团，形成了讲故事、儿童舞创编、幼儿操比赛、儿童画展览和迎新文艺演出等具有儿童教育特色的活动。

  7. 促进了组织建设

  从"一切为儿童"办学理念出发，学校一直以研究和传承陈鹤琴幼教思想为己任。为进一步弘扬传承"鹤琴"思想，2014 年学校成立了儿童文学研究中心，以此为平台，充分发挥我校作为安徽省一级学会"陈鹤琴教育思想研究会"会长单位的引领作用，定期开展全省陈鹤琴教育思想研究交流活动，开设陈鹤琴教育思想研究课程，传承陈鹤琴先生的"活教育"思想。

  紧扣儿童教育主旨，充分发挥学校学前教育专业的资源优势，2014 年在安徽省教育厅的直接指导下，学校牵头并联合全省 4 所幼专和部分中师、省一类幼儿园成立了安徽省学前教育专业（专科）联盟。同时安徽省教育厅下文成立了安徽省高校学前教育专业教学指导委员会。这两个机构的秘书处均设在我校。我校积极开展全省学前教育调研，开展教师资格考试背景下学前教育专业人才培养模式改革研究、学前教育专业建设标准研究、幼儿园教学模式探索研究以及全省学前教育专业专科生职业技能大赛等工作，努力打造安徽省学前教育科研中心。

  8. 推动了制度建设

  2014 年，学校启动了新一轮制度建设，成立了制度建设工作领导小组，将"一切为儿童"办学理念作为制度建设的核心理念，全面展开了制度创建活动，共制定或修改了 110 多项制度。"一切为儿童"办学理念在学校章程中得到充分体现，成为学校发展的目标和共同的价值追求。

三、点评与反思

（一）"一切为儿童"办学理念的创新之处

  1. 唯一性

  一是"一切为儿童"作为一所学校的校训在全国的高职高专中是绝无仅有的，具有唯一性。二是理念的传承创新赋予"一切为儿童"新的内涵，主要表现是它由原来的一般性校训上升为合肥幼专的基本办学理念，体现了合肥幼专办学的一种价值追求。从这个意义上来说，"一切为儿童"办学理念具有不可替代的唯一性。正是这种唯一性使得合肥幼专不仅在省内的高职院校中特立独行、个性突出，也使得合肥幼专的办学特色在全国同类学校中更加鲜明。

  2. 时代性

  "一切为儿童"办学理念的创新与实践，符合合肥幼专的发展实际，为合肥幼专由中师向高专的转型发展提供了理论支撑；顺应了现代职业教育改革发展的需要，坚持师范性和地方性，坚持"幼"字特色，为学校的教育综合改革和地方技能型高水平大学建设，打下了良好的思想基础；契合了当前学前教育事业迅猛发展的趋势，以促进安徽省学前教育事业发展为自身的历史使命，体现了幼儿师范学校的一种责任与担当。因而,"一切为儿童"办学理念的创新与实践是符合时代发展脉搏的,与现代职业教育的发展同频共振。

3. 系统性

"一切为儿童"的基本理念在创新中得到弘扬,形成了学校的办学思路,系统地体现在学校的办学思想、办学定位、人才培养目标、专业建设思路、人才队伍建设、校园文化建设等方方面面,成为指导教育教学工作的基本理念,成为全校师生的一种精神追求。"一切为儿童"办学理念实现了由单一理念向理论体系的嬗变,其功能由空洞口号转变为指导教育教学实践的强大思想武器。

4. 包容性

"一切为儿童"作为合肥幼专的办学理念,具有包容性。一方面,它体现了现代教育理念,表现为"以生为本"的学生观、"尊重儿童"的儿童观等,与现代教育教学理念互为表里;另一方面,它并不排斥其他先进的教育理念,相反,它成为开放办学等现代教育理念扎根的土壤。从"一切为儿童"办学理念出发,学校的开放办学才有了明确的方向和目标,学校的改革创新才有了真正的抓手和着力点。它促使学校的办学理念与现代职业教育的先进理念相互结合,从而形成了独具特色的合肥幼专办学思想体系。

(二)"一切为儿童"办学理念创新与实践的现实意义

1. 学校的师范属性得以彰显

学校秉承"一切为儿童"办学理念,始终以为安徽省输送合格的儿童教育师资为己任,坚持师范属性不动摇,服务安徽省教育事业。在2014年,首届高中起点三年制专科应届毕业生正式走上工作岗位,当年的毕业生总数达到1336人,学校正式走上服务安徽、服务儿童教育发展的快车道。

2. 学校的"幼字特色"更加显著

学校秉承"一切为儿童"办学理念,想学前教育,建学前教育,投入学前教育,坚定学前教育特色不动摇。学前教育专业一直是学校的优势特色专业,也是规模最大的专业。近年来,学校招生计划的增加几乎都集中在学前教育专业。目前,学校学前教育专业学生占在校生的比例为81.5%;90%的毕业生从事学前教育事业、儿童教育事业,毕业生职业稳定性好。学校建校以来,累计为安徽省培养了1.4万名合格的幼儿教师,为社会培训了2万名幼儿教师,其中一大批教师脱颖而出,成为各级各类幼儿园和教育主管部门的管理者。合肥幼专也因此被誉为"安徽省幼儿园园长的摇篮""安徽幼教的黄埔军校"。

学前教育科研助推学前教师教育发展

湖南幼儿师范高等专科学校　梁　平

湖南幼儿师范高等专科学校（简称湖南幼专）是一所老牌的新高校。说它老，因为它的前身为常德师范学校和桃源师范学校，始创于1912年；说它新，因为它2013年才升格。新升格的高校，几乎都面临着一个困惑——科研的"量不足、质不优、研不专"。湖南幼专通过3年的探索与实践，发现建设与学校专业发展密切相关的研究基地不仅能解科研"量、质、专"之困，还能解学校发展方向与特色不明之惑，更能凸显高校服务社会的职能。

一、湖南幼专发展学前教育科研的背景与做法

2012年9月，湖南省教育科学学前教育研究基地（简称基地）经湖南省教育科学研究院批准落户湖南幼专，这一利好消息为学校升格打了一针强心剂。学校决定以"抓研究机构，促教师转型；抓研究质量，促学校发展；抓实用科研，促幼教事业"的"三抓三促"，助推基地建设，以实现基地功能的最大化。

(一)成立研究机构，保障科研经费

2013年年初，学校成立了学前教育研究所，配备专职研究人员和办公室，负责基地建设和学前教育研究。按湖南省教育科学研究院要求，学校每年安排5万～8万元专项经费用于基地建设。近年来，学校每年还拿出150万元用于科研课题配套和科研项目资助，用50余万元奖励重大科研项目及科研突出贡献者。

(二)组建研究团队，落实科研任务

基地确定了4个重大研究方向和18个重要研究方向，首聘36位教师为特聘研究员，形成基地核心研究团队，按成员的专业发展方向及研究特长进行分工，落实工作任务。

(三)编制科研规划，完善制度建设

学校制订了基地建设方案（试行）和基地建设五年规划，出台了课题研究管理办法、教师科研成果奖励办法和特聘研究员聘任管理办法（试行）等制度。这些规划与制度，明确了基地科研的总体目标、近期规划、建设标准和规范。

(四)营造科研氛围，促进教师转型

第一，教师原来的应付性科研转化为自身专业发展的自觉性科研。第二，学校形成了"以点带面，基地辐射；以老带青，骨干引领；以研促教，科研拉动"的普及性、群众性科研发展新局面。第三，学校很好地促进了教师的专业成长和高校教师身份的转型。

二、湖南幼专发展学前教育科研对学校的影响

学校要发展，教育教学质量要提高，教育科研是保证。长久以来，我校坚持"科研兴校、质量立校、特色强校"的发展战略，以高品质的科研助推学校专业建设和特色发展。

(一)恪守学术规范，获得学术认可

为了引导教师端正学术态度，培养严谨、求实的科学精神，预防和避免学术不端行为的发生，学校要求基地研究人员及全校教职工坚持学术诚信、恪守学术规范。基地的两个国家级学前教育课题组调研了11个省37个市的183所幼儿园，走访了526人，分层取样问卷达3680份。实地调研数据所支撑的研究项目取得的成果得到了学术界的广泛认可：《〈幼儿园教师职业准入标准〉的初步建构》发表于《教育科学》；《国内外幼儿教师职业准入及其启示》获中国学前教育研究会论文一等奖，在第65届世界学前教育大会上交流；3篇论文在东亚文化教育传统与学前教育国际论坛上交流；《幼儿园教师供给和保障机制研究》被全国教育科学规划办《教育决策参考》采用，获全国通报表扬；学校在中国学前教育研究会教师发展高、中专分委会大会上做了专题经验介绍。

(二)助推专业建设，促进学校发展

第一，学校根据基地研究成果《幼儿园教师职业准入标准》，修订和完善了学前教育专业人才培养方案，规范了专业课程开设和教育教学工作；第二，参与基地科研的多是学校一线教师，他们将科研成果应用于课堂教学，促进了学校的学科建设与课程建设，深化了教学改革，提高了教学质量；第三，基地研究成果的展示，提升了学校专业建设的内涵品质，提升了学校办学的美誉度和社会影响力。

三、湖南幼专发展学前教育科研对社会的影响与反思

科研的最终目的是推广和应用科研成果，服务社会是高校的基本职能之一。我校一直倡导以应用研究为动力，建好科研基地，抓好科研项目，构建科研成果转化平台，从而实现高校的社会服务职能。

(一)为同类院校提供学术经验

研究基地的科研成果，通过公开发表、学术交流、网络共享以及共同研究，为

全国同类院校的学前教育专业建设与人才培养提供了较高价值的学术经验。

(二) 为政府决策提供智力支持

以学术研究理论,促进地方政府部门以更加科学合理的幼儿教师职业准入标准,健全学前教育师资入职资格审查与在职培训机制,提高幼教队伍的整体素质。

(三) 为幼教事业提供理论依据

我校以和湖南 30 余所幼儿园开展学术理论及教育实践的深度合作与共同论证为基础,探索适合我国国情、有中国特色的学前教育模式,更新幼教理念,转变教育观念,助推幼教事业发展。

总之,基地建设以及基地研究人员"摸着石头过河"的有益探索与大胆尝试,对湖南幼专倡导教师开展实用性科研,带动、引领、促进和提升学校专业建设的内涵品质,起到了至关重要的作用,对我省乃至全国学前教育事业的发展也做出了应有的贡献。今后,湖南幼专将进一步重视学前教育研究基地的建设,建立更科学、规范、有效的机制,适当增加经费投入,为研究人员搭建更好的研究平台,提供更好的研究环境,拓展研究领域,提高科研品质,让更多的优秀科研成果转化为教育生产力。

践行教育类课程"双导师制"

——互进课堂之走进幼儿园

郑州幼儿师范高等专科学校　翟　岚

一、事件背景

(一)此"双导师制"非彼"双导师制"

"双导师制"产生于20世纪90年代初,最早是指研究生教育中运用的校内校外导师共同培养人才的方式(给研究生配备校内导师和校外实习导师,通过校外实习导师加强专业实践能力),其目的是提升学生将理论与实践相结合的能力,它转变了单一的学术型人才培养模式,为社会培养出更多复合型、应用型人才。

随着时代的进步和社会的发展,为贯彻落实《国家中长期教育改革和发展规划纲要(2010—2020年)》和教育部《关于大力推进教师教育课程改革的意见》,推进教师教育职前培养与职后培训一体化,创新教师培养体系,提高教师培养质量,提升教师队伍整体素质和水平,2012年9月,H省教育厅决定在H高校教育类课程试行"双导师制"。它比前面提到的"双导师制",在指导对象、操作方式以及产生的作用上,都具有更广泛的内涵和深远的意义。

(二)教育类课程试行"双导师制"的意义

此"双导师制"主要指大学教师与中小学、幼儿园教师共同指导和培养师范生的机制,也指大学教师与中小学、幼儿园教师共同指导和培养中小学学生和幼儿的机制,蕴含了3种"双导师制":对高校在校师范生来说,授课教师既有大学教师,也有来自基层的中小学教师;对进行教育实习的高年级师范生来说,既有来自高校的跟踪指导教师,也有来自实习中小学校的辅导教师;对中小学生来说,既有来自本校的专任教师,也有来自高校的教育类课程教师。高校教师与中小学、幼儿园教师合作开展教学研究和教学改革。

此"双导师制"以提高教师教育质量为根本,以建设高素质专业化教师队伍为目标,创设有利于教师教育人才培养的制度和环境,推进教师专业化进程,引导师范院校与基础教育的融合,引导师范院校教育类课程教师与中小学、幼儿园教师的双向流动。师范院校教育类课程教师都要有中小学和幼儿园工作经历。教育类课程试行"双导师制",开创了教师教育一体化发展的新局面,为教师个人素质的提升提供了平台,也为学生专业能力的培养打下坚实的基础。

二、事件描述

我校借 H 省教育厅发布《关于 H 省高等学校教育类课程试行"双导师制"的意见》这一有利契机,继续推进教师专业化进程,促进教学与幼儿园教学的进一步融合,引导学校优秀教师与幼儿园骨干教师互进课堂,双向流动。在 2013 年的春天,我带着学校寄予的希望,作为第一批践行"双导师制"的教师来到了 S 幼儿园,开始了一个学期的幼儿园生活。我是理科教师,这次工作的侧重点是在幼儿园进行幼儿科学教育活动。

(一)走进教室,丰富幼儿园的科学区角活动

我所在的幼儿园是一所科学教育相对薄弱的园。由于幼儿园的科学课很少开展,教室中连一些基本的科学材料、科学玩具都没有,更不用说专门的科学发现室了。所以我到幼儿园的第一项工作就是先把每个班的科学区角布置出来。这对于理科出身的我而言并不是一件难事。每年学校毕业汇报时我都积累了大量的科学小制作。结合这些素材,我和一起下园的另一位教师给幼儿园的教师开展了一次制作科学玩教具的讲座。我们将制作的原理、方法、注意事项、需要的材料、如何操作,一点一滴、毫无保留地介绍给幼儿园的教师。教师时而拍照,时而埋头记录,十分用心。各班教师结合幼儿的年龄特点从中选出 3~4 样,并制作出若干个摆放区角,同时也在区角中投放一些科学材料,如放大镜、小磁扣、平面镜等,供幼儿操作、游戏。这些物品摆放在区角时,一下子成为幼儿爱不释手的玩具。这既激发了幼儿的兴趣,也增强了他们探索科学的好奇心。

(二)走进课堂,进行科学课教学

对于我这样有十几年教龄的教师来说,教书并不是一件难事,但是教这样小的学生我还真没有尝试过。幼儿在年龄和认知水平上与大学生都相差甚远,在幼儿教育方面我算是个新手。

首先,我学会掌控课堂。虽然之前观摩过课堂教学,但等到自己上课时我才发现,给五六岁的孩子上课真不是一件容易的事,单是课堂教学的组织就很让人抓狂。幼儿的注意时间短,自控能力差,对材料好奇,这些都会成为教学进行的绊脚石。经过揣摩总结,我学会用配班教师的指令性话语(如"美丽的眼睛看老师""小手放腿上"等)去引导,摸透幼儿的心理,用挑战性的语言激发幼儿的兴趣,吸引幼儿的注意力,用幼儿的语言、语调和他们交流,逐步掌握教学组织的常规方法,能收放自如地驾驭课堂,保证教学顺利完成。

其次,我精心设计教学过程。幼儿科学教学的核心是激发探究欲望、培养探究

能力。所以成人要善于发现和保护幼儿的好奇心，充分利用自然和实际生活素材，引导幼儿通过观察、比较、操作、实验等方法，发现问题、分析问题和解决问题，帮助幼儿不断积累经验并运用于新的学习活动，形成受益终身的学习方法和能力。幼儿的科学活动不在于教给幼儿多少科学知识，而在于教幼儿如何观察现象、发现问题、解决问题，在科学探索的过程中收获知识。因此，教学设计至关重要，教师应该多做探究性的活动设计，少一些验证性实验；多做启发性的引导，少一些直白的讲述。对于每一个活动、每一个环节、每一句过渡语，我都会在课前仔细打磨，以符合科学教学的要求。每节课后我都及时反思，对出现的一些问题采取改进措施，在后续教学中不断完善，以达到预期的效果。

另外，科学材料的准备也极其烦琐。科学课内容丰富，实验有趣，受到孩子们的欢迎，也得到幼儿园的认可。但是科学活动的开展往往离不开材料的支持。为了让每个幼儿都有动手的机会，准备材料的工作量就很大。幼儿园之前从未开展过科学课，所以材料极度缺乏，虽然后来增加了一些，但还是不能满足上课的需要。为了不给幼儿园增加麻烦，我能自己解决的就自己解决，能从学校借用的就去学校借，实在没有的就自己掏钱购买，以使教学活动顺利开展。例如，在讲"神奇的纸圈"时，我前前后后裁出2000多张纸条；在讲"哪种纸最结实"时，我收集准备了80多个废旧饮料瓶。

当幼儿用充满期待的眼神看着我，渴望做一些好玩又神奇的科学游戏时；当他们课后围着我问东问西，表现出一副不搞清楚誓不罢休的样子时；当他们亲切地叫我"翟博士"时，我心里的成就感油然而生。看着自己的这些"小粉丝"，我感觉做一名幼儿教师真幸福呀！

三、反思与评析

（一）"双导师制"可以让高校教师更敏锐地观察到基础教育中存在的问题

高等教育如果总是高高在上、仰望天空，而不俯下身段深入基础教育，很容易让自己的教育与社会需求脱节。在幼儿园的这半年时间里，我发现了不少幼儿科学教育中存在的问题。

首先，幼儿园对科学教育不重视。Z市的市属幼儿园并不是都有科学发现室的，即使有，也是设备陈旧、使用率不高的；教室科学区角的布置也只停留在种植植物；科学课的开设也很随意，有些园甚至没有科学领域的活动。这些在优质课比赛中也能露出些端倪。2013年举行的第11届Z市J区"希望杯""金硕杯"幼儿园优质课比赛参赛的67个作品中，科学课只有6节，其余的多是艺术课、语言课、健康课、社会课。

然后，幼儿教师的科学素养普遍偏低。幼儿教师不开展科学活动的一个最普遍的原因是他们缺乏足够的科学知识，无法回答幼儿提出的问题，将严谨的科学知识转换成幼儿能够理解的水平是非常困难的。我在某幼儿园的园本教材中曾看到这样的说法:"两点之间的直线最短"以及"三棱镜的制作:把三块镜子成60°结合(镜子的形状成等边三角形),用胶带把上下两端绑紧,三棱镜就做成了"。先不说编者是否知道直线和线段的区别以及什么是三棱镜,就连使用这本教材的教师也没有对这些进行质疑,而是将错就错地把这些东西教授给一拨又一拨的孩子们。我还听过一节科学课"沉和浮",老师这样总结:轻的物体可以浮在水面上,沉的物体会沉到水中。这时有一个男孩举起手说:"老师,大轮船那么沉为什么会浮在水面上呀?"老师听到后厉声说道:"你不懂,不要乱说。"老师的呵斥使男孩垂头丧气地坐到座位上。也许再遇到这样的情况,男孩不敢再说出自己的想法,或许会停止思考、停止发现更多的问题。

所以高校教师走进基础教育时,可以利用自身的专业知识来帮助幼儿园解决在教育中遇到的问题,推进基础教育的改革。高校教师参与教学一线,通过与幼儿教师集体备课、教研,有效地提高备课效率。大家集思广益,博采众长,在讨论的过程中相互启发,在思想的碰撞中擦出智慧火花,完善和优化教学设计;还可以长善救失,取长补短,补充专业知识的不足,提高教学效果;还有利于开发学校现有的教育资源,推广优秀教师的教学经验,缩短年轻教师的成长周期,节减幼儿园培训经费。

(二)"双导师制"可以让高校教师更清楚在课堂上应该教给学生什么

高校教师有了基础教育的经历,就应该在课堂上有针对性地教学生,让学生有针对性地学。然而一直以来,幼儿师范课程在设置中存在两大特点:一是重艺术技能训练,轻文化学习,即语文、数学、外语、音乐、舞蹈、美术等工具类学科开设时间长、门类多、要求高,而科学类课程与实操类课程开设时间短、要求低。二是科学类课程内容偏难,重理论轻实用。科学类课程教材一直是在高中教材的基础上编写而来的,内容偏难,在一定程度上脱离了学生的实际,加重了学生对科学类课程兴趣缺乏的问题。

面对这样的现状,从事理科教学的教师首先要有一本适合幼儿师范学生使用的教材。经过理科教学部几位教师为时一年的论证和编写,一套与幼儿师范专业相适应的科普教材,即全国学前教育专业(新课程标准)"十二五"规划教材《综合理科教程》(物理、化学、生物分册)在2013年由F出版社出版。它改变了以前教材中知识的陈、旧、难和缺乏时代气息等问题,融理论知识和实践操作于一体,综合物理、化学、生物于一书,难易程度适中,可操作性强,符合学前教育专业特色。教材增加了实训活动和幼儿活动等各种实践操作,能够满足幼儿教师对解释科学现象和制作科学玩教具的要求。

另外,教师还可以在高年级开设"科学发现与小制作"等选修课,继续培养学生科学探究的意识和创新精神。学生使用身边易得的物品,结合幼教专业,利用浅显易懂的科学原理制作出适合幼儿智力发展水平的小制作、设计科学游戏,不仅可以温故而知新,强化和巩固以前学过的知识,还可以激发创新热情和兴趣,提高动手能力,为以后幼儿科学活动的开展积累素材、奠定基础。

因此,教师结合自己的基础教育经历和幼儿园实际需要进行教学,可以提高学生学习的实效性、综合性,有利于提升学生的基本素养和实践能力。

(三)"双导师制"能有效地推动高校与教师的发展

随着教育事业的发展,传统的高等师范院校培养模式下,课程结构不完善、内容陈旧,任课教师对基础教育了解不足,学科教育教学停留在纸上谈兵的阶段,实践环节相对薄弱的弊端逐渐凸显。"双导师制"会使学校的教育教学工作变被动为主动。高校教师进入基础教育进行教学,整合高校和基础教育教学资源,也可以为基础教育带去优质的教育服务。教师有基础教育的经历,可以高效率地教会学生,有效地、有针对性地指导示范,让学生"一听就懂,一学就会,一用就灵",有助于师范生提升自己的职业技能理论与实践水平。

"双导师制"给高校教师搭建了一个更广阔的成长平台,有利于激发教师潜能,有利于促进教师教学水平的提升,使教学内容更贴近基础教育、更接地气。"双导师制"的实行为高校教师的教育教学改革和研究拓宽了道路,打开了眼界,推动了基础教育的发展。

希望学校能继续执行"双导师制",从而践行学校"园校一体,学做合一,无缝对接,即出即用"的办学理念,真正地培养出贴近幼儿园职业岗位及社会实践的应用型人才,也使学生更加受到用人单位的青睐和欢迎,实现学校、学生、幼儿园三方之间的共赢。

学生管理制度变更的应对策略

郑州幼儿师范高等专科学校　郑国香

一、案例背景

近些年来，我国经济发展迅猛，人们的生活方式和思想观念都出现了多元化趋势，年青一代在这种多元化背景下易受到不适宜其健康成长的观念的影响。在这种背景下，一所学校的校风校纪和管理引导更显得举足轻重。

Z校是一所历史悠久的幼儿师范学校，该校的教育管理工作具有以下几个特点。

首先，Z校是一所师范学校，师范教育有其特殊性。学校长期以来在学生思想工作、校风校纪建设方面制度规范、管理严格，正因为此，该校才在社会上享有盛誉。

其次，Z校位于Z市的中心地带，经济繁华，车水马龙，周边环境十分复杂。为了给学生创造一个良好的学习和生活环境，保证校园的整洁有序，营造浓郁的人文氛围，学校长期以来对学生管理和校园秩序管理方面的工作十分重视。

最后，Z校的大部分学生为初中起点，文化基础较为薄弱，学习观念、思想水平、人生定位都还处在比较幼稚、粗浅的阶段。学生又正当青春期，叛逆特征明显，整体素质参差不齐，缺乏职业理想，学习目的不明确，学习动力不足。同时，学校97%的学生是女生，由于女生独特的心理特点，她们比较容易受到社会上一些不正之风的迷惑和诱导，一旦出现事故，后果都是比较严重的。

基于以上情况，学校长期以来实行较为严格的校园出入制度。该项管理制度规定学生周一至周五除中午可以外出，其余时间都在学校范围内活动。该项制度一直运行良好，保障着校园环境的安全有序。但随着办学质量的不断提高，学校规模在不断扩大，学生人数不断攀升，小而精的校园、房舍明显不够用了。

二、事件描述

（一）事件起因

XXXX年，随着第一届学生进入四年级，加之学校扩招，校舍一时间非常紧张。学校唯一的一个餐厅已经无法容纳所有在校学生。学校研究后决定变更学校出入管理制度，开放早、中、晚饭时间，以解决就餐问题，允许学生自由出入校园。

该政策试行的一年中，其弊端不断显现。由于学生学习自觉性差、自控能力不强，所以开放校园后校风有日益涣散的趋势，学校管理层已经意识到这种情况持续下去的危害，但还有为数不少的教师持不同意见，认为"开放式"教育同样可以培养出人才。因此，这项制度争议不断。

到了YYYY年，学校扩大规模，合并相邻的一所中学，校舍问题得到解决。学校领导班子经深入思考研究后，从学生身心发展等长远利益出发，决定重新恢复之前的校园出入管理制度，但常言道："由俭入奢易，由奢入俭难。"学生已经养成了相对自由的生活、学习习惯，改变人的惰性，犹如拔毒疮一样。在这种情况下，学校很可能会遇到很大的反抗和阻力。因此，这成为一个比较棘手的问题。

（二）问题发展的过程

推动该项制度顺利变更成为学生科义不容辞的责任。笔者在那段时期正担任学生科科长一职，想到整个学校的情况，笔者深感肩上担子的沉重。经过再三思考，笔者决定从以下几个方面着手，期望形成合力，促使整个制度在井然有序中得到顺利转变。

首先，统一教师观念。由于这项制度在教师内部存在争议，将教师的思想统一起来是后续工作开展的前提条件。笔者考虑到不少老教师在学校德高望重，颇具信服力，听取他们的意见非常重要，于是笔者从他们开始，进行积极沟通。不少老教师在得知学校的计划之后，表示非常理解并支持。从他们开始，教师群体的思想逐渐趋于一致。

其次，动员学生会干部，营造舆论环境。教师的思想基本一致之后，笔者开始突破学生这一关。学校长期以来注重以人为本的现代价值观，在学生管理方面，也非常注重学生的自主管理和参与管理，关系到学生自身的事情，让学生出谋献策掌握一定的主动权。笔者在那段时间多次参与学生会会议，让学生干部各抒己见，充分发挥其自主性，并从学校大局的角度，深入引导学生干部换位思考，理解学校的初衷和苦心。经过几次深入的讨论，学生干部也纷纷表示支持这项工作。之后，学生干部的引领和号召力得到了充分的体现。学校比较及时地掌握了每个年级的思想动态，为下一步做深入的思想工作争取主动权。

再次，召开年级大会，巧设时机宣布。学生的思想工作进行到一定程度后，学校经过深入讨论确定了新制度的具体执行时间。在发布正式通知前一周，笔者考虑，虽然有了之前许多工作的铺垫，但是这毕竟是一件关系到学生切身利益的事情，学生的抵触心理到底有多强，不好估计。于是在讨论后，笔者决定利用教育学和心理学的理论知识，做心理铺设和情绪烘托，找准最佳时机，将学生的逆反和抵触情绪缓解到最低程度。

宣布新制度的年级大会来临了。与会期间，笔者先给学生播放了两组幻灯片，一组是"父亲给儿子的一封信",另一组是"生命列车"。其中,一组是关于人间至真的亲情,另一组是关于人生意义的思考。虽然这两个命题都比较深刻,但采用图文并茂的形式非常通俗易懂又引人入胜,会引发学生心灵的共鸣,促使其进行深入思考。再加上动人的背景音乐,大多数学生此时是非常有感触的。在一定程度上升华了学生的思想之后,笔者在这个充满正能量的氛围里宣布了此项规定。不出所料,学生的情绪总体上得以平稳过渡和转变。

最后,各方形成合力,落实执行政策。万事俱备,只等这一天的到来了。在正式执行新出入制度的第一天,学校领导班子亲自在校门口督导,防止学生因为惯性继续自由出入校门,对不按规定私自出校的学生采取较为严格的措施,切实保障制度的严肃性。由于各方已经形成合力,加上新制度在第一天得到了切实严肃的执行,此次校园出入管理制度得以顺利转变,为学校学生管理工作积累了新的宝贵经验。

三、总结反思

这起管理制度变更事件带给笔者很多想法,现在从以下几个方面简单谈一谈。

(一)树立"以人为本、以学生为中心"的管理理念

"以人为本、以学生为中心"是现代教育观念的核心思想。我国的教育目的是培养体、智、德、美等全面发展的社会主义建设者和接班人。学校教育践行该目的就必须从学生成长的长远利益出发,一切工作都要以学生发展为出发点和归宿。

全新的管理观念也注重以人为本,强化"学生发展"意识。笔者认为以人为本的核心理念就是尊重人、相信人、促进人的发展。学校管理人员更要把这种观念时时刻刻记在心中,谨记学校工作无小事。学校要把建设一支过硬的学生管理工作队伍作为工作的重中之重,实行"以人为本、以学生为中心"的管理理念,构建责权清晰、分工明确、合作有序的学生管理工作体制,使学生管理工作走向专业化、人性化、制度化。

(二)重视学生的自我管理

学生不仅仅是学校管理工作的对象,更是学校的主体和学校发展的动力。所以在此次事件中,笔者特别注意让学生参与学校管理工作,尤其是学生会和学生干部,培养他们的责任感和主人翁意识,让他们在学生群体中真正起到引领作用,在学生中形成推力,促进此次制度变更事件在根本上顺利进行。

当今社会,学生平等参与学校管理和维护自身利益的要求越来越强烈。鉴于这一点,我们不能按照传统观念一味地压制,而是要努力营造平等、民主的人文氛围。当学生群体感受到学校尊重他们、理解他们、所做的努力都是考虑他们长远利益的时候,他们自然会比较容易换位思考,进而理解学校,也可以更好地唤起他们的责任感和主人翁意识。幼儿师范学校学生比起普通高中的学生,思想较为活跃,崇尚

自由，个性张扬爱表现，有自己的想法并且敢于表达；但为数不少的学生以自我为中心，较少考虑集体和大局，自控能力比较差。针对这一点，学校更要注重和学生的双向沟通，让其理解学校的初衷并出谋划策，会收到比较好的效果。

(三)重视学生管理工作的艺术性

学生管理工作既是一门科学，也是一门艺术。管理有法，管无定法。重视学生工作中使用方法的艺术性，可以取得理想的效果。在此次事件中，笔者采用了营造舆论—凝聚力量—利用骨干—适时切入的方法策略，趁热打铁，步步为营，基于全面协调和整体规划，使得这次事件能比较流畅地进行，使棘手的工作完成得也富有美感。作为学校管理工作者，笔者不拘泥于教条和陈规，大胆接受并运用先进的教育理论、管理理论，是新时期教育管理工作者需要具备的能力。

比如，此次事件中，笔者适时运用了心理学中的激励理论，营造了一种健康积极的正能量氛围，可以在很大程度上提升人的潜力、增强凝聚力、缓解矛盾。在正式宣布新制度之前先做好舆论准备，让学生首先进行情绪的发泄，之后在正式宣布之时，又从思想教育入手，做好心理的预设和情绪情感的烘托，所运用的教育素材是十分富有哲理和积极意义的。笔者在一个充满正能量的激励人心的氛围里宣布新制度，抓住了最关键的时机，取得的效果是很好的。

(四)重视并规范学生管理制度建设，形成一个长效的动态机制

社会秩序的稳定和谐要靠法律，一所学校的稳定和谐要靠制度。"没有规矩，不成方圆。"一项健全合理并且执行有效的管理制度是保证学校教育教学工作顺利展开的前提。

管理制度的建设是一个长期并且动态变化的过程。因为整个社会是动态变化的，所以要求我们要有建立长效动态机制的意识。制度的确定要着眼于学生的长远发展，在此基础上，学校要注重动态调整，实行弹性管理。当学生管理工作不断出现问题，学生素质也出现下滑趋势时，我们就要重新审视以往已经不适应当前学生管理的一些旧制度。此次事件中，学校的第一次制度变更也是为了解决十分紧迫的现实问题。而当物质问题，即校舍问题解决之后，学校恢复之前的制度，依然是坚持为学生未来长远发展考虑这一根本的教育理念的。

一样的境遇，不一样的蜕变

——升格为高等专科学校后的改革思路

内蒙古民族幼儿师范高等专科学校　敖敦格日乐

中专升格后，在中专和高专两种教育模式碰撞的转型期，学校、专业、课程、教师、学生等层面带有明显的混合性特点，即中专教育虽已制度化却理念滞后，高专教育仍在摸索中。内蒙古民族幼儿师范高等专科学校（以下称为我校）作为顺利转型的典型，在中专和高专特色杂糅共存的转型期初步摸索出了一条发展之路。下面以部分内容为例，论述中专升格为高专后的改革思路。

一、案例背景

我校曾是一所幼儿师范中等专科学校，有着厚重的文化底蕴、扎实的艺术造诣、严谨的教学氛围，深受广大家长的信任和社会用人单位的好评。我校也是全国唯一一所使用蒙汉两种语言授课的、培养蒙汉语兼通的幼儿教育工作者的专科学校。中专学校升格为高专这一转型是必然的出路，但也是中专学校共同的困惑。2012年，我校从中专升格为高专，围绕"升格为高专后的改革思路"开展了一系列激烈的讨论和论证，一场轰轰烈烈的转型"革命"迫在眉睫。与其他转型期的高专一样，我校中专与高专特色杂糅并存，处境比较尴尬：在硬件和软件上都停留在中专水平，又翘首以盼真正象牙塔生活的到来，初步摸索出了属于具有自己特色的转型改革之路。

二、事件描述

（一）现状描述与自我诊断

1. 学校

我校升格为高专后有待于解决的历史遗留问题与面临的新机遇日益明显。第一，常规工作侧重学生管理工作和教务工作，科研薄弱。单靠经验主义是无法建立一个破茧成蝶式的新型特色高专的。第二，教学与学生管理虽已制度化却理念滞后，拘泥于形式。由于中专受管理本位思想的影响，服务思想停留于形式，重管理轻服务带来了封闭性。第三，转型资金不足，而资金是学校转型的最基本的保障。

2. 专业

我校的幼儿教师班有两类：一是初中毕业起点的五年制高专，二是高中毕业起点的三年制高专。每一类都同时设有蒙古语授课班和汉语授课班。学生毕业后多数从事幼教工作。幼儿教师专业建设方面基本沿用中专时期的专业设置模式，缺乏谨慎的论证和资金投入。单靠经验主义是只可改良却无法彻底改革的，主要原因之一是缺乏一支专业功底扎实的研究团队。

3. 课程

第一，我校的校本课程与教材开发工作存在一定的随机性，课程种类、课时、任课教师等经常更换。第二，特色课程和教材面临双语教育难题。没有系统的特色课程与教材体系，其研究也未制度化和系统化。蒙古族学生的部分课程用汉语授课时有语言障碍，导致双语教育有时重于形式、停于口号。第三，学科设置滞后，和幼儿园活动脱节。

4. 教师

师资紧缺是我校升格后遇到的严峻问题之一。第一，一人带多门课程，同时还当班主任、做行政工作、带实习等，即便有三头六臂也难免力不从心。第二，教师的科研意识和功底整体薄弱，缺乏系统的科研方法论知识和实践。科研中，一般性的事实归纳及现象描述较多，实证性研究较少；表层分析多，深层次理论剖析少。第三，激励机制和监督机制需要完善。年轻教师虽有一定的改革魄力，但有时会遭遇论资排辈的发言权问题。

5. 学生

我校对五年制和三年制高专两种学制学生的管理方式基本一致，实行五天半制全日制封闭式制度。班主任全权负责班内一切事宜。学生处、团委、教务处和相应的其他科室开展一系列的综合素质和专业素质比赛活动，如专业知识竞赛、主题班会比赛、儿童舞比赛、田径运动会等。这些早已成为我校的校园文化。但是，教师的工作态度和效率却因人而异。

(二)改革措施

我校升格为高专以来，秉承"教学为本、科研兴校、服务社会"的办学理念，打造民族特色和幼儿师范特色，以区域化协同办学模式，促进我校的内涵提升。根据教育部《关于建立职业院校教学工作诊断与改进制度的通知》《关于印发〈高等职业院校内部质量保证体系诊断与改进指导方案(试行)〉启动相关工作的通知》和《内蒙古自治区高等职业院校内部质量保证体系诊断与改进实施方案》相关要求，结合我校相关章程、"十三五"发展规划纲要，我校制订了《内蒙古民族幼儿师范高等专科学校内部质量保证体系诊断与改进工作建设与运行实施方案》，在充分调研的基础上，实事求是地进行了学校内部质量保证体系自我诊改工作。具体措施如下。

1. 高度重视，加强领导，健全体系

为确保诊改工作顺利进行，学校领导高度重视，成立了教育质量保证管理委员会。学校党委书记、校长担任组长，分管副校长担任副组长，各处室、系部负责人为主要成员，委员会办公室设在教育质量管理督导处。我校形成了"五纵五横、一平台"的质量保障机制，即以"学校、专业、课程、教师、学生"五个层面为五纵，以"决策指挥系统、质量生成系统、资源建设系统、支持服务系统和监督控制系统"五个系统为五横，以"高校人才培训信息采集系统"为平台。

2. 加强宣传，分层培训，完善机制

学校教育质量保证管理委员会对全体教职工分层进行质量保证方案的宣传和培训，提高了全体教师的质量保证意识，增强了诊断意识和整改意识。全校各处室、各系部分别成立了相应的诊改工作小组，结合工作实际，对各自工作进行了自我诊断，提出了改革意见及具体措施，并总结了改进成效。

3. 调查论证，生成结论

学校内部质量诊改各专项工作小组经过充分的调研和督查，形成了《内蒙古民族幼儿师范高等专科学校内部质量保证体系自我诊改报告》。由于系统庞大，此处仅以有代表性的科研处科研提升工作为例进行介绍。科研处诊改工作小组设计了综合型问卷，面向我校全体教师，对其科研现状进行普遍性调查，涉及科研适应概况、意识与态度、方法与技能、影响因素、期望等方面。为深度了解，科研处诊改工作小组访谈了我校60位教师，涉及不同职称、学历、年龄、学科和性别等，内容涉及"升格后科研方面的适应性，对科研的理解，我校科研存在的问题、原因及解决策略"。问卷调查结果、教师访谈结果、统计结果与科研指导实践中的观察结果基本一致，即学校升格后教师的科研意识有增强的趋势，科研能力与信心还有待增强。这种状况的主要原因是制度有待建立健全、教师科研缺乏匠心精神、教师科研能力起点低、科研成果社会效益甚微等。

4. 认真贯彻，严格执行

(1) 人才培养模式改革

高专人才培养模式的基本特征是以培养高等技术应用性专门人才为根本任务，以适应社会需要为目标，以培养技术应用能力为主线培养学生。我校学习和贯彻落实纲领性文件精神，以保证办学的规范性，尤其注重学习《国家教育事业发展第十三个五年规划》、教育部《关于"十三五"时期高等学校设置工作的意见》、教育部《关于加强高职高专教育人才培养工作的意见》《高等职业院校内部质量保证体系诊断与改进指导方案》以及《内蒙古自治区民族教育条例》等。同时我校从实际出发，始终坚持民族特色和幼儿师范特色，全力营造民族性、专业性和区域性三维协同发展模式，建设"特色鲜明、专而精"的本土化民族幼儿师范高等专科学校，带动地方幼教事业的发展。

(2) 教学为本

培养幼儿教师是我校的根本任务。教学是我校的中心工作，直接体现在"八大工程"上，即示范性教师教育基地工程、教育教学质量工程、人才队伍建设工程、专业与课程教学资源建设工程、阳光心灵建设工程、数字化校园建设工程、合格评估工程、实习实训基地建设工程。这里需要强调的是：第一，建立一支德才兼备、特色鲜明、相对稳定的蒙古语授课教师队伍是关键；第二，专业设置是社会需求与我校连接的纽带，既要有时代性，又要有恒常性；第三，教材建设既要注意先进性，又要保持相对稳定性，成立幼儿教师专业蒙古文教材库，特别鼓励音像视听教材；第四，突出应用性，重组幼儿教师课程和教学内容，大力建设校内外实训基地；第五，建设独立的幼儿教师专业蒙古语数据库和信息平台，探索民族地区幼教信息化推进的有效模式。

(3) 科研兴校

第一，不忘匠心，方得始终。科研人员的匠心精神是科研工作的核心。课题可以结束，研究却一直在路上。第二，方法科学，结论才无懈可击，决策方可英明。注重匠心精神和研究方法的科学性，建设一支"招之即来、来之能战、战之能胜"的科研团队。第三，重应用性。进行校本研究，解决实际问题，例如蒙古族学前教育研究、鄂尔多斯市学前教育发展现状调查研究、民族院校学前教育专业人才培养模式改革的研究、中专院校升格后教师科研能力的提升研究、内蒙古地区男幼儿教师发展前景的研究。第四，加强园校合作研究，改善目前学校与幼儿园之间的合作多沟通少的现象，杜绝理论与实践脱节，合力研究实践最前沿问题。

(4) 服务社会

我校培养的不仅是合格的幼儿园教师，同时也是未来的幼儿家长。这项社会服务不是哪一所院校能够独立完成的，而是家庭、幼儿园、院校、社区与教育管理部门多维一体的，所以要加强合作。他山之石可以攻玉，我校会多借鉴学习，协同培养适应社会发展需要、民族特色鲜明、高水平的幼儿教师。第一，继续贯彻产学研结合思想，为社会输送幼儿教师专业高级应用型人才。第二，推动鄂尔多斯甚至内蒙古地区蒙古族幼儿教师专业发展。

三、点评与反思

(一) 经验分析

1. 以人为本，提高效率——基本策略

我校坚持以人为本，对存在问题深入调查，对症下药，提高效率。这是我校在转型道路上取得成绩的备战工作，是基本策略问题。我校做了诸多以人为本的研究和论证，如蒙古族学前教育研究、鄂尔多斯市学前教育发展现状调查研究等。

2. 开拓创新——最佳出路

有人曾说："什么叫创新？创新不是遍地挖坑，每天挖新坑折腾，来回折腾绝不是创新。创新是朝着一个正确的目标，持之以恒，不断地往高处攀登，往深处挖掘。"创新是发展的灵魂，创新在我校转型改革中是老话新谈，"老"在话题上，"新"

在理念和方法上。不论对教师专业发展还是对学校转型发展战略而言，不断开拓创新，才是最佳出路。我校在改革创新力度上是大刀阔斧的，尤其体现在制度的改革上，在改革的耐力上是细水长流的。

3. 坚持特色与和而不同的多元文化理念——长久之计

鲁迅先生在《且介亭杂文》中提出"只有民族的，才是世界的"。我校是真正意义上的民族幼儿师范学校，所以特别注重民族文化的保留与发扬。我校坚持"以服务为宗旨，以就业为导向"的师范教育方针，始终把"就业"作为办学方向，把"培养适应现代化教育的蒙古语、汉语兼通的幼儿教师"作为办学目标，形成了"教学为本、科研兴校、服务社会"的办学理念。此外，我们的教育理论和方法论指导是百花齐放式的、和而不同的多元理论，因为只有特色才能支持和而不同的多元化，也只有多元化才能凸显特色化。

（二）后期预设

第一，巩固强化。中专升格为高专后观念和行为方式的转变是循序渐进的，改革效果不稳定，陋习容易反复，需持之以恒，巩固良好趋势。第二，拓展和科学检验。很多以班级为单位的实验的成功案例在全校范围的推广力度不够，部分成果的推广处于初始阶段，具有很大的自发性，而且研究样本小，自变量多，受到无关变量的干扰，研究结果的信度和效度需要进一步科学检验，需邀请专业人员做教育统计测量。第三，终身学习。部分教师凭借经验在实践中取得了良好的成效，但是将丰富的实践经验转化成理论性研究成果时出现了很多困难。教师应提高研究能力，以"活到老、学到老"的精神与学校共进退。

四、结语

反思是教育工作者最重要的研究品质之一。反思意味着自我否定与塑造新自我，一个善于反思的学校是可持续发展的。我校升格后已取得可喜的成绩，但从高专教育人才培养工作的全局看，还不够成熟。我辈需不断反思，志存高远，脚踏实地，质量至上，制度为先，完善内部质量保证体系，从长远考虑和论证，不以牺牲质量为代价。

教 育 篇

怎样成为一位合格的高校教师

川北幼儿师范高等专科学校　徐晓燕

一、案例背景

　　川北幼儿师范高等专科学校是 2012 年经四川省人民政府批准成立的以培养幼儿教育、小学教育师资为主的公办全日制普通高等专科学校。升为专科学校之后，学校的生源结构发生了变化，高中起点的三年制专科学生与初中起点的五年制专科学生对学校的期望、对教师的要求存在很大差异。教师的教学水平直接影响学生对学校的认知和评价，也制约着学校人才培养的规格和品质。因此，提升教师教学水平，更新教育观念，改进教学方法，提高科研能力刻不容缓。2012 年暑期，我校有 100 余位专任教师参加了在四川师范大学举办的高校教师岗前培训，取得了合格证，获得了高校教师资格证。2013 年，我校有 50 余位教师需要参加高校教师岗前培训，学习高等教育法律法规，熟悉高等教育学，掌握高校教师上课的技能。

　　根据 2012 年的培训经验，新上岗教师的培训更容易收到实效，因为他们没有工作经验，没有思维定势，头脑中能够迅速建立新的教学模式，更好地胜任高校课堂教学。恰恰是有经验的老教师会受到以往教学经验的影响，比较难以改变以往教学中的固有思维。他们以中专的课堂教学方式应对大学生的教学，使高专学生难以接受。在培训中经历艰难的蜕变，教师才能用扬弃的态度建构新的教学理念，渐渐向合格大学教师迈进。在 2013 年的培训中，作为有 17 年教龄、在省市教师讲课及说课大赛中多次获奖的成熟型教师，如何上好一堂合格课重新成为我面临的新问题。

二、事件描述

　　2013 年暑期，我校 50 余位教师参加了四川省高校教师岗前培训，有 21 位教师被分到了 33 班。

　　培训中，每班 70 人，配备一名导师。每 3 个班配有一名辅导员。我们 33 班的导师在见面会上就让我们感受到了压力，当培训进入试讲阶段的时候，压力开始逐渐显现。他提出的要求与其他班导师比，略显严格：①教案要手写，不能打印，经审查合格后方可开始进行微格教学；②微格教学每人 5 分钟，人人过关后进行小组试讲；③小组试讲过关后才能参加导师评课；④学习结束后要上交5000字的学习心得，必须交手写稿。70名学员被分成了5个小组，我任第一小组组长。我们小组共有14名学员，学员中有博士研究生、硕士研究生、本科生，专业各不相同。

我们小组的教案很快就顺利过关，进入微格教学环节，此时导师开始让我们真正领教了他的厉害。因为是组内年龄最大、教龄最长的学员，我自告奋勇第一个上台试讲。授课内容"影响儿童心理发展的客观因素"是我原来在学校上公开课获得好评的心理学课程的内容。教学过程中，我举了很多自以为生动的案例，很注重本节知识的系统完整讲授。本以为凭自己丰富的经验会驾轻就熟，没想到短短10分钟的授课结束后，导师找出了22处严重的问题，批得我"体无完肤"，彻底摧毁了我的盲目自信。在这些问题中最致命的是中专授课的习惯根深蒂固，过分依赖教材，过分追求教材内容的系统性、完整性，将课程内容分解得太细，举例随意，没有上升到学术的层面认真探究，没有注意知识本身的深度挖掘和广度延伸，也忽略了学生自主学习能力的培养。我听着听着，越来越不好意思，但想着自己过去都是这样上课的，学生反应挺好，就觉得导师有些小题大做，便有些不以为然。我之后的几位年轻学员，同样存在这样那样的问题。微格教学令导师很不满意。

在接下来的几天，我认真聆听其他专家教授的讲课，还仔细琢磨了导师的授课，发现他非常注重学生与教师之间的互动，非常反对教师目中无人的讲解。他会提出一连串的问题，用探寻的目光望着我们，在教室里来回走动，使我们每个学员都很紧张从而不得不认真去思考他的问题。他要求我们要学会不去照顾教材的体例，更多地去想想学生可能会遇到的瓶颈。大学的课堂应该体现教师的智慧和学生的自主，教师要对课堂有敬畏之心，要有神圣感、使命感。我开始为自己的自以为是感到羞愧。

有了导师的示范，小组试讲过程中，学员们畅所欲言，坦诚地相互交换意见，探讨教学方法，意见相左时场面甚至有些剑拔弩张，但课后大家又亲密无间。令我印象深刻的是，我们小组的经济学专业吕博士上课时的那种纵横捭阖的潇洒，来源于他自己对研究领域的知识的了然于胸；哲学专业苏博士解读"道德"，旁征博引，诙谐幽默，得益于他对教材内容烂熟于心，也源于他在自己专业领域的深厚积淀。听了他们的课之后，我必须承认自己存在的问题和差距。

在这样的磨合中，我逐渐明白了大学的课应该怎么上。我也能重新构筑教学理念，跳出教材的窠臼，关注学生的发展，关注知识的准确表述，尊重学生的自主学习能力，课堂显得富有生机和活力。在导师评课中，我获得了优秀等级。

最后，我们的学习心得减到了1500字，但还是要手写。导师的观点是手写的过程中脑子会认真思考。看着自己手写的心得，我感觉这样的培训虽然辛苦，但很值得！

三、点评与反思

回顾短短一个月的学习，从专家和导师的身上，我们看到了为师者的学而不厌、诲人不倦，也真切感受到了要驾驭好高校课堂、实现有效教学，我们还任重道远。现总结自己一个月的收获，与同行共勉。

(一)变"以教师为中心"为"以学生学习活动为中心"

学生是学习的主体，中专生和大学生的学习方式、学习能力和学习效果差异巨大。有经验的中专教师只有认真分析大学课堂与中专课堂的异同，才能迅速转变教学理念，更好地与大学生的认知特点接轨。大学的教学过程是大学生学习的独立性、自主性和探索性逐步增强的过程。教师要纠正以教学内容为中心的观点，把目光聚焦在学生的学习活动上，帮助学生把握重点、突破难点。在大学，由于教学内容大幅度增加和培养学生独立学习能力的需要，教师的讲解通常起着引路的作用，往往只讲授有关内容的重点和难点，介绍一些学习和思考问题的方法，要求学生通过自学掌握较多的教学内容。因此，我们应该要求学生养成课前预习和课后复习的习惯，这些良好习惯的养成对大学生逐步过渡到独立学习阶段有重要意义，还要推荐一些参考文献供学生阅读，使学生能根据自己的需要查漏补缺。

在课堂教学中，教师要始终关注学生的学习。备课时，教师要从学生学习的视角去预设问题，思考有没有牵一发动全身的核心概念需要透彻的阐释，有没有百思不得其解的定理公式需要巧妙点拨；从学生的角度去审视教材，思考哪些是学生可以自学的，哪些是必须由教师参与共同学习的，哪些是需要额外增加课外内容加以丰富和完善的。这样的备课才是有效教学的基础。上课时，教师的目光里要有学生，要与学生有目光交流，在学生的眼神中捕捉信息，思考他们是否有困惑、某个知识点是否已经不需要再讲解。教师要打破课堂空间的隔离状态，走到学生中间，与他们进行良性的互动，使课堂具有生机和活力，激励学生常处于"悱愤"状态，乐于参与课堂讨论，使课堂成为教师与学生生命对话的场所。

(二)把研究性学习引入教学

教师要注重培养学生的研究意识与创新能力。大学生尤其是高年级大学生的学习已经具有了一定的探索成分，不少学生有意识地通过查阅资料以及开展实际调查等多种渠道收集所学学科的各种信息，并且做出一定评价，在信息流中辨别真伪、确定方向。他们的辩证逻辑思维能力已经达到较高的水平，他们对问题敏感，也敢于实践，重视在积累知识的同时，发展自己的创造能力。在大学教学中，学术界的争论、各种学术观点的介绍、各个有待探讨的问题，恰恰是使学生站到该学科发展前沿、激发他们创造精神的最有价值的教学内容之一。因此，要实现高校教学研究化，教师必须深入研究教材，把课程基本内容与课程前沿性的研究成果作为教学基本内容，这是与我校之前的中专教学完全不同的教学理念。

(三)积极学习教育教学理论，提高教学能力

教学能力是在一定的教学思想、理念支配下，在掌握教学知识、教学技能的实践过程中形成的。由此可见，教学能力这个概念的内涵包含教学认识能力和教学实践能力这两个相辅相成的本质要素，其中教学认识能力指包括对所教学科专业知识和教学思想、理论与规律的认识，由此可以认为，一位教师的教学能力就是他的教学认识能力和教学实践能力所达到的综合水平。

实践证明，高校青年教师教学的基本功由两个方面组成：一是学术上的基本功，二是传授上的基本功。学术上的基本功是指授课教师应该或正努力成为所属领域中学有所成并十分活跃的学者、科学家、工程专家或艺术家；传授上的基本功至少包括了解学生的基本功、深刻理解和熟练掌握授课内容的基本功、恰当选择或创造教学方法的基本功和熟练教学操作的基本功。

熟练教学操作的基本功作为高校青年教师教学基本功的基础，主要包括如下内容：①选择内容的基本功；②讲清概念的基本功；③抓住重点的基本功；④厘清脉络的基本功；⑤语言表达的基本功；⑥板书和多媒体及其他教具使用的基本功；⑦启发诱导的基本功；⑧师生互动的基本功；⑨掌握时间的基本功；⑩组织讨论的基本功等。

教学是一门老老实实的学问，而且是高学问。教学有它自身的性质和规律，人们常说："教学有法，但无定法。"这反映出教学的复杂性，因此，搞好教学需要认真不断地学习、实践和研究。学者未必是良师，正如有的学者指出的："教师的学科专业知识丰厚，并不意味着学生能从他那里学到渊博而深入的知识。失去对学生的尊重与关注，缺乏对课堂的理解与把握，没有对教学法的研究与创造，高校教学就难以促进学生的全面发展。"

(四)树立职业使命感，加强业务学习，提升专业素养，坚定职业理想，更好地胜任教学

高校教师面对的是具有一定生活经验、科学文化知识和抽象思维能力的青年人。由于学生来源、经历及年龄不同，生理发展、心理发展及知识水平存在很大差异，这些劳动对象具有复杂性、多样性。教师需要具备深厚的专门知识，才能从事这一复杂的劳动。高校学生毕业后大多数直接进入社会，踏上工作岗位，成为社会各个阶层的劳动者，他们的素质如何直接关系着自身的幸福和社会的发展。高校教师从事的是特殊的脑力劳动，从大师讲课的例子可以看出，讲课的目的是能够把自己的知识传授给学生。教师能否被学生接纳乃至欢迎，与教师是否具有表演才能关系不大，关键在于能否拿出真东西、能否有使学生信服而受到教益的本领。因此，高校教师不仅要对任教学科有精深而独到的见解，还要具备终身学习的能力，有教育科研的意识和能力，这样才能不断推出新的劳动成果、增加自身知识储备的容量，提升课堂教学的质量，使自己成为受学生欢迎、能帮助学生成长的合格高校教师。

"奇怪的转变"

——学前教育专业男生的培养策略探究

川北幼儿师范高等专科学校　邢春娥

男幼师对学前教育的重要性和对幼儿发展的积极作用早已被实践证明。随着学前教育事业的发展和幼儿教育改革的深入，更多的男教师进入幼教领域已成为必然趋势。学前教育专业男生作为准幼儿教师，存在许多职业优势，但是在专业学习和发展的过程中存在着诸多问题。近年来，很多地方高等师范学校（简称高师）的学前教育专业开始逐渐增招男生，但是如何改善男幼师的职前培养机制，尚需进一步探索。

一、案例描述

我校2012级学前教育专业三个班中只有一名男生——M。他长得瘦瘦小小，非常活泼，经常参加各种校园活动，在小品节目中扮演各种"丑角"，也算是学校的"名人"。但是等到大二上学期，我给他们班上学前音乐教育的时候，发现他似乎变了一个人，课堂上没精神，不爱发言，作业也是草草了事；在两人一组进行幼儿律动操表演时，他跟在两个女生后面表演了《数鸭子》，动作很不熟练也不规范；在模拟实践课堂上，他很明显没有积极参与小组讨论、试讲，只是在最后充当幼儿的角色……但是下课后，他就又"活"过来了，忙碌于各种校园活动中。为什么他在课上课下会有如此大的反差呢？是不喜欢我的课，还是在其他课上也是这样的呢？我问了另外几位老师，结果是后者。于是，我私下与他进行了几次谈话，了解到他在专业学习过程存在一些困惑。以下是M的陈述片段。

片段一：

我高考填报的志愿是中文系、英语系，接到的却是学前教育的通知书，与我的志愿相差太大了，当时特别郁闷、失落。本来想不上了，但我不愿意复读，就抱着转专业的心态来了。

片段二：

大一下学期，班里进行综合测评，我的考试成绩在班里为中等，但我的综合测评成绩在班里竟然是倒数第三。我参加了很多社团组织和学校活动，结果却是这样。我们班的班委都是女生，她们自己搞测评，我都不知道。由此我确信，这里不属于我。所以接下来的一个学期里，我把座位从教室的前排移到了最后一排，班里的事情我也很少做了。这次选班委，简直就是女生包办的，我就是上去跑龙套的。

片段三：

我非常不喜欢大一的乐理课。有一次，老师让练习，虽然我付出了很多努力，但怎么也唱不好，感觉同学有点儿瞧不起我。还有在钢琴课上，老师对我的要求跟女生一样，一点儿都不考虑男女差别，给我的分数也很低。我想逃课，却又不敢，因为班里就我一个男生，太明显了。我感觉自己在专业方面与女生差距太大，我对这个专业产生了很大的疑问，对未来的工作很迷惘。

……

对于 M 的经历，我感到痛心和惋惜。我们费尽心力招进校园的男生却没有得到积极的教育和引导，使之在专业学习和心理成长方面都出现了困惑和问题。他原本外向活泼，喜欢文体活动，在人际交往方面也比较积极友好，没有明显的心理问题，应该是有开展学习的基础条件的。但是在专业课上，由于课程内容及教学实践方式偏女性化，他难以接受和学习；在班级活动中，他缺少同性交流与互动，处于被边缘化、被遗忘的境地。这样的问题若持续下去，不但无法完成培养合格幼儿教师的目标，甚至都无法使他成为合格的大学生。作为一名学前教育理论课程专任教师，我首先要做的就是从本课程出发，转变 M 的学习态度，培养他对课程学习的兴趣，进而逐渐使他掌握活动设计与组织的能力。为此，我专门针对他设计了几次课程。

第一，我在网上找了几段节奏欢快鲜明、动作简单而诙谐有趣、适宜男生表演的幼儿律动操视频，如《勇敢小兵兵》《螃蟹》《阳光海滩》等，让其观看练习，我同时加以指导。几次练习之后，他上台进行了 10 分钟的专场表演。女生都为他欢快有力的动作、幽默有趣的表演所震动，并报以热烈的掌声。这之后，他上课的兴趣明显增强了，课堂表现也活跃了很多。

第二，虽然 M 唱歌时音准较差，舞蹈动作也不够标准优美，但是他的模仿力较好，动作大方有力，表现滑稽逗趣，所以我指导他设计了第二次模拟实践活动：音乐游戏《猴子学样》。他以教师的身份表演老汉，引导"幼儿"当猴子。音乐响起时，"老汉"随音乐做各种夸张有趣的动作，"幼儿"模仿。音乐停，游戏结束。这则音乐游戏比较简单，不需要他具有唱跳的技能，而且能展示他"扮丑"模仿表演的特长，从而增强了他专业学习的信心。另外，通过完整地设计、组织、实施一次教育活动，他学习了解了教育活动开展的全过程，并实践练习了教育方案的设计能力、教育活动的组织能力、师幼互动的能力、教具制作的能力等，而这些能力是可以迁移到其他课程及整个专业的学习过程中的。

二、案例启示

培养一名合格的男幼师仅通过几门课程、通过一位教师是远远不够的，必须依托全专业所有教师及班主任、辅导员的共同努力,依托全系乃至全校整个培养管理模式的改革。通过以上案例,我进一步思考并分析高师学前教育专业男生培养过程中存在的问题。各类层次的师范院校及普通学校在大量招收学前教育专业学生时都在感叹男生太少,不能满足就业市场的需求,但是对已招收的为数不多的男生却缺乏合适的课程设置、教学管理方式以及身心辅导教育,导致学前教育专业男生专业技能差、专业认同感低、心理行为问题频发。不少男生工作后要么转业使男幼师资源流失,要么无法胜任一线教学,使得标杆起了反作用。因此,构建一整套合理科学的学前教育专业男生招生、培养及管理模式是亟待解决的问题。

(一)加强专业宣传,转变招生策略

1. 引导舆论正面宣传,加强专业宣传的广度与深度

人们对男幼师持积极、赞赏的态度将会加深学前教育专业男生的职业情感,坚定其职业志向;而消极、贬低、拒绝的态度将会降低学前教育专业男生的职业认同感,导致他们怀疑甚至放弃自己的专业。因此,媒体及其他舆论形式应对男幼师多做正面宣传,让人们认识到其工作价值,提升他们在公众心目中的职业地位。不管是家长还是社会,对学前教育专业的认识都还停留在表面,认为学前教育专业就是培养幼儿教师的。很多人不知道学前教育专业是干什么的,要学习哪些内容,以后的就业出路在哪里。因此,学前教育专业的招生宣传还要加强力度,尤其是加强专门针对男生的宣传力度。

2. 转变招生策略,适量扩招男生

第一,男生达到一定数量便可独立编班、专门培养,这样会有利于课程设置、教学内容及方法的改革。第二,随着各地学前教育事业大发展的势头突飞猛进,高师可以与地方教育主管部门或幼教机构合作,对缺少男幼师的地区进行定向培养或订单式培养。例如,江苏省自2010年起实施学前教育专业男生免费培养和优先安置计划,所以高师可以利用这样的利好政策争取培养名额,从而改善生源质量。第三,高师可考虑从部分中职或高职学前教育专业中对口招收专科或专升本的男生,这样可选拔一些愿意报考且已具备一定专业素养的男生。当然,招生策略的转变还需借助政府政策的保障,只有外在的招生和就业安置政策有所倾斜,才有助于减少社会传统偏见,吸引更多优秀的男生主动进入学前教育专业学习。

(二)构建科学适宜的学前教育专业男生培养模式

受传统模式的影响,学前教育专业从培养目标到课程设置、教学方法等更多是从女生角度出发的。当少数男生加入学前教育专业时,原来的女生教育机制如果不做任何改革和调整,就无法形成良好的幼儿园男教师培养体系。不少男生学习专业技能课很吃力,这会大大影响他们的专业效能感与认同感。例如,模仿幼儿声情并茂地朗读儿歌或者分角色讲故事等,让一些男生感到不习惯和别扭。在钢琴、舞蹈、手工等技能课程方面,男生要花费更多的时间和精力,可结果不一定让人满意。这

对男生造成很大的压力。所以学校应改革专业课程，实行多元化的课程，改革教学方法，充分考虑到男生的生理和心理特点，为男生的个性化学习创造良好条件。

1. 调整和优化专业课程

高师学前教育专业在制订男幼师培养方案时需根据幼儿园教育实践的需要，让男生可以选择更适合自己性别特点的项目，如体操、武术等课程，除了学习钢琴之外还可以选择学习手风琴、扬琴或管弦类乐器；允许学生在完成专业必修课程外，根据自己的兴趣与特长选修器乐、书法、科技小制作及体育类课程，还可以选修其他院系开设的选修课，特别是英语系、体育系和计算机系等为外系学生开设的选修课。这样，一方面避免了某些课程给男生带来压力和尴尬，另一方面，可以使学校依照学生的兴趣，给予其一定的选择空间，拓展学生的专业能力。

2. 改革教学方法，重视男幼师性别特质的培养

在具体的课堂教学中，尤其是在模拟教学活动中，教师要进行比较分析，探索出男女幼师在幼儿园中的不同教学风格，培养男生平等、豪放的教育态度，鼓励男生使用自然、直率、温和、精练的教学用语；教师在专业课教学中需注意收集和展示男教师从事幼教实践的成功案例，指导男生如何在幼教工作中发挥优势和克服劣势；即使在同样的专业课学习上，教师也切勿以评价女生的标准来要求男生，应激励他们施展创造性才能，发展男生特有的教育风格等。同时，学校应增加专业任课男教师的比重，可能条件下，男生的舞蹈课和音乐课尽量由男教师来教。

3. 完善学前教育专业师资，开展教育学、心理学培训

技能课教师大多是从专业艺术院校毕业的。相对于学前教育专业理论课教师，他们缺乏教育学、心理学的相关知识，欠缺班级管理、学生辅导的教育能力。因此，对这些教师开展教育学、心理学知识培训，让他们了解当代大学生的心理，并掌握这些学生的学习规律和教学技能，进而使他们真正做到"艺术化"地开展教学。

4. 鼓励、指导学生多参加各种社团活动

教师可以鼓励、指导学生多参加各种社团活动，如围棋协会、跆拳道协会、溜冰协会等的活动，通过参与这些隐性课程的学习来促进个体特长的发展。学校也可以根据实际情况，适当地进行学分认定，以激发男生学习的积极性。

适宜的课程设置和教育方法可以培养男生自信、自立、自强的心理品质和体态自然、心胸开阔、意志刚强的阳刚之美，使他们既能胜任幼儿园体育教学活动、游戏活动等教学活动，又能成为懂外语、懂计算机的现代幼儿园管理者、后勤保障者及私立幼儿园的创办者。

(三) 实施导师制，做好专业引领与心理疏导

实施导师制，一对一对男生实行全方位的引领和教育，会使教师的责任更明确，工作更具针对性和成效。

1. 帮助男生进行职业生涯设计，找准职业定位

就业情况是学生选择专业时考虑的主要因素之一。也是影响学生专业认同感的关键因素之一，学前教育专业男生最大的心理压力之一就是毕业后的工作问题。因此，要想培养学前教育专业男生的职业认同感，激发其内驱力，消除其焦虑，就必须通过多种途径扩大学生的就业范围。一方面，学校要培养学生的创业意识，使学生既可以去公立、私立幼儿园应聘，又可以独自创办幼儿园。在城市中开办特色幼儿园，在农村、乡镇开办幼儿园都是不错的选择。学生还可以从事各类幼教机构的行政管理、培训咨询，幼儿系列产品的研发与营销，图书出版等工作。另一方面，学校要拓宽专业口径，让学生就业立足于本专业，但不局限于本专业。例如，中国将进入老龄化社会，学生还可以开办托老所、老年人活动园等。

2. 关注男生的心理世界，及时进行心理疏导

学前教育专业男生中的部分人是因为高考成绩不理想，被动选择了该专业，学习动力不足，自卑、焦虑、压抑和女性化等心理问题在不同程度上困扰着他们，影响着他们的专业发展。学前教育专业男生数量少，且备受教师、女生等的关注，导致其压力增大。个别男生不知道如何与女生交往，和女生没有太多共同语言，产生不自在、无所适从的感觉，进而缺乏集体认同感，产生孤独、焦虑的负面情绪。所以学校要密切关注男生的心理健康，帮助他们疏导心理压力，树立正确的价值观，培养他们的专业自信和职业自豪感与认同感。

从"非主流"女孩到文艺委员

——中专幼儿师范生教育案例

川北幼儿师范高等专科学校 马春琴

作为三年制幼师班级的班主任,我们的教育目标是要培养出具有良好师德,掌握一定学前教育理论、基础知识与基本技能,能适应社会发展需要和学前教育事业发展需要的幼儿园工作人员。班主任工作要紧紧围绕这一教育目标来进行。因此,我们的班主任工作不仅要做好学生的思想政治教育工作,还要试图培养学生作为未来幼儿教师的师德与专业精神。面对自信心不够、学习动力不足、行为习惯较差的中专幼师生,班主任管理工作首先不得不从行为习惯入手,将师德教育渗透到学生的日常行为规范中,培养学生的自信心,同时通过各种方式,调动学生对幼师专业的认同感,挖掘学生在专业学习中的内在动力,调动学生自主学习的积极性,以期能为她们成长为合格的幼儿教师打下坚实的基础。

片段一:迟来的新生

新生入学工作还在紧张进行当中,面对50个人的新生班级,看到大家茫然和失落的表情,作为年轻班主任的我正在思考怎样开展我的班主任管理工作,突然接到学生科办公室的电话,让我去接一个来迟了的新生。我急急忙忙来到办公室,环顾了一圈,不禁问道:"新生在哪里?"办公室老师指着身后打扮"成熟"的女孩说:"就是她,以后就交给你了。"当即让我将人领走。

在错愕中回过神来的我,将学生领出办公室。站在楼道里,我开始仔细打量这个女孩,年龄相对班里的孩子要大些,头发烫成有点蓬的小卷,发梢染黄,化了妆,眼妆较浓,短袖加破洞牛仔裤,整体一看,俨然一个社会小青年的样子。视觉冲击直达内心,这个形象无法让我将她和学生这个角色联系起来。带着这样的心情,我问了她的名字和联系方式,说:"从今天开始,我就是你的班主任,我们会有很多时间熟悉彼此。在将你介绍给班上的同学之前,我要对你提第一个要求,你能答应我吗?"带着点审视的眼光看着我,她缓缓地说道:"是什么要求?我要做得到吧!""很简单,安排好住宿之后,到外面去把你的头发做回来,卸妆,换身衣服。我给你一下午时间的假,应该够了,在我带你进教室的时候,你应该是一副学生的打扮,而且从今以后都得是这样,能做到吗?"她没有马上点头,看了下自己的衣服,看了看我,带着点抗拒的表情。我不等她说话又说道:"如果今晚你的形象没有达到我的要求,那么你就先不要进班。"在我说了这句话后,她终于说了句"我可以做到"。晚上,我再见她时,她卸了妆,头发已经恢复黑发,换了条完整的牛仔裤,整个人清爽了不少。我首先肯定了她的改变:"这样就像一位未来的幼儿教师了!"她只是笑了笑。

分析:

中专幼儿师范生的仪容仪表问题,是我们班主任常抓不懈的一项工作。我们时刻不忘,这些学生是作为未来幼儿教师来培养的,所以着装礼仪就是其中重要的一项。

部分中专幼儿师范生在穿着打扮上相较普通高中学生更成人化,也更另类。其实,究其原因,这和这些学生的成长经历和背景是分不开的,一定程度上也反映了学生的心理需要。

这些学生大多数学习成绩不是很好,长期以来受到父母、教师的忽视和责骂。正处于青春期的她们,在获得学习上的自我认同感和成就感上受到了阻碍,转而寻找另外一种让她们与众不同的方式,比如穿着打扮不同就是一个证明自己的途径。实际上,她们渴望成熟,渴望被认同和平等对待,但容易混淆角色,对自己的定位不清楚。

因此,在教育中,我们首先要做的就是能够以平和的心态去面对学生,正视学生,指出学生需要改进的行为和要达到的标准,而不是停留在指责和怒斥上。仪容仪表教育也是如此,与其直接去批判学生的着装引起学生的反感,倒不如给她指明需要怎么做,告诉她要达到的标准是什么,同时暗示学生,这是未来角色需要,也是一种职业准备,帮助学生树立角色意识。

片段二:"非主流"女孩

通过查阅新生信息,我了解到该生并非应届初中毕业生,她比班级其他同学大了两岁,来自单亲家庭。为了做好日后的教育工作,我必须深入全面地了解该生的情况,由此有了我们的第一次谈话。

我先从适应问题入手,问:"开学两天了,生活学习方面都还适应吗?"她听后笑着说:"我都不用适应了,我对这里太熟悉了。"她看到我略微诧异的表情后,继续说道:"我两年前在这个学校读过书,那个时候还挺出名的。老师,你没有听说过我?"因为我刚来不久,显然不知道她的"光荣历史",问道:"看来你以前是这个学校的'风流人物'呀。我刚来这里,我想你以前一定不是现在这样吧?我有点好奇。"她开始有点不好意思,但一听说我刚来,转瞬间以一副过来人的姿态说道:"我以前是某老师班上的同学,那个时候不太懂事,不喜欢学习,比较个性。同学都喊我'非主流'女孩。"我说:"重新回到学校,现在的心态应该不一样了吧?"她叹了口气,俨然以一个成人的口吻说道:"那个时候年轻,不懂事,也结交了一些朋友,整天玩,后来就觉得没意思,总不能一直玩下去吧,现在又来读书,肯定是后悔了嘛。"我一边听一边琢磨眼前这个人,最后说:"你以前是什么样,那都不重要了,你既然选择重新走进学校，尤其是同一所学校，这让我觉得很了不起，至少证明你是一个很有勇气的人。我相信，你会以一个全新的姿态融入未来的生活的。"她说："那是必须的啊。"

分析：

中专幼儿师范生首先是中专生，她们学习动力不足，学习习惯较差，很大程度上源于成就感的缺失，所以只有帮助她们找到学习的内在动力，才能真正促进其良好学习习惯的养成。在学习动机方面，外在动机和内在动机都是学习重要的推动力，并且内在动机是保持学习劲头的重要源泉，因此，激发学生的内在学习动机显得尤为重要。该生严格说来属于留级生，回学校主要还是来自家庭的外在压力，源于亲人的劝诫。但是，从谈话中可以看出，该生经过两年的时间，开始意识到自己曾经的"荒唐"，有点想要改变的意识。所以我抓住这一点，让她反思自己重返学校的目的，反思以前的学习状态，找到以全新状态投入学习的内在动力，并给予适时的肯定和鼓励，让她去追求全新的自己。只有她认识到自己为何而来，才能真正调整学习状态。帮助学生寻找内在学习动力，是帮助中专幼儿师范生形成良好学习习惯的关键。

要帮助学生寻找内在的学习动力，只有从学生自身入手，个别教育的方式很重要。在个别教育中，倾听是最有效的教育方式之一。在以往的管理和教育工作中，我们为了所谓效率，往往喜欢长篇大论的"说教"，在语重心长的"教育"中评判学生的言行表现，忽视学生的内心感受，让"谈心"成为说教，这样往往事倍功半，并不能真正走进学生内心。班主任工作更多的是思想政治教育，是关于思想的教育，重要的是交流，交流的关键在于了解，教师只有真正了解了学生才能实现有效沟通和交流。因此，作为教师，我们应该放低心态，放低身份，学会倾听，真正去了解学生的心理需要，这是教育的前提。

新时代的教师，是学生学习与发展的支持者、引导者和合作者，这就要求我们要以平等的态度对待学生，以学生为本，尊重学生的思想情感，学会倾听，了解学生的思想情感需要。中专幼儿师范生身上有缺点、有优点，无论怎样，她们都是学生。没有哪一名学生不渴望成长、不渴望成功，只是在过去的学习生涯中，她们获得的尊重与成就感太少。我们在否定学生时应当时常反思，我们是否真正了解学生，是否真正倾听了学生的需要。倾听是对学生心理最好的尊重，也是了解学生的重要途径。学会倾听的个别交流不失为中专幼儿师范生教育的一种良好的方式。

片段三：只想拿到毕业证

开学一个月里，该生不迟到、不早退，对于学习和班级活动的积极性却不高。在集体观看了纪录片《幼儿园》后，我对班级学生进行了一次专业引导教育，试图帮助学生树立专业意识。考虑到该生的情况，我决定再次和她进行思想沟通。我先问了问她的学习近况，又道："对于昨天观看的视频和我们所说的关于未来职业的问题,你怎么看?""呵呵……那些娃娃好乖哦,原来当幼儿教师也不只是带娃娃,还要教育人家,责任好大哦!""是啊,作为孩子在学校的第一任教师,幼儿教师的责任重于泰山。你觉得怎样才能当一位合格的幼儿教师呢?"她说:"好难哦!要会这会那的,要学好多啊!""多才多艺是幼儿教师的一个特点。你们只有三年的时间在校学习,你觉得现在你离幼儿教师的标准有多远?""差太远了。""那怎么办呢?""只有认真学呗!其实我觉得三年也学不到什么,虽然什么都在学,但肯定学不精。"她很认真地总结到。"三年只是一个开始,教师要做到的是终身学习,一个好的开始将会影响你今后的一生。你这三年打算怎么认真学呢?过去一个月里你是怎么认真学的呢?"她对于我连续性的问题有点不耐烦了,说道:"认真上课呗,我还是很认真的,不过偶尔也走神,毕竟很久没这样上课了,唉……其实……算了……"她一副欲言又止的样子。我马上好奇地问道:"其实什么呢?有什么话就直说嘛。"在我眼神的鼓励下,她一副豁出去的样子:"我说了你别生气啊!其实我知道你找我干什么。我也知道自己的问题,我就跟你说实话,我现在能这样已经不错了,而且再回学校来,我的目标也不高,安安稳稳拿个毕业证就可以了,好多人都是来拿中专毕业证的嘛。""拿了毕业证就可以找到工作了?""就算你顺利找到一个工作岗位,那么你凭什么在单位立足呢?凭什么赢得孩子、家长和同事的认同呢?"她一时错愕。我继续说道:"况且我不觉得你是一个会一直依靠别人的人,你是有自己主见的勇敢的人,从你决定重新回来,从你的改头换面就可以看出来。你对人对事是有自己的想法的,我希望你可以就你自己的学习问题好好思考一下,究竟为什么学?学了干什么?对自己和别人有什么意义?毕竟你今天怎么学将决定你明天怎么活!你觉得呢?"她沉默地听着,出现了挣扎的神情。

分析:

帮助中专幼儿师范生寻找内在学习动力并激发她们的学习动力,是一项长期的工作。该生的这种心态,是大多数中专幼儿师范生的写照。她们在长期"失败"的学习经历(考不好)中,对自己所抱的态度就是"得过且过",来到中专,带着考不上高中的失落和挫败,就让"顺利拿到毕业证"成了这个阶段最保险的任务。

从成就动机理论来分析,当一个人追求成功的动力小于避免失败的动力时,她们习惯采取的措施就是降低自己的期望值,重复一项不至于让自己被否定的工作,提到更长远的目标时就习惯暗示自己不行,只能依靠别人。这样的心态严重阻碍学生的发展,所以必须想办法激发学生追求成功的动力,帮助学生树立信心。

另外,中专幼儿师范生的教育不同于其他中职教育,严格说来,它属于师范教育,必须要将专业精神和理念的教育渗透到日常教育中,班主任要在潜移默化中让学生树立为人师表的意识,树立终身学习的理念,不断追求进步。因此,在日常教育中,班主任要逐渐帮助学生明确自己作为未来幼儿教师的责任和使命。

重塑学生的信心,激发学生的内在学习动力,帮助学生树立专业意识,需要一个循序渐进的过程。

片段四：当选文艺委员

时值文艺委员由于个人原因"辞职"不干了，我需要重新在班级中选择。这次"选举"采取自荐和公开投票的形式，在"选举"之前，我有意鼓励该生参加竞选，于是找她谈话。我首先表扬了她最近的进步，希望她能在综合方面获得发展，于是提到了本次文艺委员竞选。我问她："这次文艺委员竞选，你有没有兴趣试试呢？"她很惊讶："马老师，你觉得我有能力当班干部吗？"我知道她是对自己没有信心，便说："你怎么不能呢？当班干部首要的就是以身作则，严格要求自己，你现在不是做得很好吗？"她愣了愣说："那可是文艺委员，要多才多艺，而我……""我知道，你觉得自己在这些方面没什么突出的地方。"她点点头。我继续说道："但是，你在这些方面已经突飞猛进了，不是吗？而且当文艺委员不一定就必须多才多艺啊，关键是要有一定的组织能力，要成熟稳重掌控得了局面，这两个方面你可是很在行的，不是吗？所以我希望你可以参选，我相信你！关键是，你想试试吗？"她开始犹豫了："想还是想的，但是我……""想就试试，或许你会发现另一个不同的自己呢！"她最后鼓起勇气："选就选，反正是张老脸了，不怕了！"结果，她以最高票数赢得了最后的"选举"，成为班级的文艺委员，写活动策划，组织活动，学习的积极性也明显提高了。

分析：

经过长期的了解，我发现，阻碍该生进一步发展的关键因素在于自信心的缺失。促进学生的全面发展是每个教育阶段的重要任务，帮助学生寻找内在学习动力、树立信心，增强其自我效能感是最佳方式之一。

该生重回校园，是想要追求成功体验的，然而前一次"失败"的学习经历，让她抱着"得过且过"的心态去学习，从而避免失败。对于再进一步的目标，她就认为自己不行。实际上，这也是大多数中专幼儿师范生的一个心理写照。因此，我发现，帮助其寻找内在的学习动力，更为重要的是增强其自我效能感，让她有获得成功的体验。鼓励她竞选自己并没有把握的文艺委员，帮助她成为一个合格的文艺委员，是一个很好的途径。显然，从她当选的那刻起，该生的自我效能感就明显加强，开始树立对自己的信心。在接下来的学习和工作中，我不断要求她写活动策划、组织活动。虽然并不是每次活动都尽善尽美，但是我明显看到她的改变——学习和工作积极性大为提高。

中专幼儿师范生的教育工作，相对高中阶段要难得多，因为我们进行的不仅是职业教育，还是师范教育。为人师表，终身学习是关键，因此，对于中专幼儿师范生学习动力的挖掘而言，学习信心的建立和专业意识的树立就显得尤为重要，这对于学生的影响来说是一生的。当然，这项工作并不是一蹴而就的，需要循序渐进，需要在长期的实践中摸索。路漫漫其修远兮，吾将上下而求索！

对东莞市市区幼儿园音乐教育氛围的调查与研究案例

东莞市商业学校　冯　琦

一、案例背景

幼儿园教师素质是影响幼儿园发展的决定性因素。幼儿园教师对音乐的需求是他们对儿童进行智力培养和能力挖掘的重要前提。我们常说音乐来源于社会生活,各种各样的音乐都不能离开生活而独立存在;反之,音乐又会影响我们的生活,有经验的幼儿园教师会通过聆听音乐来组织幼儿开展活动、进行教学和培养幼儿的身体感知能力和情感。那么,幼儿对音乐的认知是怎样的?幼儿园教师对音乐有怎样的需求?幼儿园教育应该怎样渗透音乐教学?我决定对以上问题做深入探究。

二、事件描述

音乐与我们的生活息息相关。我将运用所学的音乐知识与哲学发展观,深入探讨东莞市市区幼儿园教师身处的音乐环境及音乐在幼儿园教育教学中的发展趋势。

本次调查与研究共分为三个阶段。

(一)第一阶段(准备阶段,XXXX年3月至4月)

为了能有条不紊地进行调查研究,更有效地利用有限的时间,我决定缩小调查范围,对东莞市市区内教育工作突出的幼儿园教师进行调查研究。我首先对在研究过程中可能遇到的问题进行了分析,并制订了一份详细的工作计划,列出了每一个时间阶段内的任务和预期目标。

(二)第二阶段(收集资料,XXXX年4月至5月)

资料的准确性和利用价值对本次调查与研究的内容是至关重要的。为了能获得准确的第一手资料,我亲自走访了市区内的几所幼儿园,并联系了园长和部分教师,通过幼儿园宣传栏、我校学生见实习活动资料、幼儿园网站、报纸杂志等搜集有关材料。经过一番努力,我搜集了大量的相关材料,为本次调查研究打下了良好的基础。

(三)第三阶段(实地考察，XXXX年5月至6月)

人们对不同事物的看法会对事物产生不同程度的影响。为了能深入了解幼儿园教师身处的音乐环境及音乐在幼儿园教育教学中的发展趋势，我进行了为期两个月的实地考察。

1. 采访东莞市市区幼儿园园长、音乐教师

幼儿园根据教学计划安排音乐课是普及音乐的基本途径。采访前，我精心设计了一份开放性问卷。在自己多次联系和一位老同学的帮助下，A幼儿园的园长和B幼儿园的音乐教师欣然接受了这次采访。采访过程中，他们二位除了回答相关问题以外，还谈了许多经验，使我除了获得有价值的资料之外，还增长了不少幼儿园常识。

A幼儿园园长说，幼儿园的音乐课每周上一节，由一位专任男教师授课，内容主要以儿童歌曲教唱和音乐活动、游戏为主。幼儿园的音乐教师一般是独立聘任的，不会让班主任兼职。通常，音乐教师会通过多媒体手段上课。他们幼儿园区别于其他幼儿园的特色是他们的幼儿园音乐教师是一位男教师，他通常是抱着吉他给幼儿上课的。有时开展幼儿园活动的时候，他也会用吉他组织幼儿集合或传达指令（如吃饭、午休等）。幼儿的接受程度还不错。刘园长预计今后社会的发展以流行音乐为主，幼儿园音乐教师的责任是利用音乐组织活动，抓住时代感渗透一些音乐文化，比如音乐与文学、音乐与朗诵、西洋音乐与传统音乐等，培养幼儿对多元文化的感知与了解。

B幼儿园的音乐教师说，幼儿园大、中、小班的音乐课是有区别的，中班小朋友对事物的认识能力比大班小朋友稍差一些，对音乐的敏感程度也不是特别强。中班教学更多处于"玩中学"的状态，音乐教师经常播放一些音乐让幼儿做游戏和做一些简单的肢体动作；大班的幼儿则会等着教师教授一些好听的儿歌，会随着音乐翩翩起舞，活泼的男孩子会耍起武术。幼儿园经常会组织儿童剧、舞蹈比赛和合唱比赛等活动来锻炼幼儿的音乐感受能力。在当前流行音乐盛行的潮流下，有的儿童对流行音乐非常痴迷，像《最炫民族风》《荷塘月色》等都是他们爱唱爱跳的。音乐教师会抓住他们的兴趣，开展教学。对于传统儿歌和民族音乐，只有少部分幼儿愿意静下来倾听。这位音乐教师预计今后幼儿园音乐课程的发展会在儿歌创编方面有更多突破。今后的音乐课对音乐教师的素质要求会更多。集器乐、歌唱、舞蹈和表演于一身的教师，才会抓住小朋友的眼球，才会让一堂课"静得下来""活得生动"。

2. 采访幼儿园中班和大班小朋友

采访不同年龄阶段的幼儿有助于我了解幼儿对自己需要的音乐环境的表达和认知。我利用不同时间对中班、大班的幼儿做了简要的面对面采访。在采访过程中，我将问卷上的书面语转换为口语进行发问，以便更好地交流。

中班和大班幼儿很喜欢上音乐课。音乐课使他们的课堂变得很好玩，他们最喜欢在音乐课上做游戏。教师和他们玩成一片，教室中有各式各样的欢笑声。在课堂上，教师会教很好听的儿歌和播放他们喜欢的音乐。有时他们表现好的话，教师会播放他们最喜欢的动感音乐和音乐动画，这是他们期盼很久的。很多幼儿在双休日会参加音乐兴趣班，比如钢琴班等，他们说很不喜欢上这些班(时不时要看一下父母的表情)，但是他们在兴趣班可以见到很多小伙伴，这是他们最开心的事。

3. 亲自到幼儿园参与音乐课，体会音乐环境

为了能更好地了解幼儿园的音乐环境，我带着与以前给高中生上课不同的心情，在莞城中心幼儿园参与了一节音乐课，去体会幼儿的音乐环境。

幼儿园音乐课是一位音乐教师能力的最直接体现，一进入音乐教室，我首先看到的是各种打击乐器和优美的教室环境。我听的是大班的公开课"小小手"。授课教师在教具的使用上颇为大胆。他首先通过故事导入创立情境，让幼儿感受音乐和人物形象；接着通过模仿教学的方法教唱儿歌，让幼儿大声地唱出来；然后运用奥尔夫节奏训练法对幼儿的行动和节奏感受能力提出要求；最后让幼儿自由展示创编。一节音乐课的授课时间大概在15～20分钟。教师对时间把握得非常好，把最精彩的部分留给了幼儿。看到幼儿惊喜而好奇的样子，我觉得这样的音乐课才是他们期待的。

三、案例评析

(一)调查的分析整理结果

1. 中班、大班幼儿对幼儿园音乐课的喜爱程度

图 17-1　中班幼儿对音乐课的喜爱程度　　图 17-2　大班幼儿对音乐课的喜爱程度

2. 幼儿喜欢的音乐类型

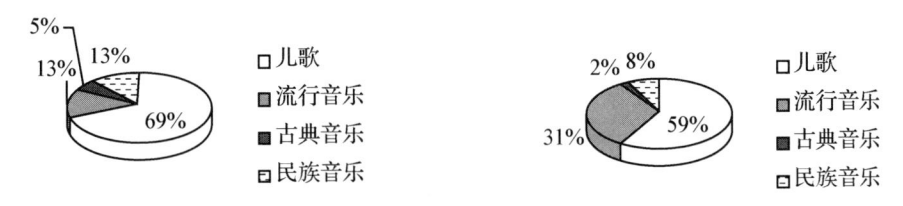

图 17-3　中班幼儿喜欢的音乐类型　　图 17-4　大班幼儿喜欢的音乐类型

(二)研究结论

1. 4～6岁幼儿及音乐教师所处的音乐教育氛围

(1)中班幼儿所处的音乐教育氛围

中班(4～5岁)幼儿对音乐课的喜爱程度很高。他们的音乐课是综合性的,主要以幼儿歌曲、舞蹈表演和音乐游戏为主,以简单的音乐常识为辅。这个年龄段的幼儿思维形象、直观,所以需要教师把抽象的音乐用直观的图片、教具表现出来。在中班音乐课上,教师常常把唱唱、跳跳、画画、敲敲、听听有机结合起来,将丰富多彩的音乐活动形式呈现在幼儿面前,让幼儿通过观察、思考、探索,积极地体验音乐。

(2)大班幼儿所处的音乐教育氛围

大班(5～6岁)幼儿自我控制能力仍较弱,具有好动不好静的特点,注意力容易转移,抽象思维还未完全发展,形象思维和无意注意占据优势,所以大班幼儿的音乐课常用讲故事、做游戏和即兴表演等各种"动"的形式来吸引幼儿的注意力。他们对音乐课的喜爱程度一般,个别幼儿会利用周末去参加钢琴班或舞蹈班等培训班来接触音乐。他们比较喜欢一些流行歌曲。

(3)幼儿园音乐教师所处的音乐教育氛围

在幼儿园音乐课中,音乐教师承担的责任很多,不只是讲解与教授音乐知识,更重要的是激发幼儿对音乐的敏感程度和兴趣。所以教师要灵活地采用各种教学手段,为幼儿创设环境、提供材料,能让幼儿在轻松愉快的气氛中感受音乐的节奏、力度和音色,获得音乐知识,培养审美情趣,促进幼儿的全面发展。

2. 当今社会对幼儿园音乐教师素质的需求现状

随着幼儿教育改革的不断深入,人们越来越清楚地认识到音乐教育在幼儿教育中的重要作用。音乐教育不仅要让孩子掌握一些音乐技能,还要通过音乐活动让孩子获得身体、智力、情感、个性、社会性的全面和谐的发展。所以人们要求音乐教师具有扎实、广博的音乐专业知识和技能,这是教师胜任教学工作的基本保证。音乐教师必须掌握音乐理论及组织各种活动的有关知识和技能,这样工作起来才得心应手。一位好的音乐教师,既要有一般教师的素质和能力,又要有音乐专业工作者甚至专业演员的部分素质与能力。每一位音乐教师都应从自己的实际出发,通过多种渠道,逐步达到合格的要求。

3. 浅谈幼儿师范生的培养方向

第一,要准确把握幼儿师范生的培养方向,要把单一科目综合起来,把音乐课上好,而不是上单一的歌唱课、舞蹈课等;可以增加一些综合性音乐教学法课程,如自弹自唱、儿歌表演唱、儿童剧组织与策划等,让学生了解到师范生不但要会表演,还要会组织活动、会上课。

第二,要抓住教材,紧扣实际进行教学。在选取教材时要以幼儿园儿歌教唱与幼儿舞蹈、儿童剧表演为主，学会舍弃一些美声、民族唱法。

第三，定期开展一些音乐公开课比赛，锻炼学生的课堂驾驭能力，让即将走向工作岗位的幼儿师范生充好电。

第四，加强幼儿师范生的审美、鉴赏能力。并不是每个人都会成为歌唱家、舞蹈家、演讲家，所以教师在音乐课上加强幼儿对音乐的体会与感知，会减少一些压力，让幼儿对音乐充满想象和期待，对于幼儿创新能力的培养也是有好处的。

第五，积极与幼儿园建立联系，组织学生定期见习与实习。学生回校后要总结学习情况，上交微格教学录像，并由教师给予指导，为自己塑造岗前工作环境。

幼儿教师教育一体化改革

广西幼儿师范高等专科学校　袁　旭　李艳荣　张文军

2009年，我校升格为高等专科学校。2010年，我校前校长袁旭作为项目负责人带领团队进行幼儿师范院校人才培养模式整体改革研究，拉开了我校幼儿教师教育职前职后一体化改革的序幕。经过近三年的研究与实践，我校构建了幼儿教师教育一体化模式，对我校的幼儿教师教育实践产生了重要影响。2012年11月，该成果在广西高等教育自治区级教学成果奖评审中获得一等奖。2013年，我校出版了学术专著《幼儿教师教育一体化模式创新与实践框架》。

一、案例背景

2010年，《国家中长期教育改革和发展规划纲要（2010—2020年）》将"基本普及学前教育"作为战略目标。国务院《关于当前发展学前教育的若干意见》等一系列促进学前教育改革与发展的国家与地方政策纷纷出台，学前教育的发展迎来了春天。我校研究了国内外学前教育行业改革与发展的现状，抽样调查了广西9所城区幼儿园、119所县域农村幼儿园的发展状况与教师状况，预测了广西幼儿教师未来5年的需求，分析了广西幼儿教师的供给状况。调研表明，广西学前教育行业发展空间和幼儿教师需求巨大，但学前教育资源严重不足，尤其是幼儿教师和幼儿园管理人员数量不足、能力错位。许多地方调动富余的小学教师和管理人员充任，但培训没有跟上，使原已存在的幼儿教育小学化倾向更加严重。因此，幼儿教师职前教育与职后培训大有可为。

但是，当时我校正处于升格转型初期，学校的办学模式、人才培养、职后培训等都面临着从中专向大专的艰难转型。作为学校的龙头专业升格之初的学前教育专业存在诸多问题。

一是培养目标设置缺乏教师教育职前职后一体化观念，教师成长各阶段培养目标层次不分明、表述不具体、缺乏针对性；培养规格层次不清，没有体现专科层次的特点，学科体系特点十分明显，导致培养目标与规格定位不准。

二是课程内容陈旧且重复交叉；专业实践内容较少，职业活动课程基本没有，职业技能教学存在误区；艺术课重技艺轻教法，既不适合高考招生模式下的生源现状，不利于大众化阶段的大班艺术教学，也不适合幼儿园教育的发展实际，更错失了艺术的教育与创意价值；校内无保教型和拓展型实习实训室，理论脱离实际；"双师型"教师队伍尚未形成；学生就业能力不强，既不能迅速适应就业岗位，也缺乏发展后劲，不适应幼儿园用人需求。

三是职前培养与职后培训脱节，职后培训缺乏针对性和实效性。幼儿教师培训体系按照学科体系模式展开，培训内容陈旧，与职前培养内容重复。园长、保教主任、骨干教师培训内容缺乏区分度，培训方式方法单一，不利于成人学习兴趣的形成和能力的提升，不能有效利用校内外培训资源，培训面窄且量小。

以上问题如果不能解决，将极大地制约我校在学前教育大发展时期向上发展的空间，不能满足广西学前教育事业迅猛发展带来的大规模的师资需求。因此，以学前教育人才培养与培训的改革为突破口，探索符合专科层次要求的人才培养模式，改变职前培养与职后培训脱节的现状，重构培养目标、课程体系，革新课程内容、教学方法和手段，组建"双师型"的师资队伍等，就成为我们必需的行动。

二、事件描述

自2009年9月底，我校新领导班子任职以来，就开始思考学校人才培养模式的改革问题。校长亲自挂帅的"幼儿师范院校人才培养模式整体改革的研究与实践——幼儿教师教育一体化模式研究与实践"项目在2010年新世纪广西高等教育教学改革工程项目中立项。以此为契机，校长亲自带领课题组成员正式拉开了学校幼儿教师教育一体化改革的序幕。2011年7月，"学前教育特色专业群"及"广西儿童发展与教育研究基地"相关研究相继得以立项，使上述研究不断得以推进。

校领导负责总体设计、组织和实施。在校长亲自制定的幼儿教师教育一体化理论模式创新和实践框架设计原则指导下，项目组成员开展了服务对象特质研究，建立了"三个一体化"实践框架。研究过程中，项目组进行了大量的调研和数据采集工作，取得了可贵的第一手资料，为研究打下了基础；进行了跨学科理论研究和一体化整体实践，经过实践总结和理论模式建构，取得了丰硕的研究和实践成果。该研究采用了行动研究、文献研究、调查研究等方法，采取边实践边研究的技术路线，历时3年，经历了3个阶段。

(一)第一阶段：2010年7月至2011年7月

我校被确定为国家教育体制改革试点"县域农村学前教育发展体制改革"项目技术支撑单位。以校长为组长的专家组，对广西12个市县93个乡镇进行了全方位的调研，对广西9所城市示范性幼儿园进行了全面调研，取得了行业发展现状的一手资料，并形成了73万字的调研报告《县域农村学前教育发展机制调查研究》。同时，我校还承担了广西城市幼儿园改革与发展调研、广西幼儿教师编制情况调研、广西幼儿教师总体情况调研等调研项目。

与此同时，项目组通过文献研究，了解国内外教师教育历史、现状与发展趋势；

对国内外幼儿教师职前职后教育,国内幼儿教师教育历史及现状,幼儿教师教育政策、培训模式与手段等资料进行分析整理,总结探索幼儿教师教育发展规律。

项目组通过文献收集整理和进行区域性行业现状调研、案例分析研究,对学前教育行业的发展状况进行了垂直系统研究和横向比较研究。项目组还分析了不同类型与不同层次幼儿教师的综合职业能力,在研究幼儿教师胜任力模型、职业特质等的基础上,对幼儿教师职业进行典型任务分析,形成如表18-1、表18-2所示的能力图谱、一体化总体框架,构成幼儿教师教育一体化改革的理论基础。

表18-1 能力图谱

能力模块	(准教师)基准化能力单元	幼儿骨干教师能力特征	保教主任能力图谱(拐点)特征	园长能力图谱(拐点)特征
社会能力	6个能力单元	角色认知与适应能力 互动与协调能力	政策形势理解能力 沟通与协调能力	角色定位与文化能力
专业能力	7个能力单元	环境创设能力 一日活动与班级管理能力 有效教学能力 游戏活动的支持能力 评价与反思能力	业务指导与创新能力 园本研究指导能力 团队建设能力	经营与管理能力 课程领导能力 园本研究领导能力
发展能力	7个能力单元	专业发展自我修正能力 示范引领能力	保教培训能力 心理健康与调适能力 专业发展指导能力	教师队伍建设能力

表18-2 一体化总体框架

阶段		职前一、二年级	职前三年级	职后骨干教师
总目标		完成校内专业教育	培养准教师(入职教育)	从成熟教师到骨干教师
专业理论	目标	够用,适度,掌握专业基础知识	了解、把握各种教育行为背后的理论价值	基础补缺,前沿提升,实践经验与理论对接
	内容	一体化课程	理论应用与反思	针对十一大维度
	方式	学科教学法、案例教学法等	兼职教师传帮带,本校教师定期点评,双导师指导制	温故知新、主题式、网络式、综合单元式

续表

阶段		职前一、二年级	职前三年级	职后骨干教师
专业技能	目标	掌握18项单项技能和幼儿艺术教法	掌握综合技能，实践幼儿综合艺术教法	指向儿童经验和生活回归，挖掘艺术教育价值
	内容	分科教学	9项综合技能、顶岗技能	五大特征的教学技能
	方式	过程导向、情境导向、效果导向教学	分散式合作教学与学习的综合实践教学，一科切入、兼顾数科、多科综合	安排职业活动课程，到基地园研修学习，专题参与体验式

项目组通过理论研究与行动研究，形成2011级学前教育专业人才培养方案，并着手进行学前教育专业技能考核办法的研制，构建幼儿教师艺术、体育等专题性的认知、技能、情感一体化的创意教育模式。

学前教育专业技能考核研究、广西农村幼儿教师专业成长与职后培训研究、行动学习法在幼儿教师培训中的研究与实践等课题成为新世纪广西高等教育教学改革工程2010年重点项目。

同时，我校筹划建设广西较大的学前教育实训中心，进行师资队伍扩建并完成对全体专业建设带头人的职业教育理念与教学改革的培训。

（二）第二阶段：2011年7月至2012年7月

针对调研中存在的问题、培养培训改革中碰到的困惑，项目组展开了有针对性的理论探讨和实践对接研究，并坚持走职业教育和教师教育相结合的跨学科研究路线，边研究边实践。此阶段将幼儿教师的培养分为准教师、新手期、探索期、成熟期、专家期五个阶段，根据不同阶段的幼儿教师能力图谱，从幼儿教师职业胜任力出发，设计出幼儿教师五个阶段的培养培训目标和规格，并根据不同阶段的培养目标和规格，对四类模块课程（学科课程、技术课程、学科与技术融合课程、实践课程）进行筛选，构建了五个阶段四类课程"理实一体化"的内容及其与方法匹配的解决方案，建立起职前职后各层次在目标、内容、方法等方面既有所不同，又具有共性和相互衔接性的；既各有侧重，又有内在联系的幼儿教师教育体系，从而搭建了幼儿教师教育一体化模式创新与实践框架并组织实施。袁校长在《中国高等教育》杂志上发表了反映理论创新点的论文《基于研究：构建学前教师教育一体化模式》。项目组成员出版了专著《幼儿教师实用教育教学技能》，首次按本体性、条件性技能对幼儿教师各个方面的技能进行了归类和定位；组织完成了"闭环控制"的综合实践教学改革；完成了幼儿园骨干教师、园长培训方案的第二次改革，以此为基础，获得了幼儿教师国家级培训资质，并辐射到周边6个省份。此外，项目组还完成了学校专科层次学前教育专业人才培养方案的第三次修订，展开了学前教育实践教学体系的改革。学前教育专业第二批教师也在上海完成了学前教育的培训。

一方面调整了职前人才培养规格,修订了2012级人才培养方案,打破了学科体系课程设置模式,构建了"理实一体化"职业教育课程体系,进行了学前教育专业方向设置的第二次调整。

1. "理实一体化"课程体系

"理实一体化"课程体系,包括通识课程、知识/技能/职业活动一体化课程、综合实践项目课程、顶岗实习、选修课程五大模块,如图18-1所示。

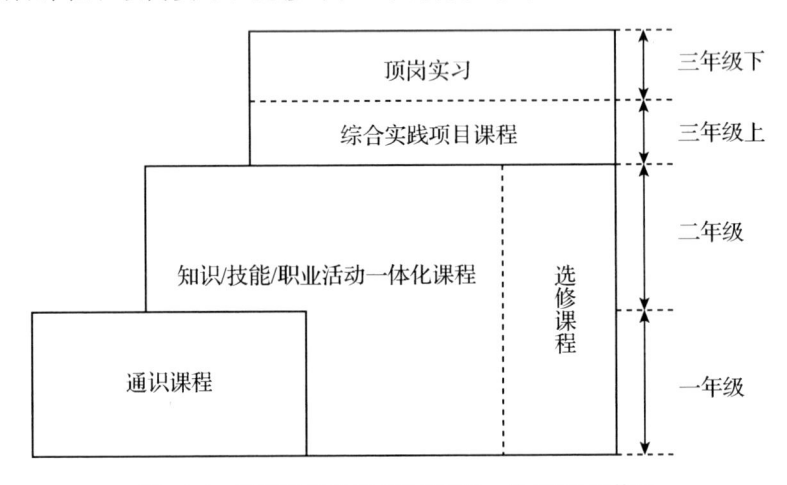

图18-1 学前教育专科层次"理实一体化"课程体系

2. 知识/技能/职业活动一体化课程

项目组重点解构了学科性的"3学1法"主干课程。原专业理论课学前教育学解构为学前教育原理,保留基本理论,强化幼儿教师专业发展和家园社区合作内容,将课程中其他理论性内容改成四门以操作训练为主的技能类课程,包括幼儿园环境创设、幼儿园班级管理、幼儿园游戏活动的设计与指导和幼儿园教育活动设计与指导;学前儿童心理学解构为学前儿童心理发展与评价,加入幼儿学习心理理论和心理与行为评价方法内容;解构学前卫生学为学前儿童生理与保育,在介绍学前儿童生理发展的基本特点与规律的基础上侧重保育技能的教学;扩充学前教育研究方法的内容,加入论文撰写、课题研究和幼儿教师日常教研活动三部分内容及其组合内容,突出对专科层次幼儿教师应知应会知识技能的学习与训练。

同时,在上述几门课程以及儿童文学、应用写作、美术、音乐、舞蹈、体育等相关课程中,加强了有关环境创设能力、养护能力、教育能力、活动组织能力、表达能力、社会交往能力、观察能力、自我反思能力和研究能力9项具体的职业活动任务式课程内容,极大地强化了职业活动性课程内容。

3. 实践教学与理论教学整合的一体化课堂实施策略

项目组采用实践教学与理论教学整合的一体化课堂实施策略。理论教学采用项目教学、案例教学等方式,使理论与实践在模拟情境中有效整合。实践教学由原来的单项式非连续的见实习改为全程式实践教学。体系化的实践教学突破了以往师范教育先学习理论后进行实践的单一形式,使理论有效指导学生实践,使学生在实践中认知理论。项目组开设了拓展类选修课程,设置了9个综合实践教学项目和顶岗实习。学校还进行了两门省级精品课程的研究,尝试职业教育教学方法的改革;形成学前教育专业技能考核办法并整理出版;建成了学前教育实训中心一期工程;继续进行师资队伍建设,组织全体学前教育专业教师赴上海幼儿园进行跟班实践培训及学习考察。

另一方面,学校对幼儿教师职后培训课程体系及培训管理进行了全面的改革与实践。

1. 整合与开发幼儿教师职后培训课程

学校对幼儿园园长、保教主任、骨干教师的培训课程体系进行重新整合与开发,研制出了针对幼儿园园长、保教主任、骨干教师的分类分层培训课程,并在2011年幼儿教师"国培计划"项目中实施。

2. 加大教师培训力度

学校先后派出四批专业教师到新加坡和我国台湾、北京、上海等地参加各种培训。

3. 积极参加学术会议

在第六十三届世界幼儿教育组织国际研讨会上,我校校长宣读了《县域农村学前教育发展机制调查研究》论文,与与会代表进行了热烈讨论,得到了广泛的认可。

4. 以项目管理为依托的培训管理模式改革

学校制定培训管理流程,将培训工作分为培训前、培训中、培训后三大类,按照流程做好各个环节的准备工作与检查监控,包括培训需求调研与分析、制订培训方案、组织授课教师集体备课、注意培训的评价反馈、培训后物化成果、跟踪指导等。学校还引进戴明循环理论建立培训项目实施体系,引入柯氏四级培训评估模型对学员培训进行训后跟踪指导与评估。

(三)第三阶段:2012年7月至2013年5月

该阶段取得了以下成果。

第三轮人才培养方案开始调整;课程改革进入各门主干课程内容与教学形式的深入改革阶段;形成了闭环控制的综合实践教学体系;在分散式合作教学与学习体系中,进行综合能力培养和隐性知识的体验式学习,搭建了信息化支撑平台,构建了综合实践的闭环控制系统。具体实施方案是在三年级上学期按以下五个阶段展开的:岗前综合技能训练、小组集中实训、实习总结反思及能力提升、完成毕业论文(设计)和分散顶岗实习。

2012年幼儿教师"国培计划"中的西部项目实施:在2011年课程的基础上,整合外聘专家带来的新理念，如台湾嘉义大学杨淑朱教授带来的关于生命教育的理念、华东师范大学朱家雄教授带来的有效教学策略、华爱华教授带来的游戏教学理念、中国儿童发展中心陈泽铭教授带来的音乐教育与创意教学理论等，对课程体系进一步调整、完善，形成了针对新手教师、骨干教师、专家教师的完整的课程体系，完成100名园长、100名保教主任、300名骨干教师的培训任务。

顺利通过教育部"国培计划"示范性集中培训机构资质申报答辩，承担了"国培计划"50名幼儿园骨干教师示范性集中培训项目。

完成了重庆市100名幼儿园农村骨干教师的培训项目、江西省100名农村幼儿教育培训者培训项目。

整合与优化了培训管理流程、实施、评估等环节，形成了培训流程体系、实施体系以及评估体系，使培训管理专业化、科学化。

对理论与实践一体化研究结果进行总结反思与提炼（经验总结与理论研究）。

经过近3年的实践，我校的幼儿教师教育一体化改革基本达成了改革的目标，并取得了良好的效果和推广价值。

1. 职前学生受益面广，学生评价好，获奖人数增加、层次提高（见表18-3）

幼儿教师教育一体化改革已在我校普通专科学前教育专业三届学生中连续实践应用，已有两届学生毕业，一届学生正在实训，受益学生共5000多人。根据2011—2012学年学生评教情况，在收回的750份数据中，93.3%以上的学生对教学效果表示满意。

表18-3 职前学生就业、获奖等情况一览表

年份	2009年	2010年	2011年	2012年	2013年
招生数	488人	760人	933人	1206人	
毕业人数		180人	220人	474人	
一次就业率		78.15%	99.10%	94.76%	
师范性教学技能大赛获奖			广西：一等奖1项、二等奖3项	全国：一等奖2项、二等奖1项	广西：一等奖1项、二等奖4项
艺体类（啦啦操等）获奖		全国总决赛及冠军赛3个项目（技巧、爵士、花球）获3个一等奖	获广西铜鼓艺术展演（专业比赛）舞蹈一等奖		

2. 毕业生就业声誉开始提升，幼儿园第三方认可度逐步提高

对幼儿园园长的调查（样本量为800）显示，学生教育教学实践能力得到用人单位的肯定，园长对我校毕业生的教育专业素质的满意率在90%以上，认为"他们设

计和组织幼儿园保教活动的能力强,富有童心,责任心强,工作细心,工作有办法","学生具有良好的职业道德,有爱心和责任心,良好有的团队合作精神"。同时,园长也提出良好的建议,如希望能加强学生职业认同感的教育,希望我校继续扩大培养规模等。

3. 职后培训项目增多,影响扩大到外省,学员满意度高,获得国家级培训资质

通过3年的职后培训实践探索,我校的年培训量为10000多人。依靠改革成果,我校获得了教育部"国培计划"示范性集中培训机构资质,标志着我校的培训水平和质量进入国家级行列。依据这个资质,2013年,我校将培训项目扩大到特殊教育骨干教师培训领域、农村中小学双语教师普通话培训领域。同时,我校将改革与实践成果广泛运用于各个培训项目,使受惠人数由广西扩大到外省。来自福建、贵州、湖南、江西、重庆、河南等省市的250名学员充分分享了我们的改革成果。

学员评教情况表明,课程的针对性强,区分度明显,满意度高,课程改革是成功的;培训形式有10余种,学员接受度高,符合职后培训需求,学员对培训形式的满意度高。例如,在重庆教育评估院的匿名评估中,学员对我校培训总体情况的满意度达到97.68%,我校与云南师范大学、清华大学排在前三名。学员对我校的课程设置、培训管理等也予以了高度评价,见表18-4。

表18-4 各项培训满意度

单位:%

项目分类		园长		保教主任		骨干教师				
		培训课程	培训团队	培训形式	培训课程	培训团队	培训形式	培训课程	培训团队	培训形式
2011年	国家级培训	100	100	98	92	100	99	97	100	95
	自治区级培训	100	100	100	91	100	98	96	100	94
2012年	国家级(示范性)培训	—	—	—	—	—	—	100	100	100
	国家级培训	100	100	100	100	100	100	100	100	100

4. 推广应用与辐射效应

第一,幼儿教师教育一体化模式在本校的教学实践应用中取得了显著成效,具有推广应用价值。

第二,学前教育专业技能考核体系已经得到肯定和推广。校内外专家对本体系

的评价是《学前教育专业技能考核方案》考核技能全面(既有艺术体育技能又有保教技能),符合学前教育事业对实用型人才的需要,具有专业特色;学前教育专业技能标准难度适中、要求明确具体,对学生的专业成长有导向作用。学生因此项改革变得更加主动积极。近年来,广西民族师范学院、长沙师范学校、运城幼儿师范高等专科学校等近20所院校先后到我校考察或通过其他途径学习《学前教育专业技能考核方案》。同时,该方案还被一些幼儿园列为新教师入职培训与考核的内容。

第三,艺术创意教学得到推广。为了落实和检验职后艺术创意教育的成果,我校将培训工作延伸到教学第一线,在我校附属幼儿园及区内的其他幼儿园进行了学前儿童艺术创意教学的教师培训和教学指导,并将成果辐射到了北京师范大学附属幼儿园、海南师范大学附属幼儿园等10几所幼儿园,在指导相关幼儿园展开课题研究中帮助他们打造学前儿童艺术教育的优质示范课。

第四,教师研究成果转化为"现代幼儿园教育活动资源开发与利用"等12个专题讲座,相关教师受邀到全国各地进行讲学,有力地促进了幼儿园保教活动的有效开展。

三、案例评析

幼儿教师教育一体化改革在理论、实证和实践框架层面上取得了一连串创新性成果。

一是在理论创新上,提出了职业行为与能力理论模型,为弥补长期以来幼儿教师教育培养目标依据中行动领域和能力体系分析不足提供了理论依据。①基于职业活动研究的幼儿教师教学行为特质与行为机制,为幼儿教师职业能力分析提供了依据;②基于幼儿教师职业生涯发展能力图谱和胜任力模型的研究,为幼儿教师教育一体化课程目标的制定提供了依据;③基于现代知识体系、职业能力形成模型,整合职业发展、个体发展、社会发展等需求,提出了幼儿教师教育一体化实践框架设计原则。

二是在实证创新上,发现了幼儿教师职业特质的不足和完善方向,为解决人才培养模式中针对性不足的问题提供了现实依据,具有一定的借鉴意义。①采用行业发展垂直系统分析法,研究国内外幼儿教育的发展与教师角色演变、幼儿教育发展战略与幼儿教师需求、社会阶层的多样化幼儿教育需求与供给的矛盾、各类幼儿园发展定位中的不同幼儿教师的需求;②采用区域研究法,以广西为例,研究西部城市、农村幼儿教育事业发展中的教师需求;③采用水平系统比较方法,比较分析上海与广西幼儿园园长职业困惑的异同等。

三是在实践框架创新上,提出分层分类培养培训整体解决方案。①按照幼儿教师不同阶段的能力图谱,设计幼儿教师五个阶段(准教师阶段、新手阶段、探索期阶段、成熟期阶段、专家期阶段)的培养培训目标和规格;②根据不同阶段的培养目标和规格,通过对四类模块课程(学科课程、技术课程、学科与技术融合课程、实践课程)进行筛选,构建五个阶段四类课程"理实一体化"的内容及其与方法匹配的解决方案;③在实践教学体系创新上,提出学前教育专业技能包括本体性技能和条件性技能的理念,研制出一套可行的学前专业技能考核方案,建构学前教育专业技能训练和改革的新模式;④在综合实践模式上,提出"分散式合作学习模式及其信息化支撑平台",构建了综合实践的"闭环控制系统";⑤构建了幼儿教师艺术、体育等专题性的"认知、技能、情感"一体化的创意教育模式。

在教师教育一体化改革的世界潮流中,在国内各省各校大力发展学前教育、增设学前教育专业和大力培训幼儿教师的背景下,我校学前教师教育一体化改革先行先试,颇具成效,具有重要意义和推广价值。

有效处理冲突，践行教师公正

贵阳幼儿师范高等专科学校　游　佳

一、案例背景

我是一名大专院校教师，我所在学校的主要专业是学前教育，培养的是大中专学历的学前师资。硕士毕业后，我来到这所学校任教，主要教授学前教育学相关专业课。上学期我所接手的课程是幼儿游戏与玩具，每周我都会给×班的同学上课。这个班的学生均为高中起点水平，是三年制大专班，我的课每周3课时，每次课都要分为理论和实操两部分来进行。

×班有一名同学名叫小环（化名），她是一个特别活泼但是又有些"倔"的孩子，她经常在课上过于活跃，给教师的教学带来问题。她还会提出各种各样的古怪问题，有时让科任教师无从回答。我感到教她比教二三十个学生还累，因为在她身上需要化费很多的精力。

记得在刚开学的第一次课上，我要求大家以游戏的形式介绍自己，在游戏中不得说出自己的名字，但要让其他同学通过解谜的方式将介绍者的姓名等基本信息猜出来，并在最短的时间内记住介绍者。当这个叫小环的女孩上台的时候，气氛异常活跃，她能跟很多同学互动起来，但我认为她的表述方式与介绍形式太过"不拘小节"，与我的设想和要求有些偏离。那一刻，我站在一旁不知所措，不知应当如何控制这突然"火爆"起来的课堂。

后来的每一次课上，小环同学都会表现出热情和积极性，但也给我带来了一些困扰。例如，我在讲解"表演游戏"的时候，要求大家以小组为单位表演童话剧，我则按照小组表演的技巧和道具的制作打分。小环的这一组表演的是"孙悟空三打白骨精"这个故事，小环饰演的是孙悟空这个角色。在上场之后，作为观众的我能够明显地感受到这一小组同学的表演热情。大家都熟记台词和动作，唯一的缺点就是小环同学不能专心地扮演这个角色，而在表演时与台下的"观众"产生非台词的言语互动。或许是因为频频笑场和暂停，这个小组的表演好像缺乏了一点投入感，并且超出了预计时间。我为这一组表演打的分较低，故小组成员们有些沮丧。

此种问题多次发生后，班里其他学生向我反映，由于小环同学"旺盛的求知欲和表现欲"，很多教师把大把的时间都花到跟小环的互动上了，有时候正常教学活动的进行受到了影响,教师与别的同学交流的时间少了。这使我犯了难,既不知道应不应该在教学中"忽视"一下这个学生,也不知道怎么回复其他学生。

后来的某一天,我在讲述"幼儿游戏活动的特征"时,为了区分游戏与非游戏的差别,以不同种能令人感到愉悦的社会活动来举例说明这个知识点。这时小环突然问我:"老师,您说爱情是不是一种游戏?"这下可活跃了本来有点沉寂的课堂,大家纷纷开始讨论。"我觉得爱情就是一种游戏。"小环突然这样提出。在座的学生均为成年人,我想这样的问题在课堂上不必避讳,于是从游戏的六个特征出发来逐一分析爱情的性质,可小环似乎听不进去我的每一句分析,执意持"爱情是一种游戏"的观点与我辩论到底。于是,我借了这个机会,请班上的其他同学各抒己见,于是持"爱情不是一种游戏"这一观点的正方代表与以小环为首的"爱情游戏论"的反方代表开始了热情活泼的"辩论赛"。在规定时间内,同学们就"游戏的定义及性质"分析了"爱情"这一活动的性质,在场的学生们大都兴致勃勃,课堂气氛活跃。在这堂课中,大家将我所要讲述的知识点"游戏的六个特征"记得很清楚。

二、案例反思

不论是高等教育还是义务教育阶段的课堂上,类似小环的学生比比皆是,曾经产生"忽视"想法的教师也不止我一个。回忆我的学生时代,自己也曾是一个爱表演、爱展示的活跃人物,教过我的教师们并没有"忽视"我的存在,他们能发现我的优势,或者指出我在学习中的不妥方式。他们合理的教育方式,造就了今天这样自信的我。作为教师,我希望将自己对生活的自信以及对生命的美好希冀连同专业知识一同教授给我的学生,让他们获得感受和发现美好的能力。

我们必须承认,在教育场域中,教师与学生的关系是一对多的关系。或许从大多数学生的角度来看,教师应该"忽视"一下个别过于令人费心的学生,从而不至于损害大多数学生的利益。如果教师继续对这名学生加以关注,就占用了本该属于其他学生的教育资源;然而,如果从这名学生本人的角度出发,教师这样对他关注也是应该的。作为受教育者,他有接受适宜教育的权利,教育者或任何人都不能对其受教育权利进行剥夺,因为法律规定了公民有平等的受教育权。因此,我遇到的这个案例其实是教育教学中经常出现的一种"公正两难"。

我所经历的这个教学案例本质上是一种教学活动中尊重个别与照顾全体的冲突。尊重这名学生的背后是每个人均有平等的受教育权,教师有义务尊重每一名学生,不论他是否听话,是否能满足教师的每一项要求。同时,教师更要关注全体学生的利益。在理论上,集体的利益大于个人利益。对于一个班而言,任课教师只有一位,他的时间精力极其有限。关注个别则不能很好地照顾全体,想要照顾全体则难以很好地关注个别。这就产生了教学实践中的一系列冲突。

首先是较大的班级规模与学生个性化教育需求的冲突。在班级授课制形式中,一位教师要同时面对全班很多学生，班级规模越大，生师比就越大，教师平均对每一名学生的关注度会因生师比增大而减小。作为学习者的学生因遗传因素、成长环境、兴趣爱好不同而存在普遍个别差异，这样的差异性就致使"万金油"似的教育方式难以适用于所有学生，故教学必须考虑和尊重学生的个别差异性。正是这种大的班级规模与学生个别化的教育需求之间的矛盾造成了照顾全体与关注个别的两难。一方面，大的班级规模影响着学生与教师互动的机会，表现较为"积极"和"突出"的学生自然会更易"吸引"教师的注意力，这样的学生会获得更多与教师互动的机会，而较为安静内向的学生得到的机会偏少。另一方面，班级规模影响着教师关注学生的时间。因为人数较多而时间有限，教师平均到每名学生身上的关注时间则较少。课堂上教师关注学生的时间往往有限，再加上一些过于积极的学生会吸引教师更多的注意力，教师平均到其他学生身上的关注时间会更少。另外，传统的教育模式早已不适应学生个别化的教育需求。学生的发展呼唤因材施教的教育，需要有针对性的教育。不只是案例中的小环，大部分学生都有自己的特殊需要，只不过被传统的教育所"规训"了而已。

其次是教师教育素养与学生多元发展的冲突。教师的教育素养包括很多方面。在实践中，教师的教学行为要考虑学生的心理发展特点。现代教育理念对教师的素养水平提出了更高的要求，然而冲突的另一方学生的发展需求也越来越多元。教师意识到了关照个别与照顾全体的矛盾时，会觉得很累。这归根结底是因为教师并未理解这二者之间的矛盾，更没有试图去调和这二者，这与教师的个人教育理念有关。另外，教学技能和水平限制着教师实施公正的教育行为。教师在处理一些预期之外的教育事件时容易受制于自己的教学素养与经验。调和关照个别与照顾全体之间的矛盾，可以通过与以往不同的教育行为。因此，提升教师的教学技能和水平是解决冲突的必要手段。

再次是负面的教育氛围与教师个人选择的冲突。社会整体氛围对教师个人行为影响巨大，在复杂氛围的多重围剿下，坚持教育公正成为一种两难的选择。中国固有的教育体制更加强调秩序、控制和规范。在伦理范畴中，一方认为集体利益大于个人利益，如果没有了集体利益那么个体利益就会消减。另一方认为个体是集体中的一分子，如果个体的利益得不到满足，那么集体的利益也会受到损害。教师作为维持社会秩序和推进社会变革的先行者，必须将维持社会公正巧妙地融入教育过程，既要保障个人利益，也应维护集体利益。

最后是教育中师生合作的需要与学生不理解的冲突。教学主导者面对的教学主体数量较大时，此种冲突就会产生。教师面对的是全体学生，而学生的主要关注点是自身的发展，不同的视角决定了师生合作过程中可能出现种种冲突。有时学生不能理解教师在保障全体利益和兼顾个别利益时所需要顾及的问题，这会阻碍教师的工作。

三、应对策略

学校教育中，一位教师要面对多名学生，因此在实践的过程中遇到困难在所难免，上述两难问题屡见不鲜。我们必须强调的是教师应该关心和爱护所有学生，我们所实施的教育是为了全体学生的发展，这是教师这一职业应遵循的基本原则。不论学生的发展程度如何、性格如何，教师都应该一视同仁，接纳和尊重所有的学生，要给学生提供公平的机会。

(一)坚定公正立场，把握教育底线

教师职业是具有特殊性的，不但承担育人之责，而且具有其他不可忽视的社会责任。作为一名合格的育人者，教师要有坚定的教育立场，这一立场是进行教育的原则。有了原则，教师在遇到两难问题之时就会有理有据，进而出相应正确的选择。具体到本案例中，"公正"就是教师应该把握的师德原则。我们认为在教育过程中，每名学生都有均等的受教育的权利，教师应该把这种原则具体为自己的公正行为，并内化为自己的教育理念。

(二)合理分配教育资源，适当进行弱势补偿

在此案例中，教师遇到的难题实质上是关于教学活动中教育资源的分配难题。教师的时间、精力和关注度都是教育资源的重要组成部分。教师配置给某名学生的教育资源太多时，会招致另一部分学生的反对。站在教师的立场上，他们如果没有合理科学地分配自己的教学资源，也会感到非常疲惫。合理分配教育资源可以保障集体的利益，适当进行弱势补偿也是基于利益保障的一种手段。教师需要认识到，对于一些因自身存在缺陷而更需要受到教师关注的学生而言，弱势补偿是必要的，并且弱势补偿是为了保证全体利益而存在的，它从根本上与集体利益不冲突。

(三)提升个人教育素养，丰富教师实践智慧

教师如何处理两难的冲突问题，是反思教学活动的长期议题。得当的处理手段可以使大多数学生受益，也能保障学生最基本的利益。教育影响具有滞后性和长期性，有时候教师的一句话、一个动作、一个行为都能对学生产生深远的影响。面对教学中难以下手的问题时，教师须突破观念的束缚，运用和展示教育智慧，力求化腐朽为神奇。对一些缺乏教学经验的新教师而言，教育实践智慧应当在教学和学习中得到累积和提升，因此，提升个人的教育素养和教育魅力还需要教师在实践中不断努力。

(四)争取更好的支持环境，与学生、家长、同事一起解决公正难题

学生的学习环境不只是学校和课堂，在社会生活和家庭生活中，他们也将得到发展。争取更大范围的支持是辅助教育活动的有效手段，家庭、学校和社会对学生

的影响可以是相互促进和补充的。作为学校教育主导者的教师如能获取学生、家长及同事的支持，则能更为快速有效地对教育中的公正难题进行相应合理的处理。

教学活动的对象是人，所以教学活动具有复杂性，这样的复杂性致使冲突普遍存在。以客观的眼光审视这些问题的本质，才能正确理解教育本质。有效处理教学活动中的种种冲突，不仅需要教师坚定、公正地把握合理的教育原则，还需要教师巧妙地展示自己的教育智慧，将自己对教育公正的理解运用于工作实践。

儒学氛围下的幼儿师范生书写训练实践与探索

贵阳幼儿师范高等专科学校　吴　海

儒家文化对中国人的文化心理、文化结构和精神追求产生的影响是根深蒂固的，对中国人的审美影响是深远的。书法对于发扬光大儒家文化起到了积极作用，书法诠释了儒家精神的内涵，儒家文化对书法的影响也很广泛。中国书法艺术是深受儒家中庸之道的影响的，书法艺术审美更多地强调中和之美。中和和中庸之道在书法艺术中的表现，就是要求点画的书写过程中各种形式的对立因素，如刚柔、枯润、浓淡、舒敛、大小、长短、正斜、疏密、虚实等，都要相辅相成，使作品成为和谐的整体，生动地体现了多样统一的基本法则。国学大师陈寅恪在清华大学的一次演讲中送给青年人一句话："心有浮躁，犹草置风中，欲定不定。"以此告诫大家要自定心神，集中精力，清除浮躁，专注功课。幼儿师范生伴随着升学、生活、情感压力的增大，面临生理心理矛盾冲突的发展，进入了心理上的"躁动期"，表现出浮躁的不良心理。快速的生活节奏、浮躁功利的社会心态，也给学生的心理增添了浮躁的因素。矫治幼儿师范生浮躁心理成为当前幼儿师范心理教育迫切需要解决的问题。书法艺术心理学和现代笔迹心理学研究发现：学习书法就是静心、克服浮躁的一剂良方。中国的书法非常重视书写者的性情。所谓"字如其人"，就反映了性情与书写的关系。幼儿师范生正处于吸收知识的大好时代。正面的引导和鼓励能够很好地引领学生不断追求和完善自身的修养，不断提升对书法的兴趣和爱好，同时儒家文化也"润物细无声"地深深影响学生不断追求向上。

一、幼儿师范生浮躁心理的表现及其与书写字迹方面的联系

（一）幼儿师范生浮躁心理的表现

笔者于2009年9月起，选择C03班作为训练班，开展运用书法训练矫治幼儿师范生浮躁心理的实践与探索。通过对训练班52名学生进行调查，剔除无效信息后发现，学生的浮躁心理有如下表现，见表20-1。

表 20-1　学生的浮躁心理的表现

心理特点	具体表现	字迹表现	人数	比例
急躁	学习、做事缺乏计划性和耐心，并且兴趣不稳定，朝三暮四，遇到困难、失败就灰心丧气。	运笔轻快；横画像提，竖画由重到轻且细而拖长、左右偏，参差不一；笔画随意夸张，字大而松散；捺画细且没规律地拉长。	17人	33%
焦虑	做事期望值太高，而实际结果不理想，于是产生焦虑、逆反心理。	书写速度快，但每一个笔画都不敢少，笔画琐碎；笔画连得紧。	11人	21%
好动	学习、做事注意力不集中，时常走神；情感丰富，自律性不强，有时候很亢奋，如喜欢追星、打扮、与异性同学在一起等。	运笔力度轻，速度快，笔画线条随随便便夸张；笔画直，结字挺直，出锋过多；过分松散，没有规律，尤其是竖与横折断得过分开；字行列有波浪状。	8人	15.4%

(二)两者的联系

一个人的个性心理和其他的心理表现，是受外在的客观条件制约的，是通过人脑、神经系统的活动过程形成的，又是通过人的活动作用于外界并表现在人的活动之中的。人的大脑与双手是息息相关的，书写运动像体态语言一样，是一个人个性和心态的流露。"字如其人""书为心画"是对个性心理特征的表述。书写过程是思维活动过程，也是行为表现过程。因此，一个人的个性心理影响了他的笔迹，他的笔迹反映了他的个性心理。例如，书写速度快直接对应的个性心理特征一般是急躁，即快人快语、行动迅速敏捷。我们通过书法训练，改变学生原来的书写习惯及字迹，促使其克服浮躁心理，形成良好的心理品质。

二、书法训练疏导幼儿师范生浮躁心理的策略

书法艺术中的中和之美，讲究书法的笔法、结构和章法，要求做到节制、不偏不倚，从而显示出美来。儒家中和的审美标准要求"势和体均""平正安稳"，在结构、章法上要求"折中""得其中道"；在用笔方面要求润和畅，反对棱角外露，以求达到"宽闲圆美"的境界；主张用笔直收敛，不直放纵；从用笔上看，要求曲直、藏与露、方与圆、断与连、迟与速、枯与润、行与留、疾与涩、平与侧等的对立统一，所谓"笔不欲捷，亦不欲徐，亦不欲平，亦不欲侧。侧竖令平平峻使侧，提则须安，徐则须利，如此则其大较关"；从结体上看，讲求疏密、黑白、虚实、主次、向背、违和、敬正等辩证统一，既强调"和而不同"，追求统一中的多样变化，又主张"违而不犯"，要求相辅相成，在变化中服从整体风格。笔者利用儒家思想在对研究对象原有不良的浮躁心理进行分析并获得相关信息的基础上，坚持群体辅导与个体矫正相结

合，指导学生通过改变原来书写过程中的某些笔画、结构形态、章法以及书写习惯，并不断进行练习，促使新的良好的心理品质的形成与巩固，以取代浮躁心理，使学生的心理素质获得提高。主要策略如下。

(一)认知矫正——观念指引行为

在群体矫治过程中，笔者对学生日常书写字迹问题、个性特点及其成因逐一加以分析，讲述历史上王羲之、颜真卿、苏东坡、傅山、沙孟海等书法家书法与人品并重的故事，并通过谈心等引导学生体验"字如其人"的内涵，使学生从自己的日常书写字迹出发，全面认识自身个性中的优势和不足；同时让学生认识到不良个性会对自己今后的人生发展产生阻力，让他们产生力求通过练字来克服阻力的意念，并付诸行动，调动其潜在的能力和行为的积极性，使学生在自觉自愿的基础上，更好地将儒家观念输入练字中去，达到持之以恒练字矫正的目的。

例一：针对有急躁心理的学生往往兴趣不稳定、急于求成的特点，笔者讲述书法家智永和尚"退笔成冢"的故事。从智永和尚20年勤练书法、写坏的退笔像堆成坟一样的事迹中，学生感叹智永和尚坚持不懈的精神，心中也产生了练字矫治浮躁心理的信念。

例二：对于有急躁心理的学生练字信心不足的情况，笔者讲述当代书法大师启功先生的故事。笔者通过让学生谈感受、定目标、订计划，激励学生树立信心、付诸行动。

(二)姿势矫正——提升从行动开始

"练字先练姿"，笔者要矫治学生不良的书写心理，使学生养成良好的行为习惯，进而形成良好的个性。笔者要时时要求学生的执笔方法与写字姿势正确得体，书写前背诵写字歌，检查学生的写字姿势，发现某学生姿势不对时立即纠正，使腕、指、臂的骨骼、神经、肌肉等得到充分协调活动，引导学生做到凝神静气、全身心投入，从而保持平和的情绪状态。

例如，为了让学生更清楚地了解自己不正确的书写姿势与执笔方法及其造成的危害，笔者在征得学生同意的条件下，利用录像、照相等方法把学生的书写状况拍摄下来，做成多媒体课件，在课堂上展示，并与正确的书写姿势和执笔方法进行对比，让学生谈谈自己存在的问题及其对身心造成的危害，以此警示学生及时纠正不良习惯，养成良好的书写心理，形成积极的学习品质。

(三)针对性矫正——一把钥匙开一把锁

通过调查摸底，笔者积极介入一些有浮躁心理的学生，针对他们的字迹，结合平时的观察，对每一名学生的个性进行分析，揭示其个性(心理)的优势与不足，拟订矫正的练字训练方案。训练时，笔者将学生按个性特征和矫正训练需要分成不同的训练小组，实施练字矫正。一般步骤如下。

第一，选帖。结合字迹对学生的个性进行分析，让学生参与选择训练字帖，将各种字帖中的笔画、结构、章法和学生所写字的个性特征对应比较，从而确定适合学生的范本。

第二，摹写。摹写时，选择用拷贝纸，透明度好。笔者指导学生认真读帖，看准字后进行摹写，使笔画、结字特征集中"反射"，在大脑中形成印象。

第三，临写。笔者亲手临习给学生看，并将字帖中的笔画、结构、章法做详细分析，然后让学生自主临习。

下面是针对性矫正的几个典型案例。

案例一：急躁型

董同学，女，父母离异，由爷爷抚养，成绩中等，舞蹈成绩优秀，并且思维独特；但自制力差，容易冲动，反应迅速却不稳定，学习、做事缺乏耐心，注意力不集中，行为持久性不强，做事虎头蛇尾。

字迹表现：书写速度快，运笔力度轻飘、跳跃，笔画往右拖长很多，笔画线条随随便便夸张，出锋过多，笔画的角度、斜度、力度均无一定规律，整个书面凌乱。

矫正方法：针对该学生小学时曾接触过毛笔书法，并有一定兴趣的实际，笔者把隶书作为其训练的书体，同时选择有格子的纸供她练习，并要求她在格子里写，以控制拉得过长的笔画。练习要求速度慢、力度重、雁尾不出锋，从而改善和提高动作稳定性以及注意的稳定性，让其在感受隶书艺术的舒缓、宁静的韵律节奏的同时，陶冶性情，并逐步改变急躁、冲动的心态。

案例二：焦虑型

石同学，女，聪明，反应快，但行动慢，突破能力不强，潜力有待挖掘，事事追求完美，心理承受力较差，情绪稍难自控，时常焦虑，易怒，有逆反心理。

字迹表现：撇捺稍外展，捺画拖长且细，笔画琐碎，且每笔连得紧；字体偏瘦，稍左倾；字的结构呼应好，笔力轻、运笔快；章法基本有规律，书面较整洁。

矫正方法：训练前，选择赵孟頫的行书供其学习，将可省略的笔画省掉，尽量缩短运笔路线的长度，适当提高书写速度，表现出行书行云流水般的节奏，在潜移默化中改变她的焦虑情绪，使其有效控制自己的情绪，消除多种不良习惯和消极情绪，并不断增强她的自信心，使她成为一个具有良好性格的人。

案例三：好动型

谢同学，女，家庭条件优越，父母非常宠爱她，聪明伶俐，性格外向，大胆泼辣，但喜欢追星，虚荣心较强，有好动的毛病；小学时成绩优秀，进入中学后，追星现象更加明显，喜欢跟男同学打成一片，能接受老师的教育，但控制不好自己的行为。

字迹表现：撇捺笔画左右伸展得过分开，特别是捺笔画没规律地拉长，竖画有装饰角，整行字上仰、下斜、平，没有规律且乱，字间距离也较乱。

矫正方法：选择毛笔大字（手掌手指伸开的面积大小）供她练习。首先让她在三尺生宣纸上画格子，然后进行摹写，利用框格的"反射"，产生约束力。间隔一小段时间要求她加速度到能又快又准确写出来为止，并严格练写能够比较收缩的撇捺笔画。适应后，引导她将新的笔画特征组合到字的结构里。让学生安静下来，从而改善和提高其动作的稳定性、注意的稳定性。

（四）内化矫正——收获良好个性

随着练字的深入，笔者适当增加学生的书写作业，令其多练，保证每天有至少30分钟的时间进行不间断重复练习，以使其不断巩固优势，弥补不足，并不断地加强学生的认知，促进心理与良好行为习惯的自我完善，以强化稳重的个性，促使外部物化活动内化为稳重的个性品质。将笔画、结体、章法中不良的人格定性线条改为优良的人格定性线条，使新的优良的人格定性反射到大脑，并形成新的印象（或强化记忆）。这样，旧的记忆线条特征就会逐渐地被淡化以致消除。新的记忆线条占有主导地位后，就会逐渐形成潜意识。人的潜意识改变了，行为就会随之改变。书写的内容要选择积极向上的词和格言，如"宁静致远""非学无以广才，非静无以成学"，让学生在感受美的同时，得到理念上的激励。笔者尽可能多地让学生参加展览、比赛，激发他们的练字兴趣，激发他们的上进心。

三、研究成果分析及思考

经过几年的群体辅导与个体矫正，学生基本达到"三个月至半年改变，一年稳定，两年拓展"的目标。一个训练班共52人，其中出现的优秀个案比例达35%，个案的稳定率达80%。这些学生的情绪变得稳定，性情相对温和，自我控制能力较强，思维也更为开阔，综合素质全面提高。学生在全国中学生绘画比赛等学科竞赛中屡获佳绩。见表20-2。

表20-2　训练班学生2009年9月与2011年7月的心理表现对比

特点	2009年9月		2011年7月	
	人数	比例	人数	比例
急躁	17人	33%	3人	6%
焦虑	11人	21%	5人	10%
好动	8人	15%	1人	2%

成功的典型案例如下。

案例一：姚同学，不但书写能力得到很好的锻炼，而且个性品质也获得较好的培养。他情绪稳定，积极上进，成绩也稳步上升，在书法比赛中先后荣获省、市级奖7次，通过全国书法十级考试，2011年被推荐加入贵阳市书法协会。

案例二：许同学，思维、行为得到了很好的训练，做事持久性增强，自信心也得到增强，书法水平也显著提高，在各级比赛中屡获大奖，各方面素质也全面提高，学习成绩在年级段中已稳居前几名。2011年9月，他凭借优异的成绩以及艺术特长被贵州师范大学求是学院录取。

案例三：姜同学，情绪稳定性得到了加强，变得大方务实、文静优秀、积极上进，成绩也稳步上升，书写能力得到很好的锻炼，在各级书法大赛中获奖10余次，2010年7月赴香港进行书法艺术交流。

实践证明，儒学氛围下的书写训练是一个能使学生平心静气、克服浮躁心态、塑造气质的过程。但我们也要认识到书写训练不是万能的。书写训练要因人而异，酌情施教，因势利导。教学时，教师要研究学生的气质特征、心理状态、感悟能力，采用不同方法进行教学，重在巩固和发展优秀的个性因素，选配更适合学生个性发展的范本。对有不良心理的学生，教师选取其诸多问题中一两个关键的难点予以讲解、演示，使之进行感悟。同时，教师也要克服浮躁心理，不能急于求成，要对学生不良心理的反复有更多的耐心，引导其慢慢克服。书法属于中国文化。孔子的思想在中国人的文化中起着重要作用。儒家思想的影响是巨大的，让我们继续徜徉在其中吧！

学前教育专业应关注学生实践能力的培养

哈尔滨幼儿师范高等专科学校　郝慧男

一、案例背景

中秋节的前一天，一位刚刚毕业不久的学生刘杨打来电话，几句寒暄之后，他开始向我倒起苦水来："老师，我最近感觉压力很大，真正走上工作岗位带班后才发现，上学时所学的内容和实际工作中所遇到的问题很不一样，那些背得滚瓜烂熟的理论派不上用场。我甚至连一个喝水环节都组织不好。第一周的集体活动更是乱成一锅粥，教案写了好几页，结果不到 10 分钟我就讲完了。孩子们根本不听我的话，我也不知道应该如何观察和了解孩子，有时和家长的沟通也不畅。哎！老师，我觉得学是白上啦，有时真想转行不当老师啦！……"

放下刘杨的电话，我沉思了许久，其实刘杨所反映的问题并非个案。在对历届毕业生的追踪调查和对各实习基地的走访中，我发现毕业生和用人单位反映最多的问题就是，刚走出校门的学生在幼儿园的教育教学工作中很难快速进入角色。在经历了带班不顺、教学不灵的尴尬处境后，许多学生曾经想到过转行，尤其突出的是新教师的理论和实践两个层面严重脱节，新教师不善于运用观察等方法发现儿童在活动中存在的问题，更不能灵活地运用教育学、心理学等学前专业知识分析、指导儿童的活动，缺乏基本的反思和改进自身教育教学的意识和能力。总之，学生的专业实践能力很弱。

二、事件描述

仔细思考刘杨所描述的情形，我认为以刘杨为代表的毕业生在初登职场时存在以下问题。我校针对相关问题进行了相应改革。

(一)职业意识淡薄，职业理想模糊，职业信念不坚定

职业意识是职业人在一定的职业环境中形成的对职业的认识、理解、情感和态度，是职业人从事自己职业时的一种自主自觉的认识。高职高专学前教育专业的学生正处于从中学生到大专生的角色转换时期，因此，引导他们建立良好的职业意识，使其了解未来所从事的行业特点和这一工作岗位对自身素质的要求，对于他们今后

的职业成长会起到积极的促进作用。刘杨同学之所以在刚刚上班不久就产生了转行的想法，源于她对自己所从事的行业、自己在工作中的定位以及今后工作的前景还没有清晰的认识，来自教学、幼儿、家长和同事等各方面的压力也让她产生了挫败感，进而使她动摇了从业的信念。问题虽出现在职后，但根源是在职前培养阶段。以往我校一般将教育见习、实习安排在整个学程的中后期，所以许多学生在一年级的下学期才会有一周的见习时间，在此之前他们对于幼儿、幼儿园和将来所从事的幼教行业知之甚少，更谈不上了解和喜欢。针对这一问题，从2011年9月开始，我们针对大一新生开展了以"幼师梦，我的梦"为主题的专业启蒙教育。在开学第一周，学校请教务科和教育理论组的专业课教师就专业培养方向、学校开设的主干课程以及学习方法等内容进行专题讲座，对学生普遍关心的各种职场及专业问题进行现场答疑；同时举办专题报告会，聘请省内外知名幼教专家和名园园长、优秀教师介绍学前教育改革发展趋势与幼儿园教师的专业化要求；组织大一新生参观省级示范园所、知名托幼机构和大型私立幼儿园，观摩优秀教师的示范课和半日活动，了解幼儿园教师的工作内容及要求，让大一新生从多角度增进对专业的了解，树立专业思想。此外，各专业任课教师配合班主任帮助班级每名学生针对自身的性格特点、兴趣和特长，结合专业特点，做好个人的职业生涯规划，为今后进入职场做好准备。经过近两年的专业启蒙教育，2011级和2012级学生普遍感到对幼儿教师这一职业的认识更加清晰，对未来的职业生涯规划更加具体，从事幼教事业的信念更加坚定，对于幼教工作的认同感大大提升。在黑龙江省范围内接收我校毕业生的用人单位对学生的爱岗敬业、认真勤恳的工作态度给予了充分的肯定。

(二)理论与实践严重脱节，教学实践能力弱

想成为一位称职的幼儿教师，仅有清醒的职业意识和坚定的职业信念还不够。刘杨在校的专业课成绩一直不错，对于未来所从事的幼教行业也抱有很大的希望，但走入职场后，在教学、家园沟通和教学科研中所遇到的各种阻力，慢慢地抹杀了她最初的职业热情和信念，让她感到力不从心、所学无用。出现这一问题的根本原因是该学生没有将所学的理论知识与教育教学实践有机结合，两者严重脱节。著名的教育家陶行知先生曾指出："先理论而后实习，把一件事分成两截，好比早上烧饭，晚上请客。""要把理论与实践合为一炉而治之。"扎实的理论基础和教学实践能力是实现职业可持续发展的强大动力和有力保障。以刘杨为代表的众多毕业生，在走入职场之后，迫切需要解决的问题就是如何缩短理论与实践的时空距离，将两者有机结合。要实现这一目标，在职场中的摸爬滚打、实际操练固然重要，但如果我们在学生入职前，在校内的教学中就能关注学生教学实践能力的培养，那么将大大缩短学生对职场的适应时间，使学生能更快地进入角色、胜任工作。为了加强高专学生的教学实践能力，我校在教育教学工作中做了大胆尝试和改革。

1. 革新理论课的教学方式，缩短理论与实践的时空距离

为了加深学生对学前心理学、学前教育学、学前卫生学和幼儿园管理等专业理论学科知识的理解，我校结合课程进度，安排学生到实习基地幼儿园进行感知觉、注意、思维、语言等专题的心理学实验；我校记录各年龄段幼儿的教育案例，作为学前教育学实例分析的内容；各专业课教师根据教学进度布置见习作业，学生利用每周三的下园时间完成见习作业；在见习期间，教师鼓励学生就专业理论课中的疑问与幼儿园教师进行交流；各园配备一名教育心理组的专业指导教师，负责现场为学生答疑解惑。学生每周要上交一次见习作业，作为专业理论课程考核的一部分。同时，我校将幼儿园管理课程以单元模块的形式进行分解，将原来教师的分章节讲解改为聘请专家型幼儿园管理者做主题讲座。以上几项举措极大地缩短了从理论到实践的时空距离，以往书本上的死知识变成了学生用来解决实际问题的活知识。

2. 增设实践性和时效性强的选修课程，激发学生学习的积极性

除了高专教学大纲规定开设的课程外，我校还开设了多门与专业发展相关的选修课，如幼儿科学玩具设计与制作、幼儿舞蹈创编、幼儿音乐律动创编、幼教前沿信息解读、亲子课堂、蒙台梭利教学法、幼儿营养食谱搭配等，供学生根据自己的兴趣和就业需求自由选课。此外，对于一些学科前沿知识，许多专业课程和专业选修课程难以及时涵盖，我校就利用活动课聘请专家开设相关讲座。丰富多彩的选修课程的设立，大大激发了学生学习的主动性和积极性。学生的教学实践能力在这些课程中得到了很大程度的提升。

3. 加大实训教学力度，提升学生的教学实践能力

(1) 观摩教学

在日常的课堂教学和下园见实习期间，我校通过组织学生观摩幼儿园教师的精品录像课、幼儿园教师示范课等，使学生初步了解幼儿园教师教育教学活动的基本模式。

(2) 分组模拟教学

学生以小组为单位开展五大领域的模拟教学活动。组内学生从教案设计、教具制作、环境创设、区角设计等几个方面分工合作，由一人执教进行模拟教学。活动结束后采用组内自评、组间互评的方式对模拟教学进行点评。学生通过评课促进各组成员反思自身在设计、组织和实施教学活动中存在的问题，提升自身的教学实践能力。

(3) 说课、评课

教师为学生介绍说课的步骤、环节和方法，让学生理解说课的基本特点和要求，掌握说课的技巧，提高说课水平。在观摩教学之后，教师请学生从教学情境的创设、活动目标的设置及达成度、教学过程的组织及师幼互动情况、教学活动的效果等几个方面尝试进行点评，在此过程中让学生进一步了解幼儿教育的理论，让学生掌握

幼儿园教学活动的最新理念和方法。

4. 加强幼儿园教育见习、实习的指导

我校利用下园见习、实习，帮助学生掌握幼儿园保育工作的常规和基本技能，使学生初步了解幼儿园卫生保健工作的基本内容、组织形式及方法。我校结合专业理论课和教法课内容，每周或每两周组织学生下园一次，主要目的是让学生了解各领域教学活动和各类型游戏活动的基本内容、教学方法、组织形式及指导方法，并在幼儿园教师指导下设计不同领域的教育活动和不同类型的游戏活动。我校还安排毕业生到幼儿园进行顶岗实习，并安排专人督导，帮助毕业生全面熟悉幼儿园的各项工作、熟练掌握幼儿教育的技能方法。

5. 增加科研培训板块，培养学生的科研意识

我校注重培养学生的科研能力，通过撰写见习及实习总结、毕业论文，参与教师科研课题等方式训练学生的科研实践能力。为体现对学生的毕业论文工作的重视，学校成立了专门的评审小组，鼓励学生从日常的教育见实习和模拟教学的反思中寻找研究的主题，要求评审小组要严格把好选题关、写作关、答辩关，将撰写毕业论文作为提高学生论文写作水平、培养学生良好的科研意识、提前演练幼儿园科研活动的主要途径。

6. 完善考核体系，关注学生实践技能的考核

学校根据幼儿教师应具有的能力结构确定实践教学考核的内容和项目，建立了一套比较完整的考评体系。每次见实习都要求学生撰写见实习报告，由专业指导教师评定成绩并做好记录，按照一定比例计入课程总成绩。教育实习和顶岗实习的考评由学校带队教师和幼儿园指导教师共同进行，不仅要考核学生的素质和能力水平，还要考核学生的工作业绩。

通过以上6个方面的实践教学改革，学生的实践技能得到了大大提升。在对2010级学前教育专业大专毕业生的跟踪走访中我们发现，90%以上的学生能较快地适应幼儿园的工作，能独立带班、组织教学活动。有一部分学生还成为新教师中的科研骨干，开始尝试从反思日常的教学工作入手，开展一定内容的科研活动。幼儿园园长及管理层，普遍反映2010级毕业生的专业技能和教学实践能力明显高于往届，学生对于工作的热情很高，活动设计有新意，善于反思，乐于探索和创新，科研意识和科研能力强，教学风格受到幼儿及家长的好评。

三、反思

案例中的学生在进入幼儿园工作之后所遇到的困难和表现出的问题其实映射了高职高专学前教育专业在实训教学中存在的诸多问题。找到这些问题的症结所在，对于提高高职高专学前教育专业学生的培养质量至关重要。

(一)重新建构高职高专学前教育专业的课程理念和培养模式

我国师范教育体系由三级过渡到二级,使许多高等师范都将学前教育专业本科生的培养目标调整为培养幼儿园的一线教师,这无形中与我校这种刚刚升格的幼儿师范高等专科学校形成了强有力的就业竞争关系。就业竞争考量的是各校的课程体系是否实用、高效,是否能培养出幼教机构需要的合格的幼教工作者。反思中师和高师原有的课程体系,我们发现,中师的课程体系属于"技能型",其毕业生画、弹、唱、跳等艺体技能水平较高,但科学人文素养、创新意识和创新能力较差;高师的课程体系属于"知识型"或"理论型",其毕业生虽然理论功底深厚,新事物、新理念的接受能力强,但由于缺乏系统连贯的技能培养,实践技能较差。实践证明原有的中师、高师的课程体系都不能适应新时期学前教育的需求。根据毕业生的反馈信息,我们发现,在幼儿园最受欢迎的是那些热爱本职工作、有敬业精神、专业能力娴熟、有发展潜力的专家型人才。由此可见,关乎幼儿教师培养的核心问题,即课程观念和课程结构,应转向培养"反思型幼儿教育实践者"的课程理念和培养模式,与之相适应的课程体系应该注重培养"善于反思、长于实践"的幼教工作者。

(二)构建以实践能力培养为核心的实践教学目标体系,树立"全实践"理念

实践教学作为培养合格幼教工作者的重要环节,应根据幼儿园教师应具备的专业素质要求,确立实践教学的培养目标。以刘杨为代表的毕业生之所以在实践教学工作中出现各种问题,是因为学生的教学实践能力水平低。因此,高职高专学前教育专业的教学要从"树立职业意识,加深理论修养,培养职业素质和能力"等角度设定目标,同时应结合具体的实践教学内容从情感态度、认知能力、职业技能三个方面开展全学程的实践教学活动,要将实践教学的内容途径从原来的教育见习、实习扩展到课堂教学实践、技能训练、课外活动实践、科研实践等诸多方面,把学生在校学习期间的所有实践环节作为一个整体来系统安排。

(三)推进实训基地建设,搭建校内外实训共同体,实现校园双赢

高水平的幼儿教师不是在象牙塔中培养出来的,师范学校与幼儿园合作培养高水平的幼儿教师是国际趋势。目前,学前教育专业实训基地的建设推进存在一定的困难,很多幼儿园把接收实习生当成是负担,这与我们目前在基地建设过程中的单向推进有关系。在今后的实训体系的构建中,我们不仅要追求基地的数量,更要强调基地的质量,要改变过去师范学校单方面请求幼儿园接受学生见实习的做法,要充分发挥师范院校的资源优势,如与幼儿园共享高校的图书馆、实验室和现代教育技术资源,同时师范学校的教师也可以为基地幼儿园开展各种讲座,吸引幼儿园教师参与高校的科研课题研究工作,安排学生协助幼儿园开展各类演出等活动;幼儿园也可以发挥自身实践优势,为师范学校的学生提供教学经验讲座,直接参与师范

学校的实践教学等。这样的合作有利于缩短理论与实践的距离，实现师范学校和幼儿园的双赢。

总之，学前教育专业是一个应用性、实践性很强的专业，学生的专业学习必须与幼儿园教育实践紧密结合，才有可能成长为社会需要的具有较强综合素质的人才。学前教育专业培养目标的实现，有赖于高质量的课程教学，所以必须改革高师学前教育专业课程结构，提高课堂教学效益，通过搭建校内外实训共同体，让学生在实践工作中了解理论、活用理论，全面提升自己的职业素养和就业竞争力，进而实现实践型人才培养的最终目的。

倡导助人为乐精神　探索非指导性教学模式

哈尔滨幼儿师范高等专科学校　张　超

一、案例背景

2013年9月，在幼儿师范学校工作的第四个年头，我很荣幸成为一名新生班主任，也因此拥有了很多第一次：第一次开家长会，第一次给学生分宿舍，第一次在入学教育中有了不一样的身份，第一次站在讲台上分享着我上大学时所经历的喜怒哀乐，体验着拥有自己的"亲学生"的无限喜悦与兴奋。同时，我也深知肩上的重任。幼儿师范生是人类文明的传承者，他们肩负着提升国家学前教育质量的任务，在一定程度上影响着幼儿的希望和未来。新生来自黑龙江省的四面八方，刚刚进入一个新的环境，对他们而言，集体荣誉感的建立尤为重要。集体荣誉感涉及融洽的同学关系的建立、良好的班风班纪的建设等，因此，我把助人为乐精神的培养作为头等大事。

二、案例经过

2013年9月14日，新生报到的第二天中午，我接到了刘贺（化名）妈妈的电话。刘贺妈妈激动地讲述着刘贺的事情："刘贺昨天晚上哭了一宿啊！孩子胆子小，从来没有住过上铺，关键是床和墙之间有空隙，孩子害怕……"我一边安慰着情绪激动的刘贺妈妈，一边应允着一会儿到宿舍查看并处理这件事。

晚上7点，我估计学生应该回宿舍了，心里开始盘算解决问题的方法：①做刘贺的思想工作；②在宿舍内部调换床位；③把刘贺调到其他宿舍的空床位上。我看到刘贺住在1号床上铺，因为床体和墙面之间有一组暖气片，床不能靠着墙。

看到刘贺瘦弱的身体、哭肿了的眼睛，我顿时决定采用第二种解决方法——给刘贺调换床位。我在宿舍问道："谁愿意和刘贺调换床位？"僵持了5秒后，一名同学提出："老师，您去别的宿舍问问吧！"我答："这是咱们自己宿舍的问题，选择去其他宿舍的解决方式恰当吗？"这时，刘晶晶（化名）站了出来："老师，我愿意和刘贺换，我皮实着呢，上上下下习惯了，没事！"我怀着感恩的心，说着感谢的话，看着两名同学交换床铺后，离开了学生宿舍。

在班会上，我将刘贺床位事件中刘晶晶同学的优异表现在班级中进行了正面宣传，号召同学之间形成团结进取、互助互爱的良好班风。在日后军训的一段时间里，我看到刘贺同学帮助同宿舍的同学叠被子，班上涌现出了很多同学乐于助人、不计较个人利益的感人事件。

三、案例分析及反思

实际上，班级内部的其他宿舍还有两个空余床位，我没有让刘贺搬过去，而是选择让同学们主动调换床位的方式有两方面原因。一方面，该事件不存在安全问题；另一方面，我希望通过一件小事检验同学们是否有牺牲自己的利益、帮助同学的勇气和精神，进而以这个床铺事件为契机，对同学们起到教育和启示的作用。

虽然这是一件极小的宿舍事件，却在我心中激起了一层小波浪。班级里的新生大多为1995年出生的，他们视野开阔、头脑灵活，有创新意识。他们中的大多数是独生子女，在家庭生活中习惯了被呵护、被照顾，没有经历过太大的挫折，初次开始集体宿舍生活，处理问题时往往把自己的利益放在第一位。

因此，我将借鉴非指导教性学模式、倡导助人为乐的精神，作为我担任新生班主任的第一个任务。

(一)非指导性教学模式简介

美国人本主义心理学家、教育家卡尔·罗杰斯(Carl Ransom Rogers)认为，传统的教学是以教师为中心、指导性、灌输型的教学，不利于学生的发展，从而将自己创立的精神治疗中的"非指导性治疗"(以患者为中心)运用于教育领域，提出了非指导性教学模式。在非指导性教学模式中，"非指导"不是"不指导"，而是在以人为本、令人愉快的环境中，教师以一种知情结合的方式，调动学生的积极性和主动性，通过榜样示范、自我分析和评价等方式对学生施以影响。学生是整个教育过程的中心，教师只起到顾问、咨询、营造教育氛围、为学生提供教育条件的作用，帮助学生自己改变、自我实现，充分达到教育目标。这就调动起了学生的积极性与主动性，肯定了受教育者的主体地位，改变了传统教育模式中教师主导、学生被动接受的教育状态。

1. 理论基础

(1)人本主义心理学

将人本主义心理学应用于教育理念，就是要发展学生的个性、开发学生的潜能、促使学生根据个体的知识结构和价值取向对学习和生活做出选择，培养"完整的人"，最终达到自我实现的目的。

(2)存在主义

人的思想是由自己支配的，意识也是自由的。教育的首要目的在于促进个人的发展，以求得个人自身的"自我完成"，即"自我实现"，并赋予学生在教育中自由选择的权力，从而培养学生根据环境的变化进行选择的能力和意识。

2. 教育目标

非指导性教学模式的目标在于促进学生的学习,培养学生对自己和生活充满信心、富有创造力、能够适应环境变化并知道如何学习以促进自身发展的人。

3. 操作程序

尽管非指导性教学模式变幻莫测,人们不知道下一分钟将要发生什么,但是罗杰斯指出,该教学模式在程序上应该遵循以下秩序[1]。

阶段1:确定帮助情境。教师鼓励学生自由地表达感情。

阶段2:探究问题。教师鼓励学生确定问题;教师接受并澄清学生的情感。

阶段3:发展洞察力。学生讨论问题;教师支持学生。

阶段4:计划和决策。学生做出最初的决策;教师明确可能的决策。

阶段5:整合。学生提高了洞察力,更积极地行动;教师支持。

教师可以针对学生的不同情况进行调整。

4. 师生关系

罗杰斯认为,教师与学生之间应该形成一种平等民主的伙伴关系,并形成助益性关系。罗杰斯将助益性关系定义为:"某个参与者意欲使另一方或者双方发生某种变化,使个体的潜力更多地得到欣赏,更多地得到表达,更好地发挥作用。"[2]

5. 评价手段

罗杰斯从心理治疗的角度出发,认为对学生的评价不应该来自外界对无意义学习的机械考核,而应该让学生进行自我评价。这样学生才会清楚自己在哪方面还存在不足,是否已经付出最大努力,进而使学生真正成为教育的中心,为自己负起责任。

(二)非指导性教学模式的启发

非指导性教学模式不仅可以运用在教学过程中,也可以应用于日常教育工作中,是颇受高校欢迎的一种情感式教育模式。我在处理刘贺床位事件时,也基本遵循了罗杰斯非指导性教学模式的理念,并取得了较好的教育效果。因此,我决定在日后的教育过程中,进一步将罗杰斯的非指导性教学模式应用于教育工作中。教育有法,但无定法。在具体事件处理的基础上,我将努力做到以下几个方面。

1. 以学生为中心

教师要使学生认识到他们的个性品质与他们未来的发展相关,从而调动学生学习的积极性和主动性,促使学生不断完善自我、实现自我。罗杰斯认为任何人都有自我实现趋向,所以教师要充分理解、信任学生,调动学生向积极方面发展的积极性与主动性,注重学生对事件处理方法的选择并由学生进行自我评价。这样使学生

---

[1] 参见[美]Bruce Joyce,[美]Marsha Well,[美]Emily Calhoun:《教学模式》,179页,北京,中国轻工业出版社,2009。

[2] 张建荣:《论罗杰斯助益性师生关系》,载《希望月报》,2007(8)。

的个性发展以个人的兴趣和意愿为出发点,将个人发展与个人情感联系起来。

2. 重视非智力因素、情感教育的作用

由于非指导性教学模式来源于罗杰斯的非指导性心理咨询,因此心理咨询中的真诚、尊重和共情等原则始终贯穿于此教学模式。教师要为学生创造相互理解和支持的教育环境,为学生提供各种良好的、积极的生活环境,以自己对待同事和对待学生的热情去感染学生,从而使学生热爱生活、热爱班级、乐于助人。

3. 师生之间共享权威

教师应不滥用批评,使学生处于一种无等级评分和自我评价的环境里,使学生感觉到轻松、自信和安全,否则就可能很快使教学模式转化成为传统的教育模式。师生之间必须畅所欲言。学生可以以一种放松的心态与教师进行交流,自由地表现和认识自我。教师要鼓励学生自由表达学习、生活等方面的问题及问题背后的情感,通过非指导性交谈,使学生自己做出与问题有关的计划和决定,充分发挥学生自己的潜力,促进学生实现自我完善。

4. 选择自由的教育时间和地点

非指导性教学模式作为一种开放式的教学模式,可以在课堂上使用,同时也可以应用于校园里的一些非正式教育场所,如食堂、宿舍等。教师应努力营造一种和谐、融合的教育氛围,给学生一定的学习自主权和自由度。师生进行一对一的交流时,教师尽量不直接问及学生所面对的问题,而是以共情的心态支持、理解学生,与学生形成真诚、信任的人际关系,促使学生主动表达自己在学习、生活等方面遇到的任何问题,通过非指导性谈话解决学生面临的问题,同时教师要对谈话内容保密。

5. 探索多元化的学生自我评价方法

学生的自我评价有助于学生进行自我反思,从而实现自我的提升。教师应探索不同的学生自我评价方法,以调动学生的积极性和适应不同时期发生的不同事件。①教师让学生提出问题。根据提出的问题,学生讨论自己的处理方法,思考、分析后,进行自我评价。②小组自己决定在一定的时间段内要达到的乐于助人的水平,每名学生都畅谈自己已经达到的程度,并说出理由。③学生进行书面的自我评价(教师事先可准备一些心理测试、调查问卷等,以供学生参考)。

6. 努力改善自身的态度和品质

罗杰斯对教师的态度和品质提出了三点要求:①做真实的人,如实地向学生表达自己的情感和观点;②积极地关注学生,相信学生具有进行有效学习的能力;③共情,即教师要设身处地地为学生着想,了解学生的情感和想法。如果教师在真正意义上做到了这三点,那么将在很大程度上促进教师与学生更好地沟通、交流与合作。

老师，您能慢一点吗？

马鞍山幼儿师范学校　王　波

一、案例背景

《幼儿园教育指导纲要（试行）》颁布实施以来，幼儿教育迎来了发展的春天。幼教界的改革已取得了阶段性的成果。但在实践过程中，有些教育现象值得我们关注。虽然部分学生在学习方面存在一定问题，但是刚进校时，多数学生都有着端正的学习态度、浓厚的学习兴趣。可随着课程的实施，不少学生的学习积极性越来越低，后来有的学生竟完全放弃了课程的学习，导致自己的学科知识匮乏，更不用说知识的科学性、系统性了。幼儿教育是启蒙教育，但这绝不意味着处理态度可以粗糙、随意。我们教给学生的知识再粗浅，也应不失去正确性。

希望下面的案例能对老师们有所启发。

二、案例描述

最近上课时，我老是不自觉地注意到安安。不知为何，她上课老是心不在焉，前段时间可不是这样的。从开学起，她总是早早准备好所有的课堂用品，包括她专门的笔记本、练习本和草稿本。虽然除了被点名，她没有主动回答过我提出的问题；对集体回答的问题，她的积极性也不高。但是我可以看出，她的注意力始终紧随我上课的思路，认真记着笔记，连副板书她也丝毫不放过。在完成课堂练习和课后作业时，她的字迹工整、书面整洁。对于错了的地方，她都一一订正过来。学习态度如此端正的学生，上课应该不会"开小差"。

今天课堂练习，她发现我要巡视到她身边时，赶紧拿起了笔，装出正在练习的样子。我点了点她的书，问道："怎么不做练习？"她低着头，没有回答我。我又说："我发现你这段时间上课没有以前认真了，怎么回事？"她低着头，没有回答，显露出不好意思的表情。为了完成本节课的任务，我没有再说什么，就走开了。

上第二节课时，我发现她恢复到了专注的状态。可持续时间不长，她上课走神的情况又出现了。为了能让她把注意力放在课堂上，我需要不时用眼神提醒她。这次的情况让我感觉到，她的变化不是偶然的，我有必要找她谈一谈。我让她下午放学后到办公室找我。下午放学后很长一段时间,她才来,小声地喊了声报告。进来后,她用手指绞着自己的衣角。

我:通过这几天的观察,我发现你近期上课注意力不太集中。

她:我以后会注意的。

我:从你开学以来的表现可以看出,你是一个学习态度端正、对学习很用心的学生。老师也看出来了,你也在尽力避免注意力不集中的情况,努力使自己认真听课,可是好像不自觉地就走神了,是不是这样?

她:是的。

我:你上课有什么感觉吗?

她:感觉跟不上节奏,不知不觉就走神了。

我:上课前你预习吗?

她:预习。

我:怎么预习?

她:把书从头到尾看一遍。

我:能看懂吗?

她:有一些看不懂。

我:看不懂怎么办?

她:上课听老师讲。

我:上课听懂了吗?

她:有些地方还是没听懂。

我:那怎么没来问我?

她:(沉默。)

我:问周围的同学了吗?

她:没有。

我:同学就在你身边,怎么不问?

她:不好意思。

我:那对于不懂的地方你就不管了?

她:我下课会复习的。

我:一般怎么复习?

她:主要是做作业,看看笔记。

我:我发现你的笔记记得很认真、很详细。

她:这样在课堂上有没听懂的地方,就可以看笔记。

我:你感觉笔记对你的帮助大吗?

她:(沉默。)

我:你的态度很端正,可你的学习方法需要改变。

接着我就预习、听课、复习的作用向她做了解释，告诉她预习、听课、记笔记的方法，分析她在这些方面存在的一些问题。

从这以后，她开始经常问我问题，其中很多问题都是基础知识。讲完一遍后，我问她懂了吗，她总是小声地嗯一声。我一直认为，这么简单的问题，她应该懂了，也没再多想，就走开了。

一次下课后，她又喊住了我，说最后一个题还是没怎么懂。我就给她讲了一遍，可她说还是不太懂，我只好又从头到尾讲了一遍。这次她勉强点了点头，我认为她应该懂了，于是就让她做课后的练习题。让我意外的是，她竟然在我一再强调的地方仍旧出错，这让我很生气。我让她把自己的解题过程检查一遍，希望她能发现自己的错误，可是她没有发现，这让我愈加生气。我强忍着怒气说道："我再给你讲最后一遍，你自己回去再想想。"于是我开始了最后一遍讲解，在讲到她出现错误的地方时，她突然打断我，说道："老师，您能稍微慢一点吗？"

她的目光中流露出深深的不安和歉意，这不安和歉意深深地刺痛了我，使我惊醒。对教师来说理所当然的东西，对刚接触的学生来说，却是那样抽象和生疏。学生要想理解它、掌握它，还需要付出很多的努力。想想自己的学习历程，又何尝不是这样？在同一个地方多次犯错，不也是屡见不鲜的吗？可我何时责怪过自己？那么我有什么权利去要求学生？"我不是讲过了吗？你怎么还……"这句话不知不觉快成了我的口头禅。"老师，您能稍微慢一点吗？"这短短的一句话，让我彻底地平静下来。

每当想起这件事，我都会感到恐惧。假如我当时对她发了火，假如我当时批评了她，假如我当时讽刺了她，假如我当时挖苦了她……任何一个假如的出现，都可能导致这是她最后一次问我问题了。

通过这件事，我感到自己是个不称职的老师，不是在教书育人，而是在误人子弟。

为了激发安安参与课堂的积极性，这段时间我有意提问了她好几次。虽然她回答得不尽如人意，但是我总是找出答案中的可取之处，表扬和鼓励她，可是她好像一点改变都没有。例如，有时课堂上的气氛明显比较热烈，如果某个学生回答问题，会引起其他学生注视。但她显得很冷漠，端坐在自己的座位上，好像这一切与她没有关系，她只是一个旁观者。至于主动回答问题，她连一次都没有过。

哪个老师不希望自己的课堂气氛热烈，不希望学生能积极配合自己的教学？对于她的表现，我有点失望，有些生气，感觉自己的努力打了水漂。可上次的情形还历历在目，"老师，您能稍微慢一点吗？"还在耳边回响。我告诫自己必须冷静下来，不要灰心，更不能放弃，简单的几句表扬和鼓励并不能解决所有的问题，我做得还不够。

期中考试刚结束，我决定再找她谈一次。

我：你们班的试卷阅完了，我想让你帮我登记一下分数。

她：好的。

（我把试卷和记分册给了她，不一会儿她就统计好了。）

我：你们班这次哪些人考得比较好？

（她告诉我蒋玲玲、陈琼考得比较好。）

我：你感觉蒋玲玲、陈琼怎么样？

她：她们很活泼，也很聪明。

我：为什么这么认为呢？

她：她们上课经常回答问题，班级的活动也都是她们组织的。

我：她们是不是每次都能回答正确？

她：好像也不是。

我：你回答问题的次数好像比较少。

她：是的。

我：为什么不多试一试呢？

她：回答错了我会不好意思。

我：是不是有点怕被别人看穿，怕被别人看不起？

她：（沉默。）

我：她们如果回答错了，你会不会看不起她们？

她：不会。

我：其实别人和你是一样的。你不会把别人的错误放在心上，不会因别人的错误而看不起别人，别人也不会。如果自己的回答不是很完美，别人就会看不起自己，会用异样的眼光看自己，这是你的想象。你这是在凭空贬低自己、惩罚自己、封闭自己，使自己和别人的距离越来越远，这样你就感觉不到生活、学习的快乐。

（她点了点头。）

我：其实在学习中犯错是一件很正常的事，这不是一件丢人的事。孔子还说过要不耻下问，所以不要怕暴露自己的缺点。只要你是一个积极进取的人，哪怕你犯了错误，也会赢得别人的尊重。倒是哪些处处想掩盖自己不足的人，最后反而会被别人轻视。我希望你以后不管在课上还是在课后，只要有自己的想法，就大胆地去表达出来，多和同学、老师交流。实际上，他人在向你表达观点的同时，也很想分享你的观点，想和你交流、讨论。如果你总是保持沉默，做一个旁听者，会让人感到无趣和失望，使人误认为你是一个难以接近的人，无形中你就和他人产生了距离。

她：是这样的。

我：老师相信你能慢慢改变自己，变成一个充满活力的人，交到真正的朋友。

（这时我感觉到她放松了很多，并且她还显得有点兴奋。）

她：其实班级里的活动，我也想参加，也想组织，可就怕同学们不支持。

我：只要你真想为班级争得荣誉，同学们肯定会支持你。有谁不希望班级里多几个为班级争荣誉、热心为班级服务的人呢？只要努力了，即使结果不是太理想，同学们也会理解你，不会怪你。有为班级争荣誉的想法很好，但更重要的是脚踏实地，一步一个脚印，不怕困难和挫折，多多锻炼自己，努力提高自己，使自己具备为班级争得荣誉的实力。

　　她：谢谢老师的提醒，我一定会努力的。

　　学期结束时，我正在计算总评成绩。她和班里的几个同学来了，说想看看自己的成绩，还想确认某个题的答案。看到我正在计算，安安就主动提出帮我计算。由于计算的程序比较复杂，她还给其他几个同学分了工，彼此协作。看到现在的她，我很欣慰，感到她已经走上了学习的正轨，已经真正融入了班集体。

三、案例反思

　　教师的工作对象是正在成长中的学生，教师以什么样的态度对待工作，既影响学生的成长，又影响自己工作的成败。其实我们职业学校的学生并不是如有些人说的那样不想学习，厌恶学习，也学不好，只是我们还没有唤醒、点燃他们内心求知的火种。

　　我认为，职业学校的教师需要比普通学校的教师有更多的责任心和耐心。

　　教师的责任心主要体现在以下几个方面。

　　第一，对工作负责，爱岗敬业。爱岗就是爱教育、爱学生、爱自己的工作岗位。敬业就是恪尽职守，教书育人。一位教师只有把教书这个职业确认为自己的人生最高理想时，才会对自己的本职工作产生自豪感和责任感，从而表现出责任心。

　　第二，对学生负责。对学生负责意味着对学生的全面发展负责，不仅要关注学生的学业，也要关心学生的情感、态度和价值观；不仅要关注学生的学习，也要关心学生的生活、健康、品德和习惯。

　　第三，对学校负责。所谓对学校负责，就是要用饱满的热情投入工作。具体来说，就是要用自己的言行去诠释一位教育工作者的基本素养，展现教师的风采。

　　第四，对自己负责。教师是一个特殊的职业，它要求每一位从事教育工作的教师要不断更新教育理念和知识体系，始终做学生成长道路上的指路明灯，成为学生成才报国的引领者，否则就无法成为学生的榜样。

　　职业学校的有些学生在学习和行为习惯等方面的确存在一些问题，但是他们在生理和心理上还不成熟，还没定型。他们身心发展过程中所展现出的各种特征还处于不断变化之中，具有极大的可塑性。这使教师大有可为。但是改变不可能一蹴而就，在改变过程中，故态复萌是正常的现象。这要求我们教师要有足够的耐心。

　　但是，在我们的教学中，往往会有这样的事情发生。课堂上，教师为了赶时间完成教学任务，当提问到的学生不能顺利地做出回答时，我们便赶紧提问另一个学生甚至干脆自己讲解，这使教师失去了了解学生的大好时机。通过耐心倾听，教师可以判断学生理解知识的广度与深度。通过耐心倾听，教师能准确地判断学生是否已充分交流完他们所能想到和理解到的一切。通过耐心倾听，教师可以对学生的理解水平有一个大致的了解。通过耐心倾听，教师可以根据恰当的教学内容，在恰当的时机，使学生思维中的矛盾激化，并能将学生思维的着眼点引致对与错、是与非的对立点上，最终在相互理解的基础上解决矛盾。通过耐心倾听，教师可以听出学生对求知欲望的需求、学生的情感思想、学生间的差异、学生的知识掌握与个性发展情况以及学生与他人的关系等。耐心能使教师真正走进学生的内心，对学生有更深入的了解，从而让自己的教育教学更有针对性、更加高效。

《名师的人格教育力》一书中提出"教师要有百分之百的耐心"。它举了一个经典案例。有个叫"小蘑菇"的孩子，调皮到让他的父亲无可奈何。北京行知学校的徐老太太"三顾茅庐"说服"小蘑菇"到行知学校上学。每当"小蘑菇"打架、恶作剧的时候，徐老太太总是与他进行一次又一次的耐心长谈，还适时地对他进行表扬。经过70多次耐心沟通后，"小蘑菇"渐渐开始转变自己的错误行为。阅读了这则案例后，我不禁被徐老太太百分之百的耐心折服。

作为教师，我们要时刻提醒自己每一个学生都是一个家庭的希望和未来，我们要对学生有足够的耐心。

找准那个点，唤醒学生的内在力量

马鞍山幼儿师范学校　唐　晋

一、案例背景

(一)阻碍学生成长的那堵墙

在学生成长的道路上，总会有这样或那样的一堵墙，阻碍着学生的成长。教育就是要引导和帮助学生找到在"阻碍之墙"上钻孔的那个点，唤醒学生的内在力量，推翻那堵"阻碍之墙"，使学生在自身的基础上获得成长。

班级中总有这样的学生，他们在班级的表现各不相同，但有一点是共同的，就是他们都让老师特别头疼。无论老师是"动之以情、晓之以理"，还是"威逼利诱"，他们都无动于衷，一如既往我行我素。于是，这些学生就成为老师眼中"令人心烦、讨厌的学生""学习困难、品行差的学生"，成为家长眼中"不听话的孩子"，成为同学眼中"老师不喜欢、拖班级后腿的同学"……而老师、家长和同学对他们的看法和态度又更加坚定了他们对自己的定位——"我就不是读书的料！我就这样了！"那些让我们头疼的学生真的是"无药可救"了吗？不！我们还没有找准在"阻碍之墙"上钻孔的点，那个能够推翻"阻碍之墙"、唤醒学生内心力量的点。

(二)令人头疼的转班生

"老师，吴同学今早没来做早操。""老师，今天上午第三节课，吴同学没在班级上课，不知道去哪了。""唐老师，今天专业课上，你班那个吴同学不是玩手机，就是找其他同学讲话，被我点了两次名。"……吴同学、吴同学、吴同学，听到"吴同学"三个字，我头皮都发麻。吴同学，就是那个从别的班级转到我们班的学生。吴同学从转到我班开始，表现就不好，迟到早退，上课不遵守纪律，甚至无故旷课。吴同学的行为影响着整个班级的教学秩序。我严厉地批评过她，"动之以情，晓之以理"地跟她谈过话。每次她都当着我的面，保证要"认真听课、守纪律"，可一转身，她该怎样还是怎样，一点变化都没有。

2010 年，研究生毕业的我刚来到现在就职的这所学校。一进校，政教处的领导就告知我"你要当班主任，当幼师班的班主任"。早听前辈老师们说现在中职的学生不好管，大专班的学生还好一点，幼师班生源质量不高，尤其难管。况且，我刚来到这所学校，对学校情况和班主任工作都不太了解，又怎样管理班级呢？可是，班主任工作是学校工作的一部分，我不能因为压力大就不做。我安慰自己，只要我用心对待学生，用心管理班级，应该就可以做好。可是现在，为什么我对吴同学这样用心，她却无动于衷呢？我内心既苦恼又无奈。

二、事件描述

(一)令人"提心吊胆"的吴同学

就在我苦苦思考怎样才能让吴同学做到自我管理时，一件事的发生让我"彻底死心"了。那天我正在办公室改作业，我班班长气喘吁吁地跑过来，跟我说："老师，吴同学跟别人打架了。"我一听就懵了。我所在的学校是幼儿师范学校，基本上都是女学生。女孩子好端端打什么架呢？更何况吴同学才是一年级的学生啊！我扔下笔，一路跑到学校科技楼的大厅。吴同学站在那里一动不动，另一名女生正坐在地上掩面哭泣。我问吴同学："为什么和别人打架？"她说："坐在地上的那位同学，在我们班刚刚扫干净的责任区(校科技楼大厅)乱扔垃圾，我在后面叫她把扔的垃圾捡起来，她却装作没听见。我走过去跟她说，她却说'你看到我扔了？'而我一直走在她后面，我亲眼看见她扔的。我气不过，就跟她打架了。"我又问了坐在地上的同学事情是不是像吴同学说的那样，坐在地上的同学点了点头。处理完打架的事情后，我跟吴同学说："尽管你是为班级的事打架，但打架行为本身就是幼稚和不理性的，是违反校规校纪的，你要在班级做检讨。"她答应了，可是检讨轻描淡写，认识一点也不深刻。看着站在讲台上做检讨的吴同学，我又一次问自己，这样下去怎么行？我该怎么办呢？

(二)用赏识的慧眼，去寻找潜藏在学生身上的那个点

才当了一个月的班主任，我就已经焦头烂额、心力交瘁。终于熬到国庆节放假，我决定好好放松一下。坐在回家的车上，看着窗外的风景，我的心情好了许多，思绪也慢慢打开……我开始问自己：自己学的专业就是教育学，现在却教育不好学生，这是多么可笑啊。有关教育的理论和观点一套一套的，可在教育实践中，我都践行了吗？我忽然想起曾经看过的一篇报道：一位教育家拿出一张白纸，问周围的人这是什么。几乎所有的人都回答这是黑点。教育家反问大家，为什么没有人告诉我，这是一张白纸呢？这分明是一张白纸！为什么几乎所有的人都只看到白纸上那微小的几个黑点，而忽略了它是整张白纸呢？是呀，为什么人们忽略了它本身是张白纸呢？

从吴同学转到我们班后，我所看到的全是她身上的缺点，现在能不能找一找她身上的优点？吴同学虽然上课爱讲话，不遵守纪律，迟到旷课，但尊敬师长。吴同学每次见到我，老远就会喊"老师好"。吴同学和其他同学打架的行为的确不对，但

同时也反映出吴同学有很强的集体荣誉感。听其他同学说，有天下午大扫除，班级没有抹布了，吴同学(吴同学是走读生)从家里拿了好几条旧毛巾带到班级当抹布用。吴同学还很助人为乐，班级有同学需要帮助时，她总会过去帮助别的同学。为什么我看不到她的这些优点呢？为什么我从来都没有在学生面前表扬过吴同学的这些优点呢？仿佛吴同学是伴随着这样那样的"不好"在班级存在的。想到这儿，我内心不由一怔，亏自己还是心理咨询师呢，难道没想过有些学生就是以这样那样的错误来向你证明她的存在吗？来获得她自己的存在感吗？对学生的批评和说教是对学生行为的另一种强化啊。我决定回校之后只看吴同学的"好"，只看吴同学的"优点"，并且要抓住时机表扬她。

回校后，我开始暗暗地观察吴同学，尽量多发现她的优点，创造表扬她的机会。无意间，我发现吴同学的十字绣绣得挺不错。一天课间，我故意装作没事似的在班级里走走，走到吴同学桌边的时候，拿起她绣了一大半的十字绣，感叹道："这是谁绣的十字绣呀？绣得真好！""吴同学的。"大家说道。正说着，吴同学从门口进来了，其他同学赶忙对她说："老师夸你十字绣绣得好呢！"可能这是第一次在其他同学面前被老师表扬吧，吴同学显得有些不好意思，但看得出，她非常开心。从那以后，我总是时不时地抓住机会"不露痕迹"地夸一下吴同学。"最近一段时间，美术老师反映吴同学听课特别认真，作品也不错，其他同学要向吴同学学习。""这次大扫除，吴同学表现尤为突出，真的是不怕脏不怕累。对了，我们班级的抹布还是吴同学从家里带的呢。大家鼓掌，谢谢吴同学。"……慢慢地，我发现吴同学真的变得越来遵规守纪了，变得越来越积极自信了。

(三)拉近心与心的距离，共同推翻"阻碍之墙"

看着吴同学的变化，我暗自高兴。我想趁热打铁，让她的父母和我共同营造一种表扬、夸赞她的氛围。记得新生入学后一周，吴同学父母领着吴同学从别的班级转到了我们班。她父母告诉我，她转班的理由是她原先班级的班主任看她不顺眼。她父母请求我："老师，您多费心，我们家孩子就交给您了。"

当时因为还要上课，我也没和她父母好好聊聊。我想着借着家访的机会，一定要了解一下父母眼中的吴同学是什么样子。"吴同学，这个周末我要去你家家访，你回家跟你爸妈说一声。"我对吴同学说道。"啊？去我家家访？为什么呀？老师，有什么事吗？"吴同学一脸的疑惑和不安。"没什么事，就是想到你家看看。不欢迎啊？就这么说定了。"说完这句话，我就离开了。我不能给她"讨价还价"的机会。

周末，我如约来到吴同学家。家长很客气。"班主任老师，吴最近在学校的表现是不是不太好啊？"家长问道。"没有啊，吴同学最近在学校表现得非常好，我今天来就是跟您说这个事的，您要好好表扬下吴同学。"听我说完这句话，她父母很惊讶，继而笑起来，说："班主任老师，从小到大，老师来家里都是因为吴在学校犯了错误，从来没有老师来家里是为了表扬她的。"我说："谁说家访就是告状呀，我今天来就是表扬吴同学的。"接着，我把吴同学在班级好的表现跟她父母说了一番，并让她的父母多多表扬她。她父母听了很有感触地点点头，跟我道出了吴同学的成长史："吴从上幼儿园开始，就调皮捣蛋，光幼儿园就换了好几个。小学、初中也是如此。吴在学校不安分守己，老师三天两头就打电话让我们到学校去。回到家，我们没少批评、没少打这个孩子。可是她管不住自己。其实，她人特别好，总愿意帮助人，可就是不太听话，我们当父母的真是没办法。"听了她父母的这番话，我意识到，吴同学是那种"能量过剩"、好动的人。然而从小到大，父母和老师对她只有批评和压制，没有引导她把"能量"释放到适合她的地方。一味压制和批评，让吴同学习惯了这样的对待，自己认为自己就是这样的，更不会想着去改变。认识到这些，我决定找吴同学长谈一次。这次，我很有信心。

"当初你为什么要转班？"我问道。她回答说："我原先班级的班主任看我不顺眼！"我问道："怎么看你不顺眼了？"她说："她处理事情不问原因。"我说："你才入学一周，凭什么说老师处理事情不问原因？"她理直气壮地说道："开学第一天上完体育课，我帮体育老师把体育器材送到器材室耽误了时间，上课迟到了几分钟，碰巧被班主任看到。他不由分说，当着全班同学的面批评我，说我开学第一天上课就迟到，并罚我值日一星期。"我说："课下你没有跟班主任说明情况吗？"她说："我一下课就去找班主任说明情况了，可班主任竟然说，不管什么原因，我上课就是迟到了。"说到这里，吴同学显然有些激动和气愤，看着我说："老师，您说这样处理事情是不是不讲道理，是不是看我不顺眼？"虽然我心里觉得那位老师的做法不太合理，但我仍拍了拍她的肩膀，说："老师那样做肯定有她的道理，你要理解老师！"本想着平息她激动的情绪，不想她反问道："那老师为什么不理解我呢？老师为什么不理解学生呢？"我说："理解是相互的。那你觉得我理解你吗？"听我这样问，她看着我，点了点头。"我想让你当体育委员。"我突然对她说道。"我吗？"她问。"是的，就是让你当。"我察觉到她眼中的惊喜。"老师就是看准了你有这方面的能力，你能当好体育委员吗？""能！"她大声回答。"吴同学，班干部的一言一行，全班同学都是看在眼里的，你要清楚你该怎么做。"我叮嘱道。吴同学使劲儿点着头。

(四)"患难"见真情——"老师，我彻底被您征服了"

自从吴同学当了体育委员，她的确发生了很大的变化，加之我的一系列措施，吴同学的成长开始步入正轨。就在这个时候，一件事情发生了。一天下晚自习后，吴同学骑车回家，被迎面而来的汽车撞伤了，情况很严重，连夜被送往了外省的医院。接到她父母的电话，我向学校说明情况，赶紧坐车赶到外省的医院。吴同学在医院看到我说："老师，您怎么来了？这么远。""我来看你，不放心你啊！"从医院回来后到她出院，将近三个月的时间里，每隔两三天我就会给吴同学打个电话，问问她情况，跟她说说学校发生的事情，跟她说全班同学都等着她回来。近三个月来，我明显感觉吴同学真的是越来越懂事。吴同学从外省医院出院回家的那天，我让全班同学在小卡片上写上自己想对吴同学说的话,让班干部拿着全班同学的卡片,跟我一道去吴同学家看望她。当吴同学看到同学们写给她那些话时,湿润着眼眶对我说:"老师,谢谢您为我做的一切。我知道自己转到您的班级给您惹了很多麻烦。老师,我彻底被您征服了。等我回到学校,我一定好好学习。"我从来没想过,吴同学会对我说出这样一番话来。听着她说的这番话,我感到由衷欣慰。我说:"傻丫头,谁说你惹麻烦啦,你本来就很好。你看同学们多喜欢你。"

2013年6月,吴同学毕业了,现在在上海一家早教集团上班,我们一直保持着联系。短短三年,吴同学从调皮捣蛋、顽固不化的"刺头"变成"改邪归正"、自我成长的好学生。一路走来,我们建立了深厚的师生情。

三、反思:教育的本质就是要让所有学生都能获得属于自己的成长

每个学生都是不同的,我们要用赏识的慧眼去发现潜藏在学生身上的那个点。以这个点为突破点,帮助学生树立自信、确立目标,拉动学生的自我发展,以这个点推翻阻碍学生发展的那堵墙。

每个孩子都是不同的,加德纳的多元智能说每个人都有自己的优势智能。我们不能用同一个标准来要求所有学生,而要顺应学生自己的发展。每个学生都有着潜在的能力,有些学生的能力只是你暂时没有发现,但绝对不能认为他没有潜能。在教育的过程中,我们要特别注意发现学生的潜质,及时表扬、肯定学生,并且让这些伴随着学生的整个学习过程。这样一来,学生的自信就能逐步建立起来。这种氛围需要学校、家庭、社会共同营造。教育的本质就是要让所有学生都能在自身的基础上实现属于自己的成长。

种子萌发出新芽,再开出花朵,是自然的"魔法"。阳光、泥土、细雨,当所有这些外在的刺激转换为内在的力量时,种子就发芽了。春天到了,有些种子还在孩子们的心中沉睡,唤醒它们吧……

心理疏导助力班主任工作

青岛幼儿师范学校　　王　平

一、案例背景

在现代社会，一个健康的人不仅要拥有健康的体魄，也应该具备健康的心理。心理健康是指个人在认知品质、情感品质、意志品质、个性品质和道德品质等方面，都能与社会环境相适应的和谐发展状态。在学校教育中，有些学生存在认知偏差，缺乏是非判断能力，情绪波动较大，很容易走极端。同时，他们具有逆反心理，一旦遇到问题和挫折，会表现出幼稚和任性的一面。在担任班主任的过程中，我经常会遇到在心理、行为等方面偏离常态，需要在他人帮助下才能解决问题的学生。我们把这样的学生称为问题学生。在新课程改革的背景下，教师不仅要向学生传授知识、经验，还要关注学生的心理健康。问题学生的转化是班主任必须面对的一项艰巨而漫长的工作。转化问题学生时仅仅靠说教，效果微乎其微。如果班主任掌握了心理学的基本理论知识和沟通技巧，不仅可以从心理层面了解学生的情绪、情感、气质、性格等方面的情况，还可以运用心理学的理论方法和沟通技巧说服教育学生，既避免了学生的逆反和不理解，又能让他们认识事情的本质，思想教育问题也就迎刃而解了。运用心理学知识解决问题学生的问题，既体现了思想教育的时代性，又增强了思想教育的实效性。

二、事件描述

16岁的胡同学，身材中等，长相清秀，家庭条件富裕。该生一入校就表现出与其他学生不一样的地方。她上课经常睡觉，不愿参加集体活动，不愿与其他同学交往，考试成绩很差，多门功课不及格。早晨上学时，她的妈妈将她送到门口，下午放学时妈妈已在门口等候。开学没多久，胡同学就逃学、不回家，家人电话也不接，胳膊上还清晰地留有用小刀自残的痕迹。

当发现这个孩子的异常表现之后，我多次联系其家长了解情况。原来这个孩子生活在衣食无忧的家庭，家里人都有较高的文化水平和素质，他们给予了孩子极大的关心与爱护。妈妈无法接受孩子现在的表现，几近崩溃。我极力安慰痛哭流涕的妈妈，并答应和她一起解决孩子的问题。在征得孩子妈妈的同意之后，我与这个孩子进行了一次交谈。当问题摊开之后，孩子情绪激动地控诉了家人的种种不是。"我不喜欢当老师，喜欢做化妆师。可爷爷奶奶、爸爸妈妈都说化妆师这一职业不体面，会影响我们家庭的形象，非让我来师范学校。我成绩不好，他们就拿在澳门大学上学的姐姐跟我比，说我什么也不行。我想自己上下学，可妈妈天天准时接送，一点自由也不给我。他们认为我交的朋友是不良分子，让我与他们划清界限……反正我不想回家，不想学习。我宁愿住在别人家。我宁愿吸烟、喝酒、跳舞……这让我很快乐。我用小刀子割自己，看到妈妈心痛的样子，我心里很高兴……"

通过与孩子及其妈妈交谈，我观察到母女两人之间不仅缺少必要的沟通，缺乏理解，甚至还步入了维持亲情关系的误区。原来孩子的爸爸是公司高管，常年驻外地。妈妈没有工作，全凭丈夫的收入生活，所以日常生活中心理压力较大，几乎把自己所有的精力都倾注在孩子身上，一天24小时都围绕在孩子身边。吃饭、穿衣、上下学……只要是关于孩子的事情她都要出面干预，把孩子当成维系自己婚姻的救命稻草。而这恰恰增强了孩子的逆反心理，使孩子认为家人不理解她，不尊重她，不相信她，使孩子把本来纯真的母爱想成了别有用心的行为，极力地想挣脱家庭的束缚。妈妈认为自己付出了很多，但孩子怎么就那么铁石心肠，一点也不体谅妈妈的良苦用心。孩子却认为妈妈管得太多了，一点自由也不给自己，这样的家庭令她窒息。

通过多次沟通与交流，我把孩子的问题归结为情感没有归属、厌学、行为逆反又缺乏自信等诸多问题。我打算使用斯金纳的行为矫正法来进行干预和矫正。这是一种涉及对人类行为进行分析和矫正的心理学方法。分析是指识别环境和某一个特定行为之间的相互作用，从而识别该行为产生的原因。矫正是指实施某些程序和方法，来帮助辅导对象改变他们的行为。行为矫正法的基本理论来自行为主义的学习原理，即经典条件反射原理、操作性条件反射原理和社会学习原理。

第一阶段，我做的工作主要是与母女二人分别谈话，倾听她们的声音，尽量让她们充分释放自己的情绪。我表现出自己的真诚与热情，成为母女二人共同信任的对象。

第二阶段，我针对妈妈在婚姻家庭中所处的地位，尤其是她自觉不自觉地流露出一副怨妇的表情及觉得随时会被别人抛弃这一现象，建议她多发现自己身上的闪光点，多看到自己在这个家庭中的重要位置。课下，我给她布置了作业：寻找自己的30个优点。此任务主要是想让这位妈妈树立自信，充分认识自我，看到自身存在的价值，从把自己的一切都系在女儿身上的状态中走出来；让她明白生活中不仅有女儿，自己的存在也很重要。事实证明，这位妈妈在之后的表现中明显自信了，精神状态发生了很大变化。在这一阶段，我也对孩子进行了辅导，建议她试着站在母亲的位置看待问题，充分采用换位思考的方法，引导她回忆和讲述生活中她与妈妈之间发生的愉快的事情，以此来缓解她强烈的逆反情绪。

第三阶段，我创设了多种加强亲子交流的机会。除了有我在场的面对面交流外，我还给她们布置了一些家庭辅导作业：一是能经常性地开一些小型的家庭会议，还可以制定会议制度，让每个人都有发言的时间与机会，同时还可以记录大家的想法；二是多组织一些集体活动，比如周末的时候，大家可以放下一些无关紧要的事情或者工作，一起去逛公园、书店，或一起吃饭等。在心情比较放松的前提下，家庭成员可以更好地相互交流，然后大家把自己的心得记录下来。此外，征得两人同意后，我还主持两人签订了一份"契约"。大体内容为妈妈不要事无巨细地管孩子，要相信孩子、尊重孩子，给孩子一定的自由支配的时间和空间。当然孩子也要改掉坏习惯，日常行为要符合家长的要求及学校的规章制度。如一方不遵守约定，就要受到惩罚。事实证明，亲子活动能够有效地改善和促进亲子关系，签订"契约"也能有效地约束双方的行为。

第四阶段，我主要对母女两人的行为进行强化。强化的方法建立在操作性条件反射原理上。例如，某一行为若得到奖赏，那么以后这个行为重复出现的频率就会增加；反之，得不到奖赏的行为或得到惩罚的行为出现的次数就可能减少。当母亲不在校门口等待孩子放学，而是相信孩子能准时回家时，我给予充分肯定；当孩子上课不睡觉、成绩上升的时候，我给予充分肯定；当母亲主动倾听孩子的心声，并为之改变自己的行为时，我给予充分肯定；当孩子在母亲生日的时候送上自己精心挑选的礼物时，我给予充分肯定。

经过一段时间的辅导，母亲认为自己自信了很多，觉得自己在家庭中的地位不再岌岌可危了；她对孩子也放心了很多，能够大胆地放手让孩子自主决定一些事情。孩子的变化更是明显，虽然所在学校不是她喜欢的学校，但随着逆反情绪的消失，她能够履行一名学生的职责，与老师、同学建立亲密的关系，尤其是学习成绩大幅度提高，不再旷课，也没有再发生离家出走的情况。

三、评价与反思

(一)取得学生与家长的信任是班主任开展工作的基础

在转化这名学生的过程中，我充分感受到信任的重要性。信任是开展各项工作的基础，取得学生和家长的信任对问题的解决发挥着至关重要的作用。刚开始我找学生妈妈了解情况时，她对孩子的表现含糊其词、百般掩饰。孩子明明是夜不归宿、离家出走，她却说孩子生病了。后来随着时间的推移，家长慢慢认识到老师不会因为孩子的特殊表现而对孩子另眼相看，相反会成为孩子成长的有利帮助者，才敢开心扉，并接受干预。学生也是如此。那怎样才能取得学生的信任呢？答案就是爱心、耐心、责任心。老师一定要有一颗爱孩子的心，尊重孩子，信任孩子。不论面对的是何种类型的孩子，我们都要公平地对待他们，尤其是问题学生。他们本身就很敏感，一丁点的异常都会引起他们的反感和抵触。我们应该多从正面引导，多鼓励，多发现，多给学生搭建展示的平台。在犯错误的学生面前，困难的不是批评，不是指责，而是找出错误的对立面——长处。当一名学生反复遭遇失败的打击后，这名学生就成了问题学生。因此，让问题学生变好其实很简单，就是反其道而行之，就是让学生反复享受到成功的喜悦，学生就变好了。同时，老师还要有"打持久战"的耐心、不放弃、不抛弃，始终为学生的转化积极行动。只有不拿有色眼镜看待他们，而是发自真心地关心爱护他们，了解他们的情感需求，与他们产生共鸣，真正成为引导者、陪伴者、支持者的时候，班主任才会得到学生和家长的信任，转化问题学生的工作才能有效开展。

(二)懂得心理学知识能够让班主任工作水到渠成、事半功倍

在转化这名学生的过程中，我成功地使用了心理学知识，取得了良好的效果。学生心理疏导是一项专业的工作，有自己的理论和必须遵循的原则。只有掌握心理学方面的专业知识，并且掌握恰当的方法才能很好地行动，比如营造温馨的谈话环境、设置恰当的谈话契机、擅长倾听等。这得益于我参加了北京师范大学心理学院的发展与教育心理学专业研究生课程进修班，又参加了共青团系统的心理健康辅导员培训。心理学知识能够让我在看到学生问题的同时，看到隐藏在现象背后的本质。当知道了"为什么会这样"的时候，我就找到了解决问题的方法。在工作过程中，我真切地感受到教育工作者要掌握心理学知识，将教育心理学的理论恰到好处地应用在教育教学工作中，会取得水到渠成、事半功倍的效果。

社会调查显示，中学阶段是人一生中逆反心理最强的时期，如果这种逆反心理得不到良好的疏导，不仅会给学生和家庭带来不良影响，还会给学校和社会带来不良影响。因此，作为教师，我们要找到心理疏导这把解决学生心理问题的钥匙，打开学生的心门，帮助学生形成健康心理和健全人格。

青岛幼儿师范学校男生课程构建研究案例

青岛幼儿师范学校 刘大勇

一、案例背景

(一)幼儿师范男生课程构建研究的现实需要

近年来,国家和社会对幼儿教育给予了前所未有的关注,人们对幼儿园教育及幼儿教师的关注度也在逐年提高,对于幼儿园中的男教师更是倍加关注。随着我校招生工作的不断发展和人们传统观念的不断变化,越来越多的男生开始进入我校学习幼儿教育。2012年,在幼儿教育大发展的趋势下,我校首次创建了男生班,将2012年、2013年入学的70多名男生单独编班,进行"男生特色"教育培养。在男生数量不断增加的情况之下,摆在学校和教师面前的一个不容回避的事实就是如何按照《幼儿园教师专业标准(试行)》将这些男生打造成合格的未来男幼儿教师。为此,我校成立了男生课题组,研究男生的身心特点,探索适合男生的教育教学规律、男生特色课程和特色活动。

(二)幼儿师范男生课程构建研究的理论需要

随着男幼儿教师培养工作的发展,针对男幼儿教师培养的研究也不断深入。但是,目前的研究主要集中在男生教育的必要性、紧迫性和一些明显困境的分析和应对策略上,很少集中地研究男生课程体系的建设问题。学前教育专业课程设置的理论研究更没有针对男生特点进行课程体系的构建方面的研究。对学前教育专业男生课程构建进行研究将是对学前教育专业课程体系的重要补充。

二、事件描述

我校深入探讨现有课程在男生教育中的实效性,不断地对现有课程做出调整和补充,不仅要保证幼儿师范男生学习到他们未来工作所需的专业技能,还不断根据男生的特长与优势增加特色鲜明的课外活动课程和社会实践课程。

(一)因性别施教对传统课程及课堂模式的调整

幼儿师范男生课程的构建不是对原有课程体系的全盘否定,而是依然要继承传统的师范学校的课程体系在男生教育中的地位,但是要根据男生身心特点和男幼儿教师的工作特点加以调整和完善,使课程在男生教育中发挥最大的效能。

我校针对传统课程调整的实践,开始于舞蹈课和体育课。舞蹈课最突出的变化是改变了传统的男女混合随班上课的课堂教学模式,开始尝试全校男生集中上课的模式,由专门的男舞蹈教师针对男生特点设计诸如蒙古舞、壮族舞等教学内容,突出了舞蹈中男生身上的豪放性格和硬朗气质。具体实践中,在每个星期三的下午,全校男生根据身体条件和个人能力集中分成提高班和基础班,由专门的男舞蹈教师轮流进行舞蹈教学,有针对性地完成有男生特色的舞蹈课学习。在教学过程中,教师明显感受到学生的学习兴趣有积极的变化:从以前在舞蹈课上提不起精神到现在在舞蹈课上生龙活虎;从以前不好意思跳,到现在敢于自我表现;从以前舞台上鲜有男生的身影,到现在进行了《打歌》等多个男生舞蹈的汇报和演出。

体育课是男生课程的重要内容,是最受男生欢迎的课程。它的教学内容和模式也针对男生的特点和爱好在不断变化调整,改变了以前男女生同堂上课、共同学习健美操等以女生为对象的教学内容的状况,加入男生喜欢的篮球、足球等内容及搏击操等男生喜欢的教学元素。同时,体育课也将幼儿园户外活动的很多元素融入课堂,让男生"玩"的同时也学习了幼儿园户外活动的组织与实施。男生体育课的组织形式也变化显著,开始尝试与舞蹈课相结合的小班化教学模式,即每节课中,20人上体育课,另外20人上舞蹈课。同时,男生体育课的体育教师配备也打破常规,既有我校的男体育教师任课,也根据授课内容的不同从校外聘请专业的体育教师任教。例如,我校聘请了高校专门的篮球教师讲授篮球课。经过不断调整和实践,我校男生的体育课已经充分体现了男生的性格和兴趣。体育课上,男生释放着自己的激情和能量,也不断进行着专业的成长。

(二)立足男生,创设特色男生课程

符合男生身心发展规律的一些男生特色课程和特色活动是男生课程构建研究中的重要内容,是对传统课程体系的补充和完善。针对男生的特点和社会对男幼儿教师的要求,为将男生培养成阳光刚毅、敢于担当、专业技能突出的合格幼儿教师,学校努力研究和设置有男生特色的课程体系。具体见表26-1。

表26-1 具有男生特色的课程体系

课程方向	课程类型	课程内容	特色目标	组织形式
男生身心素质	特色选修课	1. 跆拳道课 2. 男生生理健康课 3. 男生心理健康课	培养男生阳光刚毅、积极向上、敢于担当的品格	1. 课堂教学 2. 专题讲座
男生特色技能	特色课外活动课	1. 特色计算机课 2. 家电维修课 3. 木工、电工实践课	培养男生学会在工作、生活中一些常用的必备技能	课外活动课

课程方向	课程类型	课程内容	特色目标	组织形式
男生职业理想	特色课外活动课	1. 男生职业规划设计课 2. 优秀男幼儿教师教学观摩活动 3. 男生职业理想讲座	帮助男生认识职业发展道路，明确男生职业角色形象，帮助男生有目的地提高个人技能、提升未来的职业竞争力	1. 课堂教学 2. 外出参观 3. 专题讲座

男生跆拳道是最先开设的男生特色课程。跆拳道独特的武术形式和内涵很符合男生的身心发展特点，能体现男生的阳刚之气。跆拳道中的礼仪精神也是男生在以后生活和工作中必备的品质。同时，跆拳道也是时下幼儿乐于学习的课外技能之一。我校男生掌握这一技能不仅对在校学习和管理有益，对于日后的专业发展也有益处。学校为此从校外请来了跆拳道专业教练对男生进行专业的跆拳道教学。参与该课程的男生不仅完成了跆拳道课程学习，还在学校开学典礼等重大活动中展演。在男生浑厚的喊声和规范有力的动作中，我们感受到了男生特有的阳刚魅力，也看到了他们在未来的幼儿园应有的风采。

"毕业十年的师兄对话师弟"是我校专为男生组织、策划的一次男生职业理想讲座。在校的全体男生与毕业十年的三位取得突出成绩的师兄进行了面对面的交流活动。三位师兄回忆了自己的幼儿师范生活以及成长经历，并现场为学弟们解答疑问，用真心、真情、真诚表达了对学弟的希望和祝福，特别是谈及自己在幼儿师范的学习以及成长经历时，他们表示始终坚持自己最初的信仰，辛勤地付出，才有今天的累累硕果。这次讲座解答了男生的疑问，更重要的是帮助他们明确了今后的努力方向，并不断完善自己。

男生特色计算机课和生活技能课培养男生学会在工作、生活中一些常用的必备技能。这些课程也在充分的论证和准备之下稳步推进。从开展的情况来看，男生对此类型的课程比较感兴趣，课堂气氛和学习效果不错。

(三)把握时机，积极开展男生的社会实践活动

除了传统课程和男生特色课程的构建之外，在男生教育中，我们也很重视男生的社会实践活动的开发和实施。我们认为符合男生特点的社会实践活动对于男生的教育更有着潜移默化的作用。进行幼儿师范男生课程研究至今，我们策划了多次男生特色社会实践活动，其中具有代表性的有"迎接郭川"和"老年人健身球大赛志愿者服务"。

2012年11月18日，青岛籍船长郭川驾驶着"青岛号"，开始挑战驾驶40英尺[①]级帆船单人不间断环球航行世界纪录。2013年4月5日，经历了海上近138天、超过21600海里的艰苦航行，郭川于上午8时左右驾驶"青岛号"帆船荣归母港青岛，成为第一个成就单人不间断环球航行伟业的中国人，同时将创造国际帆联认可的

---

① 1英尺≈0.3米。

40英尺级帆船单人不间断环球航行世界纪录。这件事看似和我们的男生教育没什么关系,但是学校还是敏锐抓住了这一重要事件。作为"中国职业帆船第一人",郭川在国际知名帆船赛事中获得诸多"第一",无论从哪个方面来说郭川都是一个成功的典范。他作为男人,不畏艰险、百折不挠、目标明确、勇往直前,用强健的体魄和坚强的意志完成壮举,不正为我们的男生树立了学习榜样吗?同时,郭川身上的这些品质不也是幼儿园希望男幼儿教师带给幼儿园幼儿的优秀品质吗?面对这样的教育契机,我们怎能错过?2012级"男生班"的学生在班主任和男生课程研究课题组教师的带领下于当天早上5点就来到奥帆中心迎接郭川。现场40多名学生高高举起五星红旗,手拉手排成一条直线面向浮山湾,一起欢迎郭川回家。在场的学生无不被郭川的壮举所打动。在回来的班会上,大家纷纷表示,郭川船长的精神让他们很受鼓舞,将来也希望像郭川船长那样,能够实现自己的梦想。

2012年10月,我校还组织26名男生参加了2012年全国老年人健身球大赛志愿者活动,为来自全国各地的61支代表队近千名老年人运动员提供赛会服务。组织男生参与志愿者活动之前,我们设想了很多可能出现的状况,比如丢三落四、工作不细心、与老人沟通不畅等不良的现象。但是,在赛事结束后,浙江省代表队的一位队员搂着我校的学生说:"孩子们,你们和我孙子的年龄一样,可是你们在很多方面比他出色,这几天多谢你们了,谢谢你们这几天周到的服务和细心的照顾,你们是好样的!"听到很多类似的话语的时候,我们释然了,很高兴看到男生优秀品质的可塑性。

这两个活动,一个让学生感受到了男人身上的不畏艰险、百折不挠、目标明确、勇往直前,用强健的体魄和坚强的意志完成壮举的品质;一个表明男生也可以诠释幼儿教师的爱心、责任心、耐心和细心。这些有男生特色的社会实践活动无疑会在男生的成长中起着重要的作用。我们在努力使男生社会实践活动体系化和常态化。

三、点评与反思

对于幼儿师范男生课程体系的研究和实践,我们一直在不断摸索和尝试,也不断对研究和实践的收获和不足进行总结。为不断将幼儿师范男生课程体系研究推向深处,我们有以下几个方面的考量。

(一)幼儿师范男生课程及课堂教学模式应遵循男生的生理和心理特点

自然科学和心理学在男女生理和心理方面的研究成果表明,男生和女生在生理和心理上存在着很多明显的差异。学校教育要想取得理想的教育效果,必须在课程设置和教学策略选择上体现男女生的差异性,因性别施教才能事半功倍。教育活动要遵循学生的成长规律是教育活动的重要原则。具体到我校,就要根据男生生理和心理的特点制定和实施我校的男生课程,同时将男生课堂教学模式做出区别与女生的调整。简言之,男生课程的特点要有男生特色。例如,男生精力旺盛、敢于冒险,就要加强体育活动课程等。和女生一起上课的时候,由于处于敏感的年龄阶段,男生不好意思参与课堂，那我们就要大胆地调整课堂模式。对于没有单独编班的男生，我们就把他们从女生的课堂中解放出来，集中男生上舞蹈课。对于男生班来说，40多名男生的课堂教学有难度，我们就将舞蹈课和体育课进行搭配，通过小班化教学加以改进。总之，课程教学内容要符合男生成长的身心规律，只有课堂教学模式符合男生特点，被他们接受，才能真正对学生的成长起到作用。

(二)幼儿师范男生特色课程的构建应遵循整体性和选择性

课程的整体性要求课程的设置要有规划性。特色课程的设置规划主要体现在两个方面：一方面是特色课程的整体性，即要根据男生在校的学习时间，规划好在不同的时间要开设的课程，切忌随意性；另一方面，特色课程的实施要有整体的规划。我校幼儿师范男生课程在学校中属于比较特殊的课程，在课程设置上要有整体的设计思路，要处理好基础课程和特色课程的关系。

教育部《普通高中课程方案(实验)》中关于选择性原则是这样表述的，即"为适应社会对多样化人才的需求，满足不同学生的发展需要，在保证每个学生达到共同基础的前提下，各学科分类别、分层次设计了多样的、可供不同发展潜能学生选择的课程内容，以满足学生对课程的不同需求"。我校的男生课程也应加强选择性，适应男生发展的多样化需求。男生特色课程具有选择性的基础是基于学生身心发展的规律和学生不同的特点，从学生角度出发考虑必修课和特色选修课的设置，同时在学生学习过程中尝试课程选择的自主性，给男生更多的选择方向，从而适应不同男生的不同需求。

(三)幼儿师范男生课程构建应重视社会实践为主的隐性教育资源的利用

隐性教育是指在宏观主导下通过无计划、间接、内隐的社会活动使受教育者不知不觉地受到影响的教育过程。它实现教育目的于日常生活中，渗透教育过程于休闲逸致间，以潜移默化、润物无声的方式对受教育者的思想、观念、价值、道德、态度、情感等产生影响。说教是学生很抵触的教育方式，而社会实践活动中潜在的教育作用就可以于无形之中达到相应的教育目的。我们组织的"迎接郭川""老年人健身球大赛志愿者服务"等社会实践活动就是在利用社会资源实现对男生潜移默化的教育。在今后的教育实践中，对这样有利于男生成长的隐性的社会教育资源，我们应该建立常态的和动态的机制，不断深化社会实践的隐性教育资源在男生成长中的地位。

(四)幼儿师范男生课程构建研究是一个不断发展的过程

幼儿师范男生课程构建研究是一个动态的、发展的过程。今后，我们将会在男生课程的制度化、特色化等方面不断研究和实践，为我校男生培养做好相关工作。参与研究的教师也要不断提高自己的研究水平，深入研究课程建设理论，将课题的研究不断推向深入。

幼儿师范女生教育特色课程开发研究案例

青岛幼儿师范学校　李文毅

一、案例背景

近些年来，学前教育迎来了前所未有的发展机遇，社会各界对学前教育的重视与日俱增。在幼儿师范学生中，女生占大多数，女生的教育问题是幼儿师范学校非常重要的研究课题。幼儿师范女生教育的重中之重就是要有符合女性角色定位的教育课程，从而行之有效地解决女生教育问题。本课题的研究具有重要意义：本课题有助于为国家学前教育事业培养优秀师资；特色课程的开发可以让幼儿师范女生教育更有针对性、科学性，为幼儿师范女生教育带来新模式；有针对性的女生教育课程可以让女生的个性得到充分发展，为女生提供更适合的教育，最大限度地激发她们的潜能，满足其自身发展的需要；合格的女幼儿教师的培养为幼儿园提供了人才保障，女性角色定位可以更好地帮助幼儿从家庭走向社会，帮助幼儿健康、快乐成长；本课题的研究可以为幼儿师范教师提供更好的教育资源，提高教师教学水平，提高教育成效，促进教师的专业化发展。

（一）幼儿师范学校面临的新形势呼吁关注女生教育

随着国家教育事业的发展及居民收入的不断增加，女生的入学率逐年提高，中职教育中女生的比例不断增大，尤其是幼儿师范学校更是存在男女比例失调的现象。我国现行教育制度缺少对女生教育的特别关注，使生源以女生为主的幼儿师范学校的教育面临尴尬境地：学校生源质量有所下降，一些学生在人生观、世界观、价值观上存在误区，职业观更是缺乏专业引领，这无疑给幼儿师范学校的教育教学和德育工作带来了挑战。因此，在国家高度重视学前教育、人民呼吁高质量学前教育的新形势下，要想保证教育质量，必须提高教师教育质量，必须关注幼儿师范女生教育。

（二）《幼儿园教师专业标准（试行）》对幼儿师范学校提出了新的培养要求

《幼儿园教师专业标准（试行）》（本文简称《标准》）是对合格幼儿园教师专业素质的基本要求，是幼儿园教师开展保教活动的基本规范，是引领幼儿园教师专业发展的基本准则,是幼儿园教师培养、准入、培训、考核等工作的重要依据。培养未来教师的幼儿师范学校,必须参考《标准》,结合幼儿师范学校自身特点,及时调整培养目标,修订课程计划,开发符合学生实际的特色课程,努力培养一支师德高尚、热爱儿童、业务精良、热爱幼儿教育事业的主力军——女幼儿教师。

(三)具有可持续的专业发展能力,是对女幼儿教师的必然要求

首先,在现今的知识社会、信息社会中,知识更新速度越来越快,终身学习的意识和能力成为生存于现代社会中的人们所必须具备的基本素质。教师职业是复杂的专业性职业,从事这一职业的人们,更需要具有终身学习的意识和能力。女幼儿教师,更被赋予多重角色。其次,要满足人民群众对学前教育的热切需求,不仅意味着入园率的提高,也意味着学前教育质量的提升,而其中的关键与核心便是教师队伍质量的提升。那么,担负培养未来女幼儿教师重任的师范学校,更要本着益于学生终身发展的理念,培养有理想、有能力、自尊、自强、会生存与学习、奉献幼儿教育事业的新女性。现代社会对女性的要求越来越高,现代女性要能够成为家庭的主要管理者,还要在事业上有所建树,至少能够成为家庭经济的分担者,更要成为下一代的主要抚养者。女性生存的压力在明显增大。而开发符合时代要求的女生教育特色课程,把时代、社会、幼儿教育事业发展的要求具体化,为培养具有可持续专业发展能力的女幼儿教师提供了资源和有效途径。

二、事件描述

从2010年开始,在校领导的大力支持下,我校成立了女生特色课程开发研究组,采用行动研究范式,在幼儿师范女生教育现状调查时采用调查法,在课程开发中运用个案法,对个案进行分析研究。研究一共分为三个阶段。

(一)调研、准备阶段(2010年3月至2010年8月)

在我校领导的大力支持下,研究小组很快成立,并开展了系统的理论研究工作。通过文献的研究与学习,研究小组得知本领域的研究大多集中在女子教育及学校女生教育两个方面,而幼儿师范女生教育及课程建设却相对薄弱。学前教育专业以女生为主要群体,她们在专业发展的过程中出现了不少问题,针对这些问题,建设合适的具有学前教育专业特点的女生教育课程体系显得至关重要。研究旨在开发幼儿师范女生教育课程,形成幼儿师范女生教育新模式,让幼儿师范教育更系统、女生教育更科学,把性别教育与幼儿师范教育相结合,形成目标明确、定位准确、科学系统的幼儿师范女生教育。

与此同时,研究小组进一步设计我校女生问题的调查问卷,进行我校女生教育现状调研。本次调查共发放问卷1121份,回收741份,回收率约为66.1%。741名女生大致均衡分布于4个年级(2007级至2010级),年龄在15~21岁。调查问卷设计了24道主、客观问题，覆盖我校女生的家庭、学习、就业、生活、恋爱、社会观点及学校期待等各个方面。

问卷调查结果显示，困扰我校女生的问题主要集中在4个方面：家庭经济水平不高及家庭关系不和谐；学业压力大；自我认识、社会认识和人际交往矛盾问题显著；恋爱、青春期保健及性知识欠缺。过去我校的女生教育缺乏针对性，对困扰女生的几大问题缺乏深入了解，没有全校的具有指导性的女生教育计划；教育过程中通常没有负责女生教育的专职专业人员，一些活动缺乏真正的教育内涵；情感教育、心理疏导不够；女生特色活动少、形式单调、吸引力差；有的女生教育活动限制名额，只有少部分女生有机会参加；价值观、自尊、自爱及安全防范等方面教育有待加强；专业与就业的引导和帮助有待加强。

本研究得到了学校的大力支持。学校特意派遣研究小组成员去全国女生教育研究成果显著的知名学校学习、交流。研究小组积极加入了中国陶行知研究会女学生教育专业委员会，为研究成果的取得打下了良好的理论与经验基础。我校还聘请山东师范大学教育学院和国际关系与政治学院的教授为我们做专家指导。研究实行"三结合"（高校教师及研究生、相关教科研单位、一线的科研人员及教师相结合）的方法，资料较丰富全面，研究方法较为科学严谨，理论联系实际，确保研究顺利完成。

（二）课程开发阶段（2010年9月至2012年8月）

经过严谨的科学调研及理论学习，研究小组明确了我校女生教育的培养目标——培养符合女性角色定位的合格女幼儿教师。在一年半的时间里，研究小组从特色课程和特色活动两个角度，根据不同年龄女生的生理及心理特点、社会对女幼儿教师的角色要求、教师专业发展规律和《标准》，制定了女生教育5年课程大纲，开发了一套系统的女生教育课程。研究小组成员组成女生教育的课程实施团队，在实践中不断完善女生教育课程，总结经验，不断探索适合幼儿师范女生教育的新模式。

1. 女生教育特色课程

以学校主题课程为依托，研究小组开发了女生教育特色课程——女孩学堂系列课程。课程内容涉及青春期和青年期的女生生理卫生保健、女生审美教育、传统文化教育、女性礼仪常识教育和职业生涯规划教育等方面。课程根据女生不同的年龄特点、发展规律，贯穿学生的5年学习。

课程通过理论讲授和个性化指导，培养独立、自信、有知识、有内涵、有修养的女生，明确女生的职业认知，为她们成为合格的女幼儿教师奠定基础。例如，女孩要有一颗高贵的心的女生教育特色课，就是在低年级级部开设的关于学生人生观、价值观的指导课程，旨在让学生了解做一名高贵女性应该具备哪些品质，应该如何规范自身行为、提高个人修养，并用生动的事例让女生学会在与异性的交往过程中保持一颗高贵的心。悦纳自我·书写精彩人生的女生教育特色课是关于女生自我认知方面的心理辅导课程，通过学生的自我剖析，帮助她们认清自己的优势和不足，为教师专业发展奠定基础。

2. 女生教育特色活动

研究小组开发并发挥特色活动（成功女性主题班会、志愿者活动、"女生节"、女生知识讲座）功能，进行女生教育。例如，举办女生成年礼，帮助女生更好地完成角色转变，树立独立自主的意识，培养责任感，为教师专业发展奠定基础。

成功举办两届"女生节"，以知识、能力、技能三个方面为活动导向，评选出优秀的知性女生、创意女生、活力女生，用榜样的作用去引导女生的个人发展。

带领女生进行社会实践、参加女性论坛，帮助学生做好从学生到职业人的转变，使学生进一步了解社会、参与社会，形成对社会的奉献意识，培养社会责任感和使命感。

这些活动面向全体女生，而不是部分女生。我校利用社区等多种渠道，让女生走入社会、了解社会生活，为将来的角色转变打好基础，并利用各种资源对女生进行相关知识普及，如请相关专业的家长开设讲座、组织学生参观各种专业机构等。

3. 女生教育课程校本教材编写

科学地进行课程开发的同时，研究小组借鉴北京师范大学实验华夏女子中学的校本教材，以特色课堂为主线，从生理、生活、哲学、礼仪等方面积极编写幼儿师范女生教育特色课程的校本教材。

（三）幼儿师范女生教育模式初步形成阶段（2012年9月至2013年8月）

经过两年多的研究与实践，我校初步形成了幼儿师范女生教育研究的新模式，即"一体两翼"的女生教育模式。一体是指以课堂教学为主体，发挥课堂优势，教授女生成为合格幼儿教师所需的专业基础理论、专业基础技能、文化基础知识；两翼是指以女生教育为内容的特色课程和彰显女生魅力的特色活动。"一体两翼"建构了我校女生教育的整个内容。"一体"是多数幼儿师范学校普遍开设的课程，而"两翼"是我校的女生教育特色课程和特色活动，是我们研究的重点，是我们探索培养合格女幼儿教师的特色道路。

1. 发挥课堂主渠道作用，构建女生教育主体

教育思想、教育目标和教育体系，都要通过学校课程来体现。课程设置是学校教育的核心，课堂教学是体现学校教育特色的主阵地。我校特别重视课堂与课程的作用，开设了丰富多彩的课程，既有传统文化课，也有新颖多彩的技能技巧课、针对性强的专业课。在这些课堂上，教师针对女生特点，改变以传授知识为主的教学目标，提出知识、能力和个性协调发展的教学目标，注重学生能力和素质的培养，将能力的培养放在突出位置，强化学生能力训练，注重学生综合素质的提高。各教研室组织教师研讨并明确课程对学生能力培养的具体内容，并根据该内容设计相对

应的教学活动。在教学方法上,教师积极探索适合女生特点的教学方法,形成了参与式教学法、案例教学法和课堂讨论与经验分享等形式多样而行之有效的教学方法。在教育教学改革中,我校更是大胆推行小组教学(全班学生分成6个小组且小组内学生面对面围坐),推行导学案指导下的先学后教的教学改革,有效发挥了女生乐于沟通、善于交流的特点,在有效探讨、高效互动中达成良好的教学效果。在课程形式上,教师根据女生特点,探索通过专题课的教学形式,丰富课程内容,增大信息量,开阔学生的知识面,完善学生的知识结构。

2. 实践特色课程和特色活动,丰富两翼内涵

将女孩学堂系列课程与女生特色活动有机结合,用特色课程丰富女生教育的内涵,以女生教育特色活动引领女生的发展方向。

在女生教育课程的实践中,研究小组采用科学的评价机制,不仅关注女生对知识的掌握,也注重女生的能力培养及成长过程。例如,为女生制定专门的成长档案,记录其在校期间的发展轨迹;采用导师制形式对女生进行专门的指导,帮助其能更好地认识自己;了解女幼儿教师应具备的综合素质,引导女生规划自己的职业发展。研究小组积极与学校教导处联系,用案例追踪的形式,对个别女生进行跟踪,对比课程效果,总结女生的变化。例如,与毕业生座谈,了解其就业后职业生涯发展的状况;调研幼儿园对女毕业生的评价,进行效果比对;积极与级部班主任交谈,了解课程改革之后女生的反应和评价,积极完善课程内容。

三、点评与反思

(一)以因性别施教和教师专业发展规律为依据,打破传统的无性别化教育模式

确立社会性别视角,有利于人类在认识自身和世界知识的理论中对女性的性别视角引起重视,有助于尊重和理解关于性别的不同意见、看法和经验,有助于人际沟通和增进亲和力,有助于获得对人类和自身的新认识。女生特色教育本身,就是社会性别视角理论的一种实践,打破了传统教育中的无性别意识的不平等教育。幼儿师范女生教育的特色课程,是教育公平的体现,以性别、年龄、专业为视角,更具有教育针对性,符合社会女性角色定位,为女幼儿教师专业发展奠定了基础,有利于培养合格的女幼儿教师。

(二)女生教育特色课程开发研究完善了幼儿师范学校课程体系,为学校教育提供了更宽广的角度

广义的课程是指学校为实现培养目标而选择的教育内容及其进程的总和。过去,人们认为幼儿师范学校就是女生的学校,学校的课程就是适合女生的课程,可事实相反,幼儿师范学校课程的开发与设计是在传统的无性别教育的思想指导下进行的,

不能体现出两性的差异。现阶段，幼儿师范学校已有两性的互补优势，但并没有行之有效的性别教育特色课程，况且近年来女生问题层出不穷，为幼儿师范学校的教育带来了严峻的挑战。本研究立足性别差异，弥补课程的不足，完善幼儿师范学校课程体系。

（三）初步形成了幼儿师范学校女生教育新模式——"一体两翼"教育模式

本研究采用行动研究范式，经过理论—实践—理论—实践的循环完善的过程，明确幼儿师范学校女生教育的培养目标，以幼儿师范学校明确的专业课程为课程基础，开发特色课程，形成了具有特色的女生教育模式，为同类学校提供了很好的经验。

1. 女生受益面广，评价高，综合素质提高，问题减少

为时3年的课程开发与实践，让全校各级部的女生受益，特色课程受到学生的欢迎。在校教导处做的数据调查中，女生教育特色课程的满意度是98%。

各级部班主任和任课教师对学生在礼仪、自我认知、职业规划方面的进步都给予了肯定。以女生职业认知为例，经过课程学习，女生对女幼儿教师的职业角色有了明确的定位，并能对自己将来的职业发展进行规划。2011年，我校女生参加第九届全国中等职业学校文明风采大赛时，职业生涯规划的获奖率为62%，其中2名学生获一等奖，1名学生获二等奖，18名学生获三等奖，比以往的成绩有了很大程度的提高。

在幼儿园见习中，2011级和2012级女生在工作表现、师德、职业素养等方面受到幼儿园和家长的好评，女生的见习综合评定成绩均达到良好以上水平。

2. 更新了研究团队的教师教育理念，改革了教育方法，提高了教学实践效果，提高了教师的综合素质

在研究的过程中，学校形成了一支知识互补、能力互补、专业互补等优势互补的高质量师资队伍，形成了合力，保证了课程研究的有效实施。研究小组参与国家、省级、市级培训，并积极参与中国陶行知研究会女学生教育专业委员会的定期交流会议，与全国同类女校及幼儿师范学校交流女生教育经验，促进了研究团队教师教育教学水平的提升。

研究的经验和体会使得研究小组成员三年间在《现代教育》《新课程》《早期教育》上发表论文多篇，这是对研究的支持，也是研究的成果。

3. 促进了学校特色教育文化的发展，为学校办学提供了新模式，树立了学校教育品牌

女生教育特色课程的研究为学校的特色教育增加了新的内涵，丰富了学校课程体系。我校的女生教育特色课程的研究经验被《中国教育报》报道，进一步证明我校在女生教育中取得的经验是值得推广的。

(四)女生教育特色课程开发研究需要不断完善

本研究不是一蹴而就的,也不是一个终结成果,它还需要不断完善和丰富:校本教材的编写要跟上实践的步伐;要不断提高研究人员的专业素质和研究水平;要与时俱进,分析女生教育中出现的新情况和新挑战。这些都是我们接下来要研究的重点,也是我们研究的方向。

师德教育始于第一课

石家庄幼儿师范高等专科学校 王 晶

一、问题的提出

当前，某些幼儿教师职业道德水平低下，损害教师形象的行为时有出现，更有甚者居然变成了面目狰狞的暴力黑手，造成了极其不良的社会影响。恶性事件的发生，源于师德的缺失。师德是教师在从事教育活动中必须遵守的道德规范和行为准则，是教师最重要的素质之一，更是教师的灵魂。幼儿教师的一言一行具有重要的示范作用，关系到幼儿的健康成长，能对幼儿的一生产生深远的影响，关系到国家和民族的未来。作为师范院校的教师，我们承担了培养未来幼儿教师的任务。我们深深地意识到，师德师风建设在学校建设发展中起着重要作用。那么，把师德教育做真做实刻不容缓！

我校的生源多为独生子女，由于从小娇生惯养，这些学生普遍缺乏吃苦耐劳的精神，缺乏责任感。这些问题对学生专业思想、师德意识的形成会产生一定的负面影响。尽管我只是一位普通的专业课任课教师，在新生入学之时，还是感到了肩上沉甸甸的担子。如何开启第一课？这太重要了，尤其对于初入师范类院校、选择将来从事幼儿教师这一职业的新生来说。如何把学生领进这个新的学习领域？如何让学生正确认识并愿意走进学前教育专业？如何在专业思想教育中巧妙渗透师德教育？开好头，接下来将事半功倍。经过一番准备，我决定把专业教育、师德教育作为第一课的主要内容。我明白，学生接受师德教育单靠教师权威灌输是不行的。外部塑造、被动接受的结果是收效甚微的，必须使师德教育成为一名学生主动摄取、积极行动的过程，一个与学生主体自身活动息息相关的过程。这是我接下来进行第一课"专业教育及师德教育"这部分教学设计的依据。

二、事件描述

新学期第一课，上课铃响了，同学们期待着上幼儿卫生与保健这门新的课程。简单自我介绍之后，我先让同学们说说他们怎么看待"幼儿教师"这一职业。"同学们，今天你们来到了一所新的学校，即幼儿师范高等专科学校，选择学习学前教育

教 育 篇

这个新的专业,将来可能从事幼儿教师这一职业。那么你们怎么看待这一职业?"我话音刚落,同学们便七嘴八舌地说开了,但结果出乎我的意料。有个同学不以为然,淡淡一笑:"幼儿教师就是带着小朋友一起玩儿。""就是就是。"旁边的同学点头表示赞同。有的同学说:"教给孩子们一些简单的知识。"……仅有为数不多的几个同学对幼儿教师赞不绝口,认为幼儿教师对孩子得有爱心,对工作得有责任心。看来同学们对"幼儿教师"这一职业认识浅薄,这样的认识会导致他们对学前教育专业产生不正确的认识,会影响接下来的学习,也不利于良好师德的形成。但马上将同学们的意识扭转过来并非易事,我先顺势利导,了解一下同学们的真实想法。"幼儿教师工作的确是一项普通、平凡的工作,但要想做好它可没大家想得那么容易。大家先来看一则短片,这是对幼儿园的真实拍摄,大家来了解一下幼儿园的生活吧。"

短片是从孩子们第一天入园开始的。"妈妈不要走,我要回家……"孩子们哭得泪流满面,鼻涕流下来很长……吃第一顿饭时,有的孩子还没有平复情绪,边吃边哭喊着"我要回家";有的孩子弄得满脸饭粒;有的孩子打翻了饭碗,米饭撒在了腿上……当出现这样的一幕幕时,我发现有的同学看得津津有味,有的同学觉得好玩不禁大笑起来,有的同学则一脸厌恶地抱怨:"完了完了,咱们将来不会就干这些吧?"……接着,我发现同学们更多时候把幼儿第一天入园的痛苦表现当作娱乐笑料,丝毫理解不到孩子第一天的入园焦虑,缺乏关注幼儿心理感受的意识,对幼儿教师的工作没有认同感。这个问题的出现在我的预料之中,因为一年级新生还没有形成专业思想和师德意识。我意识到此时单纯的说教、灌输必是苍白无力的,最好的解决办法是引导同学们,让同学们自己一步步转变对幼儿教师这个职业的认识,进而加强师德培养。

看完短片后,我先让大家说说感受,继续了解同学们的内心世界。

第一个同学:"我看到了幼儿教师一天的工作。早晨来园时,从家长手中接过孩子,让家长能安心地离开去工作;早操活动后,督促幼儿多喝水,对出汗的幼儿及时督促他换汗巾;户外活动后,根据天气变化适当给幼儿添减衣服;午睡过程中,为幼儿盖好被子;幼儿离园时,向家长反馈幼儿一天在园的表现。"

"嗯,这个同学观察得很仔细,看到了幼儿教师一天的工作内容、辛勤劳动。你们将来喜欢做这样的工作吗?"我顺势提问。

第二个同学直言不讳:"我不喜欢这样的工作。工作中没有掌声,没有鲜花,更没有喝彩,有的只是和孩子们平实的相处。他们哭了,我要去哄他们;他们闹矛盾了,我又要当裁判给他们讲道理;他们病了,我要带他们去看医生;他们拉了、吐了,我还要帮他们收拾。我们就这么日复一日地工作着……我们的理想在哪里?我茫然了,这样的生活离我想象中的太远。"

我马上意识到这是接下来进行师德教育、专业教育的一个引子。"那你希望做怎样的工作呢?"我问道。她迟疑了一下,接着说:"我也想过,我应该穿着职业装,拎着包，穿梭于不同的城市，接触不同的人，尽管辛苦，却感受着不同的生活，享受着成功的喜悦。"

这时，其他同学笑了。也许大部分同学和她的想法差不多，只是刚才没有敢说出来。此时，我想如果强行说"学前教育专业近几年很受国家重视，就业形势越来越好，你们既然已经选择了学前教育专业，就要踏踏实实地学下去……"诸如此类的话，必然得不到学生的认同与信服。于是，我决定从另一个角度进行引导。我先对这个同学的做法表示了认同："感谢这个同学有勇气跟我们分享她内心的真实想法。可以看得出，这个同学对自己未来的生活有设想。"这个同学点头认同。我接着说："这一点了不起。但是，老师想提醒你一点，你愿意听听吗？"她点点头。"你看到每一种工作背后的劳动了吗？想想看，不同职业的性质是不同的，它们是不是都有着这样那样的艰辛呢？举个例子吧，提起医生，大家想到的是白衣天使，可是当他们一大早就坐在诊室里为一个个病人看病的时候，我们不觉得他们辛苦吗？提起警察，有的人会说警察多威风啊，穿着警服，开着警车。可是，当他们为了擒拿歹徒冲锋陷阵的时候，当他们为了侦破案件整夜加班的时候，我们看到的还只是他们的威风吗？再说说公交车司机，有的人会认为这是一个很舒服的职业，风刮不着，雨淋不着，可是当他们披星戴月为我们服务的时候，我们不觉得他们辛苦吗？……人们的自身价值都是在工作劳动和辛勤付出中体现的。你们觉得是这样吗？当然，做幼儿教师也是如此……"大家赞许地点点头。看来，同学们开始对幼儿教师这项工作转变认识了。开启了这样的互动之后，接下来我就要用事实材料给学生的思想以启迪了。

"大家来看看幼儿教师的一篇日记吧。"我开始朗读课前备好的材料。"清晨，当悠扬的音乐响起，我开始了一天的工作，我会带着清新的笑脸，迎来可爱的孩子们；我会把哭闹的孩子揽到怀里，用亲切的话语安慰他们；我会和孩子们一起收集资料，为了一个问题而争论不休；我会扮成大猫，在孩子们拉起的老鼠洞外跑来跑去，和他们一起游戏，听他们兴奋地尖叫；我会和他们一起蹲下来，观察采花粉的蝴蝶为何一动也不动；我会和班上的老师一起，走进孩子的家庭，和家长交流，当我听到孩子的父母告诉我孩子为了等我一大早就起床的消息时，我会默默感动；我会在我的笔记里，记下孩子的喜怒哀乐并分析这些情况，找出有针对性的教育方法，帮他们进步；我还会把这些笔记拿给孩子的家长看，让他们知道，我在像他们一样爱着孩子……"同学们开始点头表示认同了。我接着说："我给大家介绍一本书——意大利作家亚米契斯的《爱的教育》。这本书的主人公安利柯老师，是一位表情非常严肃、额上皱纹清晰的男老师。他看似粗犷的外表下，却存着细致的爱心。最让人感动的是他的一番话：'你们是我唯一的爱，你们就是我的孩子，我爱你们，也需要你们爱我……'"

"我想大家听完了这些，感受应该和我一样——有爱才有教育。作为未来的幼儿教师，我们的一个微笑、一个点头、一个赞许的眼神、一阵热烈的掌声，都在传递爱、分享爱。我们在任何工作中都会遇到一些问题和困难，就像刚才我们在短片中看到的，只要我们怀着勇敢、热情的心去挑战，难题肯定会解决的。如果有一天，你发现自己的付出得到了肯定或回报时，你会觉得再苦再累也值得。孩子们的微小进步、点滴成长都会给我们带来莫大的安慰和鼓励。这既是我们从事幼儿教师这份工作的价值体现，也是我们的无上荣耀！"

"同学们，想看看三年过后孩子们的成长吗？""想！"同学们齐声回答。短片展示了孩子们在美术区创作美术作品，在表演区愉快地创意表演，在阅读区安静地看书，在科学探索区津津有味地观察昆虫；进餐时，孩子们安安静静、秩序井然；睡醒后，孩子们整理的床铺整整齐齐……毕业时，大班幼儿还为老师们朗诵了感人至深的毕业诗："今天，我最后一次站在这里，和老师、小朋友在一起，我是多么的欢喜。再过几天，我就要进入小学，做个一年级小学生，坐在明亮的教室里，读书写字多么神气。亲爱的老师、亲爱的老师，我有很多话想对您说：三年前我第一次来到这里，玩具扔满地，还要发脾气。今天，站在这里的还是我自己，脸上再也没有泥，手帕、袜子自己洗，还会唱歌、跳舞、画画、讲故事，懂得了许多道理。亲爱的老师、亲爱的老师，我从心里感谢您！再见吧，老师！再见吧，老师！以后我一定来看您，向您汇报我的学习成绩！"孩子们的深情朗诵让同学们感动了，孩子们依依不舍地与老师们话别，看着老师们与可爱的孩子们建立的浓浓师幼情谊，有的同学落泪了……

此时，课堂气氛达到高潮，我继续总结引导："作为未来的幼儿教师，我们应该感到幸运。我们选择了学前教育，就要坚持走自己的路。这条路不同寻常，要求我们更严格地规范自己的行为，提高自己的素质。教师教育幼儿时既要言传又要身教，而身教重于言传，所以教师还必须加强职业道德修养，具有优良的品德和高尚的情操，在爱的教育过程中找到教师的乐趣，实现人生的价值。"此时，班上响起一片掌声。

三、案例反思

新学期新生的第一次专业课就这样成功地开启了，回想起来，我收获不少。

第一，师德教育始于第一课，这是很好的开端，但师德教育绝不是一节课或几节课就能完成的事情，它在于平时日常教学的点滴渗透、有利引导，这样才能让学生不断入耳入心，逐渐培养起良好的师德。这条教育之路还很漫长。

第二，新课程理念下教育观念的转变，要求教师在教育过程中要实现角色转变。如果教师还把自己当成向学生灌输知识的"德育权威"，仅仅要求学生接受几条原则和规范，恐怕就失去了课堂的活力与效力。教师在对学生进行教育时不应总是企图说服或命令学生，而要成为学生成长的引导者和伙伴，成为引导学生成长的良师益友，培养学生的理性思维，培养学生进行判断、推理和选择的能力。有人说，思想家可以引导人们如何思考，但是思想家不能代替人们思考。本次师德教育起始课设计的初衷与意义也在此。通过一个个课堂情境的创设，教师逐步引导学生自己去体会、理解和认同这个职业，帮助学生逐步将专业意识、教师师德内化为自己的东西。

第三，认识到学生接受师德教育的过程不是一个任由外部塑造、被动接受的过程，而是一个主动摄取、积极为之的过程，是一个与学生自身的活动息息相关的过程。作为引导者的教师，不仅要尊重、鼓励学生活动，而且要为学生自主活动提供适宜的课堂德育环境，引导学生主动参与、自主学习，启发学生提出问题，指导、帮助学生分析和解决问题。

第四，师德教育过程中，师生之间的关系也不应是简单的给予、接受的关系，而应是一种交往和对话的关系。师生之间的教学过程应成为精神交流与对话的过程。在民主、平等、开放的师德教育氛围中，教师在启发、教育学生的同时，也同样可以获得信息、得到启发、提高教学素质。

总之，在今后的教育教学过程中，我将继续坚守正确的理念，寻找科学的教育方法，将师德教育做真做实，真正将师德意识融入学生的内心世界，为提升未来幼儿教师的师德修养、提高未来幼儿教师的整体素质而努力探索！

免费幼儿师范男生评价体系建设研究

——以徐州幼儿师范高等专科学校为例

徐州幼儿师范高等专科学校　李　飞

一、问题的提出

近年来，各级政府高度重视学前教育，而建设一支结构合理、高素质、善保教的幼儿师资队伍是提高学前教育质量的关键和保障。为切实解决幼儿园师资队伍性别结构失衡问题，形成良好的幼儿教育生态环境，促进幼儿快乐健康成长，更好地培养幼儿刚毅和勇敢的品质，江苏省在2010年开始实施免费幼儿师范男生相关政策。徐州幼儿师范高等专科学校（以下简称徐州幼专）作为第一批招收免费幼儿师范男生的学校，紧紧围绕"幼儿园教育所需师资"这个中心目标，依照《幼儿园教师专业标准（试行）》，把评价体系与时代要求有机结合起来，在课程设置、人才培养、实践教学等一系列环节中进行了改革，承认并尊重学生的个体差异，树立个性化成才观念，在系统、科学、全面搜集和分析学生信息的基础上对学生发展和变化的价值做出新的判断。

免费幼儿师范男生的培养对于中等职业学校而言基本上还是一个全新的概念，它既与传统教师专业化教育理论有很大的关联性，同时本身又有许多特质。因此，培养具有时代特征的德、智、体、美等全面发展的、具有良好职业道德的、掌握系统的专业知识和专业技能的、富有创新精神的、有社会责任感的幼儿教师，是幼儿师范学校的中心任务。

当前幼儿师范院校学生的学习基础较差，厌学情绪较明显，这种问题的存在固然和社会环境、政策影响以及课程教学等方面有关，但评价目的、评价内容、评价方法和评价标准的偏颇无疑是不可忽视的因素：评价目的重选拔甄别轻发展激励，评价内容重专业知识轻道德伦理，评价方法重行为结果轻教育过程，评价标准重共性发展轻个性差异。因此，如何更新并完善免费幼儿师范男生的评价体系，是有效培养新时期幼儿教师的关键环节。

二、事件描述

评价体系的构建有多种模式，不同的主体、不同的发展阶段、不同的培养目标，所产生的评价体系是不同的。针对免费幼儿师范男生的从业动机、职业认同、学前教育发展形势等方面构建有助于提高学生职业素养的评价体系将是培养合格幼儿师资的必然诉求。

(一)免费幼儿师范男生的需求调研状况

评价必须关注人的发展,必须要得到被评价者的认可,也必须要重视被评价者的实际特点和实际需要,特别是在学习、生活与情感等需求方面,要真正读懂他们。也只有这样,免费幼儿师范男生才能主动接受评价,并在评价结论的引导下健康成长。

本调查以××级120名免费幼儿师范男生为研究对象,在4个免费幼儿师范男生班随机抽取了40名学生进行了问卷调查及访谈。调查工具为自编的免费幼儿师范男生需求调研问卷,共27个条目。根据前期对部分免费幼儿师范男生半结构化深度访谈的结果,我们主要从学习、生活、情感3个维度进行设计,发放问卷40份,回收问卷40份,有效问卷40份,有效问卷回收率为100%。调查显示,免费幼儿师范男生在需求方面存在应然与实然的差距,正确认识这些差距与存在的问题,并有效调整学校管理、课堂教学、社团活动、情感引导等方面的策略,并进而在评价目标、内容与方法上进行及时修正,是从"可为"的角度构建科学有效的免费幼儿师范男生评价体系的前提与基础。

1. 免费幼儿师范男生的需求现状分析

(1)对学校与学校生活的期待

学校作为学生学习、生活的主要场所,其文化底蕴、校园环境与学生的健康发展息息相关。调查显示,67.5%的学生希望学校是"轻松活泼"的。但在访谈中,关于如何界定"轻松活泼",什么样的学校是"轻松活泼"的,许多学生认为"作业不要太多,不要有压力与紧张感,唱歌、跳舞等活动就是活泼"。对于"轻松活泼"的认识从侧面反映了免费幼儿师范男生的部分价值取向:不敢去面对压力,不想去挑战困难,更不愿去培养自己的思维、科研能力等。作为培养未来学前教育教师的幼儿学校,它们拥有轻松活泼的学校氛围是必要的,但也需要紧张的学习氛围、严谨的教学氛围、科学的管理氛围,这才是一所合格的师范学校应有的内涵。

通过5年的学习希望有什么收获?95%的学生把"学习专业知识、技能,为将来工作做好准备"作为主要目标,而回答"接触更多的人和事物,拓宽视野""提高自身的品格和文化修养""锻炼自己的学习能力"的学生分别占到65%、70%与40%,这说明学生对学习的认识不再仅仅局限于专业知识与专业技能,文化修养与学习能力等内隐性的素质也成为学生追求的目标。

(2)情感需求方面

免费幼儿师范男生是初中起点,年龄较小,当他们离开父母的精心呵护在以女生为主的幼儿师范学校相对独立生活的时候,他们对交友的渴望程度和对倾诉对象的依存程度都很高。此外,校园生活环境和青春活泼的特点也决定了他们比同类型的大学生在情感方面的需求更为强烈。调查发现,大约72.5%的学生与身边同学的关系融洽。在问题"同学遇到问题时,是否会来找您帮忙"上,选择"是"与"有时"的学生分别占 40％与 57.5％;在交谈的主题方面,42.5％的学生选择的是"心事",而"学习"与"工作"仅仅占到 12.5％与 7.5％,这也从一个侧面说明大部分学生喜欢与同学分享欢乐与忧愁。

本次抽样调查的免费幼儿师范男生的年龄一般在十八九岁。这个年龄段的学生的身体发育基本趋于成熟,他们希望与异性交往、希望谈一场恋爱是正常的现象。调查显示,40％的免费幼儿师范男生正在谈恋爱,而关于恋爱的目的,17.5％的学生选择的是"寻找情感依托",27.5％选择"长久打算",而选择"消遣"与"体验浪漫"的仅占 2.5％。这说明当前这些男生在恋爱问题上有一定的理性,但"寻找情感依托"也暴露了他们的不成熟与不稳定性。经济的尚未独立、职业前途的不确定性、思想上的依赖性等特征,都容易使他们在恋爱过程中的感情和思想发生变化,容易造成恋爱的周期性中断,从而使恋爱的成功率很低。另外,如何处理恋爱与学习的关系,如何在恋爱过程中保护自己、承担必要的责任,都是免费幼儿师范男生需要正确认识的问题。

(3)自我提升及保障条件方面

有没有明确的发展目标,从而结合自己的特点进行有针对性的规划与设计,是衡量免费幼儿师范男生自我提升能力强弱的标志。在"您希望自己成为什么样的人才"的调查中,"实践经验丰富的应用型人才""德、智、体、美、劳各方面都均衡发展的综合型人才""在专业方面有深入研究并取得成果的学术型人才"分别占到 45％、40％与 17.5％,这说明了大部分学生有明确的职业规划,对自己将来从事的学前教育有一定的认识。但也有 5％的学生认为"对自己没有太大的期望",这既受政策方面的影响,如对免费幼儿师范男生就业的规定与制约,也受免费幼儿师范男生自身发展特点的影响:从初中时学习的"圈养"到当前学习的"放养",一些学生感到不适应,茫然无措,无所事事,所以他们对自己没有太大的期望也就不难理解了。

自我提升的关键在于学生自身,但外在的资源、环境等支持性条件对学生的成长同样不可或缺,特别是对于学习自觉性、自律能力稍显不足的免费幼儿师范男生而言,发挥外在条件与个体自身的相互作用才是有效的自我提升的途径。在调查中,将近一半的学生希望"在丰富的课余生活中掌握更多非学术类的技能,获得综合素质的提升",37.5％的学生希望"在实习实训等社会实践中获得自身能力的提升",20％的学生更希望"在资深的老师指导下进行学习研究获得能力提升"。不难看出,课余生活、实习实训等课堂外的生活实践是免费幼儿师范男生期望的自我提升的主要途径,这也从一个侧面说明了课堂教学改革的必要性。如何增加课堂的吸引力、如何通过课堂让学生有所收获才是我们更需要关注的方面。

2. 免费幼儿师范男生的需求存在的问题

(1)缺乏对学前教育的持续热情

实际上,部分免费幼儿师范男生并没有把从事幼儿教育作为自己的事业。调查显示，30％的学生"以此为跳板，寻找更适合自己的工作"。因此，如何激发免费幼儿师范男生从事学前教育的积极性与持久性，仍需要在政策与社会环境的创设中进一步探索。

(2)对理想的追求与现实的环境之间形成矛盾

免费幼儿师范男生希望在5年的学校生活中能在专业知识、专业技能、品格与文化修养、学习能力等方面有新的突破。但调查发现，70％的学生认为目前的学校生活并不能满足上述需求，特别是在"提高自身的品格与文化素养""锻炼自己的学习能力"方面。因此，如何在满足学生专业知识与专业技能方面需求的基础上，更好地调整课程方案，满足学生在品格与文化素养等方面的需求，也为制定幼儿师范生评价标准提供了很好的参考。

(3)对职业规划的模糊与单一的就业渠道之间形成矛盾

由于免费幼儿师范男生毕业以后就是到幼儿园从事学前教育，这一事前被确定的就业渠道在很大程度上让这些学生的职业规划比较模糊。另外，对政策的规定尚缺乏正确的理解、对未来的生活缺少预期也同样影响着免费幼儿师范男生对现状的判断。在对免费幼儿师范男生生活学习现状满意度的调查中，"不太满意"的占42.5％，"很失望"的占10％。面对"假如您再选择一次，您会选择免费幼儿师范生吗？"这一问题，20％的学生选择"不会"，25％的学生选择"还没有想好"，5％的学生认为"自己不能做主"。究竟是什么导致了免费幼儿师范男生对现状不满意，或者是哪些因素让免费幼儿师范男生在未来不再选择幼儿教师职业？也许影响因素是复杂的，但免费幼儿师范男生在学习、生活与情感方面的需求能否得到满足却是一个不可忽视的方面。对免费幼儿师范男生的评价，如果脱离这些，评价体系的建立可能只是一纸空文。

上述对免费幼儿师范男生需求的分析显示，正确理解他们在学习、生活与情感方面的合理需求，改变传统的课堂教学、师生交往的方式，在见实习活动、社团活动中引导他们进一步在实践中开发自己的潜能、正确认识自己，既是培养幼儿教师的基本要求，也是开展免费幼儿师范男生评价的必要前提。

(二)发展性评价：促进免费幼儿师范男生全面发展的动力机制

1. 发展性评价的内涵

发展性评价是指依据一定的教育发展目标和发展价值观，评价者与评价对象配对，制定双方认可的发展目标，评价者与评价对象共同承担实现发展目标的职责，运用发展性评价技术和方法，对评价对象的素质发展、工作过程和绩效进行价值判断，使评价对象在评价活动中，不断认识自我、发展自我，逐步达到不同层次的发展目标，优化自我素质结构，自觉地改进不足，不断达到现发展目标。发展性评价有如下特点：评价主体互动化、评价方式动态化、评价内容多元化、评价结果具有非奖惩性。

建立学生发展性评价机制，第一要明确评价的作用，充分发挥评价对促进学生全面发展的综合功能。第二要完善幼儿师范生评价的理论体系,在评价的价值取向、评价方法与手段的选择、评价标准的建立等方面形成科学而正确的认识。第三必须发挥多元主体在学生评价体系建立中的作用,使发展性评价真正成为所有教学主体参与下的自我发展和自我完善的过程。

2. 免费幼儿师范男生职业素养评价指标

职业素养是人类在社会活动中需要遵守的行为规范,是职业的内在要求,是个体在职业过程中表现出来的综合品质。麦克兰德认为素质包括5个组成部分:①动机,即推动一个人为达到一定目标而采取行动的内驱力;②个性特征,即个性、身体特征及其对外部环境与各种信息所表现出来的一贯反应;③自我认知,即一个人对自己的看法;④知识,即一个人拥有的关于某一具体领域的各种信息或情报,包括个人在某一特定领域内所拥有的信息;⑤技能,即完成一项具体的体力或脑力工作的能力。综合上述观点,我们可以将职业素养概括为一个人能胜任某一职业的特性与能力,包括身心素质、职业意识、一般能力、专业技能、特殊能力与经历等。

无论是传统的学生综合素质评价体系还是发展性学生综合素质评价体系,其评价指标的设计都是不可缺少的内容,它是学生评价方式在具体操作中的实践载体。根据社会对幼儿师资的素质要求和高等教育人才培养目标,并结合免费幼儿师范男生的需求现状以及发展性评价体系的构建原则,我们认为免费幼儿师范男生职业素养评价应从四个维度展开。

(1)一般能力

一般能力是指个体在不同领域和不同种类的活动中所必需的一些基本能力,它是个体有效掌握信息和顺利完成活动所必不可缺少的条件。相对而言,大学生是知识密集人群,除了注意力、观察力、记忆力、想象力之外,更应该在逻辑分析能力、学习能力、适应能力、人际交往能力方面得到发展。随着竞争日趋激烈,个体的身心素质显得越来越重要,所以身心素质也成为一般能力不可或缺的要素。

(2)专业能力

这是幼儿师范生毕业后组织教育教学活动、对幼儿施加有目的的影响的主体行动能力,是幼儿教师专业素质中相对独立和不可或缺的部分,这些能力可使幼儿教师胜任自己的角色。幼儿师范生专业能力重点包括保教工作能力、自我发展能力以及其他职业资格能力。

(3)职业意识

职业意识是人们对职业工作的认识、评价、情感和态度等心理成分的综合反映,是支配和调控全部职业行为和职业活动的调节器,它具体体现为职业成就感、职业精神、承受挫折的能力、团队合作精神与职业道德。

(4)工作与社会经历

对于幼儿师范生来说,他们要做好从学生状态向社会人状态的转变,以便进入用人单位后能更好地工作。因此，学生在校期间通过一定的形式进行社会实践，就显得很有必要。比如，学生参加学校组织的各种文体活动或公益活动都能从不同侧面获得社会化的工作经验。

为了使评价更具有可操作性，学校对一级指标进行了进一步的划分，设置了16个二级指标，并以这些指标为中心层层分解，形成能基本反映学生在相关方面本质特征的具体化、行为化、可操作化的26个三级指标(见表29-1)。在此基础上，学校根据不同专业、不同年级学生人才培养的不同目标和要求，设置个性化的评价内容和标准，建立起既有共性指标又能体现出差异性的指标体系。

表 29-1 免费幼儿师范男生评价指标体系

一级评价指标	二级评价指标	评价因素内容	三级评价指标
一般能力	逻辑分析能力	能系统理解、分析和解决问题	①主题演讲
	学习能力	迅速掌握新知识的能力；持续学习；注重总结经验教训形成个性化的知识系统	①必修课；②选修课；③课外活动
	适应能力	能迅速适应学习与生活环境，面对变化可以调整应对措施	①心理健康
	人际交往能力	表达与理解能力；合作能力；人际洞察力、建立关系与获得支持的能力	①合作意识
	体能状况	坚持课外锻炼，体育课成绩达标	①体育课成绩；②体育达标
专业能力	保教工作能力	儿童化的语言表达能力(讲故事、英语口语等)；艺术类能力(幼儿歌曲自弹自唱、儿童舞表演与创编、绘画与美术鉴赏)；教学类能力(环境创设、游戏组织与指导、幼儿活动设计、玩教具制作等)	①语言表达能力；②艺术能力；③教学能力
	自我发展能力	教学反思能力、问题探索与研究能力	①教学反思能力
	职业资格	拥有计算机等级证书、普通话水平测试等级证书等专业资格证书	①职业资格证书
职业意识	成就感	在学习过程中体验到轻松、愉悦的幸福感与满足感	①学习态度
	职业精神	正确定位，树立目标，脚踏实地，保持自身竞争力	①职业规划

续表

一级评价指标	二级评价指标	评价因素内容	三级评价指标
职业意识	承受挫折能力	战胜自我，能迅速恢复自信心	①独立自强
	团队合作精神	有与他人共同完成某一目标的意愿与能力	①团队观念
	职业道德	守法、敬业、尊师、诚信、责任、奉献	①政治表现；②遵纪守法；③道德修养
工作与社会经历	工作经验	参加见实习工作或其他勤工俭学活动	①工作经历；②创新创业
	社团活动	参加校内或社会各类活动	①公益实践
	特殊奖励、技能或经历	获得社会、学校奖励，发表学术文章，拥有科技发明与专利	①文体特长；②科研成果；③特殊经历

3. 免费幼儿师范男生评价体系的评价方法

如何克服传统评价方式的缺陷，让评价更具有可行性，从而真正让评价促进学生的持续性发展，这是我们一直在探讨的问题。

(1) 打破所有维度综合得分的方式，各个维度单独评价、计量

上述四个维度（一级指标）根据自身内容又设定了二、三级指标。根据三级指标的内容，评价结果分为四级：A（优秀）、B（良好）、C（合格）、D（不合格）。然后我们对三级指标的内容再进行细分赋值，抓主要因素，舍次要因素，突出重要指标，使评价工作易于操作。因为学生素质包含的内容很广，对它进行全面评价会遇到很多困难，如分类问题、测量问题、管理问题。如何避开这些问题却有不少成功的经验，其中一条就是遵循有限性原则，即把一些相对成熟、可操作的内容纳入评价体系，适当放弃那些争议较大而且难操作的内容。

同时，对不同的维度采用不同的量化方式。具体方式如下：心理健康、合作意识、道德修养指标采取定性与定量结合的方式，以过程（平时）和日常生活表现为主要依据进行评价量化；学习能力、体能状况以定量评价为主，取各科成绩的加权平均分，再适当考虑学习过程的表现和实际掌握程度；其他内容，在各项指标都达到基本要求的前提下，实行各项指标"用其所长"的原则，以凸显幼儿师范生在某一方面的特长或闪光点。例如，学生在全国公开刊物上发表论文，在演讲比赛中获奖或其他作品获奖，在体育活动中取得优异成绩，其相应指标就应该定位优秀。

(2) 评价方法多元化，更好发挥评价的导向和激励作用

评价方法采用单项素质评价与综合素质评价结合、自评与他评结合、形成性评价与终结性评价相结合的方法。例如，按照幼儿师范生三级指标的分解方案，分别

对学生进行单独评价，给出评价结果，以凸显学生某一方面的素质，同时设立单项素质奖，如"学习优秀奖""体育风尚奖""人文素质奖""创业标兵""优秀实习奖"等，更好地发挥评价的导向和激励作用。另外，为突出师德修养的重要性，可实行思想道德素质"一票否决制"，即只要师德修养一项不达标，就取消所有奖励。

单项素质评价与综合素质评价相结合，是在单项素质评价的基础上，按一般能力、专业能力、职业意识、工作与社会经历顺序进行综合素质评价。例如，某学生的评价结果是AABA，表示这名幼儿师范生一般能力优秀、专业能力优秀、职业意识良好、工作与社会经历优秀。若幼儿师范生在多个维度上被评为优秀，可有资格获综合素质奖。

另外，自评与他评相结合、形成性评价与终结性评价相结合，改变了单一主体评价和重结果不重过程的评价方法，更能体现评价工作的透明度、公正性以及幼儿师范生素质的养成过程，使学生能够正视自身的差距，更加注意平时的表现和行为，从而达到全面发展、提高综合素质的教育目的。

三、点评与反思

免费幼儿师范男生职业素养评价结果的处理主要包括结果的汇总、表述和激励反馈三个层面。根据学生职业素养评价指标体系，我们在结果的汇总与表述上将二级指标视为相对独立的"素质模块"，在每个"素质模块"中得到的评价结论结合学生本人上学期的各项评价，通过参照系的比较，让学生看到自己的变化，这是纵向方面的比较。另一方面，通过横向比较，把学生评价的结论与班级总体评价结论相比较，帮助学生找到自身存在的不足，发现差距，从而不断实现自我提升。

总之，人是复杂多面的，比任何机器都复杂，比任何物质都多面。无论是科学合理地推进评价体系改革，还是评价学生，都是一项非常复杂的工作，自然也是一项长期性的工作，不可能一成不变、一蹴而就。另外，如何提升评价的客观性，赢得公众对评价的认可也是我们必须重视的问题。公众之所以对先有的评价制度是否公平感到担忧，其中一个很重要的原因就是对学生的非学术性表现进行评价往往依靠评价者的主观判断，而缺乏一套相对客观的标准。因此，我们在研究中坚持有所为有所不为的原则，根据《幼儿园教师专业标准（试行）》及学生的实际入手，而不是为了求全，把那些争议大、评价困难的内容纳入评价范围。同样，上述四个一级指标如何计分，也要秉持简单可操作的原则，把关注点放在那些具有明确可观察的行为上。这样做不仅可以增进评价的客观性，也有利于社会的监督。发展性学生评价顺应了时代发展和学生特点，借鉴一切有利于学生发展的科学理论和实践经验，博采众长，不断地修正补充，发展完善，把学生从单一的知识教育、分数评价中解放出来，让人格教育、生活教育回归。同时，全社会要共同倡导多元成才的价值，尽可能"多一把尺子"去看待学生，使我们的教育教学成为发现差异、因材施教、培养特长、树立自信的教育。

教　学　篇

学前教育专业课堂教学改革与尝试

——以幼儿园班级管理和幼儿园教育活动设计与指导为例

白城职业技术学院　隋广岩　王玉秋　王琳琳　刘　岩

一、学校、学生情况

白城职业技术学院学前教育专业前身是白城幼儿师范学校，在近40年的办学历程中，培养了大批优秀的幼教人才，积累了丰富的教学经验。但高校扩招后，学前教育专业的生源质量明显下降，导致很多学前教育专业的教师曾经一度迷茫，一度失望，甚至逃避。一些学生个性鲜明，在学习过程中消极、懒散、缺乏动力、不良习惯多，对学习产生厌倦心理。学前教育是基础教育的组成部分，是终身教育的奠基阶段，是儿童教育的开始，是对人一生发展影响最大的时期。作为专业课教师的我们，不仅要让学生回到教室，还要考虑让学生学会做人、学会处事、学懂专业知识并掌握一定的专业技能。如何实现这一目标，成为我们任课教师热议的焦点，我们尝试着以幼儿园班级管理和幼儿园教育活动设计与指导两门课为试点，在课堂教学方面进行了大胆的改革与尝试。

二、教材分析

在我校，幼儿园班级管理和幼儿园教育活动设计与指导这两门课程均为专业必修课，在三年制和五年制学生中开设。在选用教材上，我们精益求精，向兄弟院校取经，到幼儿园调查，与学生座谈，最终确定了教材。两门课程的教材均为师范院校学前教育专业教师和幼儿园骨干教师共同编写的院园合作教材。

《幼儿园班级管理》打破传统课程过分理论化的倾向，以幼儿园班级管理的真实工作过程为依托，以师范技能训练为核心，以幼儿园班级管理工作岗位的任务要求为导向，以学生为主体，根据学生在幼儿园的见习、实习任务来设计学习单元，内容设计力求涵盖幼儿从入园到离园整个过程中班级管理的典型任务，体现教、学、做一体化，注重突出实用性和创新性。

《幼儿园教育活动设计与指导》根据《幼儿园教育指导纲要（试行）》和《教师教育课程标准（试行）》编写而成，把幼儿园健康教育、语言教育、科学教育、社会教育、艺术教育五大领域的内容合为一本，避免了各领域之间的重复和互相割裂，系统性强，便于学生的学习与理解。教材的内容范围和深浅程度，充分考虑了目前幼儿园一线教师所需的基本知识和技能，突出实用性和操作性特色，尤其便于学生自主学习与提高实践操作能力。

三、具体操作方法

在具体的改革与尝试过程中，我们不断总结经验、发现不足。课程组教师每星期二下午集体备课、交流经验、分享喜悦，及时解决课堂教学中出现的问题。在具体操作中，我们也小有收获，具体做法如下。

(一)转变身份，与学生交朋友

古人云：亲其师，信其道。这句话的意思是说亲密和谐的师生关系能使师生亲密合作，是调动教与学双方积极性的一种内驱力。这对于学生良好思想品德的养成、学业的提高以及身心健康成长都具有极大的益处。因此，在与学生的接触交流中，教师积极与学生建立平等、和谐、真诚的朋友关系是保证教育活动顺利进行的重要条件。那么，怎样才能与学生建立亲密和谐的师生关系，成为学生的朋友呢？

首先，教师要带着微笑走进课堂。微笑是最好的沟通方式之一，也是缩小彼此距离的重要手段。没有一个学生喜欢自己的老师板着脸来上课！我们备课组成员一致通过一条规定，即学生要成为未来的幼儿园教师可以什么都不擅长，但是一定要学会微笑。因为孩子们喜欢爱笑的老师，可见微笑的魅力之大。因此，每次给学生上课时，我们都是笑着上课、笑着下课，坚决不把工作、生活中的情绪带入课堂。其次，课堂上要少一些责备、约束，多一点宽容和欣赏。新时期的教学理念要求我们要解放课堂，把课堂还给学生。所以为了能够让学生放下对教师的戒备——怕上课提问，怕回答错了挨批评，怕表现不好丢面子……每学期的开学第一课上，我们都告诉大家这样的上课模式：既来之，则安之；不怕说错，就怕不说；多鼓励，少批评……时间长了，学生们由开始的拘谨、放不开到后来会主动站起来，甚至为了回答问题互相较劲，争取抢答机会……课堂约束少了，互动多了；批评少了，鼓励多了；逃课少了，出勤多了。这就是良好师生关系带来的转变。最后，加强自身修养，为人师表，提高在学生中的威信。教师的一言一行都可能被学生仿效。为了提高上课效率，杜绝一切外来干扰，我们要求学生上课时把手机调成静音或者振动模式；我们所有任课教师上课坚决不把手机带进教室。久而久之，学生养成习惯了，上课效率自然提高了。

正如一位教育改革家所说："人心与人心之间，像高山与高山之间一样，你呼喊什么，就会得到什么。"教师只有转变身份，发自内心地爱学生，并用真心去与学生沟通、交流，用自己的耐心去教化学生，用自己的行动去感化学生，使学生对教师产生敬畏感和亲密感，从而构建良好、和谐的师生关系。和谐的师生关系是让学生重回教室的前提。

(二)创设情境,变课堂为讲堂

俗话说"独脚难行,孤掌难鸣"。课堂上,仅靠教师一个人来唱独角戏的传统教学模式已经无法适应新时代的教学形势,更无法让学生接受。教学过程是师生共同发展的过程,没有交往、没有互动,就没有真正意义上的教学活动,互动意味着参与、意味着平等对话。

怎样让学生积极参与,与教师平等对话?前面已经提到了首先要构建和谐的师生关系,创设良好氛围。下面主要谈谈如何创设情境,真正把学生带进课堂。

学前教育专业的专业基础课理论性强,专业难度对于我校学生而言,有些大。如果没有真正走进幼儿园见习或者实习,学生很难更快更好地掌握专业基础知识。但是每学期的教学时间有限,学生不可能有大量的时间在幼儿园实习,所以为了弥补这个缺憾,我们就借助强大的互联网上的一些相关的教学视频给学生看,用PPT的形式将问题与视频相结合,让学生带着问题去看、去学、去思、去论。

例如,在讲授幼儿园班级管理单元一"幼儿入园适应工作"时,为了让学生充分了解新入园孩子们哭闹的原因,我们先给学生播放《新生入园哭闹》的视频,和学生自己来到一个新的环境做对比,思考为何自己适应得快,而幼儿来到新环境与父母短暂分离却如生离死别?学生在教师创设的情境下,会很自然地说出年龄差距和身体差异这两方面因素,认知、情感等因素都回答不上来,正好为我们接下来的探究设下疑问。在学生都心生疑惑之时,我们给学生播放育儿专家邵颖《幼儿入园分离焦虑专题》的视频。观看视频之后,学生很容易答出刚刚的问题,即幼儿刚入园哭闹的原因,归根结底是四个字——分离焦虑。

总之,在教学活动中,教师不但要放下"权威"的架子,还要走到学生中间,与学生平等交流,成为他们的学习伙伴,而不再是高高在上的教育者。这就要求教师以多变的教学方式、灵活的教学策略,综合运用"声色、语调、手势、倾听"等教学策略,与学生一起学习,交流自己的学习收获,使学生在轻松愉快的学习环境中,真正体验到学习的乐趣。

(三)讨论分析,形成图文材料

有时,学生的思考时间不够,语言太过通俗,总结不够具体、明确。我们时常组织学生分组讨论,要求各组形成图文材料后派代表总结自己组的观点和意见。

在讲解幼儿园班级管理单元六"幼儿良好品行的培养"时,我们提出的问题是"在座的未来的幼儿教师,我们要怎么做才能培养幼儿良好的品行,让祖国的花朵茁壮成长?"学生分四组讨论,形成图文材料,派代表发言。对于这个问题,学生可以发挥的空间非常大,但由于时间有限,教师不得不终止学生的讨论。到了派代表发言这一环节,4班前三组的代表回答得简洁明了,第四组代表发言时,时长约为20分钟,他说:"教师要善于与人合作,诚实守信,以身作则,最重要的是要学会做一位爱笑的教师,在孩子们的心里播下爱的种子⋯⋯"其他同学都对其赞不绝口,我们都被这名学生的发言感染了。我们经常对学生说要学会微笑，看来他真记在心里了。20分钟过去了，老师不忍心去打扰他，做一个安静的听众是对学生最好的肯定。

最后，学生用事先准备好的材料（油画棒、彩笔、铅笔、画纸……）将讨论成果图文并茂地展现在墙面上。平日里嘻嘻哈哈的学生，在真正"创作"时，真是"文武双全"。有的小组甚至就一个问题给出了几个不同的设计方案。为了鼓舞学生的干劲儿，我们把他们的成果全部展出。

最让我们感动的一次是幼儿园班级管理这门课的任课教师因公出差，她将授课内容和讨论的话题提前告知班长。整堂课在没有教师的情况下进行，这是一次大胆的尝试，我们课程组的成员对这样的做法提出异议，但我们每个人更期待成果……会议结束后，任课教师第一时间与班长联系，班长说全班同学会给任课教师一个大大的惊喜，当任课教师再次走进教室时，四张色彩斑斓、条理清晰的作业贴在墙上，醒目耀眼，学生的汇报积极热烈。任课教师非常欣慰，非常满足，也对以后的教学充满了信心。

师生每次来到教室，都会在成果展示区驻足观看，学生也很期待下次的"创作"。

（四）放松身心，以游戏贯穿课堂

上课过程中，因基础较差、不良习惯多，学生在课堂注意力不集中的情况经常发生。教师组织游戏，请学生参与到游戏中来，不仅调动了学生的积极性，使学生集中注意力，也培养了学生的组织能力、合作能力。

在讨论幼儿园班级管理单元一中的"如何构建和谐的师幼关系，从而让新入园的幼儿更快适应幼儿园的生活"这一问题时，有的学生说幼儿最喜欢做游戏，做游戏能让他们尽快停止哭闹。于是，教师就组织学生一起玩"吹泡泡"的游戏。全班分成四组，学生手拉手围成两个大圆圈。当教师说"吹成一个小泡泡"时，大家一起慢慢移动脚步，聚拢在一起；说"吹成一个大泡泡"时，大家慢慢移动脚步散开，散成一个很大的圆圈，并且举着手喊："哦，泡泡炸了！泡泡炸了！砰！砰！"游戏结束时，教师让大家为自己与他人的配合鼓掌。简单易学的游戏不仅缓解了学生上课的疲乏，而且调动了学生参与的积极性，更为他们以后真正走上工作岗位提供了教学素材。

幼儿园教育活动设计与指导的教材中，每一章都有概述部分，理论知识较多，学生掌握起来有一定难度。同时，学生在课堂上的表现参差不齐、不尽人意。为了让学生保持高涨的情绪和较浓厚的兴趣，我们在课程开始时交代给学生一个任务，即每名学生准备适合在课堂上玩的游戏。第一节课上，教师就和学生通过游戏"数7令"互动，学生在游戏过程中紧张地数数、拍手……规则的不断变化也给游戏增加了难度，违反规则的学生要到讲台前展示自己的特长。学生特别喜欢这样的环节，积极准备自己的游戏，甚至进行了很多创新。在课堂上，教师也参与到游戏中来。学生的组织能力、规则意识和创新意识不断加强。

(五)技能展示，改变考核方式

很多学生讨厌枯燥、单一的笔试形式，不愿意死记硬背。为提高学生的学习积极性，我们改革了单一的考试形式，以技能展示的方式考核学生，即学生将自己的技能以自命题的方式展示出来，同时要回答教师给出的必选题，还要将活动设计以试讲、说课的形式展示并巩固，其他学生观摩。这样的考核方式不仅强化了学生的理论功底，更重要的是还让学生在设计、试讲过程中提高了从业技能。

幼儿园教育活动设计与指导是学前教育专业的专业必修课，也是学生到幼儿园工作的必备技能。为了让学生在校学习期间能更好地掌握教学技能技巧，教师各抒己见，集思广益，除了在课堂上给学生提供广阔的学习、展示空间，同时在考核方式上也煞费苦心。考核共分四个板块，即平时表现、作业完成情况、期中展示、期末展示。四个板块最终合成总评成绩，这样的考试形式使学生没有太大负担，平时的表现积极，作业完成情况较好。在展示环节，在我们为学生提供的平台上，他们将幼儿园课程教学与自己的特长有效融合，在幼儿园活动设计的五大领域中充分发挥自己的特长，将幼儿园活动设计表现得淋漓尽致。总评成绩突出的学生会带着自己的"作品"到幼儿园与小朋友分享自己的喜悦，展示自己的风采。

四、总结与反思

一位教育专家曾说过："教，不在多，有效则灵；校，不在大，改革则名。斯是吾校，唯求创新！"新课改改变了传统的课堂模式，新模式以教师为主导、以学生为主体；新课改改变了传统的师生关系，新型师生关系是"课堂上似同学，课下像朋友"；新课改改变了学生被动接受知识的学习状态，由以往的"要我学"变为"我要学"。当下盛行的高效课堂，是充满着幸福和快乐的课堂，也是我们每位教师神往的课堂。

但是在课改的过程中，我们也遇到了很多困难。总之，课改之路多曲折，成功之路无坦途。路漫漫其修远兮，吾将上下而求索……

有效指导学生进行模拟教学活动评价

——以一次幼儿数学模拟教学活动为例

保定幼儿师范高等专科学校 史月杰 张志力

幼儿数学教育与活动指导是学前教育专业学生的一门基础技能课，要求学生掌握幼儿数学学习与教育的内容、目标及意义，并学会进行教育活动设计，掌握从事幼儿数学教育的基本方法和技能。本文以一次幼儿数学模拟教学活动为载体，描述和分析了教师指导学生进行模拟教学活动评价的过程，为相关学生和教师提供了一些评价教育教学活动的指导模式和方法，具有一定的启发意义。

一、背景说明

幼儿数学教育与活动指导是我校大专二年级学生的必修课，学习时间是一个学期，共36课时。在教学活动的后期，教师往往组织一些模拟教学活动，让学生在模拟教学活动过程中学习教育活动设计，锻炼从教的技能，提高从教的能力。相比于之前教师讲授幼儿数学教育基础理论，学生比较喜欢模拟教学环节，也投入了更多的热情。但是由于学生的实习经验少，基础知识不够，学生往往在模拟教学中表现出忐忑、紧张等心理状态，同时也会出现这样那样的问题。本文是针对学期中学生的第三次模拟教学活动的评价。模拟教学者张某是一个综合素质相对较好的学生。在她上课之前，教师只是简单地了解了她对活动内容的掌握情况，提供了做教学具需要的一些彩色卡纸，没有其他的指导和建议。之所以想突出这个案例中教师指导评价的过程，是因为我校学前教育专业的所有教法课都有模拟教学环节，但是教师往往在模拟教学环节有更多的问题和困惑，比如对组织模拟教学活动没有规划、对模拟教学活动的要求不规范、对模拟教学活动的评价准备不充分、对模拟教学者的指导随意、模拟教学活动评价流于形式等问题。我们希望本案例中教师的指导模式、方法和理念对与我们相关的学生和教师有一定的启发意义。

二、活动描述

模拟教学者：张某，以下简称张。配班同学：尚某，以下简称尚。回答问题和提问的学生用学生1、学生2……表示。模拟教学活动的内容是中班"5以内序数的认识"。

(一)模拟教学过程

张：中班的小朋友们好！

"幼儿"：张老师好！

张：请大家和张老师一起做手指操"大拇指顶顶，二手指碰碰，三手指弯弯，四手指对对，小手指翘翘，五个手指是好朋友"。

小朋友现在都会数数了，请和老师一起数"1，2，3，4，…，10"。

(请小朋友自己练习，同时配班同学尚把数字卡片张贴于黑板上。)

张：今天张老师带来了许多小朋友喜欢的东西，请小朋友睁大眼睛看，并说出它们的名字(出示卡片)。

"幼儿"：葡萄、西瓜、桃子、香蕉、苹果。

(配班同学把水果卡片张贴于数字卡片1、2、3、4、5之上，并取下其他的卡片，见图31-1。)

葡萄	西瓜	桃子	香蕉	苹果
1	2	3	4	5

图 31-1　水果卡片与数字排列图 1

张：咦，这些水果好像排队了呀。(留下一段时间请"幼儿"观察)请告诉老师谁排在第一位？谁排在第二位？……谁排在第五位？(回答略)

张：请尚老师和我一起把数字卡片换一个方向(见图31-2)。请小朋友们再告诉老师谁排在第一位？谁排在第二位？……谁排在第五位？

葡萄	西瓜	桃子	香蕉	苹果
5	4	3	2	1

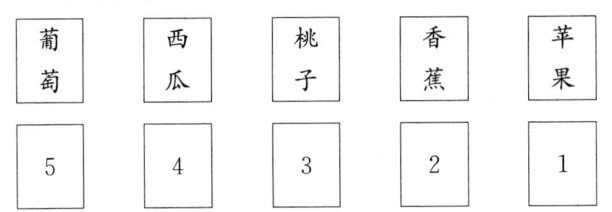

图 31-2　水果卡片与数字排列图 2

请小朋友们想一下刚才葡萄排在第几位？现在排在第几位？("幼儿"回答后停顿一会儿)西瓜呢？苹果呢？为什么会这样呢？

("幼儿"思考后回答。)

张：对，刚才我们是从左边开始数的，现在是从右边开始数的，请小朋友们和老师一起点数。从左往右，边点指水果，边说第一、第二、第三……第五。从右往左，边点指水果，边说第一、第二、第三……第五。

(老师请小朋友们自己做点数练习，并说出哪种水果在第几位，休息停顿一会儿。)

张：小朋友们，看老师带来的第二组卡片，它们是"衣服、鞋子、手套、袜子、帽子"，我们也把它们排成队。

（配班同学配合，将卡片张贴于黑板上。）

张：请告诉老师，从上往下数，谁排第一、第二、第三……第五位呢？（回答略）如果从下往上数呢？鞋子在第几层？手套在第几层？（回答略）

张：今天我们学会了从左往右数和从右往左数……跟老师读一首儿歌（停顿后下课）。

从左往右数，

从右往左数，

从上往下数，

从下往上数。

要想知道排列的序数，

必须知道从哪数，

第一、第二、第三、第四和第五。

（教学活动戛然而止，但"幼儿"似乎还意犹未尽。）

（二）活动评价与延伸

1. 评价与讨论

教师：下面我们从一个完整的教学活动的结构来分析、讨论张同学的这次活动。张同学，你这节课的教学内容是什么？教学目标是什么？

张：教学内容是认识5以内的序数，教学目标是教孩子学会5以内的序数。

教师：为了达到这一目标，你的教学设计是怎样的？有几个环节？

张：5个环节，分别是复习基数、按左右排列得序数、按上下排列得序数、总结和巩固、用一首儿歌巩固序数的方向性。

学生1：你重点突出哪个环节？（张回答第二环节和第三环节。）

学生2：你应用了怎样的教学方法？（张回答演示讲解。）

教师：在教学目标和教学方法上，同学们有什么意见和建议？

学生3：上课的时候，老师说要从三个层次设定教学目标，所以我觉得教幼儿学会5以内的序数只是知识性的，缺少能力性和情感性目标。

学生4：我觉得应该使幼儿初步理解序数的意义，这是认知性目标；能用序数第一、第二……第五表示物体的排列次序，这是能力性目标；引导幼儿乐于操作和游戏，在操作和游戏中体会学习、探索的乐趣，这是情感性目标。

学生5：由于她设定的目标单一，所以教学方法显得单调。如果增加操作和游戏环节，那教学方法就多样了，小朋友们也可能更活跃。

教师：对于这次模拟教学，请同学们说说它的精彩之处与不足之处。

学生6：精彩的地方不少，比如把数字卡片左右调换和上下调换，再加上用手势表示开始数的方向，很好地解决了序数学习中从哪里开始数又向什么方向数的问题；最后的儿歌也很好，我可能编不出来。

教师：说到儿歌，大家觉得有没有不妥的地方？

（学生议论，说"要想知道排列的序数"好像有问题。）

教师：那改成什么呢？要想知道排列的次序，必须知道从哪儿数。这样可以吗？

（学生点头同意。）

学生7：我觉得不足之处就是少了操作和游戏环节，教学结束得有些突然。

教师：如果给这次活动加上操作和游戏，谁能想出好的操作和游戏？

（学生讨论3分钟左右。）

学生8：提供沙包让小朋友玩、摆弄，边摆边说"这是第一个，这是第二个……"

学生9：让5个小朋友排队，横着排和竖着排，并让其他小朋友说"谁在第几位"，也可以让小朋友看自己在第几位。

学生10：还可以让花盆排队，让积木排队，让汽车排队。

教师：游戏呢？

学生11：可以让5个小朋友玩赛跑游戏，看谁是第几。

学生12：可以玩猜小球在哪个杯子里的游戏，即把杯子贴上标号，将小球藏在其中一个杯子里，让小朋友猜小球在哪个杯子里。

……

教师：非常好，同学们给出了这么多的操作和游戏活动。如果在第三个环节后加上操作和游戏的内容，教学活动就不会结束得太突然，幼儿也会有更多操作和游戏的机会来巩固对序数的认识和应用。对教育活动做了这样的完善之后，同学们还有其他建议吗？

学生：课上和课下延伸环节。

学生13：可以在数学角区域设计不规则排列、多维排列（如图31-3和图31-4）。

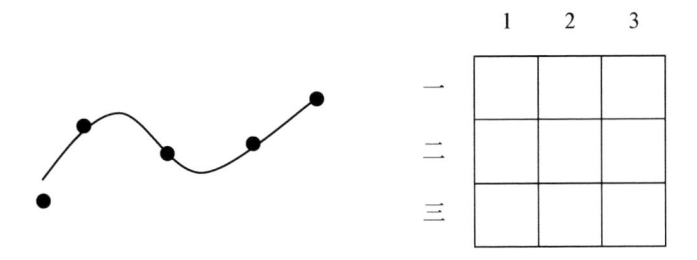

图31-3　不规则排列　　　　图31-4　多维排列

学生14：可以做一种能左右移动或上下移动的东西。

学生15：可以让幼儿在回家途中数一数见过的第几个同学、第几辆汽车、第几棵大树、第几家饭店等。

教师：我们从活动内容、活动目标、活动过程、活动方法、活动延伸5个方面做了讨论和分析,希望同学们进行活动设计、模拟教学以及评价时都能从这些方面展开,形成良好的规则意识和习惯。

2. 拓展与延伸

教师:我们除了做结构化的活动设计外,还可以在日常生活或在家庭环境中教幼儿认识5以内的序数。下面我们从固定句式"当……时,可以……"入手,看在哪里还可以学习认识5以内的序数。

学生思考后,轮流发言:

当幼儿吃饼干时,可以让幼儿数一数这是第几块;

当幼儿和小朋友进行跑步比赛时,可以让幼儿数一数这是第几轮;

当上下楼梯时,可以让幼儿数一数这是第几级台阶;

当妈妈买来蔬菜时,可以上让幼儿摆一摆、数一数一共有几种蔬菜及胡萝卜排第几个;

当幼儿排队时,可以让幼儿数一数自己排在第几位;

当幼儿玩小石子时,可以让幼儿把石子排起来,看看石子是第几个;

当幼儿玩投篮球时,可以让幼儿数一数这是自己投进的第几个球;

当幼儿玩水时,可以让幼儿数一数这是自己倒的第几杯水;

……

(学生提出了许多好的建议和途径。)

3. 量化评价

教师下发学生模拟教学活动评价表(见表31-1),对模拟教学者进行量化评价。

表31-1 学生模拟教学活动评价表

项目	得分				
	5	4	3	2	1
1. 准备充分					
2. 内容熟练					
3. 目标全面					
4. 过程完整					
5. 具有示范性					
6. 语言简练					
7. 活动有创意					

续表

项目	得分				
	5	4	3	2	1
8. 仪态大方自然					
9. 和小朋友的互动好					
10. 综合素质高					
总分					

三、案例分析与反思

在各学科教法课的模拟教学环节，一方面，学生存在着这样或那样的问题；另一方面，教师的问题也不少。学生的问题是：准备不充分；活动过程寥寥草草；角色定位不稳定(一会儿是教师，一会儿是学生)；照搬别人的活动设计和教学方法等。教师的问题往往是不能全面评价学生的模拟教学活动，评价带有很大的随意性，不考虑如何指导学生进行评价。这些问题往往使学生的模拟教学活动流于形式，使学生真正的收获不多。在本案例中，模拟教学者的表现还是相对不错的，角色定位稳定、组织活动井井有条、自己的创意表现也很突出，值得肯定。同时，教师在带领学生评价时表现出的系统性、计划性和创新性也有效克服了模拟教学活动评价环节的种种弊端，为幼儿数学教育或其他学科的模拟教学活动评价提供了较好的模式和方法。

(一)教师对学生的评课活动进行了系统指导

一个完整的教学设计，要有活动名称、活动目标、活动准备、活动重难点、活动过程、活动延伸等几部分。教师在引导学生评价讨论时，基本上是以问题的形式按以上顺序逐步展开的。第一，教师提问了模拟教学者的活动内容及目标，针对她的回答和学生展开讨论，就其问题做了调整，补充了活动目标，针对模拟教学者自创儿歌中的问题做了修改。接着，有学生提问了模拟教学者怎样突出重难点的问题。从中可以看出，学生对完整活动设计的前面部分内容掌握得还是比较牢固的，同时也可看出，学生对评课的环节还在熟悉中。第二，教师提问学生这次模拟教学活动的精彩之处和不足之处，引出了师生对活动过程的讨论。学生在肯定了这次活动重点突出、有自己的创意、材料丰富的同时，指出了活动过程需要补充和完善，需要增加操作和游戏环节。值得注意的是，教师针对要增加的操作和游戏内容给予了学生讨论和交流的机会，这对培养学生思维的灵活性和创新意识有很重要的意义。第三，教师把问题引到了活动延伸和拓展问题上，使学生在不规则排列和多维排列上做了一定的探索，教师的引导作用得到发挥。第四，教师利用学生模拟教学活动评价表对模拟教学讲者做了一个全面的量化评价，完成一个评价过程。可以看出，教师对一个完整的、科学的评价过程的把控，能做到心中有数、步步为营，不但让学生明白了活动设计的结构，加强了学生对活动设计的理解，也让学生掌握了评课的方法。

(二)教师启发学生完善操作和游戏环节的做法值得学习和借鉴

操作和游戏是幼儿数学学习的主要方式，但是从目前的教材、网络资源来看，灵活多变的操作和游戏活动是很少见的。一个幼儿数学活动往往重复出现一种或几种操作和游戏活动。例如，在"认识5以内的序数"这个活动中，大家基本都在用给小动物找房间、给小动物挂钥匙、小动物乘火车等活动。虽然这些都是很好的活动，但大家看得多了、用得多了就会觉得缺乏新意，失去看下去、听下去的兴趣。在案例中，教师提供了相对较长的时间让学生思考、讨论操作和游戏活动。大家集思广益，提出了不少好的创意，其中猜小球在哪个杯子里、翻卡片都有经典游戏活动的影子，这对丰富活动内容、增强学生创新意识和从教能力有很大好处，值得借鉴和学习。

(三)拓展环节中句式的使用拓展了学生思维，丰富了学生的数学认识

现在的幼儿数学教育，除了在幼儿园进行结构性教育（教师组织的数学活动）外，还越来越依靠一些非正式的学习（成人引导幼儿在非集体的环境中零散地、灵活地进行数学学习）和情境性学习。为幼儿创造更多的学习机会，对幼儿感知现实中的数量关系、积累数学经验有很大好处。案例中，教师通过"当……时，可以……"让学生思考现实生活中还有哪些时间、地点、环境可以进行幼儿序数教育。学生轮流叙说自己的看法，得到不少有意义的答案。教师创造的这一句式对于丰富学生的数学认识、提高学生的从教能力有很大裨益。

四、成果分享

通过案例分享，我们可以看出，本案例提供了不少有价值和可借鉴的好方法、好活动及好模式。

(一)操作活动和游戏项目

①提供沙包让小朋友玩、摆弄，数序数。

②让小朋友、花盆、积木、汽车排队，数序数。

③让小朋友赛跑，数序数。

④让小朋友玩开火车游戏，数序数。

⑤让小朋友玩翻卡片游戏，数序数。

⑥让小朋友玩种树游戏，数序数。

⑦让小朋友猜小球在哪个杯子里，数序数。

(二)学生模拟教学活动评价表

见表31-1。

(三)句式的使用

"当……时,可以……"句式可以帮助学生创造出多种数学学习活动和机会,对于开拓学生的思维、丰富教学活动具有重要意义。其他举例如下:

当幼儿捡拾树叶时,可以让幼儿数一数一共捡了几片树叶,可以让幼儿分一分树叶有几类,可以让幼儿数一数这是捡的第几片叶子,可以让幼儿把树叶摞起来摸一摸树叶的厚度,可以让幼儿看一看每片树叶的形状,可以把树叶装在袋子里让幼儿感受一片树叶和一袋树叶的重量等;

当幼儿上下楼梯时,可以让幼儿感受向上走和向下走的感觉,可以让幼儿看一看楼梯的形状,可以让幼儿数第一个、第二个、第三个……可以让幼儿数一数一共上了(下了)多少个台阶等。

剪纸教学案例

保定幼儿师范高等专科学校　赖其平

一、案例背景

剪纸是我国传统的民间艺术，是民间美术中非常活跃、非常普及、非常具有代表性的艺术品种。剪纸作为手工课上的一部重头戏，是对中国传统文化的传承，使剪纸这一非物质文化遗产得以继承和发展。剪纸使用工具简单、材料廉价、工艺简便，可以随时随地进行。学生只要努力，就可以创作出精品。幼儿师范生参加工作后，可以将剪纸作为幼儿园的授课内容，可以启发幼儿的想象力、创造力，锻炼幼儿的动手能力。剪纸在布置环境、美化生活中起着不可替代的作用。

刚开学时，有些学生向我要剪纸的图案，请教剪纸的创作方法。在学生学习欲望强烈的前提下开设剪纸课，应当是不错的选择。

本次课选择剪纸中的"五角星"与"团花"作为授课内容。本次课在教学过程中充分发挥教师的主导作用，引导学生自学，充分调动学生的积极主动性。

二、教学过程

因为快过年了，我维持好课堂秩序后就问了一个好像很随意的问题："同学们，快过年了，家里都准备好年货了吗？"听到这个问题，同学们都很兴奋，有的同学回答："我家买了一整只羊，我最喜欢吃涮羊肉了！"这引起全班同学善意的笑声。在这种轻松的氛围下，我又进一步导入："除了吃的，还有什么其他想法吗？"有一名同学回答："我为家里买了几个红灯笼，还买了几幅漂亮的窗花。"听到这个回答我很满意："哦，窗花。那窗花的另一个名字又是什么呢？"几名同学讨论了一下，然后一名同学回答："应该是'剪纸'吧。"

我趁机引入："我们这节课学习的就是剪纸。下面请大家欣赏几幅剪纸作品。"我利用电脑展示单色剪纸、彩色剪纸，并简略地介绍剪纸是我国传统的民间艺术，是极具代表性的非物质文化遗产以及剪纸的发展和种类。看到多种风格的作品，同学们发出阵阵惊叹声："哇，好漂亮！这是怎么做出来的？"有一名同学沮丧地说："太复杂了，我们肯定做不出来。"一部分同学用询问的眼光看着我。我点点头："做得出来,下面请大家欣赏几幅历届学生的优秀作品。"我关掉电脑,逐幅展示毕业生作品,念出作者的班级、姓名,简介作品种类、制作方法、作品特点。在此过程中,我听见有同学小声议论:"那幅作品的作者是我们老乡,比咱们大三届。"我趁机说:"看到这些作品,大家应该有信心了吧?我们有艺术家的优秀作品可以借鉴,有学姐的优秀作品使我们树立信心,大家还可以在网上寻找素材,或访问我的QQ空间。我有几篇日志是关于剪纸的,大家可以浏览、借鉴。"

"但是——"我话锋一转,"我们无论学什么,都要从基础学起,剪纸也是一样。我们要从最简单的五角星的剪法学起,再学习团花、套色剪纸。我提几个问题,请大家带着问题看书,自学五角星的剪法。同学们已经是四年级的学生了,还有一年多的时间就要毕业成为幼儿教师了。为了早日完成从学生向教师身份的转换,我在课堂上尽量为大家提供试讲的机会。10分钟后,我会随机请两位同学到讲台上来,以幼儿教师的语气,边讲解、边示范五角星的剪法。"

问题:
①剪五角星的第一个步骤是什么?要点是什么?
②剪的角度与剪出来的形状有什么关系?

我把问题写在黑板上后,教室里顿时安静下来。同学们都在认真地看书,并且一边看一边试着剪,嘴里还轻声地组织着教学语言。

10分钟后,我请两位同学上来讲课,并对全班同学提出要求:"请同学们配合试讲的同学,及时互动,留意试讲同学的优点和不足,思考如果让你来讲,你会怎样讲。"学生试讲完毕后,我先请几位同学点评,然后从内容、语言的组织、教态等几方面进行点评,最后强调五角星剪法的要点,把同学们没讲明白的地方详细地讲了一遍。

在同学们都会剪五角星之后,我进一步把内容延伸:"同学们刚才剪五角星时剪的是直线,下面我们把直线换成弧线看能剪出什么形状。"一位同学剪好后打开自己的作品,举起来说:"快看,我剪出了五瓣花!"

"剪出五瓣花的同学可以试着在上面剪出纹样。"我继续引导。

"老师,看,我剪的梅花好看吗?"

"老师,我剪得太难看了!"

"老师……"

在这样热烈的气氛下,我高兴地说:"大家想剪出漂亮的图案吗?五瓣花其实就是最简单的团花,下面我们学习团花的内容。"

我利用课件展示不同种类的团花,讲解团花的造型原则、造型特点。然后,我让同学们从简单的图案开始练习,在五瓣花的原型上稍加点、线的点缀,之后再逐步增加难度。在同学们掌握了月牙纹、锯齿纹、云纹、水滴纹、叶纹的基本技法后,我让同学们自己创作一幅团花剪纸作品。

三、教学反思

新课改是从 20 世纪末开始的，也是在世界各国进行课改的形势下展开的。新课改倡导探究文化，强调应在不同层面进行课程创新，应尊重学生经验，倡导自主、合作与探究的学习方式，实现民主、平等的师生关系。纵观整个教学过程，我做了如下反思。

第一，在以往的教学中，我们一直在倡导"教师为主导，学生为主体"，但是在实际教学中，教师常常是"主演加导演"，学生只能被动学习。要想使学生成为学习的主人，教师必须从"主演"转化为"组织者""引导者"，提出问题引导学生自学，还课堂给学生，让学生自主学习。本次教学过程让学生先学，教师后教，充分调动了学生学习的积极主动性。学生向教师身份的转变，始终是一个艰难的过程，而加入试讲环节，既是对学生学习效果的检验，也为学生早日成为合格的幼儿教师奠定了基础。在课堂教学中，教师努力创设了民主、平等、和谐的课堂气氛，从创设生动具体的情境入手，师生共同参与学习活动，以缩短教师与学生的距离。新课改强调培养学生学习的兴趣，强调学生自主探究学习，强调情感体验，注重学习过程，强调通过实践活动使学生学会自主获取知识，提高学生的思维能力、动手能力。启发性原则看似强调教师的启发，实则更重视引导学生主动探究，着重学生的领悟、融会贯通与觉醒，让学生能主动地创造性地获得知识、智能与技能。

第二，在教学内容的选择上，本案例加强知识的联系性，如剥茧抽丝，循序渐进，环环相扣。本次教学从五角星开始，引出五瓣花，再拓展到团花，从团花还可以拓展到套色剪纸。教学注意新旧知识的衔接，力求在旧知识的基础上引出新知识，同时又使旧知识为新知识、新技能的学习奠定基础。此外，教师还注意学生学习的系统性和连贯性。新旧知识的联系既在导入时得以体现，也在讲课过程中得以渗透，而且在设计提问与练习中有所兼顾，贯穿了教学过程的始终。知识与技能由浅入深，使知识的讲授得以递进，加强了学习的连贯性与延续性；使学生的知识层面渐宽渐高，不再将高难度的知识与技能的学习视若畏途。

第三，在教学手段的运用上，本案例将传统教学模式与电化教学、网络教学相结合。在教授基本内容之前，教师首先展示优秀作品，让学生对剪纸这一艺术形式有初步的了解，并对自己能达到的程度有信心；再利用课件展示各种风格的剪纸作品，拓宽学生眼界；让学生浏览教师 QQ 空间的相关日志和互联网中的相关素材，此过程既与信息技术教育相整合，使手工教学手段向多元化发展，同时也适应学生认识的发展特点和身心发展的需要，从而使手工教学用简易、新型、交互、愉悦的学习方式，满足学生个体自我发展的需要，实现促进学生智力发展的目标。在教学时，教师利用互联网收集有关手工课题的信息资源，制作色彩纷呈的教学软件，开展生动活泼的课堂教学；利用信息技术，引导学生积极参与学习的全过程，充分发挥学生的主体精神，不断提高学生的欣赏和评述能力。

对《动物游戏之谜》本身的讨论与探究

——幼儿师范语文教学案例

保定幼儿师范高等专科学校　李　烨

2013年，我校升格为高等专科学校。随着一系列促进学前教育改革与发展政策的出台，学前教育迎来了发展的春天。我校在升格转型之初，正处于学校转型和内涵提升的关键时期，原来中专时期的人才培养模式已不能适应新形势的需要。对于教师而言，如何跟上教师教育新时代的步伐，做一位合格的幼儿师范学校教师成为摆在我们面前最重要的课题。

一、案例背景

作为幼儿师范学校的教师，我们不仅要熟悉自己所教学科的知识与业务，而且要对有关的幼儿教育知识非常了解，这样才能在教学中灵活采用适合幼儿师范生学习的教学方法。正如《幼儿园教育指导纲要（试行）》所要求的，我们一直希望把我们的学生培养成"幼儿学习的支持者、合作者、引导者"，那我们首先要让我们的学生在日常学习中学会做活动的支持者、合作者、引导者。教育部在《3—6岁儿童学习与发展指南》里，从健康、语言、社会、科学、艺术五大领域描述了幼儿的学习与发展，为我们提供了具体可操作的指导，指出幼儿的社会性主要是在日常生活和游戏中通过观察和模仿发展起来的。这句话特别提到了游戏在幼儿身心发展中所起的至关重要的作用。《幼儿园工作规程》也明确指出"幼儿园应当将游戏作为对幼儿进行全面发展教育的重要形式"，"因地制宜创设游戏条件"。《幼儿园教育指导纲要（试行）》同时也指出"以游戏为基本活动"。可见，游戏在幼儿生活中有着重要地位。

二、事件描述

我所教的科目是学前教育专业的语文，选用教材中《动物游戏之谜》这一课作为教学内容，实践自己的教学思想，尝试把学前教育的"游戏"理念和教学融合在一起，以求收到更好的教学效果，探索出新的教育模式。

质疑：动物的游戏行为和人类的游戏有关系吗？

答：有很大关系。人类也是动物的一种，属于高级动物。动物本身具备一定的智慧、创造性和多样的交流方式，是具有智慧的生命体。因此，人类要重新定义动物本身，重新审视和动物的关系，重新认识自己。

片段 1：

我(导入话题)：提到"游戏"，我们不禁想到自己的童年。请问同学们，关于过去你们喜欢的游戏，你们能想起多少？

学生(显得很兴奋)：跳方格、丢手绢、跳皮筋。

学生：捉迷藏、弹玻璃球。

学生：下了雪还可以打雪仗、溜冰、堆雪人。

我：大家喜欢游戏吗？

学生们(异口同声)：喜欢！

我：为什么呢？游戏给大家带来了什么样的乐趣？

学生：放松身心，强健体魄。

学生：激发了兴趣，在玩中体会到了生活的乐趣。

我(总结陈述)：是啊，小伙伴们在空气新鲜、阳光充足的房前屋后的空地上，玩踢毽子、跳方格等游戏，心情是愉快的，身体是健健康康的。由此可见，游戏对年幼的孩子有着多么大的吸引力！

片段 2：

我：儿时的游戏给我们留下了深刻的印象。作为高级动物的人类能创造出各种各样有趣的游戏。那么动物世界中存在什么样的游戏行为呢？今天我们就来学习《动物游戏之谜》。

(学生品读文章，整体感知。)

我：文章的重点内容是什么呢？

学生：动物为什么游戏。

学生：文章的题目是《动物游戏之谜》，主要内容应该是解说"谜"在哪里，所以文章列举了各种假说。

我：请同学们以小组为单位找出关键句，筛选出"假说"的根据和结论。

(学生开始讨论。)

第一组：演习说。根据是黑猩猩掌中戏水的游戏。结论是游戏是生活的演习。

第二组：自娱说。根据是河马玩浮叶、渡鸦滑雪梯。结论是自得其乐的游戏，使动物的紧张生活得到调剂和补偿，使其"心理"保持平衡，实现一定的自我安抚和自我保护。

第三组：学习说。根据是黑猩猩玩棍子。动物捉迷藏和追逐游戏使它们能把自身的各种天赋技能和复杂的自然环境、社会环境巧妙地结合起来。结论是游戏是一种十分重要的学习行为。

第四组：锻炼说。根据是羱羊奔跑跳跃、北极熊夏季进行的游戏。结论是动物通过游戏锻炼自己的身体和生存能力。

（学生就学说问题讨论交流。）

我：你同意或不同意哪种学说？为什么？

学生：我同意"演习说"，因为动物通过游戏来增强自己的生存能力。

学生：我同意"学习说"，因为动物在游戏中学习本领，提高自己的生存能力。

我：动物的游戏行为是很复杂的，不同的动物可能有不同的原因。人类对动物的研究还不够，所以动物的游戏行为仍是一个谜，希望同学们能展开讨论，提出自己的见解，参与到对这个问题的争论中来。

片段3：拓展、探究

我展示一组事先准备好的儿童游戏的图片，请学生说一说儿童为什么要进行游戏。学生可以各抒己见。

我展示一组可爱的动物图片，就一些问题让学生课下展开思考，例如应当怎样保护动物等。

三、点评与反思

第一，从学生的亲身经历与感受出发导入话题，能起到激发学生兴趣、使课堂气氛变得融洽的效果，进而为课堂教学打下好的基础。本案例所讲内容是一篇科普说明文，为了力避讲得枯燥单调，我在导入环节用学生的童年游戏做话题，有效地发挥了学生的主观能动性。学生的参与热情比较高涨，使教学收到了预期的效果。

第二，在问题情境的设置上，我考虑到文章本身难度不大，关键是引导学生向深处挖掘，所以把文章的重心放在"谜"这个字眼上。由"谜"开始，到"谜"结束，整个教学过程首尾呼应。为了激发学生的探究意识，在分组讨论时，我采用竞赛形式，让学生互动，这样课堂便产生了许多可贵的见解。

第三，采用形象直观的教学法。我用图片的形式展示动物的样子，并展示儿童做游戏的图片，把抽象的问题形象化了，让课堂变得更加富有趣味性，让人耳目一新，能够充分发挥学生的主体性和主动性，使学生用心感悟，用自己的观点去判断，用自己的思维去创新，用自己的语言去表达，将生活与科学相结合，自然而然地领悟"动物游戏"的内涵，同时也培养了学生勤于探索、勇于钻研的科学精神。形象直观的教学法在提高学生语文能力的同时，丰富了学生的人文素养，也使教师实践了教学改革和教学方式创新的点点滴滴。

幼儿园管理实务课程案例教学的
设计、实施与反思

长沙师范学院 肖 玉

幼儿园管理专业的学生一直面临比较尴尬的境地。一方面，管理深奥难懂，学生学习时缺乏实践应用机会；另一方面，幼儿园管理专业的学习又非常重要。当前，幼儿园管理人才奇缺，幼儿园工作者的管理素养亟待提升。幼儿园管理实务这门课程是幼儿园管理方向三年制大专学生的专业课程，是培养学生就业核心竞争力的主干课程，也是推动学前教育管理行业发展的创新动力。认真做好本课程的教学工作，无论是对学生学习、就业，还是对促进幼儿园管理理论的发展、推动幼儿园教育实践的改革都意义重大。

案例教学法可追溯到古希腊时代，但它真正作为一种成熟和系统的教学方法，却是19世纪末在美国兴起并逐步发展的。[1] 案例教学法作为一种比较成熟的教学方法和教学手段，有一套行之有效的操作理论、规范和模式，在培养应用型、实战型人才方面具有独到的功能和效果，成为实务性课程教学的首选。在高专学生学习幼儿园管理实务时采用案例教学法，充分调动学生学习的主动性、积极性，不仅具有现实意义，而且对学前教育其他领域课程的学习也有借鉴价值。

一、幼儿园管理实务课程案例教学的设计

(一)分析课程，厘清思路

幼儿园管理包括管理基础理论、实务操作原理与方法论、幼儿园管理评价等内容，其中实务操作原理与方法论又包括保教管理、人事管理、卫生保健管理等板块。教师在设计时要选择恰当的案例，把握案例的理论性、实用性、典型性、针对性、启发性。目前，教师大多选取大中型幼儿园作为案例研究对象，但仅仅分析大中型幼儿园是欠妥的，因为民办小型幼儿园大量存在，学生很有可能被聘到小型园。因此，教师必须在收集的基础上对案例进行适当改编，甚至根据实际情况重新编写，使之能反映当前幼儿园管理的普遍状况。同时，教师要注意案例教学过程的组织，灵活探索案例教学中的多种教学方法，如课堂讨论、小组辩论、重写案例等，将社

---

[1] 参见孙铭：《实务性课程案例教学模式的研究意义与实施方案》，载《成功(教育版)》，2010(11)。

会生活带入课堂，提高学生的实践、创新和就业能力，提高案例教学的实际效果。

(二)分析学情，明确重点

幼儿园管理实务课程面向的是高专学生，这些学生已经接触了学前教育的一般理论课程，但学习幼儿园管理实务还存在明显的知识结构短板。部分学生对于该课程的认识尚有偏差，觉得这门课程过于理论化，学习兴趣打了折扣；部分学生缺乏将理论应用于实际的意识和习惯，局限在"你说我听"的被动接受状态，在讨论、分析活动中，不明白应怎样表述自己的观点，不能充分发挥自身的主体地位。此外，学生的实践经验基本是一片空白，实践能力亟待提高。

为此，我们将幼儿园管理实务课程的定位锁定在培养学生的逻辑思维能力和实践能力上。教师设计要避免在解释理论、阐明体系方面花费过多时间，应注重实践中的应用，在补充管理知识的同时，与幼儿园实际紧密相连，突出实践性、综合性；引导学生正确认识自身定位，脚踏实地，客观认识幼儿园的各个岗位，形成良好的思辨习惯；充分考虑学生的已有经验，将新学知识与现有知识建立联系，便于学生理解和接受。

(三)收集案例，建立联系

课程设计要让案例对接幼儿园实践，激发学生思考。目前幼儿园管理实务的案例教学还不够成熟，原有案例比较零碎、不系统、缺少内在联系，在教学中很难形成合力，使学生理解、应用起来费时费力。本课程根据幼儿园实际，选取不同类型的幼儿园，从该园的人事、教科研管理、环境说起，一直到该园的行政组织结构、园长的领导职能，都密切结合园所背景，从而提升学生思考的整体性和连贯性。

二、幼儿园管理实务课程案例教学的实施

(一)选择典型案例，精心设计问题，做好课堂铺垫

经验预备、典型案例、问题激发是保障案例教学成功的要素。良好的课前准备可以有效提高课堂效率。在教学过程中，案例庞杂会导致每个案例都无法深入。因此，教师要根据课堂的重点提前准备讨论的核心主题，确定案例类型。理论学习可以采用实证性案例，例如在管理过程的学习中，教师就选取了"新任班主任的目标""参观观摩的任务""竞争对手的出现"等案例，让学生以不同的身份参与到幼儿园工作任务的计划和执行中，运用管理过程理论来指导实践，体会一般管理过程对具体事务的指导作用。实务原理的学习可以采用分析型案例，例如在人事管理中，教师采用"男教师是否该被辞退""钢琴特长教师的评价""保育员该退休吗""保教主任之间的矛盾"等案例，分别就教师的聘用、同事之间的相处、教师的考核与评价等设置案例。解决方法应不拘一格，注重学生思维的开放性和与现实的对接，培养学生的逻辑思维能力和创新能力。管理技能学习多用模拟操作型案例，例如保教管理中，教

师以"两教一保"的幼儿园班级配备方式来分组,组织小组模拟管理情境。另外,因为学生对案例的理解和分析需要一个过程,教师最好提前一周把案例发给学生阅读,并推荐参考文献和网站,引导学生自主搜索资料,使学生充分熟悉案例与问题情境。

(二)精心呈现教学过程,适当引导和点拨,积极助推学生思考

教师做好案例教学的角色准备,重在创设有准备的案例情境,选择、设计良好的案例,创设自由讨论的气氛和环境,充分推动案例研讨的进行。铺垫经验之后,教师可以利用卡片、多媒体等呈现案例情境,给学生提供充足的支持性材料,以利于学生做出价值判断。案例学习中,许多学生能够单纯从客观角度分析案例,但是缺乏对社会文化深层因素及其他背景的认识,使讨论的方案操作性不强。例如,面对案例"浙江幼儿教师虐童事件",学生纷纷指责当事幼儿教师,使讨论被谴责和义愤包围。这时教师抛出换位问题"如果我是她的搭档",引导学生将自身与案例联系起来。学生进而考虑"是先保护孩子还是先批评同事",继而思考在观点不同时怎样与同事交流,怎样坚持原则。适时提示、追问、反问引发了学生的热情和自信,使学生在高昂的情绪状态下始终保持清醒理智的思维,从而高效率地参与讨论。又如,案例"新手教师的苦恼"展示了新手教师的做法和受到的批评。在讨论该案例时,教师引导学生跳出个人视角,联系公共关系、人际交往等方面进行社会学分析,分别从当事人、园长、教师、家长、幼儿等角色出发,以第一人称谈想法。学生逐步学会从不同的立场看问题,从单纯的价值判断上升到思考具有成效的处理措施。

(三)课后评析,验证、巩固案例教学的实效

案例分析结束时,教师要对学生的发言进行总结和概括,保护学生上课的积极性,也要明确指出学生思维的偏差,提出改进建议,同时还要反思教学过程中教师的作用:对教师预设的一系列问题,学生是否感兴趣?对学生各种表现的应答的时机是否恰当?如何总结提炼?一个关于"男教师是否应该被辞退"的案例,曾经在课堂上引发了激烈的争论。几个小组内部争议很大,正方从幼儿园安全、家长满意度、师德教育、同伴影响力等方面逐一分析,坚决要求辞退该男教师。而反方认为,根据目前中国幼儿教师男女比例极不平衡的现状,应该多给男教师机会。反方从弹性管理的角度,提出再给一次机会让男教师改过,并在多方面帮助男教师成长。辩论一直到下课仍然没有停止,于是课后各组以案例分析报告的形式,阐述他们达成的共识和存在的分歧,深化已有的认识。这样的案例学习给学生留下了深刻的印象,更重要的是,学生的语言表达能力、领导能力和交际能力得到了锻炼,逻辑推理、换位思考等能力也得到了有效训练。在今后的管理工作中,他们更能求同存异,更能理解和适应不同角色的社会需求。当然,在多元解答中,教师也要明确一些重要的因素,包括分析步骤是否恰当、思维逻辑是否可行、是否抓住了问题的实质和关键等。

在多次研讨之后,教师发现不能让全班学生只就同一案例充分表达想法。如果

同时给学生提供一张包含 3~5 个案例的清单，学生就可以根据兴趣爱好、经验背景、理解程度等选择合适的案例进行讨论，不但能激发学生的学习积极性，更能拓展学生的视野，促进学生自主思维的发展。统一案例到自选清单，有力提高了案例分析的教学实效。

三、幼儿园管理实务课程案例教学的反思

(一)案例教学推动课程目标顺利达成

学生学习兴趣浓厚，更加关注社会热点，主动讨论新闻媒体中的幼儿园事件；学生逻辑思维日趋严谨，开始形成良好的思辨习惯；学生的口头表达能力、小组合作能力、领导能力、创新能力得到了锻炼。案例分析中常用的换位思考、逆向思维让学生对幼儿园生态环境中的各类关系有了真切的理解，锻造了学生谦逊、踏实的学习品质。

(二)学生就业态度更趋明确

学生就业态度很大程度上决定了其职业幸福感。在案例分析中，学生常以第一人称讨论："如果我被任命为保育员，我会……"学生在充分讨论后再对照观看几位保育员的现状，就能明白其实大家都是从基层干起的。学生重塑心态，进一步明确自身定位，更加懂得身边每个人都值得学习。实习证明，不管学生是在园长助理、教师岗位还是在保育员岗位上，他们都能正视自身角色，因此受到实习单位的普遍欢迎。

(三)案例教学还需持续拓展和改进

拓展案例信息来源，加强与幼儿园的联系，加强幼儿园管理实务案例之间的层次性和系统性，建立覆盖各类幼儿园的案例库，使之能更全面地反映幼教生态环境中的实际情况，还需要各方持续不断的努力。

参考文献

1. 孙铭.实务性课程案例教学模式的研究意义与实施方案.成功(教育版)，2010(11).
2. 张玉英，李向东.经济类课程案例教学中的问题与对策.中国成人教育，2007(22).
3. 张元鹏，刘文忻.我国理论经济学教学中的案例教学问题研究.北京大学教育评论，2005(S1).
4. 胡勇，王陆.基于学习共同体视角的网络交互案例分析.中国电化教育，2007(1).

幼儿美术教育课程教学中研究性学习的运用

长沙师范学院 封 蕊

一、研究缘起

幼儿美术教育是一门兼具艺术性与工具性的学科。在该课程的学习过程中，学生不仅需要掌握引导幼儿感知与欣赏美、创造美与表现美的教学策略，更要培养自身感知美、体验美、欣赏美、创造美的审美素养。但在近一年的教学中，我们发现高专学前教育专业学生虽然学习了各种美术技能，但自身的审美素养水平不高。例如，在进行幼儿美术欣赏活动组织与设计时，面对某些名家名画，学生缺乏自主欣赏、自主体验、自主评鉴的能力；在进行幼儿手工活动组织与设计时，学生对于剪纸、染纸的类型和历史等知之甚少……一位高校教师，如何在有限的教学中促进学生综合审美素质的提高？如何将与课程相关的教学内容拓展到课堂之外？如何提高学生自主探究、自主学习的能力与兴趣？结合这几个困惑，笔者进行了幼儿美术教育课程中教学研究性学习的探索。

二、研究过程

(一)研究设计

为探索研究性学习在幼儿美术教育中的运用，笔者针对同一教学内容"幼儿美术欣赏活动的选材"设计了两种包含不同教学模式的课例。第一种以传统的讲授式教学与讨论式教学为主，由教师引导学生进行课程内容的学习；第二种以学生的研究性学习为主，由教师适时引导、支持学生。笔者针对两种不同教学模式的运用，从课堂氛围、学习效果两个方面进行比较、反思，并尝试运用建构主义学习理论，探寻研究性学习在幼儿美术教育教学中的运用。

(二)案例描述

案例一：幼儿美术欣赏活动设计课堂片段(第一次教学)

师：幼儿美术欣赏活动中的名家名画是一种重要的选材，请问大家知道哪些适合幼儿欣赏的中外名家及其代表作品？

生：齐白石的虾、徐悲鸿的马……

师：这些都是国画大家画的，还有吗？

生：达·芬奇、蒙娜丽莎。

师：好的，我们先说一说中国的画家。大家听过吴冠中吗？他的作品风格独特，富有线条感和色彩感，尤其是他的江南风景系列，其线和点的组合很适合幼儿欣赏。

（教师一边介绍一边出示作品，学生认真欣赏、观看。）

师：（出示吴冠中的作品《春如线》）你们看到了什么？觉得美吗？

生：好多线，挺美的。

师：美在哪里？

（学生笑着，沉默。）

生：线挺美的。

师：为什么觉得这些线美？

（学生笑而不语。）

师：你们看到这幅画画的是什么？你们能想到什么？

生1：画的是树林吧……

生2：很多线，还有一点点颜色，是树吧，开花的树……

生3：地图吧，那些线是道路吧……

生4：对，我们也觉得是地图，因为有很多路。

师：大家挺有想象力的，有的觉得是树林，有的觉得是地图，还有不同观点吗？

（大家沉默，笑而不语。）

师：吴冠中的这幅作品非常适合幼儿欣赏，因为作品线条柔美，线和点组合在一起富有跳跃感，就像细细的春雨洒在地面，像柳枝在风中摆动……通过欣赏，教师可以让幼儿感知到作品线条的美感，还能丰富幼儿的审美想象。这类作品就非常适合设计幼儿欣赏活动。

课堂上，教师结合教材内容教授知识。面对教师提出的问题，学生笑而不语，或只有零散的几个学生回馈。面对教师的小结，学生频频点头，并认真做笔记。

案例二：幼儿美术欣赏活动设计课堂片段（改变后的教学）

在进行幼儿美术欣赏活动设计之前，教师先把幼儿园经常用于欣赏教学的画家名单（如马蒂斯、夏加尔、吴冠中等）提供给学生，将班级学生分为6人一组，让每组自由选择一个主题进行自主研究（也可以自行选题）。教师提供了一个可供参考的范例"富有童心的米罗"。这份小组PPT从画家简介、画家作品风格分析、作品汇总赏析、适用于幼儿欣赏的作品详解四个角度对米罗进行了探究。另外，教师提醒各个小组要分工合作，并提醒小组可以通过上网、去图书馆等各种途径查阅资料，甚至可以利用去幼儿园实习的一周时间进行访谈确定自己的小组主题，最后小组需要以PPT形式进行课堂展示。

师：上节课我给大家布置了小组合作的任务，请各个小组展示并分享你们的研究成果。

……

第三小组：（PPT展示并讲解）我们小组选择的画家是中国画画家吴冠中，他是江苏宜兴人，是20世纪现代中国绘画的代表画家。他的作品……我们小组选择了吴冠中先生的《春如线》作为大班欣赏活动的素材。在这幅作品中，线条……本作品可以丰富幼儿的审美想象……在教学中，我们可以尝试运用音乐、肢体动作等让幼儿感受这种美……

学生非常准确地介绍了吴冠中的生平及作品风格，并摘选了《春如线》进行重点介绍。学生结合一个大班欣赏活动案例带领大家欣赏并感受了这幅作品的魅力，甚至结合了班得瑞的轻音乐，带领其他学生沉浸在作品的欣赏中，并促使学生积极参与互动。

师：刚才第三小组的同学们非常丰富、全面地为大家介绍了吴冠中先生和他的作品，并重点分析了作品《春如线》。内容丰富，准备充分，PPT也很有美感。吴冠中先生是一位很受幼儿喜爱的画家，因为他的一些作品内容简单、贴近生活、富有意境，可以充分调动幼儿的生活经验。另外，他的作品风格多样，中西结合，特别是他的江南风景系列作品非常适合幼儿欣赏。有兴趣的同学课下可以拓展相关知识内容。谢谢本组同学。

课堂上，每个小组都精心准备，并展示、分享了本组丰富的成果。还有一组学生尝试选择了相似作品（斯塔布斯的马和徐悲鸿的马）进行对比。中西不同风格的对比，也丰富了教师的审美感知。通过1节课的分享，同学们结识了7位画家，欣赏了近60幅作品，深入感受了7幅名画，分享了7个不成熟的幼儿欣赏活动案例……

三、研究成效

对两个案例进行分析，笔者发现研究性学习的教学模式确实是一种非常有效的教学模式。本课例中，教师选取的教学目标与教学内容是基本一致的，都是丰富学生对于名家名画的审美经验，并使学生能结合幼儿的审美特点进行选择，为幼儿美术欣赏活动设计中的选材做好准备，但是两者的教学效果却有差异。案例一中的学生只是被动、片面地接受了教师的讲授。由于时间、课时等因素影响，学生课堂上的学习成效是有限的。案例二中的学生主动探究，在有限的课时内拓展了教学内容，对名画这种幼儿美术欣赏活动中常用的选材有了更丰富的了解。更重要的是，学生在探究过程中提升了自主学习、合作学习的能力。值得一提的是，在组织学生进行研究性学习之前，教师做了很多与欣赏活动选材有关的准备，如名家介绍、范例提供等。学生取得较好的学习效果与教师所做的前期准备是分不开的。

四、反思与点评

针对研究性学习在案例教学中所取得的实效,笔者对自己的教学进行了深入反思,并试图运用建构主义学习理论探究研究性学习在幼儿美术教育其他教学内容中的运用。

(一)研究性学习教学模式的理论支撑

建构主义学习理论认为,人的认识的本质是主体的"构造"过程,所有的知识都是个体认识活动的结果,主体通过自己的经验来建构自己的理解。所以学习不是由教师把知识传递给学生,而是由学生自己建构知识的过程。布鲁纳倡导的发现学习,就是以培养探究性思维为目标,以基本教材为内容,把现象重新组织或转换,使人能够超越现象进行再组合,从而获得新的领悟的一种学习方式。在探究事物现象和观点的过程中,学生自主获得了知识,并形成了探究技能和探究态度。

根据建构主义学习理论,我们不难看出,教师在教学中不能简单地做知识的传递者和呈现者,而更应该重视学生自身的学习过程和对知识的意见和理解。高校教师的教学对象是具有独立思想的年轻人,他们的思维积极而活跃,所以教师更应该注重学生自觉性、主动性和创造性的培养,应该成为学生主动建构意义的支持者、合作者、指导者。在案例二中,学生能更加积极主动地参与教学,充分证明了自主学习对学生拓展知识的重要性。

(二)在实践教学中运用研究性学习应注意的问题

1. 教师需精心准备选题

建构主义理论认为,学生的学习与一定的情境结合时会更有效,因此,创设问题情境是组织学生进行研究性学习最重要的环节。教师必须结合教材、专业内容和学生兴趣,精心为学生提供选题,明确研究内容。在选题时,教师应该注意以下几点。

第一,选题要小,易操作,且有针对性。因为学生的科研能力有限,教师选题不易过大,可以针对小的题目进行深入探讨。另外,选题应该和学科的教学目标一致,如幼儿美术教育的选题应该与幼儿相关,与美术教育相关。

第二,研究方案要切实可行。在准备选题时,教师要充分考虑人力、物力、财力等各种因素,尽量选择难易适中、大小适中的题目供学生探究。例如,教师既可以提供通过文献资料搜集就能解决的选题(如纸工艺术探寻、中外名家名画鉴赏、装饰画装饰规律探寻等),又可以利用学生见实习等实践机会,提供一些需要运用调查法、访谈法进行探究的选题(如幼儿绘画作品保存情况调查和幼儿园美工区材料投放有效性调查等)。

2. 学生自主探究时,教师需提供支架式帮助

建构主义学习理论提倡教师在教学过程中,不能以"填鸭式"的教学方法把知识

灌输给学生，而是要重视学生经验世界的丰富性和差异性，以辅导者和合作者的身份促进学生的知识建构。主体性是学习者天生就有的，教师要做的就是让学生通过解决情境性问题来有效提高运用知识的能力。

第一，适当引入范例教学。在进行研究性学习中，学生自主探究时，教师可以通过介绍教育科学研究方法、提供成熟的研究课例等形式提升学生自主探究的能力。例如案例二中，教师提供的选题是中外名家名画鉴赏。为了降低学生选题难度，教师提供了一份"画家简介、画家作品风格分析、作品汇总赏析、适用于幼儿欣赏的作品详解"等几个研究角度的范文供学生参考。在此基础上，学生适当拓展或修改研究形式，会更有效地进行文献资料搜集与整理。

第二，指导学生小组合作。研究性学习是一种小组式学习。教师引导学生进行小组分工，提醒学生小组内可以有组长、记录人、资料搜集员、资料整理员等，且各个成员各司其职，最终共同形成研究成果。教师应该强调学习过程本身的价值，突出学生的自主性、积极性、创造性。另外，教师对于小组探究中存在的问题要及时反馈，可以通过QQ群、微信、微博等多种现代化手段指导学生进行探究。

3. 小组分享成果，教师拓展引领

建构主义学习理论认为教学是一种培养学生主体性的创造活动，且学生是教学活动的积极参与者。学习过程不是简单的信息输入、存储与提取，而是新旧知识经验之间的双向作用过程，是学习者与学习环境之间互动的过程。小组探究结束以后，同伴之间分享交流环节提供了"会话"的机会。各个小组分享、展示自己的探究成果，其他小组成员可以针对分享提出建议或意见，使小组学习进行了进一步拓展。

另外，教师应该及时对小组研究成果进行总结、评价，并对其中的问题进一步拓展、延伸，甚至可以形成学生自主探究的新课题，将学习真正延伸至课堂之外。例如案例二中，针对吴冠中的作品，教师提出他的江南风景系列作品是非常适合幼儿欣赏的，有兴趣的同学可以在课外继续深入了解。教师对小组成果进行评价时应该注重过程性评价，将小组评价、自我评价引入最终的学习效果评价中，对于学生的创新性研究应该鼓励、支持，并可以利用自己的专业背景为学生提供更深层次的理论引领。

研究性学习是当前比较流行的一种课程教学模式。作为教育工作者，教师应该及时更新自己的教育理念，并结合自己的专业学科尝试将好的教学模式运用于课堂教学中，这种发现学习并主动修正自身教育的方式，也恰恰是建构主义学习理论所提倡的。

运用案例教学，提升学生实践能力

——以大班社会活动"麦子的一生"为例

朝阳师范高等专科学校　冷雪姣

一、问题的提出

通过到幼儿园调研，我发现新入职教师和学前教育专业实习生面临的普遍问题是对幼儿园工作环境的生疏，在理解和运用所学的抽象教育理论方面存在一定的困难。幼儿教育理论和幼儿教育实际脱节一直是学前教育专业教学改革面临的重要问题。在幼儿教师职前培养阶段，教育理论课多采用传统的讲授方式，注重灌输和考核学生在教育理论和规律方面的知识；教法课也多以教师讲解为主，缺乏学生实践环节。这就导致学生在进入幼儿园真实环境时难以适应幼儿教师这一角色。案例教学在幼儿教育教学中的运用，可以将学生引入教学情境，通过师生之间、生生之间的多向互动，以平等对话和积极研讨等形式提高学生面对复杂教育情境的问题解决能力。案例教学不仅有助于调动学生的积极性、缩短教学情境与实际生活情境的差距，让学生更好地理解和运用所学的知识，而且有助于提高学生的分析能力和解决实际问题的能力，有助于培养学生的创新精神。

因此，在学前教育专业的幼儿园社会教育活动课程教学中尝试引入案例教学，以学生实践教学的案例为教学材料，结合教学主题，通过讨论、问答、评价等师生互动的教学过程，让学生理解和掌握与教学主题相关的概念或理论，并不断提高学生分析问题和解决问题的能力，是一种很好的教学方法。

二、事件描述

以下是学生实践案例：大班社会活动"麦子的一生"。
活动目标：①知道粮食的来之不易；②做个不浪费粮食的孩子。
活动准备：有关麦子生长成熟的图片；各种面制品图片；音乐伴奏；饼干间食。
活动过程：
1. **热身活动**
播放音乐，老师带领幼儿一起拍手，使幼儿集中注意力；宣布开始上课，通过跳兔子舞调动幼儿的积极性。

2. 安排间食活动(吃饼干)

老师：请小朋友们安安静静地吃饼干。

幼儿1：不愿意吃饼干。

老师：有的小朋友不愿意吃今天的饼干，这块饼干好可怜，就要这么白白浪费了。小朋友们，你们知道这块饼干是怎么做成的吗？

幼儿2：是用面粉做成的。

幼儿3：是用小麦做成的。

3. 导入主题：麦子的一生

老师通过图片展示麦子的生长过程，并引导幼儿了解小麦的播种和收获季节：秋季农民把麦种播在地里；冬季压实麦苗；到第二年春天，麦苗长得绿油油的，并逐渐长大、抽穗、开花、结籽；夏季，麦子慢慢地由绿变黄最后成熟。农民伯伯开始收麦，叫夏收。

老师引导幼儿理解麦子成熟过程的漫长与农民伯伯的艰辛，认识饼干的来之不易，培养幼儿珍惜粮食的生活习惯。

4. 提出问题：请小朋友们想一想还有哪些吃的东西是麦子做成的

老师组织游戏"麦爷爷找小宝贝"，将准备好的面制品图片发给几个幼儿，让幼儿判断哪些是面制品。老师带上小麦头饰当麦爷爷。其余小朋友当粉制品。麦爷爷说："我的孩子不见了，他们都变了样，哪个是我的孩子呀？"幼儿依次说："我是面包，是麦爷爷的孩子。""我是饼干，是麦爷爷的孩子。"(不能进行正确判断的幼儿请其他小朋友帮忙，然后老师讲解)

活动总结：老师再次强调粮食的来之不易，培养幼儿珍惜粮食的生活习惯。

活动延伸：老师讲《怕浪费婆婆》的故事，通过图片让幼儿认识到不能浪费粮食、不能浪费水、不能浪费电。

三、点评与反思

(一)点评

通过使用案例教学，我组织学生进行相关的分析和讨论，能够使学生间接地获得感性的知识经验，进而提高学生发现问题和解决问题的能力。

教学中我与学生的互动如下。

课前，我给学生分组布置了收集幼儿园社会教学活动案例的任务，使学生初步了解一下幼儿园社会教学活动的基本步骤与要求。

上课时，我先检查了学生的课前准备情况。每组派两名学生做简单的案例描述和案例分析。大部分学生能说出幼儿园教学活动的基本要求，如学生知道要先确定活动目标等，但对于一些细节问题及指导方式还不能够合理解决与利用。比如，当问到如何处理幼儿争抢玩具问题时，学生不能清晰全面地说出解决办法。因此，我顺势引导，呈现我准备的教学案例。

呈现案例后，我让学生继续分组讨论这个案例中合理的地方和需要改正的地方。学生展开了热烈的讨论。

接着，学生发言。

小组1：目标设计明确具体，适合大班幼儿；选择的内容符合幼儿身心发展特点；教师教态自然，有亲和力，语调有变化，语速适中。

小组2：准备充分，活动内容能够吸引幼儿的注意力，与生活实际相联系，能够调动幼儿的积极性、主动性；活动各环节自然流畅，但内容偏多，重点不突出。

小组3：教学手段多样化，符合幼儿的天性，能针对教学目标确保幼儿的主体性；教师语言流畅，内容安排得当，如果再多增加一些肢体语言可能效果会更好。

小组4：总体设计结构紧密，层次清晰，有动有静；但目标设计对于大班来说过于简单；由于没有真正地面对幼儿，教学情境不一定能实现预期的目标，教学效果也就很难确定。

小组5：活动气氛轻松和谐，游戏环节设计较好；能采用游戏化的教学方法，运用启发式、诱导式方法，寓教于乐，充分调动幼儿的参与性，与生活实际相结合，有助于幼儿实际能力的提高。

最后，我做总结评价，对于学生的评价给予肯定和认可，结合教材内容引入幼儿园社会教育活动评价的相关理论和知识。

(二) 反思

使用案例教学时需要注意以下问题。

1. 精心选择案例

案例应具有真实性、问题性和典型性。本文中"麦子的一生"是幼儿园社会活动中的一个典型案例。学生通过阅读案例进行分析，从目标设计、内容选择及教学过程设计等方面展开热烈讨论，最终总结出社会教学活动设计的基本思路。案例的选择要充分调动学生的积极主动性，激发学生的学习兴趣。

2. 积极营造氛围

案例包含了大量的极具启发意蕴的不确定性和问题性。所以教师要在课堂上积极营造宽松自由的氛围，鼓励学生大胆表达、敢于创新。学生在讨论中了解和接纳他人的观点，学会从不同的视角分析问题，拓展了思维，提高了能力。

3. 发挥教师的主导作用

教师是案例教学的主导，教师需要在课前充分了解案例内容，明确研究对象的事实及其蕴含的理论，并提出有目的性的问题。在课堂教学过程中，教师要充分估计学生讨论中会出现的各种情况，适时点拨和引导学生寻找解决问题的最佳途径，注意时间的合理分配，做好最后的总结。

4. 体现学生的主体性

本文中的案例教学主要采用了讨论法。在讨论时，教师要让学生成为学习的主体，关注学生的学习共同体的建构。教师应转变角色，注重学生对于案例的讨论、剖析。教师需要关注学生之间的交流和合作，积极引导和帮助学生建构学习共同体。

四、结语

没有生动的课堂实践，就没有生动的教学实录；没有敏锐的理论眼光，就没有恰当的教学反思。学前教育专业的学生要考虑如何运用理论，如何从新情形中发现不同的变式。在案例教学中，学生拥有较大的自主权，他们通过分析案例、集体讨论、相互交流，充分展示自己的能力。案例教学有效地调动了学生的积极性，增加了师生之间的互动，帮助学生深刻理解教育理论知识。通过这种形式，学生不仅可以从中获得知识，而且可以提高表达能力、讨论技能，增强面对困难的自信心，培养创新精神。

在运用案例教学的过程中，教师要注意使用以例诱理、以例析法和以例辩道等策略，处理好教师主导性与学生主体性、案例教学法与其他教学法之间的关系等问题。教师应认真倾听和理解学生不同的观点和想法，鼓励学生大胆讨论，尽可能让每个学生都有机会参与讨论。教师还应利用一切方法促进和引导学生学习。在恰当的时候，教师可以通过提问引导学生进一步思考。实施案例教学会遇到许多的问题或困难，为了不断完善教育教学、促进专业性成长，教师需要不断进行反思。通过反思，教师可以及时发现自身的不足，提高自己的教学水平，真正地实现教学相长，最终更好地促进学生的成长。

幼儿自我中心性及其教学应用

朝阳师范高等专科学校　李国强

一、问题的提出

在讲授学前儿童发展心理学关于皮亚杰提出的幼儿认知发展的自我中心性这一教学内容时,教师往往采用讲授法直接把结论呈现给学生,使学生用被动接受的学习方式理解教学内容,造成学生不能深刻理解幼儿自我中心性的表现,也不能分析幼儿自我中心性出现的原因。

鉴于皮亚杰守恒实验易准备和易操作的特点,在讲课之前,我组织学生到幼儿园做了一系列守恒实验并在征得幼儿家长同意的条件下对实验过程全程录像的方式,让学生通过亲自做实验和观看分析实验录像,自己得出幼儿自我中心性的表现并分析其原因,变接受学习为发现学习。

二、事件描述

(一)案例名称

幼儿自我中心性及其教学应用。

(二)教学目标

①掌握什么是幼儿自我中心性。
②重点掌握幼儿自我中心性的表现。
③理解幼儿自我中心性出现的原因及其在教学中的应用。

(三)课前准备

第一,以4～5岁幼儿为对象,做"三山实验""液体守恒实验""左右方位判断实验"和"重量守恒实验",并在征得幼儿家长同意的条件下对实验过程进行全程录像;第二,提出问题:"妈妈过生日了,你给妈妈送什么礼物?""你的哥哥(姐姐)有弟弟(妹妹)吗?"记录幼儿回答的内容并录像。准备以上录像材料备用。

(四)教学过程

1. 引出什么是幼儿自我中心性

为学生播放皮亚杰"三山实验"录像(见图37-1),内容如下:先请幼儿观察三座山的模型,让幼儿从不同的角度观看模型,然后请幼儿坐在模型的一边,从许多三座山的照片(拍摄角度各个相同)中选出和自己、坐在对面或其他位置的娃娃所看到的模型相一致的照片。结果显示,大多数幼儿挑出的往往是与自己的角度相同的照片。教师引出"幼儿自我中心性"概念并提出问题:"幼儿自我中心性有哪些表现?为什么4~5岁幼儿只能从自身的角度思考问题,而不能从其他角度思考问题?"

图37-1 "三山实验"示意图

2. 自主发现幼儿自我中心性的表现

关于幼儿自我中心性的表现,学生通过观看实验录像,得出不能守恒、不能正确判断左右方位、不能从别人的角度思考问题、思维具有不可逆性等结论。

(1)不能守恒

学生观看"液体守恒实验"录像(见图37-2)。录像内容如下:向幼儿呈现两个一模一样的透明的塑料杯子,将两个杯子装入相同数量的蓝色水;在幼儿认为两个杯子装有一样多的水后,将一个杯子的水倒入一个较高且细的杯子里,并问幼儿这个杯子(较高的杯子)里的水与较矮的杯子的水是不是一样多以及他是怎么判断出来的。多数幼儿都回答细的杯子里的水多一些。学生观看录像后得出结论:幼儿不能掌握液体守恒规律。

图37-2 "液体守恒实验"示意图

(2)不能正确判断左右方位

学生观看"左右方位判断实验"录像,录像内容如下:让幼儿指出自己的哪只手是左手(右手),然后让其说出同伴的左右手分别是哪一只。结果显示:部分幼儿不能准确指出自己的左右手,多数幼儿不能判断同伴的左右手。学生观看录像后得出结论:幼儿不能准确判断左右方位,更不能掌握左右方位的相对性。

（3）不能从别人的角度思考问题

学生观看"给妈妈送生日礼物"录像。录像中，老师向幼儿提出的问题是："妈妈过生日了，你给妈妈送什么礼物？"幼儿的答案多种多样，如"我送给妈妈一个漂亮的玩具小熊""我送给妈妈一个好吃的生日蛋糕（这个蛋糕是幼儿喜欢吃的蛋糕）""我送给妈妈一个玩具车""我送给妈妈一个大的变形金刚"，等等。学生看后得出结论：中班幼儿按照自己的喜好给妈妈买生日礼物，而不能送给妈妈自己喜欢的礼物。

（4）思维具有不可逆性

学生观看皮亚杰"重量守恒实验"录像（见图37-3），内容如下：向幼儿出示两块大小重量一样的球形橡皮泥，在幼儿认为两个泥球一样重之后，将其中一个小球捏成条形，并进一步拉长并盘起来，问幼儿"这两块橡皮泥还是一样重吗？哪一个更重？为什么呢？"多数幼儿回答不一样重，长的重，因为它变长了，所以变重了。

幼儿回答"你的哥哥（姐姐）有弟弟（妹妹）吗？他（她）叫什么？"时，多数幼儿答不出来。

学生通过思考、讨论得出结论：幼儿的思维具有不可逆性。

至此，通过观看实验录像，学生得出幼儿不能守恒、不能正确判断左右方位、不能从别人的角度思考问题、思维具有不可逆性等结论。

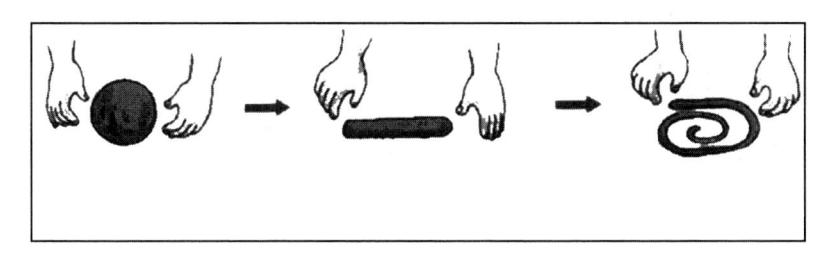

图37-3 "重量守恒实验"示意图

为了将理论和实际相联系，教师继续提问学生："在幼儿园实习和见习活动中，你们观察到中班幼儿在日常的学习和生活中，有哪些表现是自我中心性的？"学生的回答有"幼儿不让同伴玩自己喜欢的玩具""幼儿不能和同伴分享爱吃的水果""幼儿把p写成q了""幼儿把坏掉的玩具车埋起来，希望明年长出一个大的玩具车"，等等。教师引导学生得出幼儿自我中心性还表现为思维的泛灵性和绝对化。

3. 分析幼儿自我中心性出现的原因

幼儿的认知发展处于具体运算阶段，皮亚杰认为此阶段幼儿的思维具有单维性和具体形象性。幼儿思维的这两个特点可以解释幼儿自我中心性。

（1）思维的单维性

单维性思维指的是幼儿只能从一个维度思考问题。例如，幼儿看见杯子里的水位高了就认为杯子里的水多了，他们不能同时从另外一个维度思考问题，这是幼儿不能掌握守恒规律的原因。同理，他们不能从相反的维度思考问题，这是幼儿思维

205

不可逆的原因。由于思维的单维性,他们总是从自己的喜好出发给妈妈买生日礼物,他们回答不出哥哥(姐姐)的弟弟(妹妹)是自己。

也正是由于思维的单维性,幼儿认为好人所有的品质都是好的,坏蛋(如大灰狼)所有的品质都是坏的,这就是思维绝对化的原因。

(2)思维的具体形象性

幼儿思考问题时只能依赖事物的外部形象,所以他们看见高的杯子、长的东西就认为是多的或重的;左右方位是抽象的、相对的,所以幼儿不能正确判断左右方位。

4. 幼儿自我中心性在教学中的运用

①教师或家长应该正确认识幼儿认知发展的自我中心性,这是此阶段幼儿认知发展的正常表现,不要认为幼儿是"自私""小气"或"霸道"的,不要得出幼儿道德有问题的错误结论。

②在幼儿活动中,教师注意准备多组平行玩具或教具,避免幼儿之间发生争执或冲突。

③设计幼儿换位思考的教育活动,组织移情训练,培养幼儿懂得分享和合作的良好品质。

④注意家园合作,在日常生活中,家长应该教育幼儿多从其他角度思考问题。

三、点评与反思

此设计力求把皮亚杰关于儿童认知发展的阶段性理论、守恒实验与幼儿的实际表现紧密结合起来,使前后知识融会贯通,使学生通过亲身实验自己发现幼儿自我中心性的表现,验证理论知识,进而发现幼儿自我中心性出现的原因,并在此基础上顺利总结出如何根据幼儿自我中心性组织教学。

此设计的关键是教师课前要做好皮亚杰的"三山实验""液体守恒实验""重量守恒实验",以及对幼儿的提问工作等,同时需要组织学生在幼儿园见习期间做好实验等。

授课期间,教师通过播放实验录像,让学生通过观看录像材料自行发现幼儿自我中心性及其表现。本课程的难点在于如何解释幼儿出现了认知上的自我中心性:第一,教师可以用"液体守恒实验"讲解幼儿思维的单维性,引导学生据此解释重量不守恒、思维不可逆等现象;第二,教师运用皮亚杰的思维发展阶段理论,说明幼儿的思维主要是具体形象思维,即依赖事物的形象思考问题,引导学生据此解释幼儿不能守恒、不能正确判断左右方位等现象。

关于幼儿自我中心性在教学中的运用,学生在掌握幼儿自我中心性的表现和原因之后,结合自身的实践经验,很容易得出相关结论。

基于翻转课堂的思想道德修养与法律基础对话式教学改革的思考

福建幼儿师范高等专科学校　陈香珠

高校思想政治理论课是对大学生开展立德树人教育的主渠道和主阵地。为了进一步提高思想政治理论课的教学实效性，我们在思想道德修养与法律基础这门课程的教学上开展了"翻转课堂视域下的思想政治理论课对话式教学实践探索"项目。2014年10月，该项目在我校教学改革研究项目中立项。2014年11月，该项目纳入教育部社科司高校思想政治课教学方法改革项目"择优推广计划"培育项目。此项目正依计划顺利进行。

一、案例背景

近年来，我国教育界日益关注翻转课堂的价值，并尝试将其本土化。翻转课堂是对传统教学模式的革新。它运用现代技术，采取混合学习模式将面对面的传统的课堂教学与在线教学结合起来，由任课教师提供以教学视频为主要形式的学习资源，让学生通过信息技术的辅助在课下完成对教学视频等学习资源的观看和学习，把课堂上的时间交由教师和学生一起完成协作探究和互动交流等活动。

基于翻转课堂的对话式教学通过教学主体之间的语言、思想等的交流来使教学双方实现知识的理解、升华和共享。它借助计算机技术，通过课前的师生对话议题探讨，课堂师生间、生生间的对话交流，课后师生的教学反思等双向互动交流活动，推动课程教学的开展。

这种基于翻转课堂的对话式教学模式，不同于"以教师为中心"的一对多的传统教学模式。从通过课前线下学生自主学习和线上师生交流探讨对话议题实现知识传授，到学生课堂展示、师生间对话环节的开展，再到通过课后学生议题研究报告的提交实现知识内化，整个教学过程始终坚持"以生为本"理念，充分利用现代信息技术，将课程教学从课堂延伸至课外，着力构建学生课前、课堂与课后的、线上与线下的混合学习模式，实现课堂的"翻转"。

这种教学模式有利于激发学生的学习兴趣，调动学生探究的问题参与性，消除传统思想政治理论课教学存在的教师一言堂、学生抬头率低、教学效果甚微等弊端，不断促成教材体系向教学体系的转化，提高教学的针对性和实效性，实现思想政治理论课"贴近学生、贴近生活、贴近实际"的"三贴近"目标。

基于此，我们思想道德修养与法律基础课程组结合我校人才培养方案，积极探索"对话式"教学模式在思想政治理论课教学中的推广应用，充分应用现代教学手段，实现课堂的"翻转"，也为今后慕课化教学奠定实践基础。

二、事件描述

从 2014 年 9 月起，思想道德修养与法律基础课程开始实施"翻转课堂视域下的思想政治理论课对话式教学实践探索"的教改方案。

(一)项目研究的内容

①结合不同的学制和专业，进行翻转课堂视域下的我校思想政治理论课开展对话式教学的可行性研究与设计。

②结合社会的热点、难点和学生关注点，对教材内容和知识点进行研究，设计符合学生思想实际的系列选题。

③研究开展对话式教学的实施方案(包括课前的选题准备、课堂的对话过程及课后对话的反思)和实践效果的反馈研究(包括课前、课堂及课后)。

④研究在对话式教学过程中，如何科学合理地组建学习小组，有效地开展学生线下自主学习和师生线上问题探讨这一课堂外的教学环节，加强师生间、生生间、小组间的充分交流讨论，开展研究性学习，形成研究报告，达到教改目的。

⑤研究对话式教学的考核机制问题，包括课堂学生小组展示、课堂对话和探究报告的评价制度和评价标准。

⑥研究教师在对话式教学中的角色转化问题及今后的发展方向，提升教师专业素质。

(二)项目实施的过程

1. 第一阶段：2014 年 7 月至 2014 年 9 月，项目启动前的调研阶段

(1)开展我校思想政治理论课教学情况反馈调查

2014 年 7 月初，我们组织开展了思想政治理论课教学情况反馈调查，部分专业的学生参与了此次调查。调查结果显示，学生对我校的思想政治课教学还是比较满意的，也提出了一些建议和希望。这次调查结果促使我们进行思考：如何更好地调动学生的积极性、主动性，提高学生的抬头率？现代技术普及的今天，思想政治理论课教学需要做何种方式的转变？这是我们实施"翻转课堂视域下的思想政治理论课对话式教学实践探索"的初衷。2014 年 9 月，我们对人文系 2014 级数学和计算机专业的授课班级进行了一次对比试验。同一教师在同一授课班级组织了两次传统课堂教学后，在同一班级开展了一次基于翻转课堂的对话式教学模拟课。实验结果显示，学生对基于翻转课堂理念的对话式教学更感兴趣，融入感更强，参与的主动性更高。学生的选择为开展课程改革注入了动力。

(2)积极向兄弟院校取经

课程组以"引进来"和"走出去"的开放心态搭建校际沟通桥梁，积极借鉴兄弟院校的丰富经验。2014年9月，课程组前往福建师范大学马克思主义学院开展了学科教学交流研讨活动。课程组成员认真听取了福建师范大学马克思主义学院在本科院校开展思想政治理论课专题教学和对话教学的实施情况和经验，并就课程实施过程中遇到的问题展开了深入探讨。针对即将在高职院校层面开展的基于翻转课堂的对话式教学，福建师范大学马克思主义学院的杨林香等教师给予了中肯的意见和建议。2014年10月，课程组又前往福建师范大学协和学院参观了解该学院的思想政治理论课网络教学平台建设情况。两次校际教研活动为课程改革提供了宝贵的经验。

2014年9月，我校思想政治理论课教研部向校教务处提交了《关于开展〈思想道德修养与法律基础〉翻转课堂的对话式教学改革的申请》，获得了教务处的大力支持，此改革项目进入实施阶段。2014年11月，福建师范大学马克思主义学院将该项目纳入其主持的教学方法改革项目的培育项目。

2. 第二阶段：2014年10月至2015年2月，项目试点启动阶段

2014年10月，课题组负责人陈香珠老师率先在人文系2014级数学和计算机专业开展了"翻转课堂视域下的思想道德修养与法律基础对话式教学实践探索"的试点改革。

3. 第三阶段：2015年3月至2015年7月，项目全面实施阶段

2015年2月，项目组实施者就项目试点的实施情况进行了汇报交流。课程组对项目实施过程中出现的一些问题进行了较为具体深入的研讨，在此基础上全面实施该教改项目。2015年3月，我校所有思想道德修养与法律基础的授课班级积极开展翻转课堂理念指导下的对话式教学改革。目前，此项目正在顺利进行。

4. 第四阶段：2015年8月至2016年8月，项目总结研讨阶段

①2015年8月：进行阶段性的教学过程总结，包括教学反思、学生优秀研究报告的汇编等。

②2015年9月至2016年8月：在已有实践基础上探究"对话式教学"与"翻转课堂"的关系，思考慕课化背景下的思想政治理论课教学改革的方向，尝试慕课化的翻转课堂教学。

三、案例分析

根据课程改革理念和思路，我们对课程的教学内容、教学模式、教学方法和考核方式等方面进行了改革与实践，以期实现课堂翻转，提高教学实效性，同时进一步推动课程教师的专业成长，实现"以研促教、以研促改"的目标。

(一)教学内容的重构

在教学内容方面，课程组坚持课程的普遍性与学生的特殊性、思想政治理论

课与专业课相结合的理念，结合社会的热点、学生的关注点，将思想道德修养与法律基础原来的内容进行分解重构，重点针对我校大学新生的价值取向、理想信念、社会责任感、心理健康、职业道德，特别是针对教师的职业道德和与教师相关的法规等问题，尝试专题教学与对话教学的结合，以专题的形式设计了几十个对话议题，保证对话式教学的顺利开展。

项目实施过程中，课程组成员结合学生的专业特点和思想实际，做了大量的资料收集和筛选工作，使设计出来的对话议题能贴近学生，回答学生的思想困惑，一定程度上解决了学生存在的思想问题，达到了教育目的。

(二)翻转课堂教学模式的探索

通过项目研究，从课前线下学生自主学习和线上师生交流探讨，到课堂师生、生生间的对话式教学，再到课后学生议题研究报告的提交，课程组改变传统的单一课堂教学模式，将课程教学从课堂延伸至课外，充分利用现代信息技术，着力构建学生课前、课堂与课后，线上与线下结合的混合学习模式，实现课堂的"翻转"，流程如图38-1所示。

确定对话议题 ⇒ 学生自主研究与师生线上交流 ⇒ 课堂展示、教师引导的对话
（初期安排）　　（课前线上与线下交互模式）　　　（课堂对话教学）
　　⇑　　　　　　　　　　　　　　　　　　　　　　　⇓
进一步优化对话议题 ⇐ 议题小组提交书面研究报告 ⇐ 课后师生的再交流研讨
（对话后的反思阶段）　（实现课堂翻转）　　　　（课后线上与线下交互模式）

图38-1　基于翻转课堂的对话式教学流程图

(三)课堂对话式教学的实践

项目研究，从以单一的课堂教师讲授为主转变为以学生展示、师生对话为主，实现课堂翻转，促使学生进行主动的知识建构，探索学生主体性和自主性的培养，最大限度地优化课堂，提高教育教学质量。

项目实施过程中，我们在借鉴福建师范大学马克思主义学院一些做法的基础上，结合我校学生实际，制订了如下实施方案。

1. 拟订对话议题

依据教学大纲，结合我校学生特点以及社会的热点、难点和关注点，课程组将章节重难点以问题探究的形式，拟订成对话议题。

2. 确定议题小组

教师在学期初将对话议题及时间安排表分发给学委，由学委负责落实议题小组成员名单。每个议题小组以2~3人为宜，以减少搭便车行为。议题的选择具有唯一性，采取秒杀兼抽签形式。为避免议题扎堆或轮空现象的出现，教师应根据

所授课班级的学生数确定议题的数量。如果为了让学生有更多的选择空间，拟订的议题多于学生小组数时，教师应指导学委做好统筹安排，避免授课时议题轮空的现象。

3. 线下学习与线上互动

确定议题小组后，小组成员开始进行相关议题资料的线下学习；通过QQ、微信、邮件等，与教师进行积极的线上互动。通过线下学习与线上互动，议题小组形成对本小组议题的初步认识，展示本小组议题的相关研究。

4. 开展探究对话

每个议题小组成员进行10分钟以内的课堂发言，采取演讲、影评、辩论或模拟法庭等形式展示小组探究成果。展示之后，议题小组要针对教师或学生提出的问题进行答疑，通过生生间、师生间的对话达到教学目的。

5. 提交探究报告

议题小组结合研究成果和课堂对话交流情况，进行教学过程记录及教学反思，提交议题参与人员名单、查阅参考的材料、师生间的交流记录、教学反思、议题探究报告等内容。

6. 给出过程性评价（占课程总评的70%）

过程性评价由三部分组成：一是学生的平时表现，包括考勤和课堂发言情况，占过程性评价的20%；二是学生的议题探究的课堂展示对话（由教师和学生共同评价得出，下附学生课堂展示评价表，见表38-1），占过程性评价的60%；三是学生提交的书面探究报告，占过程性评价的20%。

表38-1 "思想政治理论课对话式教学实践探索"教师（学生）评价表

（满分为60分）

小组对话议题名称：＿＿＿＿＿＿＿＿＿＿＿＿＿＿＿＿＿＿

小组成员：＿＿＿＿＿＿＿＿＿＿＿＿＿＿＿＿＿＿

项目	评价内容与标准	分值	评分
对话交流的思想性	对话议题设计有助于大学生树立正确的世界观、人生观、价值观。	15分	
对话交流的内容设计	内容围绕议题，有一定深度或广度，能清晰表达观点。	15分	
对话交流的深度	针对大学生关注的问题，结合实际提出有价值的问题，能与同学交锋或交流。	10分	
对话交流的生动性	展示过程具有自己的特色，能调动同学思考和参与的积极性。	10分	

续表

项目	评价内容与标准	分值	评分
对话交流的特色	展示作品制作精美，展示过程精彩，语言幽默生动，现场效果好。	10分	
总分			

(四)考核方式的突破

知行合一是思想政治理论课落到实处的一个考核标准。因此，课程组改变传统的考核评价方式，对学生的考核由以期末开卷考核为主转变为注重对学生的平时过程进行考核。我们将学生课程的考核评价方式由改革前的平时考(30%)、实践成绩(30%)和期末考试(40%)三部分考核内容调整为过程性评价(70%)和实践考核(30%)两部分。其中，实践考核成绩(30%)不变，仍由团委和学工部根据学生的日常行为实践和社会实践情况进行核定；过程性评价成绩(70%)则通过对话式教学的实施得以实现。过程性评价由三部分组成。详见图38-2和图38-3。

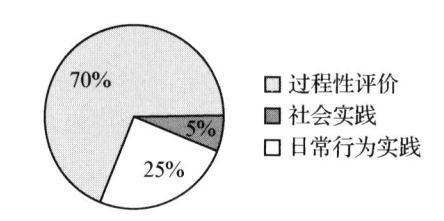

图38-2 改革后的考核方式

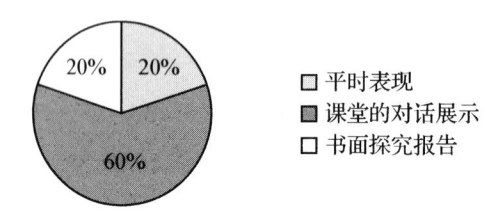

图38-3 过程性评价

考核评价方式的转变，调动了学生的参与性，培养了学生研究问题的能力，增强了学生判断是非的思辨能力，提高了思想政治理论课教学的实效性。

(五)课程教师的专业成长

学校通过项目研究，以研促教，教研相长，着力培养科研型骨干教师，提高思想政治理论课教师队伍的整体教学水平，推进学校的课程改革。课程改革离不开课程教师专业素质的提高。为此，我们积极依托福建省高校思想政治理论课结对带教平台，加强与本科院校、兄弟院校的校际交流，开展形式多样的教学研讨活动，积极组织教师参加全国"我的梦·中国梦"的网上精彩视频展播、全省高校思想政治理论课教学比赛,开展学科课程培训、网络课程培训、微课教学比赛培训、慕课教学学术研讨等培训活动。课程组教师在认真抓好教学的同时,努力加强自身的科研能力,为增强教学实效提供持续的动力,取得了一定的教科研成果。2014 年,课程组教师参与了国家社科基金项目"中国共产党培育青年信仰的历史经验与当代启示(1921—1949)"的课题研究。

四、项目实施的阶段性反思

开展基于翻转课堂的对话式教学,需要处理好对话议题的选定、课前学生自主学习和师生的交流研讨、课堂对话环节的开展和课后的教学反思等环节。这些环节能否顺利开展,能否达到教学预期效果,离不开教师角色的转化和学生主体性的发挥。

(一)促成教师角色的转化

基于翻转课堂的对话式教学对教师提出了新要求。教师不仅是知识的传播者和讲授者,也是学生的引导者、学习环境的构建者、翻转课堂的研究者。在对话式教学中,学生的课前学习状况关系到课堂对话式教学开展的深度和广度,关系到能否顺利实现知识的内化,从而真正促成课堂的翻转。因此,在开展基于翻转课堂的对话式教学中,教师要找准角色定位,转换教学观念,树立统筹全局的意识,提升专业素质和计算机运用技术能力,确保师生线下和线上交流、课堂对话等各个教学环节的顺利开展,做好学生自主研究学习的引路人,为实现课堂的"翻转"打下基础。

(二)注重学生主体性的发挥

开展基于翻转课堂的对话式教学的关键在于学生主体性的发挥。只有充分调动学生的主动性,才能保证知识传授的效果,进而通过课堂对话和课后师生的交流反思实现知识内化。课程组针对第一轮课改出现的一些问题进行了积极的反思,开展了阶段性课程研讨,对出现的阶段性问题做出及时相应的调整。

1. 进一步优化对话议题

第二阶段的对话式教学改革是在学校所有专业的新生中开展的,它使学生的专业特点和思想实际发生了变化。因此,课程组在总结第一轮教改经验的基础上,结合各专业学生的思想实际和专业特点,对教材内容和知识点做进一步的梳理,在第一轮教改对话议题的基础上优化对话议题。

2. 强化线下学习和线上互动的教学环节

学生线下自主学习和师生线上互动是开展基于翻转课堂的对话式教学的重要保障。在第一轮教改项目实施过程中,我们发现大部分的议题小组都能按要求通过线下自主学习和线上师生互动,通过师生间的探究交流,提前做好议题的对话交流准备工作。但也有部分学生基于一些原因（比如自身不够重视），主动性不强，自主学习和师生间的交流不够，导致议题准备不够充分，课堂展示的效果就比较差。因此，启动第二轮项目教学改革活动时，课程组在原有的实施办法基础上，将准备资料环节纳入考核评价体系，加大了对学生线下学习和线上互动的监督力度，确保议题小组能就本组议题开展较为深入的学习探讨，提高课堂的对话质量，进一步推动课堂的"翻转"。

3. 增加对话课堂的视频拍摄环节

课程改革实施至今，学生总体的参与度较高，但也存在个别议题小组应付了事的现象。为了进一步调动学生的积极性，在新一轮的对话教学中，我们增加了视频拍摄环节。我们对每一个议题小组的课堂展示及生生间、师生间的对话进行现场拍摄。这一拍摄环节的增加，有助于议题小组更精心地准备，有助于推动学生线下学习和线上互动教学环节的开展。由于是现场拍摄，学生的注意力更为集中，参与度更高，生生间的对话也更为热烈，更容易实现对话式教学改革的预期目的。

4. 确保过程性评价的客观性和公平性

过程性评价如前所述，由学生的平时表现（考勤和课堂发言情况）、课堂的对话展示和书面探究报告三部分组成。其中，课堂的对话展示评价占了过程性评价的60%。因此，为了确保过程性评价更具客观性和公平性，在开展对话教学的过程中，6名学生评委由教师当场随机抽取，在去掉最高分、最低分的前提下取平均值得出学生评价分数。同时，在第二轮教学改革中，我们对师生评分比例做了调整，由原来第一轮教改时实施的5∶5调整为6∶4，使过程性评价更为客观。

总之，我们期待通过课程改革，调动学生自主学习和研究性学习的积极性，通过对话式教学实现课堂的翻转，提高思想政治理论课教学的实效性。

参考文献

1. 钟晓流，宋述强，焦丽珍. 信息化环境中基于翻转课堂理念的教学设计研究. 开放教育研究，2013(1).
2. 耿俊霞. 对话式教学在高等教育课堂教学中的应用. 考试周刊，2011(7).

课程项目化，评价多元化

——以专业综合实践课程幼教技能节为例

广东省外语艺术职业学院　李珣馥

一、案例背景

在新一轮的人才培养改革中，我校提出构建"高强大"的人才培养体系，以期把学生培养成"职业素质高、就业能力强、发展潜力大"的应用型人才。学前教育专业作为第一批改革试点专业，走在了此次改革的前端。

在学生活动专业化、课程化、学分化思路的引领下，学前教育专业的大型品牌学生活动幼教技能节第一次作为专业综合实践课程，写入了专业人才培养方案。如何建设好幼教技能节这门专业综合实践课程，更好地发挥其在人才培养过程中的积极作用，成为摆在我们面前的一项任务。

经过多次与幼儿园一线单位对接，与专业教师研讨，与学生座谈，聆听来自各方的需求及意见，我们将这门课程的建设思路确定为"课程项目化，评价多元化"。

"课程项目化，评价多元化"指的是根据职业能力培养的需要，密切联系地方产业发展实际，将专业课程的教学内容设计成具体技能的训练项目，根据项目进行教学与考核，使专业人才培养方案的能力目标得以实现。"课程项目化，评价多元化"的教学目标是实现职业意识与职业技能的综合培养，教学内容是真真切切的项目与事件，教学方案强调学生自主性、师生互动性与成果应用性的紧密结合。实施"课程项目化，评价多元化"需要围绕人才培养目标，寻找校企结合点，谋求项目创新点，打造教学闪光点，将书本理论知识和间接经验传授的教学方式，转化为注重实践技能训练的直接演练方式的全真教学。

二、案例描述

基于以上背景，我们将专业综合实践课程幼教技能节分为五个阶段，建构如下。

（一）项目生成

收集信息、寻找需求是项目生成的出发点。按照专业人才培养方案，幼教技能节这门专业综合实践课程，在每学年第二学期第9、10周（4月底至5月初）集中两周开设。六一儿童节是项目生成的一个重要契机。第二学期刚开始,我们便走访周边的幼儿园、企事业单位工会,洽谈承办六一儿童节游园活动事宜,并签订合作协议。

(二)项目设计

项目设计是需求向教学转化的关键。根据前期订立的协议以及专业人才培养的要求,我们将幼教技能节这门课程设计成6个子项目:①英语儿歌表演;②英语动画片配音;③幼儿舞蹈创编;④幼儿艺术综合情景剧表演;⑤六一儿童节游园游戏活动;⑥综合素质、保教知识与能力知识竞赛。

在继承和沿用品牌学生活动多年积累的优秀经验的基础上,每个子项目以团体比赛的形式开展,由一组学生(25~30人)承办。各个子项目根据教学内容,配备对口的专任教师2名、辅导员1名作为项目指导教师。每位学生根据个人的兴趣、特长等,至少选择参加2个项目(或承办1个项目并参加1个项目),观摩4个项目。

(三)项目实施

在项目实施阶段,各子项目的2名专任教师将教学内容设计成该项目的比赛内容,制定比赛的评价标准,指导承办小组制订比赛方案,辅导参赛队伍排练,并担任比赛评委。

各子项目的辅导员则负责考查学生的沟通、合作、自我管理、解决问题等方面的能力,并在比赛的组织、协调、考勤、经费使用等方面对承办小组予以指导,做好后勤保障工作。

参加课程学习的学生,根据个人的特长、兴趣等,自行选择项目,组队报名参赛。在整个过程中,从课程子项目的选择,队员的搭配,参赛节目的策划和排练(包括内容、形式、编排、道具制作等方面)到现场比赛,我们要充分发挥每位学生的主体性和学生团队的协作性。

(四)项目检验

项目教学的效果如何,要通过现场检验来确定。在项目实施环节中脱颖而出的各个子项目的精品,经过一番排列、组合,成为六一儿童节游园活动的主体,被选送到前期订立了协议的几家幼儿园、企事业单位,接受来自企事业单位、幼儿、家长等各方的现场检验。游园活动现场热烈的掌声、热情的欢呼声,是对教师的悉心指导、学生的辛苦付出的最大的肯定和鼓励。

(五)项目评价

评价是学生非常看重的环节。改变以往课程考核的传统方式,课程项目评价注重学生在项目活动中能力发展的过程,评价内容具有多样性。各个子项目的负责教师、辅导员、学生一起根据已制定的评价标准,讨论和评定学生参与活动各环节的表现以及作品质量。

为了后续的课程建设，我们还回访幼儿园、企事业单位部分用户代表，召开专题教研活动、学生座谈会，总结经验和不足。

三、点评与反思

(一)优势明显

以"课程项目化，评价多元化"理念构建的幼教技能节这门专业综合实践课程，具有明显的优势，同时它也为学前教育专业其他课程的建设提供了宝贵的经验，具有一定的借鉴意义。

①课程项目化。项目的主题与真实世界密切联系，使学生的学习更加具有针对性和实用性。

②课程项目化为学生提供了根据自己的兴趣选择内容和展示形式的决策机会，使学生能够自主、自由地进行学习，从而有效地发挥了学生的自主性、创造性。

③课程项目化实现了教学内容在学前教育理论、音乐、钢琴、舞蹈、美术、英语等学科中的交叉与融合，推动了学生综合能力的运用。

(二)应对挑战

"课程项目化，评价多元化"对专业综合实践课程幼教技能节后续的建设以及学前教育专业其他课程的建设，提出了新的挑战。

(1)弹性教学管理

课程项目化需要学校变革教育管理方式。课程项目化强调课程教学的灵活性和教学计划的弹性管理。教学内容以及教学项目的设计与实际运行，需要得到一线单位的支持，时间安排上必须实现校企对接，不能因为教学计划与课程计划确定后一成不变而造成课程项目教学无法实施。在人才培养目标不变的情况下，学校要允许通过调整教学计划来实施这类教学实训项目课程。这样做虽然偏离了已经确定的教学计划，但是在更高的层次上实现了人才培养目标。

(2)双师型教师队伍建设

课程项目化教学中最根本、最关键的要素是教师。只有教师具备双师素质，才能有效指导学生完成课程项目化方案设计、协同操作与实施教学等一系列任务。因此，加快双师型教师的培养，成为课程项目化教学成败的根本。为了加快双师型教师队伍建设，学校一方面要建立专业教师深入一线单位锻炼的制度，另一方面要积极从一线单位聘请人才，使专兼职教师优势互补。

关于初中起点学前教育专业教学法类课程核心价值的思考

——以幼儿园音乐教育活动指导课程为例

广州市幼儿师范学校　魏　敏

课程的价值追求和核心经验是什么，如何在有限的时间里让学生获得最核心的经验以体现课程价值是教师必须思考的首要问题。本文以体验—感悟的学习方式阐述课程的核心价值，借助案例阐述帮助学生获得教学法类课程核心经验的方法。

我一直承担学前教育专业核心课程幼儿园音乐教育活动指导（属教学法类）的教学。多年的教学使我经常思考一个问题：这门课程的"价值追求和核心经验是什么"？即为什么教？教学法类课程虽然是核心课程，但分散到各个领域就显得单薄，且课时也不足。如何在有限的时间里让学生获得最核心的经验以体现课程价值是教师必须思考的首要问题。

一、什么是课程的核心价值

教师教育为什么要开设教学法类课程？用通俗的话来讲，就是因为教学法类课程教师范生如何教幼儿，也就是让学生学习教幼儿的方法。中职阶段教学法类课程的性质一般描述为帮助学生了解认识幼儿××学习和发展的特点，掌握幼儿园××教育活动设计与组织的方法，获得初步的组织幼儿园××教育活动的实践能力，科学组织幼儿园××教育活动，强调实践性和应用性。

中职阶段学生的教育活动设计能力有限。相对而言，学生能根据幼儿的学习特点选择、修改、调整适合幼儿的活动方案，并把活动方案转化为教育实践能力，是中职阶段教学法类课程的核心价值目标。

教学法类课程主要解决"教什么"（选材）和"怎么教"（教学的基本程序）的问题，需要两方面知识的支撑：一是相关学科知识；二是教学的基本程序。例如，幼儿园音乐教育活动指导需要一定的音乐知识和教学法知识。同样，幼儿园开展音乐教育，既要帮助幼儿感受与理解音乐，又要通过音乐对幼儿进行教育，所以音乐既是内容也是手段。中职阶段学生可以通过音乐基础课程去积累音乐知识，但是这种成人化的学习并不利于学生将知识迁移转化成幼儿音乐教育所需要的音乐知识；而缺乏音乐知识支撑的教学法知识同样会使学生仅仅局限在有限的活动中，即有样学样、会教教师示范过的作品而不会迁移到其他作品中去。能否让教学法课堂里的所有活动都为学生学习教学法做铺垫？我们来看一个活动案例。

案例：音乐会（巴赫的 E 大调小提琴协奏曲第三乐章极快的快板）

作品分析：音乐会选用的音乐作品是巴赫的 E 大调小提琴协奏曲第三乐章极快的快板，曲式结构为 ABACADAEA 回旋曲式。学生掌握了作品的结构，就可以拓展出无限的创作空间。

1. 导入，伴随音乐"去"参加音乐会

师：今天老师要带大家去参加音乐会，大家找个伙伴手拉手出发吧。（播放音乐片段 A。）

2. 完整欣赏，初识结构

师：音乐会上来了许多音乐家，我们一起鼓掌欢迎他们吧。（播放音乐，到 A 部时，师生做邀请和拍手的动作；其他插部时学生则看教师做模仿动作，如拉小提琴、弹钢琴、吹奏、打击乐器。）

音乐会都邀请了哪些音乐家来表演？

我们鼓掌几次？

3. 再次完整欣赏，熟悉结构

师：我们一起来开音乐会吧。（可以采用一起做动作、分角色游戏等方式让幼儿进一步熟悉音乐。）

4. 拓展延伸

师：我们换一个主题来表现音乐行吗？现在看老师在做什么（更换主题表演，如做家务等）。

（学生自由发言。）

5. 学生分组创编

（让学生自选主题创编，注意提醒学生：A 部要设计一个贯穿全曲的主题动作，B 部则可以自由发挥。教师连播音乐三次。）

6. 分组展示创编成果

（学生创编的主题很多，有去动物园、制作拉面、美发、各类运动等。）

这是一个体验式模拟教学案例。学生用幼儿学习的方式感受与熟悉音乐，再进一步创编与表现音乐。从学生学习的价值层面看，这样可以帮助学生积累音乐素材，使学生对音乐素材进行有效迁移与深入学习，激发学生的学习潜能与创造性。从教师教学的价值层面看，这一点恰好契合了《3—6 岁儿童学习与发展指南》艺术领域的目标：①感受与欣赏；②创造与表现。幼儿学习的方式是体验—游戏—操作—建构。以上体验活动，正是循着幼儿学习的方式展开的。体验幼儿的学习过程，揣度幼儿学习的心理，利于学生在以后的教学中做到"眼里有幼儿，心中有幼儿"。

在教学中建构一种与幼儿园教育相匹配的教学环境，使教学过程与幼儿园教学工作过程有机整合，使学生在体验活动中熟悉工作过程、了解工作过程的相关知识，进而通过操作掌握相关知识，培养学生的创新能力和教育教学能力，这正是本课程的核心价值，也是学生有效学习经验与能力的积累过程。

二、怎样帮助学生获得课程的核心经验

教学法类课程的落脚点是解决"怎么教"的问题。怎样才能帮助学生掌握"怎么教"呢？要解决这个问题，必须先解决三个问题：一是课程内容的选择与重构；二是课程学习方式的界定；三是课程教学模式的构成。从前面的分析可知，课程内容必须围绕学生音乐素材的积累与教学程序的掌握这一核心经验来选择与重构，学习的过程就是熟悉工作的过程。而要真正掌握工作过程的相关知识，解决"怎么教"的问题，教师的教学过程必须是精心设计的。下面借"幼儿园的歌唱活动"这一章的学习来说明。

（一）课程内容与学习方式定位

案例：歌曲《懒惰虫》（第一课时）

①观看图片，引起幼儿兴趣。

②玩游戏"点兵点将"，熟悉歌曲的内容和情感。

③请幼儿两两结伴玩游戏，并引导幼儿问身边的小朋友是不是懒惰虫（放歌曲录音）。

④出示其他动物布偶，让幼儿指着其他动物问"你是不是懒惰虫"，并让幼儿跟着老师学唱歌。

⑤最后出示小懒猪，借小懒猪的口吻，改变歌词，结束活动。

这是一个教师带领下的模拟教学活动。教师通过体验活动给学生一定的感性经验，并抛出三个思考题：①这首歌适合哪个年龄班演唱？②教唱歌有哪几个步骤？教师用什么方法教唱歌？③这首歌还可以怎么拓展？（演唱形式、歌词）教师引导学生进行初步探讨，而要解决这三个问题必须学习了解本章所涉及的幼儿园歌唱活动的内容、选材、教学的基本结构。

（二）课堂教学模式的基本结构

掌握幼儿园歌唱活动的基本结构是本章学习的核心。下面以此为例说明课堂教学模式。

案例：歌曲《懒惰虫》（第二课时）

图 40-1 是本节内容的教学流程。

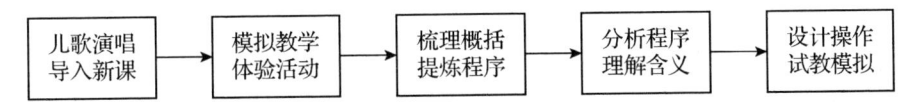

儿歌演唱 → 模拟教学 → 梳理概括 → 分析程序 → 设计操作
导入新课   体验活动   提炼程序   理解含义   试教模拟

图 40-1 歌曲《懒惰虫》教学流程图

教学流程的前四个环节是本次课要完成的任务，为学生完成自我学习任务做铺垫。

1. 儿歌演唱，导入新课

前面教师讲授了幼儿园歌唱活动的内容与选材，要求学生以小组为单位自选一首歌，并会演唱。演唱前学生说明歌曲适合哪个年龄班，并简介分析歌曲的特点。

此环节的第一个目的是检查学生自主学习的结果，第二个是借此提出新的学习任务：如何教幼儿学习唱歌？教幼儿唱歌的基本程序是怎样的？此环节起到承上启下的作用。

2. 模拟教学，体验活动——感受怎么教

活动先行，在体验活动中熟悉工作过程（体验幼儿的学习过程）。

以体验式模拟教学继续学习歌曲《懒惰虫》第二课时。

活动过程：

(1) 律动：拍拍拍，引出课题

(2) 复习歌曲（齐唱、表演唱）

(3) 学习对唱的演唱方式

(4) 创编歌词，用对唱的方式演唱

① 教师出示身体部位图片，如鼻子、牙齿等，让幼儿改编歌词。

② 幼儿自己创作，并表演出来。

③ 教师出示水果虫图片，如苹果虫、西瓜虫等，让幼儿改编歌词并表演。

体验式模拟教学是教师担任幼儿教师角色、学生担任幼儿角色、学生在教师带领下的一种体验活动。

中职阶段学生学习的积极性和主动性不够，需要教师以自己的激情和智慧去带动、启发他们主动地参与教学。

美国教育家肯·贝恩（Ken Bain）认为教学就是创造一种状态，让学生在这种状态中发现他们学习的潜能。因此，只有学习发生的时候，教学才发生。学习应该是一个有趣的过程，如果学生在学习的时候没有体验过好玩的学习过程，将来他们怎么能以好玩的游戏方式去教小朋友呢？

体验式模拟教学就是让学生以幼儿的角色参与活动，通过直接参与活动，充分调动学生的感性经验，激发学生换位思考，主动体会幼儿学习的方式与过程，利于学生在设计教学活动时做到"心中有幼儿"。此外，把抽象的"文字程序"变成具体可操作的任务，将幼儿园歌唱教学的工作过程与学生的学习过程有机整合，促使学生主动学、做中学。

体验式模拟教学的另一个功能是让学生用幼儿学习的方式感受与熟悉音乐，再进一步引导学生用自己的方式对音乐作品进行创编与表现，强化学生对音乐作品的理解与迁移，积累学生的音乐素养，培养学生的创新能力与表现能力。

3. 梳理概括，提炼程序——初识怎么教

第一步：整理活动步骤，梳理概括《懒惰虫》第二课时的教学步骤，帮助学生学会迅速整理信息。

第二步：提炼程序，将《懒惰虫》两个课时的教学步骤拼在一起，梳理学习一首歌的环节。（幼儿每次学习的知识容量不可太大，时间也不可太长，如一首歌至少要用两个甚至更多的学时完成。所以《懒惰虫》这首歌也分了两个课时让学生体验，每次体验的目的要求不一样。两次活动完整地呈现了幼儿园学习一首歌曲的教学过程。）

整理教学步骤不难，因为有感性经验做铺垫，但要从步骤中提炼基本程序就不那么容易了，这是本次课的难点。为突破难点，教师将提炼程序分成两步：第一步将两次活动拼在一起，划分环节；第二步给每一个环节起名字（命名环节）。这样基本程序就出来了，难点也就解决了。

通过这种合作学习、讨论梳理，教师概括出幼儿园歌唱教学的基本程序，使学生初识怎么教。

4. 分析程序，理解含义——理解怎么教

通过前面的学习，学生已基本掌握了幼儿园歌唱活动的基本程序：活动导入—熟悉歌曲—学唱歌曲—巩固拓展。但是，"为什么要设计导入活动？""感受歌曲环节感受歌曲的什么？""学唱歌有两种方法，整体教学法和分句教学法，这两种方法在教学中如何使用？""解决重难点时采用什么方法？"教师通过问题引导，帮助学生进一步挖掘体验活动中包含的各种有效信息，引导学生探究每一个环节要解决什么问题，明白教什么，理解怎么教，体现做中教。

5. 设计操作，试教模拟——掌握怎么教

操作内化，初步掌握相关知识并形成能力。

掌握怎么教一定要看学生做得怎么样。学生掌握怎么教无非要掌握两类知识：一是教学设计知识，二是教学指导知识。有的学生会写不会做，有的学生会做不会写。根据学生特点，教师提出两种作业要求。一是先写后做，即要求学生为已选好的幼儿歌曲设计教学步骤，并说明每个环节的设计意图，调整修改后再试教。二是先做后写，即让学生先模拟试教，做好后将实践整理成教学设计；如果做得不好，提出调整意见再试教，最后写教学设计。学生最后提交的学习成果有两项：一是书面的教学设计，二是操作层面的模拟教学。

从上面的案例分析中可以看到课程的基本教学模式(见图 40-2)。

```
模拟教学,体验活动——感受怎么教
          ⇩
梳理概括,提炼程序——初识怎么教
          ⇩
分析程序,理解含义——理解怎么教
          ⇩
设计操作,试教模拟——掌握怎么教
```

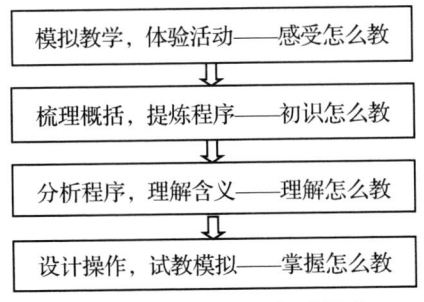

图 40-2 课程的基本教学模式

三、结语与反思

幼儿园音乐教育活动指导属于教学法类课程,这类课程主要指导学生如何设计、组织和指导幼儿的学习活动,解决"教什么"和"怎么教"的问题。正如前面提到的,学习本课程需要相关的音乐学科知识和教学法类知识,也需要教育活动设计与组织能力。学生设计活动的最大问题在于缺乏对音乐作品的分析与理解,这直接影响教育活动的设计。为此,我们提出"以活动带动理论学习"的课程建设理念,倡导两条腿走路策略:一是体验—创编策略,即通过教师带动下的体验式模拟教学活动,让学生主动参与活动,体验幼儿学习的过程,在此基础上,让学生对音乐作品进行拓展创编,加深学生对音乐作品的理解,帮助学生积累相关音乐知识,解决"教什么"的问题;二是体验—模拟策略,解决"怎么教"的问题,其教学程序如下:模拟教学,体验活动——感受怎么教;梳理概括,提炼程序——初识怎么教;分析程序,理解含义——理解怎么教;设计操作,试教模拟——掌握怎么教。这四步程序,将学习过程与工作过程有机融合。

幼儿学习的方式是体验—游戏—操作—建构。建构一种与幼儿园教育相匹配的教学环境,使学习过程与幼儿园教学的工作过程有机整合,帮助学生在体验活动中熟悉工作过程,了解工作过程的相关知识,进而使学生通过操作掌握相关知识,以培养学生的创新能力和教育教学能力,这正是本课程的核心价值与最大特色。

在这种以行动为导向、基于工作过程设计的教学中,学生的学习过程自始至终都与幼儿园教师教育活动设计、组织与指导相联系,学生在学习过程中积累教学素材,初步形成相关经验。

这种学习方式最大的特点就是体验式模拟教学,通过教师的情境带入、角色转换,让学生体会、揣摩幼儿的学习心理。它既可以让理论学习变得生动活泼更易理解,也可以为学生的操作性模拟教学活动提供参考范式,减缓了理论到实践的坡度,激发了学生学习的激情和创造性。利用见习,将学生模拟教学中比较成功的活动带到幼儿园进行实际教学尝试,极大提高了学生学习教学法的兴趣。

参考文献

1. 魏敏.《幼儿园教育活动指导》工作过程导向课程建设的实践与思考.广州教学研究,2014(3).
2. 姜大源.学科体系的解构与行动体系的重构——职业教育课程内容序化的教育学解读.中国职业技术教育,2006(7).
3. 谈亦文.幼儿园音乐教育活动指导.北京:人民教育出版社,2015.
4. 王秀萍.经验还原幼儿园音乐教学.合肥:安徽文艺出版社,2011.
5. 许卓娅.幼儿园音乐教育活动指导.北京:人民教育出版社,2009.
6. 许卓娅.学前儿童音乐教育.北京:中央广播电视大学出版社,2012.

案例教学法在幼儿园管理课程中运用的初步探索

哈尔滨幼儿师范高等专科学校　陈笑颜

一、探索的由来

案例教学法在教学过程中以教师为主导、以学生为主体、以案例为基本教学材料，是教师通过设置案例，将学生引入教育实践的情境中，引导学生分析评价案例，以培养学生的创新和实践能力，提高学生面对复杂教育情境的决策能力和行动能力的一种教学方法。

案例教学法创始于美国哈佛商学院，后来被广泛地应用于世界各国的管理教育和管理培训中。它具有传统教学法不具备的一些优点。传统教学法大部分采用"教师讲、学生记"的"填鸭式"教学方法，具教学过程容易变得枯燥乏味，忽视培养学生解决问题的能力，不利于学生满足社会需求和行业需要。而案例教学法将师生互动、生生互动常态化，能将理论教学与实践教学紧密结合起来，激发学生的学习兴趣，提高学生的实践能力，被视作高等教育创新人才培养的一个有效途径。幼儿教师的工作往往面临非常复杂的实际情况，所以学前教育理论课应当把培养学生分析和解决幼儿教育实践中真实问题的能力作为教学的根本出发点和归宿。因此，运用案例教学法将学生置于真实的教育情境中就显得尤为可贵。

我研究生毕业后在幼儿园工作过一年半，对幼儿园实践有着较为感性的认识，因此来校工作第二年，我便接手了幼儿园管理这门灵活性、实践性较强的课程。这门课程近几年来未在我校开设，所以教材和课程计划由我自己来定。在翻阅了多本幼儿园管理方面的教材后，我发现这些教材中理论偏多且实用性不强，案例严重不足。而市场上一些幼儿园管理案例书籍的理论水平也不高，并不能作为学生统一使用的教材。于是我精选并补充幼儿园管理的理论知识，将大量案例贯穿于整个教学中。我把课程目标定位成学生了解关于幼儿园管理的知识，在分析案例中体会幼儿园管理实践成功的经验和失败的教训，从而尝试并最终学会用正确的方式去理解和解决幼儿园管理中的各种问题。这就明确了案例教学法在幼儿园管理课程中的主导地位。在我国教师教育领域，案例教学法的应用尚处于初级阶段，我校也没有可供借鉴之处。因此，我开始了案例教学法在幼儿园管理课程中运用的初步探索。

二、探索中的点滴

(一)怎样描述案例

因为选用的幼儿园管理教材中的案例很少,我在教案中准备了大量的案例,既有我在幼儿园工作中亲身经历或听过的案例,也有我通过查阅资料精心筛选出来的案例。高专学前教育专业的学生不喜欢阅读案例,他们更喜欢听故事,所以我来描述案例。那么对于我讲的案例,学生是否喜欢听呢?

1."老师开始表演了"

在第一节课上,我举了"幼儿园哀乐事件"这个案例。我亲历了这个事件,事件的主要人物是园长和我自己,我为学生还原了事件的主要过程。学生以前听过我讲其他专业理论课,看到我不像以往那样"滔滔不绝",都抬头瞪大眼睛看我一会儿再现我自己,一会儿扮演园长。有学生小声嘀咕:"老师开始表演了。"虽然我有点不好意思,表演得没有预想中那么淋漓尽致,但效果还不错。学生在我的表演中切身感受到了幼儿园危机潜伏的隐蔽性。

2.讲得干巴巴

每一个案例都是一个长长的故事。对于自身经历,我自然能娓娓道来;而对于从参考书中筛选出来的案例,我就要在课前反复熟悉和演练。在课程初期因为对个别案例不熟,我在描述中就出现了问题。记得在描述"究竟是谁说了算"这个案例时,我描述得不动声色:"周五幼儿离园前,园长巡视时发现许多班级在幼儿未被接走前就将物品归置到走廊上……"虽然情节基本全面,但有点照本宣科,书面语居多,自己感觉讲得干巴巴。我游离在案例情境外,有的学生也未能进入情境,一脸木然地看着我。

3."给你们讲一件发生在我身边的事情"

怎样把非亲身经历的案例描述得生动形象呢?后来我在引出案例时把案例假设为我亲身经历或亲耳听闻的故事,注重渲染情境,尽量用生活化的口语来描述。在讲解情感管理时,我举的案例是查阅来的案例,但我描述的时候就将它变为:"给你们讲一件发生在我身边的事情。有一次,我之前工作过的幼儿园招聘亲子教师,这事儿谁负责呢?刘园长。她亲自写了招聘启事,并把它挂在了幼儿园大厅最显眼的地方……"由于案例中的人物与我产生了某种联系,加之我描述案例真实、生动,学生听得津津有味,能够感同身受。

(二)怎样提问题

1.同时讨论多个问题还是集中讨论一个问题

针对每个案例,我都精心围绕课程内容设计了关键问题。比如在讲幼儿园规章制度时,我结合案例先设计了问题:"案例体现了该幼儿园执行规章制度时的什么问题?"又设计了讨论内容:"案例除了体现规章制度方面的问题,还体现了关于老师的哪些问题?针对案例,如果你是园领导,你会如何处理?如何完善幼儿园的规章制度?"对于这种案例后的直接提问,学生不用多加思索,较好回答;而之后的讨论则需要学生综合本门课所学内容甚至是其他课程的内容认真思考,难度较大。当我一股脑将这一系列问题呈现给学生讨论后,学生开始热烈讨论。我提问时,发现学生只回答了问题中的一个或两个。我意识到一堆问题不利于学生讨论,因为学生记不住所有问题。于是我临时改变提问方式,请学生先针对一个问题进行思考,解决完一个问题再提出下一个问题。这样,学生的讨论不仅热烈而且有序,思考和回答也有针对性,效果较好。

2. 这几个案例说明了什么

以往每节课快结束时,我都会总结本节课的重点内容。有一次讲"教师管理"时,临近下课,我看时间充裕,便灵机一动向学生问道:"这节课的几个案例说明了什么?"学生迅速思考,回答道:"当老师工作失误时,要对他进行'软处理'。"我追问道:"还有呢?""也得有'硬处理'。""那什么时候进行'硬处理'呢?""影响不好,涉及师德、园风的时候。""好,那请你们用一句话归纳今天的学习内容。""对于工作失误的老师适宜进行'软处理',当事情关系到师德及幼儿园园风建设时可进行'硬处理'。""好!请在你们的笔记本上记下你们的总结:对于工作失误的老师适宜进行'软处理',当事情关系到师德及幼儿园园风建设时可'软处理'与'硬处理'双管齐下。"

(三)怎样让学生积极参与

1."这个案例还没讲完呀!"

在举例"园长该站在谁的一边"之后,我提问:"如何看待园长未与副园长交流就站在老师一方的行为?这样做可能会导致什么后果呢?如果你是园长你会怎样做?"我给了学生充裕的讨论时间。学生在讨论之后给出的答案让我非常满意。突然,不知何时趴到桌上睡着的李梅醒了,嘟囔了一句:"这个案例还没讲完呀!"课下我问李梅:"今天怎么睡着了?"她说:"今天的内容很好理解呀,其实不需要那么长的讨论时间。"

2. 情境表演行不行

学生逐渐习惯了案例教学法,每堂课下来基本要分析两个案例。可是渐渐地我发现,似乎只有前两排学生听课比较认真,能够与我互动,后排的学生与我互动较少,只有点名时才会回答问题。但是从回答情况看,他们是经过思考的,是理解了学习内容的。那怎样给后排学生参与互动的机会呢,怎样更好调动学生参与课堂的积极性呢?案例呈现后可不可以让学生用情境表演的方式再现案例,并模拟如何解决问题呢?这样是不是就不再局限于"头脑风暴",而变成了"在做中学"呢?带着这些问题我在"家长工作"一节中尝试了案例教学与情境表演的综合运用。

在描述完案例"如何处理老师与家长的矛盾"之后,我请三名学生分别扮演案例中的幼儿园老师、幼儿家长和园长，用情境表演的方式再现案例。但是只有一名学生自告奋勇，其他学生都在观望。我只好点了两名学生。情境表演中，扮演幼儿家长的学生极尽嚣张刁蛮之势，扮演幼儿园老师的学生有些腼腆，而扮演园长的学生未听清楚案例，只能临场发挥，在处理老师与家长的矛盾时表现得也不是很恰当。学生表演得有些慌张忙乱，不时笑场，下面的学生像看一场小品排练一样，不时哄堂大笑。表演占用了较长的时间，所以我只请了这一组学生进行表演。在以后的课堂中，我没有再次尝试情境表演。

三、探索中的反思

（一）精选典型、真实案例，生动形象地将案例传递给学生

案例在案例教学中的地位不言而喻，所以教师要精心选用有典型意义的案例。案例教学法能否实现最大化的价值的前提在于案例被学生理解，这需要教师生动形象地将案例的事实、情节传递给学生，营造良好的课堂氛围，调动学生听案例的积极性。情境化、口语化的描述，加上适当的表演能够把学生带入现场，帮助学生身临其境地感受复杂的案例。教师也应多下园搜集真实案例，这类案例的转述会让学生更有感染力。

（二）引导学生集中讨论问题，注重整合案例来设计问题

讨论问题要相对集中，因为同时讨论多个复杂问题时，学生分析、讨论得不够透彻，也容易顾此失彼。引导学生在一定时间内集中讨论一个问题，有利于学生进行有针对性的思考。

整合案例来设计问题。将对单个案例的分析上升到幼儿园管理理论，学生对理论的理解会比较深刻。当就同一主题举两个以上案例进行教学时，教师可以整合案例引发学生进一步思考，拓展学生的思维，发挥案例"1+1＞2"的教育价值。对于问题"这几个案例说明了什么？"学生不一定能够分析归纳出全面的结论。教师通常要将自己预设的结论融合学生的分析意见，综合后给出一个参考结论。这个参考结论在学生看来不是教师单方面的结论，而是他们通过互动、平等对话、积极探究得出的结论，是饱含他们思考过程的结论。这个互动过程不仅是理论升华的过程，从课堂管理来说，也有利于活跃课堂教学气氛，调动学生的学习积极性。

（三）灵活调整讨论时间，注意提高教学效率

案例教学中的课堂讨论要求学生积极参与，让每名学生都有机会表达自己的想法。这要求教师在案例讨论时给学生留出足够时间，使他们能够独立思考，这样才能训练学生分析、解决问题的能力。同时，教师在案例教学中应积极参与课堂管理，要把握好"放"与"收"的度。因为讨论会耗费较多时间，学生注意力极易分散，容易转移学习兴趣，出现聊天、睡觉等现象，导致教学时间往往不够用，从而降低了教

学效率。案例教学中，教师应该注意学习和增加组织案例教学的艺术性，在时间控制上，既要鼓励学生独立思考和分析，又要把握好时间，依据学习内容难易程度和讨论的实际情况灵活调整讨论时间。

(四)合理运用情境表演，引导学生深度参与案例教学

情境表演在案例教学中的运用是教师给出案例，让学生在课堂中再现案例场景，使学生仿佛身临其境，直观地感受问题并尝试解决问题。这样，学生一方面可以通过参与案例讨论，提升分析和解决问题的能力；另一方面通过角色扮演，锻炼沟通、交流和表达的能力，增强学习兴趣。但是情境表演的运用需要学生清楚案例，这样表演效果才会好。表演这种形式虽然能调动学生参与课堂的积极性，但学生如果表现随意的话，并不能实现教学目标。我在幼儿园管理课程中用的案例都由我提供，在案例搜集方面我想过让学生参与，但是由于学生上网不方便等而搁浅。如果我们创造条件适当地让他们去搜集案例，他们对案例教学的参与就能更深入、更广泛，情境表演时就会有充足的课前排练时间，案例教学的局面就会发生很大变化。

基于工作过程系统化的
幼儿教师口语课程改革

黑龙江幼儿师范高等专科学校　伊彩霞

随着社会的进步与发展,良好的口语交际能力已成为现代人必备的素质之一。培养学生良好的口语交际能力,对学生今后的择业、就业、社会交往、人际沟通具有重要的意义。学前教育专业学生,作为未来的幼儿教师,担负着培养和教育幼儿的艰巨任务。在幼儿园的一日活动中,无论是常规活动、教育教学活动,还是与家长、同事、领导之间的沟通,都需要幼儿教师具备较高的口语交际能力。作为学前教育专业一门语言训练的技能课,幼儿教师口语影响着教师的教育教学质量和效率,也影响着幼儿语言和思维的发展。苏霍姆林斯基就曾指出对语言美的敏感性,是促进孩子形成高尚的精神世界的一股巨大力量。这种力量,是人类文明的一个源泉。

一、问题的提出

作为全国最早组建的三所幼专之一的黑龙江幼儿师范高等专科学校,一直"坚持以培养应用型人才和技能型职业人才为目标","坚持教学与市场结合、教学与实践结合、教学与科研结合的教学模式",这为学前教育专业的职业化探索奠定了坚实的基础。幼儿教师口语是培养学前教育专业学生教师技能的一门专业必修课。目前,大多数院校的幼儿教师口语课程采用的是学科系统化的课程教学模式,理论与实践分离,忽视了交际情境的创设,忽略了与职业教育背景的衔接,没能把工作岗位的实际工作任务融入课程内容,使得教学与具体的工作任务、工作过程相分离,使得教师课上偏于理论知识的传授,从而导致学生无法根据实际语言交际环境正确、恰当地使用语言以达到口语交际的目的。

让学生真正进入语言应用的角色,并通过言语行为完成模拟岗位工作训练,是幼儿教师口语教学改革和探索的重要方向。为了深入贯彻落实国家和省的中长期教育改革和发展规划纲要及《黑龙江省高等教育强省建设规划》,从 2012 年 3 月开始,在系领导的带领下,课程组成员通过查阅资料,座谈讨论,调查分析,走入幼儿园,从学生就业发展的角度,深入研究现有课程,进行课程改革探索。同年 6 月 21 日,课程组参加了黑龙江省高等教育培训中心举办的高等职业教育评估名家系列讲坛

(第七期)暨职业教育改革与发展专题讲座,会上认真倾听了教育部职业技术教育中心研究所研究员姜大源教授做的报告"职业教育改革与发展的哲学思考"。姜大源教授主要谈了两个问题:构建现代职业教育体系和课程开发的关系;可持续发展和课程开发的关系。姜大源教授在研究德国的"双元制"职业教育,特别是在研究"学习领域"课程所提出的工作过程导向的实践与理论成果的基础上,提出了工作过程系统化的课程模式。这一课程模式按照工作过程开发课程,将理论知识与实践知识进行整合,将陈述性知识和过程性知识进行整合,将知识的构建过程与岗位工作任务相融合,从而提高学生的职业能力。这给幼儿教师口语课程改革提供了全新的改革思路。幼儿教师口语这门课程,既有清晰的工作过程,也有典型的工作任务,可以采用基于工作过程系统化的实践教学模式,以职业活动开展为主线,紧紧围绕幼儿园对幼儿教师的需求,将教学重点转向职业口语能力的培养,按照幼儿园岗位工作流程、岗位技能和综合素质要求,以项目任务为载体设置教学内容,改革评价方法,使学生适应岗位职业要求,建构全新的幼儿教师口语课程教学模式。鉴于此,基于工作过程系统化的幼儿教师口语课程改革势在必行。

二、基于工作过程系统化的幼儿教师口语课程改革的实施

(一)幼儿教师口语学习领域的构建

基于工作过程导向的学习领域,是一个由职业能力描述的学习目标、工作任务描述的学习内容和基本学时3个部分构成的学习单元。学习领域的表现形式由若干个学习情境构成,因此,确定学习情境是学习领域设计的核心。

首先,我们通过与幼儿园园长和幼儿教师沟通以及到幼儿园实地调研,并根据学前教育专业人才培养目标和职业岗位需求,对幼儿教师口语的学习目标、教学内容、教学方法及考核评价等几个方面进行了分析,如表42-1所示。

其次,我们通过对牡丹江市教育实验幼儿园和教育第三幼儿园等公办幼儿园进行调研,对幼儿教师的工作任务和工作过程进行分析,将幼儿教师在工作岗位上的口语沟通过程划分为7个步骤,即晨间接待、就餐活动、教育教学活动、户外活动、午睡活动、游戏活动、离园活动,它们组成了一个完整的幼儿教师工作过程,之后我们就按照这个工作过程进行教学内容的设计。我们按照能力发展和职业成长规律来确定学习情境的顺序,在充分考虑幼儿身心发展特点的基础上,利用项目任务,将幼儿教师口语的教学内容设计成3个学习情境:小班幼儿教师口语的沟通与表达、中班幼儿教师口语的沟通与表达、大班幼儿教师口语的沟通与表达,如表42-2所示。这3个学习情境的选择以各年龄段幼儿为载体,每个学习情境按照完整的工作步骤进行。这3个学习情境的过程、步骤、方法虽然重复,但内容不重复。从总

体上看，整个学习情境的设计在内容上体现了由简单到复杂、在能力上体现了由单一到综合的过程。内容学习和情境训练，不但提高了学生的口语沟通与表达能力，而且还将学生可持续发展能力的培养贯穿于整个职业能力培养之中。这样，基于工作过程的幼儿教师口语教学内容的设计和现有的教学内容就完全不同了。如表42-3所示，原有的学科体系的课程是按照逻辑思维的方式安排教学内容的，忽略了所学知识与实际工作岗位的联系，忽视了学生以能力为本位的发展特点。这种模式的课程体系，培养出来的人的动手能力不强，这些人毕业之后要经历相当长的时间才能适应幼儿园工作环境。

表 42-1　幼儿教师口语学习领域分析

学习领域名称：幼儿教师口语		基本学时：36 学时	
学习目标： ①掌握幼儿园常规活动中的沟通与表达技巧 ②掌握幼儿园教育教学活动中的口语表达技巧 ③掌握朗读、复述、讲故事、演讲、交谈等一般口语交际技能 ④掌握与家长、同事、上级之间进行沟通的表达技巧 ⑤能用标准的普通话进行教学和一般口语交际，口语表达做到清晰、正确、得体 ⑥掌握正确的体态语			
教学内容： ①幼儿园常规活动中的口语沟通与表达 ②幼儿园教育教学活动中的口语沟通与表达 ③幼儿教师工作交际中的口语沟通与表达			教学方法建议： 任务教学法、案例教学法 模拟教学法、角色扮演法 项目教学法、情境教学法 多媒体组合教学法、讨论法
考核评价： 过程性考核 学生自评、小组互评、教师评价		学生知识与能力要求： 掌握现代汉语、幼儿教育学、幼儿心理学、幼儿卫生学、社交礼仪等	教师知识与能力要求： 具备儿童心理学、教育心理学知识，持标准的普通话，具备良好的口语沟通能力，熟悉幼儿园的工作环境

表 42-2　幼儿教师口语学习领域结构

序号	工作过程	项目任务		
		小班幼儿教师口语的沟通与表达	中班幼儿教师口语的沟通与表达	大班幼儿教师口语的沟通与表达
1	晨间接待	√	√	√
2	就餐活动	√	√	√
3	教育教学活动	√	√	√
4	户外活动	√	√	√
5	午睡活动	√	√	√
6	游戏活动	√	√	√
7	离园活动	√	√	√

表 42-3　幼儿教师口语课程结构的前后比较

原有的课程结构	基于工作过程系统化的课程结构
第一章　普通话概述 第二章　普通话语音训练 第三章　一般口语交际概述 第四章　一般口语交际的基础训练 第五章　一般口语交际的技能训练 第六章　幼儿教师职业口语概述 第七章　幼儿教师教学口语训练 第八章　幼儿教师教育口语训练	学习情境 1　小班幼儿教师口语的沟通与表达 学习情境 2　中班幼儿教师口语的沟通与表达 学习情境 3　大班幼儿教师口语的沟通与表达

(二)学习情境的实施

在学习情境的具体实施过程中，教师可以按照项目教学的指导思想，充分考虑到任务的相互联系和任务的难易程度后，按"资讯、计划、决策、实施、检查、评估"6个工作步骤实施教学，既有利于提高学生的专业能力，又利于提高学生的社会能力，充分体现以学生为主体的教学思想。现以小班幼儿教师口语的沟通与表达中的子学习情境"晨间接待"为例实施教学，如表 42-4 所示。

表 42-4 教学实施步骤(小班幼儿教师晨间接待口语)

行动阶段	工作步骤/教学内容	方法/媒介
资讯	①指导学生观看幼儿园晨间接待的视频短片。②学生讨论晨间接待的工作过程以及明确迎接小班幼儿时语言的沟通与表达技巧。③确定整个学习情境的具体任务,如主动热情地和幼儿及家长打招呼,掌握迎接幼儿时的安抚语言技巧、与各种各样家长的沟通技巧等。	①黑板、教学视频、小组合作探究与讨论。②引导学生分析小班幼儿的年龄、心理及语言特点。③引导学生探究"安抚新入园幼儿的情绪"策略。
计划	学生分组,然后每组学生在讨论后制订完成学习情境的计划、步骤、程序。	①启发引导学生小组合作讨论。②指导学生查阅相关资料。
决策	小组讨论,确定完成学习任务的方案。	①任务驱动教学。②小组活动。
实施	在小组讨论、合作的基础上,小组成员以某一案例为蓝本,通过角色扮演、情境模拟,完成学习情境的各工作项目。	①任务教学。②小组合作。③案例分析。④角色扮演、情境模拟。
检查评估	对各小组的任务完成情况进行学生自评、小组互评、教师评价。	①学生自评、小组互评。②教师评价。

从表42-4中可以看出,教师根据幼儿园小班幼儿教师晨间接待口语任务的描述,引导学生分析幼儿园晨间接待的具体任务。例如,幼儿入园时教师应使用标准的普通话,语言清晰,语气友好,主动热情地迎接幼儿及家长;教师能用亲切、温柔、真诚的语言安抚新入园幼儿的情绪;教师能与各种类型的家长进行沟通和交流等。学生通过分析小班幼儿的年龄、心理及语言特点,制订接待方案和言语技巧,并根据实际工作任务制订计划。学生按照计划选取角色扮演、模拟操作、小组讨论等学习方法完成学习情境的各工作项目。整个教学过程都以学生为主体;学生可以随时向教师提出学习中遇到的问题;教师在教学中只是组织者、管理者、咨询帮助者的角色。学生在"做中学",实现了"教学做一体化",培养了学生的职业行动能力。

(三)教学方法和组织形式的转变

基于工作过程系统化的课程结构,在教学方法的选择上打破传统的教学方法,而以行动导向为指导,选择任务教学法、情境教学法、案例教学法、角色扮演法、模拟教学法、多媒体组合教学法、小组合作法等;在教学组织形式上,打破传统的秧田式的座位安排方法，根据不同的学习情境内容，采取马蹄形、围坐式、圆桌式、V字式等形式，这样便于学生交流，有利于课上教学活动的开展。

(四)考核评价方式的改革

按照基于工作过程系统化的课程建设思路，教学应打破传统的评价方法，采取过程性考核和终结性评估相结合的形式，以能力考核为主，注重考核学生在平时学习过程中的口语能力，根据学生完成任务的质量与综合表现，采取学生自评、小组互评和教师评价相结合的办法，确定学生在学习领域的成绩。

三、教学效果及反思

(一)教学效果

传统教学注重学生掌握知识的程度，忽视了学生其他能力的培养。我校学前教育专业在幼儿教师口语课程改革实施的一年里，始终关注学生职业能力的培养，在学习情境的完成过程中，引导学生学会查询、归纳和整理资料。在仿真的工作环境中，学生学会了幼儿园常规活动中的口语沟通与表达能力、幼儿园教育教学活动中的口语沟通能力与表达以及与家长、同事、领导沟通的能力，同时也掌握了一定的社交礼仪。小组合作过程培养了学生团体协作的精神和人际沟通能力。课程改革激发了学生学习的兴趣和热情，激发了学生主动学习的意愿。实践证明，打破传统的学科知识体系，构建以工作任务为中心的课程内容，可以更好地提高教学效果，提高学生的综合职业能力和可持续发展能力。

(二)教学反思

1. 积极进行幼儿教师口语特色教材的编写

教材是教学内容的重要载体，教学模式、教学方法、教学内容的改革，都需要通过教材的编写来实现。理论教学与幼儿园实际工作任务相结合是课程教学改革的重要特色。目前高职高专幼儿教师口语教材缺乏职业教学环境，所以教师应积极编写适合本校学前教育专业特色的幼儿教师口语校本教材。

2. 加强执教教师的能力提升

以工作过程为导向的学习领域课程教学对教师有很高的要求。教师除了具备相关的理论知识，如吐字归音的技巧、语气语调的运用规律等，还应该了解幼儿园的工作环境、工作任务及不同年龄段孩子的特点，能够按照课程目标设计课程的项目任务。

3. 加强园校合作

学校应密切与周边幼儿园的联系，除了在课程方案开发过程中和幼儿园共同制定课程标准、共同开发课程，还应安排专业教师到幼儿园调研、听课、挂职锻炼，及时把握幼儿园的新动态、新问题，掌握幼儿园对幼儿教师的新要求，及时修正和调整课程方案，同时通过园校合作为学生提供稳定的实训基地。

彰显特色　创新幼专思想政治课教学

黑龙江幼儿师范高等专科学校　姜泽晓

思想政治课是对幼专生进行思想政治教育的主渠道，是帮助幼专生树立正确的世界观、人生观、价值观的重要途径，在提高幼专生的思想政治素质，把他们培养成中国特色社会主义事业的建设者和接班人方面发挥着重要的作用。本文从以下几个方面对创新幼专思想政治课教学做了阐述：以学生实际为切入点，整合教学内容，建立两级模块教学体系；抓住学生特点，建立"一动四多"促生成的教学模式；初步建立"321"的考评体系等。

目前，思想政治课教学中存在着教师难教，学生难学、厌学，教学效果不理想的现象。为改变这一现象，切实加强和改进思想政治课教学，提高教学实效性，使思想政治课的内容真正"入耳、入脑、入心"，近年来，我校从研究幼专生思想特点入手，依托课堂教学，在教育教学理念、教学内容、教学方法、教学评价等方面进行了一系列的改革与创新，教学效果显著提高，初步形成了具有幼专特色的思想政治课教学体系。

一、研究背景和指导思想

教育部《关于全面提高高等职业教育教学质量的若干意见》明确指出，高职院校要坚持育人为本，德育为先，把立德树人作为根本任务。这不仅进一步明确了高职院校的人才培养目标，同时也对全面提高高职院校思想政治课教育教学质量提出了新的要求。

长久以来，我校始终坚持增强德育实效性的研究，积累了许多宝贵的经验。在教学内容上，我校整合了教材体系和教学体系。例如，在思想道德修养与法律基础课中，调整教材体系，将法律的内容贯穿于思想和道德的内容中，从法律的视角规范思想和道德，从思想和道德的视角提升法律，使三者有机融合；将热点问题引入课堂，使课堂教学充满了时代气息。在教学方法上，我校采用案例教学等互动式教学方法，打破传统的教学模式。随着学校课程改革的深入和学前教育专业的发展，加强对幼专思想政治课教学的创新研究已成为必然选择。

幼专生是一个特殊的群体，具体表现为两点。一是角色特殊。作为未来的幼儿教师，他们不仅是建设中国特色社会主义事业的中坚力量，还担负着培育祖国花朵的重任。幼专生思想政治素质的高低，不仅关乎他们自身的发展，也影响幼儿的发展。二是智能类型特殊。我校学生的构成比较复杂，女生占比大，初高中起点学生兼而有之。和本科院校学生相比,多数幼专学生具有较强的形象思维能力,对涉及经验、策略方面的过程性知识具有较强的掌握能力,对专业实践比较感兴趣,而对概念、原理方面的陈述性知识和纯理论的课程内容缺乏兴趣。因此,我们确立了"以提高师德素质为中心任务、以加强职业能力培养为重点工作"的思想政治课教学创新的指导思想和"遵循科学性、讲求现实性、突出师范性、注重实践性、强化职业性"的改革思路,进而完成课程教学改革。

二、研究内容

(一)以学生实际为切入点,整合教学内容,建立两级模块教学体系,激发学习兴趣

幼专生属于技能型人才。受智能类型的影响,传统的思想政治课内容一方面理论性太强,使学生难以理解内化、缺乏兴趣;另一方面与专业无关,缺乏专业技能的培养,难以提起学生兴趣,脱离学生社会实际、生活实际,缺乏吸引力。为解决这些实际问题,我们以学生实际为切入点,分析、诊断教材,增加学生感兴趣的、与职业相关的、核心的、热点的内容,删减不合学生实际的内容,打破原有课程内容体系的限制,建立两级模块教学体系。

针对初中起点学生建立的初级模块,以生活为主题,培养学生的基本生活技能和职业技能,分为经济生活、政治生活、文化生活、生活与哲学四大部分。如经济生活部分,删掉"面对市场经济"单元,留下"生活与消费""生产、劳动与经营""收入与分配"三个单元,并增加了信用工具的使用、预防信用卡诈骗等内容。这样的教学内容抓住了学生的眼球,引起了学生的共鸣,使学生在掌握学科技能的同时,生活技能和职业技能也得到提高。

针对高中起点学生建立的高级模块,以职业与人生为主题,培养学生的职业道德和职业发展能力,分为思想道德修养与法律基础、毛泽东思想和中国特色社会主义理论体系概论、形势与政策三大部分。例如,思想道德修养与法律基础部分,抓住社会主义核心价值观这一主线,将教材内容整合为12个篇章,即绪论、大学篇、理想与信念篇、爱国篇、人生篇、生命篇、生活与生存篇、友谊与爱情篇、道德篇、人际交往篇、教师篇、法律篇。这些教学内容不仅促进了学生思想政治素质的提高,还促进了学生职业素养的提高,使学生不由自主地融入思想政治课的学习中。

(二)抓住学生特点,建立"一动四多"促生成的教学模式,全面培养学生技能与素质

传统的思想政治课教学以灌输式教学为主,即"我讲你听,我写你抄"。学生被动地接受教学内容,缺少主动性和参与性,需求无法得到满足。这样的方法太陈旧,束缚了学生的思维,限制了学生积极性和主动性的发挥,不符合幼专生的心理发展特点,

不利于培养学生的职业技能和素质，影响职业发展。我们课题组认为，职业教育的一个重要特点是实践性，对培养学生的自主学习能力、实践创新能力，提高学生的综合素质具有特殊作用。

幼专生对活动的参与度与热情非常高，因此，教师要充分利用这一特点，将课堂活动化、活动课堂化，实现所学有所用。为此，我们建立了"用活动，多引导、多思维、多交流、多创新"的"一动四多"教学模式。下面，本文以"影响价格的因素"一课为例对"一动四多"教学模式进行简要说明。见表43-1。

表43-1 "影响价格的因素"课例

项目	教学环节	教学内容	学生活动	感悟发现
课前活动	学生论坛（慧眼看生活）	展示生活现象"8分钱的机票"问题：什么因素导致机票仅仅8分钱？	思考、分析、讨论、各抒己见	"价格歧视"理论
课中活动	问题导入	根据此前的分析进一步提出问题：什么因素导致商品价格不同和变化？	再思考、产生疑问	兴趣导航
课中活动	新课学习	结合教材案例探究问题：①导致价格变动的因素是什么？列举生活中的此类现象。②导致价格存在差异的因素是什么？列举生活中的此类现象。得出结论后进一步思考：供不应求是否会引起商品价格无限上涨，供过于求是否会引起商品价格无限下跌？	分组讨论、合作探究、代表汇报 引导分析、突破难点 学生总结价值规律及其表现形式	影响商品价动和存在差异的直接因素是商品的供求关系 价值决定价格
课中活动	新课延伸	材料分析	思维训练	反馈教学
课中活动	课堂小结		学生归纳、形成体系	
课后活动	拓展训练（社会调查）	调查当地食品类和饰品类商品价格变化的原因，并绘制价格变化对销售量的影响的示意图	社会调查	指导生活、实践体验

课前活动——学生论坛(慧眼看生活)：结合培养目标、教材内容及学生特点，选取热点、焦点事件，训练学生搜索资源、组织材料、协同合作、表达陈述的能力。课中活动——探究交流：共享资源，阅读材料，思考问题，解决问题，培养学生读、说、写、辨等能力，使不同层次的学生都有所得，最基本的目标是普通话水平的提高，高层次的目标是课堂气氛活跃，学习热情高；课后活动——拓展训练(社会调

查)：调查活动使学生融入教学，主动思考，多方交流，反思创新，提高技能，养成良好的习惯、正确的信念，真正实现了"做中学，学中做"的目标。

(三)初步建立"321"的考评体系

传统的德育评价带有明显的应试特点，缺乏前瞻性：一是评价手段呆板，重笔试轻实践考查；二是评价内容单一，重认知轻行为考查。这导致思想政治教育流于形式，不利于学生的发展。

考核是一种导向、一种激励。为发挥考核的激励和导向作用，促使学生形成健康的人格，我们初步建立了"321"的考评体系。

"321"的考评体系指通过师德、知识、能力三个维度，运用终结性评价和过程性评价两种方式，为学生建立一个德育档案，并将德育档案放入学生的毕业档案，为用人单位提供参考。见表 43-2。

表 43-2 "321"考评表

评价内容(100分)		评价标准				评价方式
		A	B	C	D	
师德 (40分)	参与活动的表现(15分)					过程性评价(运用观察法等进行小组评议)
	对社会的关切度(10分)					
	日常行为规范(15分)					
知识 (30分)	主干知识及运用					终结性评价(笔试)
能力 (30分)	解决问题的技巧					思维拓展训练、调查报告、小论文等

三、研究反思

(一)成果创新点

第一，注重幼儿教师素质的前端研究，确立"三结合"(科学性与现实性相结合、师范性与实践性相结合、实践性与职业性相结合)的改革思路，即按照"遵循科学性、讲求现实性、突出师范性、注重实践性、强化职业性"的思路，打破原有课程内容体系的限制，建立两级模块教学体系，将幼专生道德发展和幼儿教师的职业道德有机结合，为幼儿园品德教育提供优秀的人力资源。

第二，建立"一动四多"促生成的教学模式，抓住幼专生参与活动热情高的特点，依托活动的组织和开展，激发学生兴趣，促进学生思考与感悟交流合作的魅力，找到解决问题的突破点，实现课堂教学活动化，活动内容教学化，实现教学个性化和教学差异化。学生从中不仅提升了素质与技能，还能在未来的职业生涯中与工作建立起和谐的关系。

第三，初步建立"321"（师德、知识、能力三个维度，终结性评价和过程性评价两种方式，一个德育档案）的考评体系，改变了传统评价内容单一、手段呆板的状况，体现了思想政治课教学的特色，有效发挥了考核的激励和导向作用，促进学生知行统一，指导学生发展。

(二) 实施效果

第一，思想政治课成为学生乐学的课程，教师成为学生崇拜的对象，在全省高校思想政治理论课教学大赛中获得佳绩，得到与会专家的好评。

第二，学生的职业素养明显提高，在各项活动中获得好成绩。

第三，学校风气显著变化，学生举手投足间散发出文明、文雅的品质，诠释着"正德明志、爱校尊师，闻难思解、学问唯实"的学风。

第四，学生在教育实习、顶岗实习、工作岗位上受到各级各类幼儿园的青睐，成长为教育骨干，被评为师德模范。

第五，本成果在全省思想政治教学大检查中得到专家的称赞，在相关院校得以运用。《孔子德育思想对大学生德育工作的启示》获省级科研成果二等奖。我校主编的《新编形势与政策概论》及开发的校本教材《幼儿教师人文素质教程》在同类学校得到认可和推广。

(三) 努力方向

通过对创新思想政治课教学研究进行反思，我们不仅收获了成果，还找到了努力的方向。今后的教学要进一步处理好知识广度与深度的关系、教学进度与学生参与度的关系、教学资源与学生接受度的关系、课堂生活化与社会延伸度的关系，使学生真正体验思想政治课的实用性。

总之，创新思想政治课教学是对教师素质的深刻性挑战，是需要我们认真反思与探索，是有一定难度的课题。但只要我们共同努力，就一定会取得丰硕的成果。

学前教育专业数学课程改革教育案例

黑龙江幼儿师范高等专科学校　李　宏　王冠宇

一、案例背景

(一)教材分析

《趣味数学》是我校与复旦大学共同开发的专科幼儿师范生系列教材之一。此套教材以陶行知的教育理论为依据,注重数学与生活的联系,这种教学思想是数学课程改革的重要思想之一,它既体现了"生活中处处有数学"的新课程理念,又易于实现"人人学习有价值的数学"的教学宗旨。

本案例的内容是该套教材中的"解析一笔画游戏",通过创设熟悉的生活事例,使学生动手实践、自主探索和合作交流,并让学生学会用数学的思维方法观察、分析现实生活,对结果做出符合生活实践和客观规律的预测,体会数学与生活的联系和数学的应用价值。学生借助具体的生活情境,经历观察、猜想、证明等数学活动,合理地阐述自己的观点,提高自己的数学推理能力。通过上述分析可以发现,这节课在学生认知水平、思维能力螺旋式上升的过程中将会起到重要作用。

由于此套教材正在实验阶段,所以笔者以本案例为例,与大家共同研讨:①本套教材是否适合专科幼儿师范生数学学习发展的需要;②课程内容是否能更加贴近生活实际,使学生能够做中学、学中做,并为其将来教授幼儿所需的玩中学、学中玩的学习方法打下一个良好的基础;③此教学模式是否能够促进学生数学思维的发展。

(二)学情分析

授课对象是初中起点五年制大专一年级学生,数学基础相对薄弱,学习惰性较强,比较贪玩,但反应快。因此,任课教师要积极引导这些学生,努力开拓学生的数学逻辑思维能力。教师应根据学生的认知差异,不断改进教学方法和教学策略,因材施教,使得教学设计遵循教学规律,符合学生已有的认知水平,充分挖掘教材,构建趣味课堂,从不同的方面、角度去认识事物、反映事物,使学生走上发挥创造性的良性循环之路,拓宽学生的思维空间,充分发掘学生潜在的逻辑思维能力。

二、案例介绍

(一)教法选择与学法指导

教法：问题法、启发式；学法：自主探究、小组合作。

本节课主要以生活中的一笔画问题为出发点，运用多媒体教学手段及手机实践操作的经验展开，通过自主探究、小组合作学习的方式，启发学生以"生活中的现实问题—建立数学模型—求解模型—验证模型的解"这样的思路进行思考，遵循"教是为了不教"的原则，让学生自得知识、自寻方法、自觉规律、自悟原理。

(二)教学流程

1. 创设情境，引出新知

①交流手机一笔画游戏的过关经历。

②给出本节课的学习任务。

2. 实践探索，总结规律

①预备知识的学习：游戏规则及奇偶点的定义。

②思考：

请指出下列各图(图 44-1 至图 44-6)中的奇点、偶点；

确定下列图形能否一笔画出，如果能一笔画出，请指明画法。

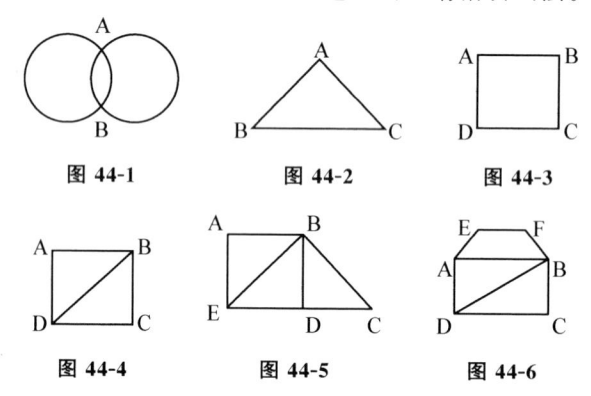

图 44-1　　图 44-2　　图 44-3

图 44-4　　图 44-5　　图 44-6

③讨论一：结合上述能够一笔画出的图形，请根据奇点、偶点的个数，试猜想图形能够一笔画出的条件、起点和终点。

④讨论二：下列图形(图 44-7 至图 44-10)中，奇点、偶点的个数是多少？是否可以一笔画出？

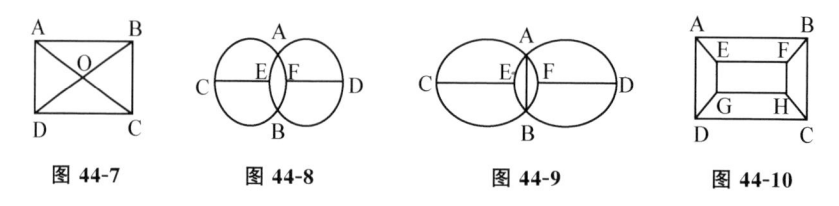

图 44-7　　图 44-8　　图 44-9　　图 44-10

⑤讲述七桥问题的由来，得出欧拉定理。

3. 反馈训练，应用新知

(1)基础知识应用

①七桥问题的结果是怎样的？

②试分析图 44-7 至图 44-10 不能一笔画出的原因。

(2)练习拓展，加强能力

图 44-11 是一个公园的道路平面图，要使旅客走过每条路且不重复，出入口应设在哪里？

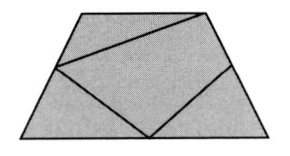

图 44-11

4. 自主小结，回归生活

提问：通过这堂课的学习，你有什么收获？知道了哪些新知识？学会了做什么？进行知识性小结和能力性小结。

5. 课后延伸，布置作业

图 44-12 是某展览厅的平面图，它由 5 个展室组成，任两个展室之间都有门相通，整个展览厅还有一个进口和一个出口，问游人能否不重复地一次穿过所有门，并且从入口进、从出口出？

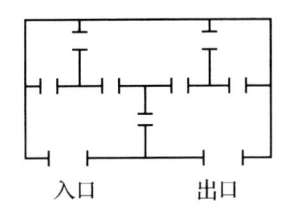

图 44-12

三、案例点评与反思

(一)点评学习效果

本节课"解析一笔画游戏"以手机一笔画游戏为依据，抓住学生喜欢玩手机游戏的特征，调动学生学习图形能够一笔画出的条件。教师给出问题序列，启发学生以自主探究、合作学习的方式发现问题，猜想结论，得到验证，并通过正向和逆向思维及时运用数学模型解决生活中的一笔画问题。本节课突破教学难点，使学生体验并深刻地理解"学数学，用数学""数学就在我们的身边"这样的意识和理念，培养了学生的逻辑思维能力，同时也促进了学生数学素养、职业素养的发展，为学生基本文化素质的培养，为学生职业能力和专业能力的培养提供了良好的服务，为学生的职业生涯打下了基础。

在"创设情境，引出新知"环节中，教师通过引导学生交流手机一笔画游戏的过关经历，渗透数学为生活服务的思想，唤起学生对新知识探索学习的欲望，激发学生的学习兴趣，从而提高学生学习的热情。给出本节课的学习任务，既交代了本节课要研究和学习的主要问题，又能较好地激发学生求知与探索的欲望，同时也为本节课的教学做了铺垫。

在"实践探索，总结规律"环节中，教师交代了预备知识，并以问题序列及讨论的形式得出本节课的新知，环环相扣，循序渐进。合作学习的过程，不仅体现了"注重知识、能力的形成过程"的新课标理念，同时也进一步培养了学生的合情推理能力。这样不仅培养了学生良好的思维品质和严谨的学习态度，而且增强了学生的问题意识。教师通过简要介绍数学史陶冶学生的数学情操，增强学生学习数学的兴趣，并从中掌握一笔画知识的数学模型方法，突破了这节课的教学难点。教师给出欧拉定理的历史背景，体现了"数学教学不仅仅是数学知识的教学，更是发展学生数学思维的教学"这一思想。

在"反馈训练，应用新知"环节中，教师及时反馈教学效果，提高了学生知识应用的水平，达到了及时巩固知识的目的。教师通过练习培养学生独立分析问题的能力，使学生会运用欧拉定理解决实际问题，有效地提高了学生应用数学知识的能力，帮助学生体会数学与生活的联系，提高了学生的逻辑思维能力，帮助学生做到学以致用。

在"自主小结，回归生活"环节中，教师引导学生学会反思，及时归纳总结，通过独立思考、自我评价学习效果、发现问题、解决问题养成良好的学习习惯。这样有利于强化学生对知识的理解和记忆，提高学生的分析和小结能力，同时也锻炼学生的语言表达能力，为学生从教能力的提升提供良好的平台。

在"课后延伸，布置作业"环节中，教师着重培养学生构建数学模型的能力及逻辑思维能力，并启发学生能够应用数学知识解决实际问题，感受数学来源于生活又服务于实践的魅力。

(二)反思不足之处

幼儿师范生的数学学习既不同于义务教育阶段的数学学习，又不同于高中阶段的数学学习。通过上述案例介绍，并根据幼儿师范生的数学学习特点，我们发现这些研究不仅是幼儿师范课程改革的需要，也是未来幼儿园数学教学改革的需要。因此，反思该案例的不足之处势在必行。

首先，五年制学前教育专业的主要任务是为幼儿园培养具有可持续发展潜力的高素质、技能型教师。数学作为素质教育的基础学科，承载着培养学生数学素质的任务。数学应加强学生基础素质、数学教学能力和相关能力的训练。目前，五年制学前教育专业学生素质总体不高、学习积极性不高，使数学课成为学生最困难的课程之一。数学不及格率高等因素给数学教学带来了诸多困难。如何体现以学生为主体、以能力为根本、以就业为导向的宗旨，培养学生的数学教学能力和应用数学解决实际问题的意识，教会学生掌握数学的学习方法和思维方法等已越来越为五年制学前教育专业所瞩目，构建新的数学课程体系，改革课程结构、教学方法、评价方式等已迫在眉睫。《趣味数学》这套教材充分考虑我校学生数学学习的特点，从可持续发展的角度力求使学生学会学习，但在有些课程内容的设计上稍显简单。因此，今后的课程改革应该更加注重深层知识点的挖掘，以便更能适应幼儿师范生数学学习的需要。

其次，本套教材力图贴近生活实际。陶行知特别重视生活教育的作用，把生活教育当作改造中国教育、社会的出路。他说："没有生活做中心的教育是死教育；没有生活做中心的书本是死书本。"这对教师提出了新的要求，要求教师尊重学生，注意教学之外的生活，指导学生在实际的活动中学好本领，培养他们的生活能力。"教学做合一"以"发现"作为最高目标。陶行知把教法的演进归纳为四个阶段：一是只凭先生教授，不许学生发问（注入式）；二是师生共同探讨，彼此质疑问难（讨论式）；三是师生共同在做中学，在做中教，在做中讨论，在做中质疑问难（实习式、启发式）；四是师生运用科学方法，在做中追求做之所以然，并发现比现在做得可以好一些的道理（发现法）。本套教材侧重于生活中的数学知识，使学生通过学习深刻领悟数学知识由实际生活而来，知识的产生是为了解决生活中的问题。在本节课教学中，学生从游戏中提炼数学知识，即做中学；学生找到方法后，能够解决生活中的问题，即学中做。教师与学生共同研究、探讨、发现、应用，充分践行"教学做合一"理论。但本节课所给出的示例图形过于几何化，稍显枯燥，从学生未来的职业特点考虑，应多添加一些能够一笔画出的趣味图形，如一笔画回头鸟、一笔画蝴蝶等，并让学生说出能够一笔画出图形的理论依据及可以一笔画出图形的方法。

最后，数学是思维的体操，学数学离不开思维，没有数学思维，就没有真正的数学学习。数学教学就是数学思维活动的教学，数学教学实质上就是学生在教师指导下，通过数学思维活动学习数学家思维活动的成果，并发展数学思维，使自身的数学思维结构向数学家的思维结构转化。数学教师不仅要教知识，更要启迪学生思维，交给学生一把思维的金钥匙。因此，在数学教学中如何发展学生的数学思维，培养学生的数学思维能力是一个值得探讨的课题。"教学做合一"注重培养求异性思维。传统教育以"思不出位"作为信条，而"教学做合一"看重改造、改进和创造。我们当教师的需要园丁的智慧，要针对不同的花木采取不同的栽培方法，发现他们不同的美。

  本套教材在以上依据的基础上,更注重激发学生的数学学习兴趣,并在课程的讲授中适当穿插一些数学趣味故事,使学生乐学并能学有所得,并能逐步影响他们的思维方式和学习习惯。但本节课给出的问题序列稍显教条,今后在引导学生求异方面还需改善,以便促进学生数学思维的进一步发展。

  该套教材充分利用目前国家重视培养五年制学前教育专科学历教师的契机,将高职倡导的行动导向教学法与师范教育专业的传统教学法有机整合,探索出适合五年制学前教育专业特色的数学课程教学模式和教学方法。我校通过分析学生对数学课程教学的反馈信息,及时总结提出数学课程结构体系的改革设想,力求形成与五年制学前教育专业相适应的系统科学的数学课程结构体系,并能在全省乃至全国范围推广应用。

浅谈实践性教学在专业理论课程中的应用

——以幼儿教育学课程为例

湖北幼儿师范高等专科学校　尹洪洁

幼儿教育学是学前教育专业传统"三学"之一的主干必修课程,在达成高职学前教育专业人才培养目标中起着核心作用,其特性应体现为基础理论性、实践应用性和师范性。首先,本课程有着完整的理论体系,可以起到夯实基础、形成学生专业理论素养的作用。其次,本课程内容涵盖了幼儿园教育工作的各个层面,理论与实践结合紧密,凸显了实践特性。未来的幼儿教师可以通过本课程的学习积淀专业文化,培养自身的实践应用能力,从而形成专业的从教能力。随着《幼儿园教育指导纲要(试行)》和《幼儿园教师专业标准(试行)》的颁布,幼儿教育学这一专业课程更要准确、及时地承载富有时代精神的终身教育理念和以人为本的教育追求,与其他学科一起承担培养适应21世纪的高素质幼儿教师的重任。然而,近年来的调查表明,幼儿师范生对幼儿教育学的看法多是教学内容枯燥无味、学教育学没有用;而任课教师也抱怨教育学难教、理论落后于幼儿园实践等。这种现状对于目前正在不断推进的教育教学改革是非常不利的,所以创新幼儿教育学的教学方式变得更加紧急而迫切。

一、案例背景

我校为五年制学前教育专业学生开设的幼儿教育学集中在二年级进行。2014—2015学年,我担任了4个班级幼儿教育学的教学工作。本课程的主要内容如下:幼儿教育的产生以及我国幼儿园教育的目标、任务和原则,幼儿教育的途径和手段,幼儿园与家庭、社区的合作和幼小衔接,幼儿教师的职业规范等。本课程的目标是学生通过一学年的学习积累幼儿教育知识,并能用所学的理论去评价教育教学活动,去观察、分析教学现象;同时,学生更加热爱幼教事业,更加尊重幼儿,并逐步具备从事幼儿园教育工作所必需的教育技能和综合应用能力。此处需要重点明确的能力具体表现为新时期幼儿园教师职业岗位所需要的观察分析能力、沟通互动能力、策划和组织教学活动能力、反思评价能力、环境创设能力、利用教育资源能力等。

由此可以看出,幼儿教育学作为一门传统的理论课程所培养的能力有别于教法课,是一门实践性很强的学科,关注的应是真实、丰富、多元的教育生活。然而,本课程在教学方式、方法的选择上普遍存在着"重理论轻实践"的现象。因一些授课条件的限制，学校鲜少安排实践性活动，使学生还是听得多、看得少、记得多、做得少。这种教学模式忽视了对学生能力的培养，使教学变成了一种狭窄、孤立、单向的活动。幼儿教育学课程的教学方式应坚持以实践性为导向，逐步培养学生的教育素养和包括保教技能在内的各项能力。

教学有法，但无定法。大多数学前教育专业学生认为只有舞蹈、钢琴、手工、声乐才是专业课，除此之外的课程都是非专业课，尤其是理论课程较难引起学生的兴趣。理论课程多采用传统讲授法，已不能满足学生的求知欲和对专业理论课的需求。根据教学要求和学生特点，结合教材内容，我在实际教学中尝试采用实践性教学方法，以提高学生学习的积极性。通过尝试，学生找到了兴趣点，对专业知识和理念也有了更为清晰明确的认识。

二、过程与方法

在学习了幼儿教育的先进思想和基本理论，掌握了学前儿童自身发展的特征及幼儿教育活动的基本特点，理解了我国幼儿园的教育目标、任务、原则和幼儿园全面发展教育内容的基础上，我发现"幼儿园环境"这一章的能力目标很难用传统的讲授法和案例法完成。于是，我用两课时讲解完幼儿园环境的基础知识之后，决定将学生带往学校附属幼儿园进行现场教学。现场教学是将课堂搬到教学现场或生产现场的一种教学方法，通过在仿真或实际的生产现场实施教学，使学生更快更好地学习、掌握知识和技能，具有体验性、互动性、多元化、个性化的特点。把课堂搬到了现场，把课堂中的问题带到现场，调动了学生学习的主动性、积极性和创造性。

(一)关于幼儿园物质环境的教学

我在幼儿园现场举例启发学生学习幼儿园环境的理论知识，并讲解幼儿园环境创设的原则。简单讲解之后，我鼓励学生在自由活动中用手机拍摄幼儿园的物质环境。从幼儿园专用的活动室、生活区、办公室、接待室等，到幼儿园室内公共部分的墙面、楼梯、天花板、走廊、门厅等，我都要求学生认真地思考拍摄，同时留心细节的处理。学生用自己的视角将幼儿园的物质环境一一记录下来。参观完之后，我要求学生按自由意志分组将收集的图片整理、汇总，并结合前期所学的幼儿园环境的基础知识将图片与创设原则分类对应。

学生在下次课之前，非常积极主动地将图片分类汇总好，并复制到我的电脑上。接下来，我就将关于幼儿园物质环境创设的两课时交由学生小组的代表一一上讲台展示。学生的积极性都很高，10个小组依次放映了自己的图片，并将图片与环境创设的教育性原则、适宜性原则、参与性原则、开放性原则、经济性原则、审美性原则、安全性原则和创造性原则一一对应。此时，有趣的问题出来了，有的小组将羽毛球做的天花板吊饰归为经济性原则，有的则归为创造性原则，还有的归为审美性原则。作为教师的我从"观众"回归到引导者的角色，启发学生思考幼儿园环境的创设不是单独遵循某一原则的，而是同时满足几个原则的。

通过这样的两次课，学生对幼儿园的物质环境有了更为直观深刻的认识，也更加明确了幼儿园环境创设需要严格遵循的原则。这在提高教学效率的同时，也保证了教学效果。

(二)关于幼儿园精神环境的教学

幼儿园精神环境不仅对幼儿的学习和认知发展具有重要作用，还对幼儿社会性的发展具有直接、深远的影响。然而，精神环境的创设却常常被幼儿园忽视。为了加深学生对精神环境的理解，我在课前分别从教师与幼儿的交往、幼儿与幼儿的交往、教师与教师的交往三方面设置了三个来源于实际问题的情境，让各个小组的学生抽签准备角色表演。我在准备这些问题情境的时候，主要参照了自己下园见习的所见所闻，较为充分地考虑到学生的认识倾向以及兴趣。这些来源于幼儿园的一线素材不仅可以在导课的环节激发学生的好奇心和求知欲，也为接下来教学环节的开展奠定了良好的心理基础和情感基础。

情境一：中二班的小宇在前几次户外活动的拍篮球中，每次都只能连续拍两三下。今天又到了户外活动时间，带班的王老师发给每个小朋友一个篮球，并让他们先进行练习，能够连续拍10下了就到她那里进行测试，测试通过就可以去旁边玩滑梯了。小朋友们陆续通过了测试，只剩下小宇和其他两个小女生。这个时候，王老师应该怎么做呢？

情境二：瑞瑞和闹闹是中三班的两个小男生，平时就比较淘气。下午教学活动之前，带班的张老师让小朋友们到各个区角自由活动。没过一会儿，张老师发现瑞瑞和闹闹两个人在抢一辆玩具车。这个时候，张老师应该怎么做呢？

情境三：大三班的生活老师李老师发现主班王老师和配班范老师近来很少沟通。原来王老师认为对待孩子时什么要求都要提得清清楚楚，班级一定要有良好的常规，这让范老师觉得王老师没有爱心。范老师认为要给孩子自主与自由的空间，这让王老师觉得范老师对孩子太过放纵。对此，作为生活老师的李老师，应该如何缓和两位老师之间的矛盾呢？或者说，应该如何看待两个人的关系呢？

抽到相同情境的小组依次上讲台将讨论得出的解决方式表演出来，然后其他组的学生参与点评，并思考有没有更好的解决方式。在学生点评总结完毕之后，我以促进者的身份与学生进行讨论分析，并引导抽到同一情境的小组归纳出该情境处理中的注意事项。情境三涉及幼儿园教师与教师之间的交往。因为学生已有经验很少，我就适当启发引导学生从"教育观念不同"的角度进行思考。教师的教育观念决定了其在教育过程中会选择什么样的教育目标、教育内容和教育策略，也决定了其对儿童的态度。可以说，有什么样的教育观念就会产生什么样的教育行为，从而影响教育效果和儿童发展的方向。这种模拟化的实践教学，不仅调动了学生的主动性、积极性和创造性,还将抽象的理论知识落到了实处,帮助学生更好地树立正确的儿童观和教育观。因此,本课程的培养目标更具有针对性和可操作性,以体现幼儿教育学对学生教育理论素养和职业能力培养的追求。

三、案例启示

20世纪70年代,联合国教科文组织编写了《学会生存——教育世界的今天和明天》一书,对未来教师角色做了这样的描述:现在的教师已经越来越少地传递知识,而越来越多地激励思考;教师必须集中更多的时间和精力从事那些有效果的和有创造性的活动,互相了解、影响、鼓舞。职业学校培养的是为生产第一线服务的、具有一定专业知识和技能的初、中级技术人才。因此,学生学习书本知识必须与生产实践结合起来。教师的主要任务不再只是传授现成的知识,而是创设合适的情境,科学地引导、正确地组织和有效地规范学生的自主学习活动,尊重、鼓励学生通过自主活动去主动地建构知识。由此可见,创造性的实践教学模式不仅是顺应时代潮流的科学方法,还是更好地培养职业人才的重要途径。在专业理论课程的开设过程中,实践性教学的尝试对我有着更具体的启发意义。

(一)延伸了课堂教学

这种实践性教学建立了具有创新性的开放式学前教育专业理论课堂教学形式,将相对封闭、单一的课堂教学变为现场教学和模拟教学相结合的形式。课堂不再仅仅局限于高职院校的课堂,而延伸至幼儿园,让"准幼儿园教师"提前进入角色。

(二)丰富了教学形式

相比传统的课堂教学,创造性地在专业理论课程中采用实践性教学,丰富了教学形式,使学生更直观深入地获取知识,充分调动了学生的积极性和主动性,并让他们的各项能力在实践性教学过程中得以锻炼。这种实践性教学在很大程度上增强了课程的真实性、生动性和丰富性。

(三)帮助学生树立了正确的教学观念

以往理论课教师更为注重知识的系统性,忽视了知识的应用性。幼儿教育学这门课是一门理论结合实践的课程,仅仅让学生背会知识点是远远不够的。实践性教学使学生将理论知识内化到实际中;每章节内容安排的幼儿园见习、模拟情境等,培养了学生的职业意识,并将正确的、科学的教育观念逐步渗透给学生。

2006年启动的"国家示范性高等职业院校建设计划"旨在选择一批发展水平相对较高、办学定位准确、产学结合紧密、改革成绩突出、制度环境良好、辐射能力较强的高等职业院校,以专业建设为核心,进行重点支持,并以此带动职业院校办出特色、提高水平。对我校而言,这种对高职高专创意办学的要求,迫切需要我们这些一线教师更多地在课堂上发挥自己的创意,创新课堂教学模式,为培养出更加和谐发展的学生而努力。我作为其中一员,定将在之后所负责学科的教学工作中创新教学方法,不懈努力。

参考文献

1. 范小玲.高专《学前教育学》课程教学改革的实践探索.时代教育(教育教学版),2011(6).
2. 王颖蕙.关于幼师院校"学前教育学"课程教学改革的思考.成都大学学报(教育科学版),2008,22(2).
3. 詹道祥.幼儿教育学教学困境形成的原因与对策.学前教育研究,2005(3).
4. 郑军.《学前心理学》课程运用现场教学模式的实践与思考.佳木斯大学社会科学学报,2011,29(2).
5. 顾飞飞.分析PBL模式在学前心理学教学中的应用.中国校外教育,2014(5).
6. 陈幸军.学前教育学.北京:人民教育出版社,2011.
7. 车明朝.创意高职:不一样的大学 不一样的学生 不一样的价值.中国职业技术教育,2012(34).
8. 段发明.课程改革:幼儿园教师专业发展的契机.学前教育研究,2014(9).

集体创编

——探寻幼儿诗创编训练新模式

湖北幼儿师范高等专科学校　王　勤

一、背景介绍

　　幼儿文学课程的教学任务是培养学生良好的幼儿文学素养，使学生具有适应幼儿教育需要的幼儿文学鉴赏、改编、创作能力，为将来从事幼儿教育工作、开展幼儿园教育活动特别是语言教育活动打好基础。要让学生具有一定的改编、创作能力，创编训练必不可少。创编训练是幼儿文学课程教学的重要内容和难点，也是多数学生不喜欢的学习内容。采取怎样的方式、方法进行创编训练才能激发学生的创编热情，提高其创编能力，是我一直在探索的问题。

　　2013—2014学年上学期，我教幼儿文学课程。所教班级学生经过多年的语文学习，具备了一定的文学素养和文字功底，但学生普遍对写作不感兴趣，且整体写作水平不高。接触幼儿文学课程，学生最初的反应是简单有趣，但随之而来的创编实践却让学生陷入眼高手低、力不从心的境地。儿歌创编训练时我就深刻地感受到了这一点。儿歌创编训练时，我采用的是传统教学模式——教师先讲创编技巧，学生再独立创编。创编时学生直呼太难，不知从何下笔。创编结果不尽如人意，除少部分学生写出了像样的儿歌之外，大多数学生不过胡诌了几句顺口溜，还有不少学生抄袭了别人的作品。儿歌创编训练效果不佳，学生收获不大，幼儿诗的创编更难，我是不是该换一种训练方式呢？

二、事件描述

　　我满怀希望又忐忑不安地走进教室，心想这两节课能按照我的预想进行吗？会生成什么？能完成教学目标吗？走上讲台，我在黑板上写下"幼儿诗创编"几个大字，立即听见下面叹气声一片。几个男生高声抗议："不要，太难了！""我们又不是作家，为什么要写？"……这是预料之中的事，我不急不恼，说："为什么要写？因为我们是未来的幼儿教师，一定的创编能力是职业的需要。"学生像泄了气的皮球——蔫了。见此状况，我立马给他们打气："创编幼儿诗有什么难的？小学生都会。"我举起几本诗集说："你们看，这些都是小学生的作品。"学生张大了嘴，瞪圆了眼睛，难以置信。"我们学习了幼儿诗创编技巧,我们能输给小学生吗?"激将之后,我继续说:"俗话说三个臭皮匠赛过一个诸葛亮,今天我们就做做臭皮匠,发挥集体的智慧,进行集体创编好不好?"生怕我改了主意,学生毫不犹豫地大声回答:"好!"学生黯淡的神情变得明朗起来,立即来了兴致。

学生的情绪被调动起来,创编训练有了一个良好的开端。

"你们觉得创编难,难在哪里呢?"我问。

"不知道写什么,不知道怎么写。"学生说。

看来学生并没有真正领悟和掌握前面的内容(幼儿诗理论、鉴赏与创编指导)。我没直接回答,而是说:"我们先欣赏一下小学生的作品吧!"

《捉太阳》(商润泽)(圆圆的镜子/对着阳光/我轻轻一晃/手中射出一道光芒/光芒射进门窗/照着妈妈的脸庞/妈妈/你看我捉住了什么/——送给你/一个小小的太阳。)

《把噩梦赶跑》(李俄轩)(妈妈把被子/挂在太阳下/还抖了又抖/敲了又敲/啊,她是在把/我昨晚的噩梦/赶跑。)

《我要当个好妈妈》(江南)(妈妈问/你长大想当什么/我说:当个好妈妈/不打娃娃/也不骂娃娃。)

我问:"这三首诗写了什么?内容高深吗?"周×抢先说:"第一首诗写镜子反射太阳光,这是小时候我们经常玩的游戏;第二首诗写妈妈晒被子,是我们常看到的生活场景;第三首诗写的是幼儿的愿望。这些内容一点儿也不'高大上'。""说得好!"我因势利导,"你们受到了什么启发?幼儿诗可以写什么?"学生似有所悟,说:"第一,写幼儿熟悉的游戏、生活、事物。第二,写幼儿的愿望、情感。"我补充道:"第三,还可以将寓言故事、童话故事、儿歌等进行改编。我要强调是——我们所写的事物,一定要是触动幼儿心灵、给他们带来乐趣或是让他们充满疑问的事物。"学生恍然大悟,频频点头。写什么的问题解决了!

"这些诗有什么特点?对我们的创编有何启示?"我又问。

"内容要浅显易懂,要有一定的节奏和韵律。""要善于联想和想象,要写出幼儿情趣。"学生答。

"怎么写出幼儿情趣?"我追问。

学生回答不上来了。我说:"就是要用幼儿的眼睛观察世界,用幼儿的心灵感知世界,写出幼儿奇特的想象、孩子气的疑问、真诚的行为、天真无邪的愿望,抒发幼儿的情感,要有浓郁的幼儿生活气息。"看着学生似懂非懂、略带困惑的神情,我只好说:"宋代诗人陆游说得好,'纸上得来终觉浅,绝知此事要躬行',我们还是在创编训练中去感悟幼儿诗的创编技巧吧!"

初次创编时,模仿是最好的学习方法,所以我决定从仿写训练入手。"上次课我们欣赏了谢武彰的《风》。作者大胆联想和想象,运用拟人手法,把风想象成一群调皮的孩子,写他们试穿晾在绳子上的衣服,看着彼此的怪模样,'呼呼地笑得喘不过气来'，'还拿了我的毛巾跟手帕，擦过了汗，都扔在地上。又拿了妹妹的帽子，当作铁环滚走了'。作品生动形象，充满了幼儿情趣。风是一种空气流动现象，看不见摸不着，但作者从风吹过后的景象入手构思，把风写得具体可感、有声有形。这种构思方法和大胆想象值得我们借鉴。我们模仿这种写法，也来创编一首《风》。"

教室里一片静默。见学生愁眉不展，我提示道："风吹过的时候还有哪些景象？大家调动我们的生活经验，调动我们的各种感官去看、去听、去闻。对这些景象，幼儿会怎样联想和想象？"我的话拨动了学生思维的弦，一向思维敏捷的郑××站起来说："风是一个顽皮的娃娃，跑起来步子又快又大，脚步声沙沙沙。""非常好！抓住了风的特点，调动听觉写风的声音，运用了比喻、拟人、摹声的修辞手法，生动形象，诗句很押韵。"我极力称赞。受到启发，程××接了一句："你看，花儿直点头，小草笑弯了腰，一定是风给他们讲了个笑话。""接得好！这是在调动视觉写风，抓住了风吹过花草的情境，想象丰富，有幼儿情趣。"我不吝溢美之词。向×不甘落后，说："风跑到湖边，把杨柳的辫子拆啦。"顺着她的思路，张×接了一句："然后躲到湖里冲浪，激起浪花，哗，哗，哗。"对他们的诗句接龙，我大加赞赏。体验到成功的喜悦后，学生的思维更加活跃……经过一番讨论和修改，学生创编出一首《风》：

风是一个顽皮的娃娃，跑起来步子又快又大，脚步声沙沙沙。

他跑到花园里，讲了一个笑话。花儿羞红了脸，小草笑弯了腰，鸟儿听得叫喳喳。

他跑到湖边，折了杨柳的辫子，还鼓起腮帮吹起柳絮，柳絮飘飘如雪花。

扑通一声，他跳进湖里，开始冲浪，激起浪花，哗，哗，哗。

学生欣喜地说："老师，这真是一首好诗！"我说："都可以发表了！它可是你们的作品啊！你们还认为创编是高不可攀的事吗？是作家才能做到的事吗？"学生笑了。

趁热打铁，我说："我们再创作一首吧。"兴味正浓，学生愉快地答应了，说："老师，写什么呢？""老师，出个题目吧！"他们找不到创编的内容了。我启发道："大家可以说说童年趣事和愿望，说说你们听到的幼儿的痴言稚语，说说你们看到的幼儿天真幼稚的行为，也许能得到灵感从中找到要写的内容。"学生开始回忆。一会儿，平时爱捣蛋的男生张××站了起来，一脸坏笑说："老师，有一次我和表弟表妹去深圳玩儿，亲戚给我们吃榴梿时，表弟说太臭不吃，闻着像大便。你说这事可以写吗？"全班同学哄堂大笑。这是将我的军呢！我没生气，课堂气氛更活跃了。

"这事有童趣，可以写。"我说，"但不能完全照搬生活，文学来源于生活又高于生活，所以我们要进行艺术加工，在此基础上大胆想象，精心构思，写出童趣和诗意。"

"怎么加工呢？"他问。

"表弟的童言稚语说明了什么?"我反问。

"说明他天真可爱。"他答。

"还有呢?"我继续问。

"说明他不认识这种水果。"他继续答。

"对呀,孩子不认识榴梿,对它充满了好奇之心,可能还有他自己的想法、解释,这就是我们要表现的童真童趣。你们想想孩子可能对榴梿的哪些方面感到好奇呢?"我启发道。

"外形、味道、名字。"学生说。

"说得好!那我们就围绕这几个方面构思、想象,写出幼儿天真好奇的表现吧!"我说。

学生开始构思。几分钟之后,张××说:"我创作了一首《吃榴梿》。远看像地雷,近看像刺猬。闻着屎样臭,吃着让人醉。你们猜猜它是谁?"学生又哈哈大笑,说:"不像诗歌,像儿歌。"张××的敏捷和才华是我没想到的,我赞赏道:"这是一首非常好的儿歌——谜语歌。它抓住了榴梿的特征,尤其是开头两句,联想丰富奇妙,让我们很受启发!把它修改一下,也许能变成一首好诗。"听到表扬,张××十分得意。

幼儿诗和儿歌是幼儿文学中两种不同的体裁,为了避免学生把幼儿诗写成儿歌,我追问:"幼儿诗和儿歌最本质的区别在哪里?""幼儿诗注重营造充满幼儿情趣的意境,儿歌追求的是朗朗上口的节奏、韵律……"学生的回答很正确,看来他们已经把握了二者的差别。

"什么是意境?怎样营造意境呢?"我再问。"意境就是情景交融。营造意境就是要……"学生支支吾吾起来,说不明白,而答案恰是创编幼儿诗的关键。我告诉他们:"营造意境就是通过想象,用形象的语言描绘一种生活图景或者一幅自然的图画、一幕游戏场景、几组生活中的镜头等,具体生动地表现幼儿的疑问、语言、行为,抒发幼儿的情感。""哦!"学生幡然领悟。

我把话题拉回来:"就表弟表妹吃榴梿的趣事,创编时我们能否想象一下他们看榴梿、说榴梿、吃榴梿时鲜活有趣的画面,具体写出孩子们充满稚气的言行呢?"受到启发,王×说:"爸爸买回奇怪的东西,弟弟妹妹都跑来看稀奇。"他的诗句像导火索一样点燃了大家的思维,大家开始你一句、我一句地说起来。

"弟弟说:我在电视上见过,这是炸鬼子的地雷。"

"妹妹说:这是一只大刺猬。"

……

学生的热情越来越高涨,思维越来越活跃,创编渐入佳境!经过讨论,《吃榴梿》定稿为:

爸爸买回奇怪的东西,弟弟妹妹都跑来看稀奇。弟弟说:我知道,这是炸鬼子的地雷。妹妹说：不是，这是一只大刺猬。妈妈说：这是水果叫榴梿，你们说得都不对。

爸爸把榴梿撬开，给每人一块，我们吃得有滋有味。弟弟吃了一口，吐了，说：太臭，太臭！呸、呸、呸。

全班合力创编的《吃榴梿》有了诗的味道。我抓住时机激励他们："这首诗描绘了具体可感的生活画面，形象地表现了幼儿的天真可爱之外，有了意境，有了幼儿情趣。好诗！"学生找到了写作的自信，满脸春风。

"说说你们的创编体会和经验吧。"我乘兴问。

"构思时一定要联想和想象。"

"要描写具体可感的画面，多运用修辞手法。"

……

因有了亲身实践，学生的感受更深，说起来头头是道。不知不觉中，下课铃声响了。我高兴地说："你们已经找到了创编幼儿诗的钥匙！"

为了进一步激发学生的创编热情，巩固创编训练的成效，第二节课的训练，我采取了分组竞赛的方式，说："这节课，我们进行幼儿诗创编及朗诵比赛。每个小组创编一首幼儿诗，然后进行编排、朗诵并表演。30分钟后汇报展示，大家评议打分。"听说比赛，学生的好胜心膨胀起来，跃跃欲试。分组（保证每组有一两个思维活跃的人）后，我又提示："大家创编时，要唤醒童心，挖掘童趣；编排表演时，要注意动作美观大方，符合诗歌内容，适合幼儿。"

话音刚落，各组成员立即聚集到一块儿，一场争分夺秒的"战斗"随即打响。我在各小组之间巡回观察，不时听到激烈的争论声和开心的笑声。智慧的火花四处飞溅，各小组完成了创编。在朗诵及编排表演动作时，有的小组因诗歌读起来不够顺口、听起来不够悦耳、不好编排动作等，又对诗歌进行了修改，这正是我安排他们朗诵、表演自己作品的目的。

汇报展示的时间到了，学生登上讲台，充满信心地朗诵、表演，充分展现出各自的风采。尽管他们创作的诗歌还不够完美，朗诵得还不够整齐，表演得也不够熟练，但收获了观众们的热烈掌声。台上台下热情高涨，气氛热烈，共同把幼儿诗创编训练推向高潮。

学生评议之后，我公布了各小组的成绩，对他们的创作、朗诵、表演进行了点评。最后，我提出希望："你们创编的诗歌已基本具备了幼儿诗的特征，且不乏灵气。你们的创编潜力很大，要充分挖掘出来。希望你们能借助班级QQ平台继续探讨、交流，进行创编。我相信未来的诗人就在你们之中！"

第二节课转瞬即逝。下课了，不少学生仍意犹未尽，沉浸在创编的兴奋之中。

几天之后，我进入班级QQ群，发现真的有不少学生在玩创编接句游戏，我也收到了大量的学生习作。这真是一份惊喜！我想这是对这两节课的创编训练形式的一种肯定吧。

三、反思与评析

幼儿诗创编训练是以相关理论为指导、以作品鉴赏为基础的创编实践活动，旨在使学生把理论知识用于实践，再把实践结果反馈到理论中进行检测，从而使学生更好地消化理论知识，领悟和掌握幼儿诗创编的基本范式，激发学生的创编兴趣和热情，为今后创编出更多更好的幼儿诗打下基础。这两节课由于采用集体创编训练模式，极大地调动了学生的创编积极性。全班学生参与进来，大家一起动脑、动口、动手，合作、探究、交流，共同经历了艰辛但快乐的创编过程，找到了打开思路的钥匙，一起迈入幼儿诗创编的大门，实现了本次课堂教学的预设目标。回顾这次创编实践，我反思如下。

(一)精心设计，消除畏难情绪，激发创编热情

以往的幼儿文学教学经历告诉我：学生不喜欢创编，尤其讨厌幼儿诗创编。学生对诗歌写作的畏惧心理由来已久，因为语文写作训练中很少写诗，学生认为诗歌写作是神秘的、难以企及的。幼儿诗看起来简单，但散发着一种别样的机敏和灵气，具有一种独特的美。这一特点让学生觉得难以驾驭，不知如何去体现，畏难情绪油然而生，继而让学生失去了创编的信心和兴趣。苏霍姆林斯基曾经说过所有智力方面的工作都需要依赖于兴趣。把握了学生的心理状态，进行教学设计时，我就在如何消除学生的畏难情绪、激发他们的创编热情上下足了功夫。在导入环节，我拿出小学生习作集并选择其中的诗作为赏析对象，没有选择作家们的作品，就是要树立学生创编的信心，告诉他们诗歌创编并非高不可攀；在训练形式上，我弃用个人独立创编的方式，采用集体合作创编，就是要以集体智慧助力的新颖形式，消除学生对创编的抵触情绪；在训练方法上，我采用脑力激荡法、小组竞赛法，就是要激发学生的创造性思维和创编热情；在训练过程上，我实行赏—仿—创，循序渐进，就是要化解创编的难度，让学生收获成功的喜悦，增强他们创编的信心……这些设计都起到了激发学生学习内驱力的作用，让他们真正成为学习的主体、积极主动地参与学习。因此，我认为教师备课时，不但要分析教材，分析学生，把握教材特点、学生的心理特点和认知水平，最大限度地体现因材施教的原则，还要根据教学目标及重难点，精心设计教学环节，选择合适的教法和学法，最大限度地发展学生的创新能力。

(二)点拨启发，相机诱导，帮助学生找到创编幼儿诗的诀窍

点拨教学法是教师经过长期的教改实践，总结发展起来的一种科学的教学方法。开创点拨教学法的蔡澄清先生认为点拨就是教师针对学生学习过程中存在的知识障碍、心理障碍、思维障碍，用画龙点睛和排除故障的方法，启发学生开动脑筋、自己进行思考与研究、寻找解决问题的途径与方法，以达到掌握知识并发展能力的目

的。教学过程中，学生因受知识背景等因素的限制，常会遭遇种种困难。教师如果不及时点拨，学生就会因迷惘、倦怠而弱化学习动机与兴趣，这时教师必须以"助产士"的身份出现，抓住重点和关键，恰到好处地点一点、拨一拨，启发引导，帮助学生逾越障碍。创编训练过程中，我相机行事，有时点拨思维，打开学生的思路；有时点拨疑难，启发学生思考；有时点拨方式方法，引领他们找到窍门。例如，学生因找不到创编内容而犯难时，我一方面以小学生诗作为例进行启发，另一方面引导学生回忆童年趣事和愿望，拨开迷雾，帮助学生迅速找到创编的内容和灵感；学生仿写创编《风》时，因思路不畅而束手无策，我及时提示学生要调动各种感官去感知、去想象，使学生思路顿开；在创编《吃榅桲》时，学生因找不到营造意境的方法而困惑时，我又适时点拨，帮助他们找到方法，从而使其创造性思维大爆发并最终找到创编幼儿诗的诀窍。因此，教师在教学过程中灵活运用点拨教学法，既能调动学生学习的积极性、主动性、创造性，优化教学过程，提高教学效率，还能教会学生一种思维方式，提升其思维水平。

（三）集体创编，挖掘学生的创编能力

文学创编是一个具有创造性的脑力劳动过程，一般以个体活动的方式进行。但学生写作基础较差，又刚刚接触幼儿文学课程，缺乏创编幼儿文学作品的实践经验，对创编活动有畏难情绪，所以我采用了集体创编的形式，希望借助脑力激荡法，激发学生的创造性思维，挖掘其创编能力，进而让他们体验创编成功的喜悦，增强他们的创编信心，从而使他们爱上幼儿文学创编活动。美国奥斯本博士所创的脑力激荡法又称头脑风暴法，是利用集体思考的方式，使思想相互激荡，发生连锁反应，以引导出创造性思维的方法。一般来说，人的思想会受到个人生活习惯、环境及逻辑思维方式的影响，思路常常会被局限在某种范围内。脑力激荡法可以在集体的思维碰撞中，集思广益，从而打开新的思路，引发创造性思维。使用脑力激荡策略的前提条件是良好的课堂氛围。创编活动中，我努力营造宽松愉快的气氛，鼓励学生大胆思考和表达，肯定赞扬每一名学生的发言。学生身心放松，情绪高涨，无拘无束，敢想，敢讲。无论是全班集体创编，还是分组集体创编，思维较灵活的学生往往能激发出更多的奇思妙想。在这种思维激荡中，学生的生活经验、知识被激活、升华，创编灵感闪现，思如泉涌。苏联教育家赞科夫说过："教学法一旦触及学生的情绪、意志领域，触及他们的精神需要，就能发挥高度有效作用。"由此可见，幼儿诗集体创编较之个体创编更能激发学生的创编积极性，更能挖掘学生的创编能力。

（四）把握学生特点，顺应潮流，将集体创编课堂延伸至网络平台

两节课的创编训练虽然取得了一定的成效，但不能解决学生创编过程中可能遇到的所有难题。课堂教学的时间和空间毕竟是有限的，所以教师必须突破传统的教学媒介，寻找课堂延伸空间来帮助学生解决问题。在数字时代成长起来的学生更多地会依赖当今"互联网＋"这样的平台，因此，把集体创编的课堂继续"搬迁"到 QQ

群、微信群里,是很好的选择。在那里,时间、空间将得到无限的延伸,学生可随时随地在里面结合自己的学习、生活、工作提出更多更宽泛的创编话题,激发更多的创作灵感,创编出更多的优秀作品!

总之,幼儿诗集体创编训练是一次成功的尝试,它点燃了学生的创编热情,也让学生掌握了幼儿诗创编的基本范式,为今后的创编打下了坚实的基础。但是,如何把集体创编激发出的热情转化为学生后续个体创编的恒久内驱力和能量,还需教师进一步探索。另外,集体创编时,师生共同的脑力激荡,对教师能否抓住课堂情境"点石成金",是一个极大的考验。教师唯有不断地充实自己,获取新知识,才能更好地驾驭集体创编课堂,提高课堂教学效率。

参考文献

1. 人民教育出版社中学语文室. 幼儿文学. 北京:人民教育出版社,2005.
2. 陈龙安. 创造性思维与教学. 北京:中国轻工业出版社,1999.

乱云飞渡仍从容

——调查学生需求，走向教学成功

湖北幼儿师范高等专科学校　贾少英

有位名师曾说："心灵的大门不容易叩开，可是一旦叩开了，走入学生心灵世界，就会发现那是一个广阔而又迷人的新天地，许多百思不得其解的教育难题，都会在那里找到答案。"如今细品这句话，我体会颇深。

一、背景介绍

2012年9月中旬，我走上讲台，为学前教育专业中专学生讲授语文这门课程。当时的我，作为一名初登讲台的青年教师，在教学中面临的问题可谓"乱云飞渡"。当诸多教学问题产生时，如何做到"乱云飞渡仍从容"？除了认真备课、请教同事解决问题之外，还有什么办法能够及时发现并有效解决教学问题？对此，我想到了"求助于"学生，适时开展教学调查分析活动。

在教学中，学生是课堂的主体，教师如果"求助于"他们，开展调查活动，结果会怎样呢？教师开展调查活动，能否真正"走入学生心灵世界"找到"许多百思不得其解的教育难题"的答案？在调查分析中，学生对自身需求的表达和反馈在整个调查中占据的地位如何？面对调查结果，要想真正做到正视学生的需求，教师应当怎样做？教师正视学生的需求，主动走入他们的心灵世界，一方面可以找到解决教育难题的答案，另一方面对学生又会产生怎样的影响呢？下面，我从青年教师的视角出发，结合我刚从教时的教学经历谈谈我对这些问题的思考。

二、事件描述

在开展教学调查活动中，我很重视问题调查法，因为学生的反馈为我的反思提供了参考，为我的困惑提供了解除方法，为我的迷茫点亮了灯光。我开展了三次教学调查活动。这些调查在帮助我解决一个问题和及时发现另一个教学问题中的作用很大。作为青年教师，我在发现问题与解决问题中成长着。

(一)学生课堂不专心行为引发的第一次调查分析：为何学生不被课堂吸引

新学期开始，在给幼儿师范生上课时，我发现不少学生存在课堂上玩手机、睡觉、做其他科目作业、戴耳机听音乐等坏习惯。为了维持教学秩序，我采取当场把睡觉的学生叫醒等硬性措施，但取得的实效并不大。他们听课时低迷失落的表情丝毫展现不出年轻人的活力。学生上交的作业抄袭成风，我几乎看不到学生作为一个个独特的生命个体自我思考的结果。在和其他教师的交流中，我发现这种情况是普遍存在的，这使我担忧和焦虑：为何学生不被课堂吸引？什么样的课堂能够吸引学生？这些问题促使我进行调查和探究。

于是，我对我校学前教育专业中专三年级一个班上的44名学生进行了调查。选择三年级学生作为调查对象，是因为我认为三年级学生已有两年的学习经历和课堂体验，他们对我的问题应当有着切身的体验，最可能有效回答我的问题。我的问题是："你认为什么样的课堂能够吸引你？"要求学生认真思考后写下答案交给我。对收到的44份答案，我认真地分条梳理，现将调查结果整理如下。

1. 学生认为能够吸引他们的课堂

①课堂气氛轻松愉快，学生活泼踊跃。共18人支持此观点，约占总人数的41%。

②教师要有精神风貌，有活力，有激情，态度亲和，耐心鼓励，能轻松愉快地上课。共7人支持此观点，约占总人数的16%。

③重视师生互动，课堂生动有趣，具有辩论性（有学生坦言在这样的课堂上他们是从不睡觉、玩手机的）。共23人支持此观点，约占总人数的52%。

④教师语言幽默风趣，熟练运用课堂语言。共15人支持此观点，约占总人数的34%。

⑤教师思路清晰，能把握住重难点，并能将重难点分解开来，用容易的方法全面细致地讲解，并指导学生做相应的笔记。共7人支持此观点，约占总人数的16%。

⑥教师能将课本知识与现实生活、社会风貌、学生感兴趣的话题联系起来。共20人支持此观点，约占总人数的45%。

⑦讲授的知识有助于就业及幼教工作。共5人支持此观点，约占总人数的11%。

⑧教学方式新颖，教学内容广泛新颖，重视知识的发散性。共8人支持此观点，约占总人数的18%。

⑨教师声音洪亮，让后排学生足以听见。共2人支持此观点，约占总人数的5%。

⑩学生自身感兴趣的学科的课堂。共8人支持此观点，约占总人数的18%。

2. 学生以明显厌恶的语气指出不喜欢的课堂

①教师照本宣科，教学内容枯燥死板。共5人支持此观点，约占总人数的11%。

②课堂缺乏师生互动，教师长篇大论，理论知识过于抽象乏味。共5人支持此观点，约占总人数的11%。

③教师态度不好，上课紧绷着脸。共3人支持此观点，约占总人数的7%。

④教师讲课没有主题和重点，闲话连篇。共4人支持此观点，约占总人数的9%。

⑤教师的某些做法让学生反感，比如给回答问题的学生加分。共4人支持此观点，约占总人数的9%。

⑥学生因本课程训练力度不够且自身心理压力大跟不上而厌学。共2人支持此观点，约占总人数的5%。

根据以上调查结果，我发现面对课堂的不良表现，学生除了找出自身原因之外，还从教师方面谈及。这引发我思考：教学活动存在学生和教师两个角色，当教师在抱怨学生自律意识不强、学习习惯不好、文化素质较差时，教师在教学中难道不存在问题吗？学生的反馈让我意识到当教学活动出现问题时，除了寻找学生的原因之外，教师也必须要对自己的教学做出反思和调整，而反思和调整的起点在于正视学生的需求。

在调查和反思的基础上，针对前期的教学状况，我调整了教学状态和教学方法。首先，我坚持葆有良好的精神面貌。我会神采奕奕地登上讲台，轻松愉快地讲课，努力营造一种良好的课堂气氛。我发现当我把活力、激情带入教室时，那些懒散的学生也会被一种精神吸引，从而能尽快投入课堂。其次，我很重视师生互动。上课时，针对某一问题，我尽可能让学生畅所欲言，鼓励学生坦率直接地表达，让他们敢于说出"我认为这个问题……"我发现学生的想法在课堂上得到认可或与教师交流并得到相应的指导后，他们会更加自信；在更深层次的意义上，在师生互动中，学生积极主动地去思考，去表达自己对某件事情、某种理论的看法，久而久之，他们也许能对生命有独到的体悟，能掌握一种遇到困惑后进行准确判断和周密思考的思维能力。同时，学生中的大多数将来会走上幼教岗位，若我们能把这些师范生培养成敢于表达自己的见解、拥有独立人格的教师，那么在教育幼儿时，他们身上的魅力、理念、素养必然会影响幼儿。最后，在课堂上，我尽可能做到声音洪亮、表达清晰、讲解条理分明、幽默风趣。

在我的改变和坚持之下，我发现课堂氛围悄然变化着。第一学期快结束的时候，在我教的班上，学生上课玩手机、睡觉等现象消失了，师生关系也更融洽了，学生对我这位新教师给予了更多的鼓励和支持。教学调查活动对一位初登讲台的教师而言，是非常重要和实用的。执教的第一学期，我的教学工作在曲折中前进着，我认为这在很大程度上得益于我调查分析之后重视学生的要求。

当然，一波刚落，一波又起。在我解决了学生上课不专心听讲的问题之后，又一个教学问题出现了，我再度陷入了困惑。

(二)《荷塘月色》教学效果引发的第二次调查分析：为何我讲得连自己都未被感染

第一个学期临近期末时，我讲到了《荷塘月色》。出于职业敏感和对教学效果的分析，我发现课堂出现了问题，因为我讲的内容连自己都未被感染。这种麻木和呆滞的感觉让我担忧，突然间我陷入了迷茫和困惑。

我在尝试着走出困惑。首先，我从教学方法上思考。课堂问题的主要表现有二。一是尽管荷塘美景让人陶醉，可是我用文本细读法把意境浑融的美文分析得支离破碎。引导学生欣赏荷塘美景时，文本细读法可取吗？二是文本借景抒情，含蓄地表现了朱自清的孤独，可是他用一种淡到看不见的笔墨来表现这种根植于生命深处的孤独，我如何引导学生深刻感触先生的这种孤独感呢？思考之后，我发现我在沿袭着传统的教学方法，诸如"文本细读法""知人论世"等，有没有更好的教学方法为我所用呢？其次，我从教学对象上思考。对于中专一年级的学生而言，他们的知识基础较差，文化素养较低，接受能力和阅读能力较差。结合教学对象，我认为我不仅存在教学方法的问题，而且还存在教学目标设置较高、教学艺术运用不妥等问题。

对于一位青年教师而言，我听过很多次"教学对象""教学目标""教学方法""教学艺术"等术语，可是只有当自己真正处于教学困惑中静心思考时，才能意识到这些词语背后那沉甸甸的分量。我的思考固然有效，可是学生对于本次课的看法如何呢？我想既然教学是一个双边活动，那就不妨来听听学生的心声吧，让学生来评一下我的课吧。于是，我再次采取了调查分析法。我调查了我执教的班级，提出了问题："你觉得教师讲的《荷塘月色》的优点和缺点是什么？对于本次课，你有什么批判性的思考？如果你来讲《荷塘月色》，你会如何讲？"当我要求学生以教师的身份评价这节课时，他们显得很兴奋，洋洋洒洒地写下了想法。在分析学生的回答之后，我很震惊，同时感受到一种鼓励和信赖，更多的是反省。我发现几个月来我的语文课堂忽略了学生的需求。学生的反馈大致如下。

一是课前预习方面，应该布置预习作业（比如查找作者生平简介、文章写作背景等），抛出预习问题。二是在导入和结尾部分，导入不够吸引人，结尾收得不够完美。三是应该着重强调文章重点或者疑难字词。四是应该合理分配教学时间，不能过快或过慢。五是应该合理处理教材相关段落，在详细分析重点段落的时候，也要重视次要段落。六是作者简介和文章写作背景究竟是放在课前讲还是结尾处讲（我是放在结尾处讲的），需要仔细斟酌。七是语言方面，讲课语速应适中，不能较快；简化语言，不能啰唆；口语与书面语的交叉使用要适当。八是上课多些微笑，并且能够根据学生表情，察觉学生的疑惑。九是强化诵读，让学生更加亲近文本。十是应当结合学生切身体验，让学生概括文章主旨。十一是在板书方面，应该将全文结构、作者情感和主旨写出来。十二是应当引导学生回答问题，有学生说"教师在课堂中仅起到提示和引导的作用，教师让学生分析文本内容可以开发学生的思维能力，加强学生的语言描述能力"。讲完之后，应当询问学生是否存在疑问，并且让学生提出想法、说出感受。十三是应该尝试新鲜的教学方法，不仅仅是提问法，例如，教师可以放视频，示范朗读，展示图片，引发学生联想和想象，让学生在讨论辩论中总结答案，采取小组合作式的互动教学等。

除了这十三种反馈之外，还有学生这样写——"我觉得这次课非常棒，备课充分，讲解清晰，把我们带到了一种新的心理层次上。但是我和您对这篇文章的见解有些不同。朱自清先生是一个有傲骨的人，他最后的感觉不应是一种回到现实的苦闷，更应是一种淡定之后的平静。他心灵平静，振作后重新开始。您上课时可以多谈谈实在的感受，对精髓的领悟是在共鸣中产生的。""这篇文章，讲究一个'悟'字……应教会学生在静默时思考。无心的人在静默时最热情，有心的人在繁华中能心如止水。"

看到这样的文字，我久久不能平静。一次评课调查，让我感到自己的诸多不足，也让我进一步了解我的学生，甚至欣赏他们。他们的评课可谓面面俱到，有些还令我莫名感动。

当我对教学存在的问题进行了分析和反思后，当我认真倾听了学生的心声并正视学生的要求后，我把学生有效的建议融合到备课和课堂中去。此外，我翻阅优秀教师的著作，学习他们在教学艺术运用上的创新，大胆尝试新的教学方法，更加注重教学细节。这次调查分析让我初步走出了教学困境，及时发现和改正了存在的问题。第二学期，我感觉学生更加尊重、喜欢、鼓励和支持我了；课堂上，学生活跃了很多，甚至会闪烁出思想撞击的火花，涌动情感交流的暖流。作为一位青年教师，我意识到了教学是一项不可操之过急的工作，当发现问题时，若能积极调查分析，找出解决问题的方法，那么一切都会有好转的。

（三）幼儿园学习引发的第三次调查：什么样的语文课堂让你印象较深，受益匪浅

第二学期的后两个月，我到幼儿园观摩学习，其间，我深入学习了《3—6岁儿童学习与发展指南》。结合幼儿园的切身体验，我认为良好的语言环境对幼儿的成长非常重要。下园期间，我先后在小、中、大班观摩学习。我所在的小班的教师普通话不标准，口头表达能力不强，同时有些沉闷且意气用事，所以这个班的语言环境不是很好。我察觉到孩子想说不敢说，想做不敢做。随后，我到中班去，发现班上的教师语言幽默，和蔼可亲，且注重孩子的语言发展，在活动中给予孩子较多自由表达的机会。这个班的大多数孩子活泼开朗，充满自信。后来我到了大班，发现这位教师很尊重和理解孩子，给了他们较多的表达机会。很多孩子想说并敢说，个性外向并乐于自我展示，与人交往能力相对较高。

纵观我观摩的班级，语言环境的差异对幼儿的发展的不同影响让我震惊。这引发我思考：语文课堂对于幼儿师范生的语言表达能起到怎样的作用？什么样的语文课堂让学生印象较深、受益匪浅？于是，暑假里我通过班级QQ群对学生做了调查。问题抛出后，我要求学生认真对待、真实反馈。也许是网络媒介和课堂上的调查方式不同，学生显得格外自由。这种无阻碍的交流让我再一次有了新的发现。学生写道："《孔雀东南飞》小剧场是我脑海里印象最深的一堂语文课。学习《孔雀东南飞》这一课时，老师让全班同学都体验一下《孔雀东南飞》里的角色，让我们大胆改剧本，争取最出色的演出，我们利用紧张的课余时间排练。到了真正演出的那一天，同学们展现了最棒的演出。最难忘的是第二小组的表演，他们的剧本内容完整，服装道具齐全，演员表演幽默风趣，情绪掌控得很好，最后获得老师和同学们的一致好评。通过这次语文课，我学到的不仅仅是对整篇文章的理解，还看到了同学们为了这次演出而努力付出、认真对待这次表演的可贵精神和创新精神。谢谢这次语文课，让我学到了很多东西，希望以后在课堂上有更多这样的机会。""对于我来说，最记忆犹新的莫过于在语文课上，老师组织我们全班同学排演的小话剧《孔雀东南飞》了……那堂语文课是我觉得最开心的一堂，因为每名同学都参与了表演，而每一种版本都会引起'哄堂大笑'，可表演者觉得那笑声是对他们表演的认可。那节课里，我们笑声不断！"

我统计了一下，一半多的学生提到了第二学期我组织他们表演的《孔雀东南飞》活动。这一反馈大大出乎我的意料。我原本以为学生会在优美的文学语言中感动，或者因唯美的诗歌而倾心，抑或因课堂讨论产生的共鸣而欣喜，可是都不是。

记得讲到《孔雀东南飞》时，我布置了一个任务：全班学生以宿舍为单位，8人一组（可以根据角色适当增加人数），在尊重文本的基础上，大胆创新，改编文本，分配角色，准备一周的时间，最后在班上演出。学生参与的积极性很高，准备也很充足：有的剧本改编得很棒，台词加上了现代元素；有的道具制作得很出色；有的演员配置得较妥当；有的配乐很有感染力。由于这是学生第一次演出，所以还存在较多问题。我点评之后，在之后的教学中逐渐把这次课淡忘了。而今，看到我的淡漠和学生的牢记形成的强烈对比，除了震惊之外，我在想为什么学生会如此反馈？

想了许久，"职业性"这三个字跳入了我的脑海，我忽然有一种豁然开朗之感。作为幼儿师范学校的教师，我的执教对象是中职生。坦白说，教书一年了，我的语文教学和"职业性"不够贴近。我差不多是在按照高中的教学模式教幼儿师范生。我查阅了一些资料，并询问了身边的同事，发现长期以来，中专幼儿师范生的语文教学大多是按照高中教学模式进行的。高中教育和中职教育最大的区别在于后者的"职业性"。从"职业性"这一显著特征出发，我认为当前需调整中专幼儿师范生的语文大纲内容以及课程设置，重视语文课堂的改革，认真探索中职幼儿师范生语文课堂的教学模式。第三次调查分析后，我趋向于对教学大纲和教学模式进行思考，我的思考和探索不会间断……

三、反思与评价

(一)以学生为主体,适时运用调查分析法,让学生评价课堂,正视学生的需求,取得教学的成功

首先,我们如今面对的学生正处在求新求变的阶段,他们吸收多元文化,渴求丰富多彩,欣赏标新立异。以学生为主体不仅是科学的教育理念,而且是教师打开学生心灵之窗的金钥匙。在这一教育理念的指导下,适时运用调查分析法,了解学生需求,尊重学生兴趣,我们的教育教学才会深入学生的心灵,才能富有针对性和有效性。让学生做评委来评价课堂是以学生为主体的教育理念的体现。传统的教学评价大都是教师的事,学生作为被评估的对象很少参与评价,缺乏评价的主动性和相应的能力。学生如果能够参与课堂教学的评价活动,他们的主体意识就会得到加强和发展。

其次,学生的评价在某种程度上反映了学生的需求,教师应当正视学生的需求,从学生的实际需求出发。一项教学工作的顺利开展有赖于多方面因素,但我始终认为,一切从学生实际出发是关键,尊重并重视学生的需求是前提。

最后,师生换位,让学生做评委,也是教育平等的体现。只有当教师和学生处于一种平等交往的状态时,他们才能心灵相通,学生才能积极乐学,从而真正站在课堂的主体地位上;只有教师设身处地为学生着想,站在学生的角度看待问题,体会学生的甘苦,想学生所想,急学生所急,教育才能获得长足的发展。

(二)调查分析法的有效性很大程度上得益于教师为学生创造自由宽松的语言表达环境以及教师能够理性分析学生的反馈信息

我认为调查分析法拥有有效性必须具备以下两个条件。

第一,教师在日常教学活动中要给学生创造宽松自由的语言表达环境。在良好而宽松的语言表达环境中开展教学调查活动,有助于学生对我们提出的问题做出认真而严肃的思考(认真而严肃的思考在很大程度上决定着学生对于教师问题的重视程度以及回答的深入程度)和大胆真诚的回答(大胆表述在某种程度上能反映出学生对教师的亲近度以及教师在学生心目中的可信度;同时,学生大胆真诚的表达能让教师了解他们思考问题的角度、方法,也可使教师走近学生进行平等对话甚至是生命的交流)。《3—6岁儿童学习与发展指南》明确指出在幼儿语言习惯的养成中,要给幼儿"创造一个宽松自由的语言表达环境"。如果幼儿师范生在自由宽松的语言环境中成长,他们很可能在日后的教学中为幼儿创造一个自由宽松的语言表达和学习环境,这对于幼儿的发展大有裨益。

第二,教师面对学生的反馈时,要从容耐心地进行理性而科学的分析。在调查中,我深感在自由宽松的语言环境中,学生的表达往往是直率的,他们能够指出我教学的不足之处，有些尖锐的表达甚至曾让我产生挫败感。我认为面对我们一时接受不了的反馈，如果我们能够平静下来认真分析，找出对策，那么教学成长也许会加快。同时，由于中专幼儿师范生文化基础较为薄弱，思考问题不全面，有些学生反馈的信息不够妥当、真实，这时教师要理性对待。面对直言进谏的"魏徵们"，青年教师要心平气和，不要生气也不要否定自己，应理智对待。通过对反馈信息的分析研究，我们会掌握丰富的第一手资料，不断总结教学经验，从而更好地走出教学困境，顺利开展工作。

（三）结合职业需求，调整中专幼儿师范生的语文课程标准以及课程设置，重视语文课堂改革，认真探索中职幼儿师范生语文课堂的教学模式

在幼儿园观摩学习期间，我发现幼儿园语言活动需要教师能够为幼儿讲出生动有趣的故事，能够指导幼儿开展语言表演活动，比如童话剧表演等，并能够策划语言活动、创编语言类节目。这对培养幼儿师范生的我们而言是一种语文教学要求，也是中职教育职业性的体现。然而，事实上，我们的课堂远远没有正视这种职业要求，当前中专幼儿师范生的语文教学和幼儿师范生的职业需求的衔接不够。只有着手语文课堂改革，调整中职幼儿师范生的语文课堂教学模式，才能使学生走上工作岗位后较快胜任工作，将知识积累和能力运用完美结合，更好地为幼儿事业做出贡献。在探索语文教学改革中，我认为教材不是唯一的，教师要转变教教材的观念，教师要成为课程的研究者、开发者和引领者。

（四）青年教师遇到的教学困惑越多，尝试探索越多，反思越深刻，就会越深切地体会到教学的内涵，做到"乱云飞渡仍从容"

从我刚从教的教学经历来看，我在一年之中曾三度陷入教学迷途，逐次发现了三个教学困惑，先后涉及课堂秩序与课堂管理、教学细节与教学艺术、教学改革与教学模式。在三次调查分析的基础上，在对学生需求的正视中，我解决了一些问题，也在思考和尝试着解决其他问题。在延续的教学生命中，我深感我的教学体验在丰富着，发现问题和解决问题的能力在提升着。

初登讲台的青年教师在教学初期遭遇的困惑、挫折会很多，我们若是能够正视这些困难和挫折，做到"乱云飞渡仍从容"，把困难做系统化和理论化的分析，在理性的指引下，高度正视学生的需求，把学生视为课堂的主体，根据学生的需要和特点适时反思和调整教学行为，那么我们的头脑会始终清晰，我们会取得更大的成绩。我们也能够像蚕蛹那般，一步步地蜕变，最终破茧成蝶，在课堂上与学生共同美丽绽放、轻舞飞扬……

从预设到生成

——以幼儿园科学教育活动设计与指导课程为例

湖北幼儿师范高等专科学校 李 娜

我校三年制中专幼儿师范生在二年级下学期开始学习幼儿园教育活动设计与指导，即教法课程。上学期我担任了五个班级的科学教法课程的教学工作。本课程的内容包括幼儿园科学教育的目标、内容、要求和途径，幼儿科学教育的特点，幼儿园科学教育活动方案的设计方法和要点，幼儿园观察认识型、实验探究型、讨论研究型、科技制作型四种类型教育活动的设计与实施。本课程的目标是通过一个学期的学习，学生能够规范地设计各种类型的科学教育活动方案，并能尝试组织教育活动。

按照惯例，我在假期完成了本门课程的备课，即按照预设课程的模式开展教学。预设课程是指教育者预先设计好教育方案或计划，在教育过程中直接套用，并竭力剔除教育中的不确定因素，以便有效地控制学生，最终实现课程预定的目标。预设课程关注的是教师制定的教育目标的实现，而非学生的兴趣与需要。后现代主义教育观的出现，让人们开始不断反思预设课程的弊端，在此基础上，出现了生成课程理论。后现代主义认为，课程不应该是一成不变的，而是教师和学生共同建构的一种过程模式。生成课程中教师以学生的兴趣和需要为基础，在教育过程中不断激发学生的潜力，以促进学生发展。生成课程要求教师深入了解学生的学习情况及情绪情感、兴趣需要，且能在教育过程中随机应变，当遇到新的情况时，能调整教学内容和方法，对教师的要求较高，所以很少有教师愿意主动尝试这种课程模式。

一、背景介绍

能够在预设课程模式的框架下规范地开展教育活动是学生学习科学教法课程的目标。为实现这一目标，学生首先要学会设计并设计规范的教学方案，并且将教案与教学活动的实施相联系，这样有利于扎实地掌握教育活动设计与指导的策略。在上学期的教学中，我发现学生对科学教法课程的学习兴趣浓厚，参与课堂的积极性较高。但是，大部分学生对于编写教案感到"痛苦"，究其原因，除了写作能力欠佳之外，更主要的是学生未能深刻认识到教案对于教师开展教育活动的重要作用，以及教学方案与教育活动的关系，这也是我在教学过程中感到最难以攻克的问题。

根据预设课程模式，教师教授幼儿园科学教育活动设计与指导的基本过程如下：①教师讲解某种类型的教育活动设计与指导的基本环节及注意要点，即如何设计教案；②教师播放较为规范的教育活动录像，指导学生评析活动；③学生选题，设计教案；④学生试教。我发现尽管教师将如何设计教案讲解得非常细致，教育活动录像也向学生展示了许多信息，在学习了观察认识型和实验探究型活动之后，绝大部分学生还是未能认识到教案与教学活动之间的关系，把握不好教案的每个细节该如何表达，不知道如何将静态的教案转化成动态的教学活动。学生的教案写得杂乱无章，过于简略。学生试教时显得随意或慌张。此时这学期已经过去了一大半，我非常着急，却没有想到好的方法。然而，我在课堂上一次偶然的举例和学生的反应启发我进行了一次生成课程模式的探索，收到了非常好的教学效果，同时也让学生亲身体验了预设课程模式与生成课程模式的区别。

二、过程与方法

学生完成了"实验探究型教育活动的设计与指导"部分的试教任务。在评析的过程中，我将录像《有趣的转动》中的一个环节作为例子，引导学生推测这个环节在教师的教案中是如何呈现的，引导学生思考录像中教师的语言、方法、教态是否可以更加完美。我发现学生讨论得热情高涨，对于如何设计教案和开展教育活动也豁然开朗了。于是我突发奇想，索性带领学生一同"帮助"这位教师将《有趣的转动》的教案整理出来，与录像中的环节相联系，并且指导学生深入评教。

在一个班进行了实验之后，我发现生成课程模式下，教学效果确实不错，但是也有一些弊端。于是课后我把即兴讲课的内容进行记录并反思，结合原来预设的教学计划和教案，进行了一次生成课程的尝试。我用两节课的时间指导学生整理《有趣的转动》的教案，并让学生在课堂上即兴练习。学生真正地参与了教案的设计和试教，他们说这种"立体式的教学"让他们深入理解了教案和教育活动的关系，并且有了编写教案的愿望。不过，生成课程并不是完全在课堂上即兴产生的，而是有目的、有意识的。因此，教师最好将生成课程和预设课程结合。在这种思想的引导下，我完成了本次课程的设计。

(一)简化教案的表述方式

在指导学生整理《有趣的转动》的教案时，我提示他们联系之前所讲的教案编写方法，从而更牢固地掌握要点。比如，在教授教案编写方法的"活动过程及其表述"部分，我列举了导入语、过渡语、描述语、结束语、小结语等的表述方式，并且让学生分别用书面语和口头语表述不同的话语，比如，导入语既可直接将教师要说的话以口头语方式表述，也可用书面语表述。也就是说，教案的写作方法是非常灵活的，教师可以根据自己习惯的方式去表述很多环节。尽管这部分内容讲解详细、举例颇多，但是从学生的教案和试教情况来看，他们并没有理解其真正的意义。于是，我简化了教学过程的语言表述方式。通过过程描述语和教学用语，学生自己就总结出来了：过程描述语先用概括性标题，再细致描述具体做法，要用书面语表述；而教学用语是教师在教育活动中的关键性话语，要用口头语直接表述。这样就解决了教案中的语言表述问题。

我将全体学生按照座位分成了六组，要求他们将这个环节的教案编写出来。学生积极讨论，踊跃发言。比如，在《有趣的转动》的导入环节，教师让幼儿模仿音乐盒里的娃娃转动起舞。幼儿跳完之后，教师引入活动主题，即幼儿想办法将各种物体转动起来。就导入环节而言，好几名学生提出了要先写个小标题标识环节名称，大致提出了三个标题，一是"模仿转动导入活动"，二是"玩转动游戏导入活动"，三是"跳转动舞导入活动"，这三种写法都是可以的。学生讨论之后，可以自由选择写法。

关于开展环节，有的学生提出这样写："教师让幼儿模仿音乐盒里的娃娃跳转动的舞蹈，之后引入活动主题，呈现材料，让幼儿想办法将这些材料转动起来"部分学生认为这样写可以，但是更多的学生认为这样写过于概括化。教师是如何引导幼儿模仿音乐盒里的娃娃跳转动的舞蹈的呢？幼儿跳舞的时候，教师做什么呢？有学生建议，应该将教师的关键性语言设计出来。小组经过讨论，最后确定了这个活动过程在教案中这样呈现：

跳转动舞蹈导入活动

教师问幼儿："小朋友们，你们喜欢音乐盒吗？这里（活动室）就是一个大大的音乐盒，让我们一起模仿音乐盒的娃娃，跳一支转动的舞吧。"教师和幼儿一起随音乐转动起舞。舞蹈结束后，教师对幼儿的积极参与给予肯定，并且说："刚才这支转动的舞蹈让我们每个人都笑容满面。有一些玩具朋友，它们也想转动，看看都有谁呢？"教师出示并带领幼儿认识实验材料。

学生可以按照自己习惯的方式表述具体的话语。

梳理完这一个环节之后，学生都感觉编写教案有章可循了，他们主动参与讨论，完成了整个活动过程的构建。

我切实感受到了生成课程模式对于学生学习的现实意义。

（二）引导学生理解教案与教育活动之间的关系

教案为教师组织教育活动提供了蓝本，但不是不可更改的。教育活动中既有预设的部分，也要有生成的部分。教案尽管要设计详细，但绝不应该将教师所有要说的话和要做的动作都穷尽，那样的话，教师就成为实施教案的木偶。在教育活动中，教师可能会遇到一些突发情况，或者幼儿的表现会出乎教师的预料，这时教师就不能完全套用教案了，教师应该有随机应变的能力。

为了让学生更加直观地认识到教案与教育活动之间的关系，我就《有趣的转动》中的"初步实验操作"环节，重点组织学生进行了讨论。每个小组都给出了优化方案，这相比于之前单纯的评教更容易让学生理解教案与教育活动之间的关系。学生通过小组讨论，不仅对教学录像中既有的方法进行了评价，还提出了改进方法。他们写出教案，并且在组内进行试教。有些小组的学生不断地提出更好的方法，因此，教案也在不停活动。潜移默化中，学生理解了教案与教育活动之间的关系，也理解了预设课程与生成课程之间的区别与联系。

上完这节课后，许多学生兴奋地告诉我，他们知道了如何设计教案，知道了教案对于教师组织活动的重要意义。于是，趁热打铁，我让学生修改他们之前编写的教案，并且准备材料试教，这样就收到了良好的效果。

三、生成课程模式对学前教师教育的启示

随着我国课程改革的推进，越来越多的课程理论涌入教师教育实践体系。许多研究表明，预设课程存在一些弊端。但是如果纯粹提倡生成课程也有弊端，一是对教师要求过高，他们难以实现；二是会使知识学习缺乏系统性。本次生成课程模式的探索，让我深刻感受到，教师在教学中应该正确处理好预设课程与生成课程的关系。

(一)生成课程与预设课程相辅相成

预设课程的理论基础是泰勒原理。在《课程与教学的基本原理》一书中，泰勒提出了课程编制的四个步骤或阶段：确定教育目标—选择教育经验（学习经验）—组织教育经验—评价教育经验。这就是著名的泰勒原理。它的基本精神就是教育者事先设计好教育方案或计划，教师的教育过程就是实施自己事先设计好的方案或计划的过程，即用一个预先设计好的、固定的、看似完美的教育方案，去套教育过程的每一个步骤，并竭力剔除教育中的不确定因素，以便有效地控制学生，最终实现课程预定的目标。预设课程模式重视预先设计的方案或计划，它关注的焦点是教师制定的教育目标的实现，而不是学生的需要和兴趣，其最本质的特征是学生的学习成为教师有特定意图的、指导下的、控制下的结果。由于这种课程是预先计划的，有一套固定的方法，教师比较容易掌握，因此长期以来在我国的教育中占主导地位。

随着研究者对教育过程和效能研究的推进，许多研究对预设课程对学生发展的影响进行了质疑，尤其是后现代主义课程观，对预设课程模式进行了批判。后现代主义认为，课程不是固定的、先验的跑道，而是实现个人转变的通道，是师生共同建构的一种过程模式，是一个向教师、家庭、社区和学生开放的教育系统。课程不应该仅仅是预设的，而应该是生成的。所谓生成，是指教师在与学生一起活动时，逐渐发现学生的兴趣、需要，就像大洋下面的冰山在浪潮中逐渐浮出水面。教师并不是消极等待"冰山"的到来，而是用自己的知识技能看清楚这个"冰山"，用自己的智慧和创造性工作，激发每个孩子的潜力，使之不断地生成变化。因此，生成课程既不是教育者预先设计好的，不是在教育过程中不可改变的僵死的计划，也不是学

生无目的、随意的、自发的活动。它应该是教师在教育过程中，对学生的需要和感兴趣的事物判断之后，不断调整活动，以促进学生更加有效学习的课程发展过程。可以说，生成课程中有预设的部分，更有创造的部分，它是一个动态的师生共同学习、共同建构世界的过程。

对于教师来说，预设课程更容易控制课堂，生成课程则对教师要求过高，所以许多教师更愿意设计预设课程。我也在上课之前，早就完成了备课任务，即会按照预设模式进行教授。然而，忽视学情与学生学习需要的预设课程，未收到良好的效果。因此，这次尝试，让我深切地感受到将预设课程与生成课程相结合的意义。

要将预设课程与生成课程模式同时推进，教师在选择活动内容时要尽可能多地考虑到学生的兴趣，在学生兴趣的基础上确定内容。教师教授课程之前所预设的活动计划必须是弹性计划，要留余地给学生，使课程有生成的空间，让学生有机会开展自己生成的活动。另外，教师还可以创造环境，用环境引导学生学习，从而生成课程。

(二)生成课程中，教师即课程

在预设课程模式中，教师是课程的掌控者，教师制定课程的目标、方法、过程、评价；而在生成课程模式中，教师即课程。生成课程模式强调教师在课程活动中时刻用自己独有的眼光去理解和体验课程，时刻将自己独特的人生履历和人生体验渗透在课程实施过程之中，并创造出鲜活的经验。从此意义上说，教师不仅是课程的创造者和开发者，而且本身就是课程的内在要素之一。教师即课程，指的是教师能够在教育过程中，敏锐地判断学生的情况，根据学生的活动生成课程，教师既是课程资源，又是引导学生活动的实践者。

1. 教师是课程资源

教师应该成为课程资源，因为教师的基本素养决定了教师教授课程的基本格调，教师本身的文化底蕴和知识基础，对于学生来说本来就是课程资源。另外，教师提供了各种课程材料，如课程计划、课程标准、课程指南、教学用书、学习辅导材料和练习册等纸质印刷制品和电子音像制品。教师不仅是课程实施的首要条件，还是影响课程实施的广度与深度的人力资源。优秀的教师就是优质的课程资源，他们对课程的有效实施有重要价值，他们对学生而言有重要的发展价值。

2. 教师是课程的实施者

生成课程模式强调学生与教师在教育过程中的鲜活的经验和体验，这种课程是教育性经验生成的过程，而教育性经验生成的过程必然是一种创生过程，是人的创造性发挥的过程。生成课程模式是在教师与学生的交往、建构与反思活动中创造出来的。课程实施的情境中蕴藏着大量而丰富的信息、物质与能量。教师与学生要根据自己的课程情境主动对自己的课程行为进行调整，及时捕捉生成性课程目标、生成性资源，重组课程结构，调整课程进程，从而建构生成课程模式。

因此，学生的学情和需要是生成课程模式的基础，教师要具备生成的意识，真正地将自身作为课程资源和推进者，从而更加有效地促进学生的发展。生成课程模式应该成为每位教师努力的方向，幼儿师范生教育更应该用这种方式向学生诠释什么是真正的生成课程模式。日后我将会以此为方向，推进学生教法课程的改进。

参考文献

1. [美]Ralph W. Tyler. 课程与教学的基本原理. 罗康，张阅，译. 北京：中国轻工业出版社，2008.
2. 吴荔红. 幼儿园预设课程和生成课程的关系及其处理. 教育评论，2003(4).
3. 靳玉乐，于泽元. 后现代主义课程理论. 北京：人民教育出版社，2005.
4. 郭元祥. 教师的课程意识及其生成. 教育研究，2003(6).

把"表演"搬上课堂

——角色扮演法在幼儿师范语文教学中的应用

湖北幼儿师范高等专科学校　闵倩倩

一、案例背景

  作为一位幼儿师范学校的语文老师，笔者十分注重深入幼儿园，向幼儿园教学活动取经。上学期，学校安排青年教师下园见习，笔者抓住这个机会在湖北省军区幼儿园学习经验。有一天，幼儿园大班一位老师给幼儿上"开心影楼"活动课，采用角色扮演的教学方法，请三名幼儿分别扮演影楼客服、摄影师和顾客，教师自己扮演影楼老板，模拟影楼工作流程，开展游戏活动。这看似普通的一门游戏活动课，实则体现了《3—6岁儿童学习与发展指南》的基本理念。

  首先，爱游戏是幼儿的天性，游戏是幼儿的基本活动，幼儿正是通过各种游戏进行学习和获得发展的。成人要为幼儿创造游戏的物质环境和条件，支持幼儿与伙伴的共同游戏，亲身参与幼儿的游戏，引导幼儿在游戏中学习。该幼儿教师设计的游戏活动开心影楼，符合幼儿爱游戏的天性，遵循了幼儿成长的规律，并且教师在课前准备好照相机、服装等相关道具，布置开心影楼活动区，为幼儿创造了游戏的物质环境和条件。此外，教师自己扮演影楼老板，亲身参与幼儿的游戏，引导幼儿在游戏中学习。

  其次，适宜的环境对幼儿的学习与发展至关重要，成人要为儿童创设积极的、富有支持性的环境，让幼儿在与环境的积极互动与主动探索中，获得有益的经验。得益于幼儿教师对游戏活动物质环境的创设和亲身参与的情感支持，幼儿在此次游戏活动中非常积极活跃，表演得兴趣盎然、有声有色。

  最后，生活是幼儿学习与发展的源泉，幼儿园和家庭要充分挖掘和利用幼儿一日生活中的宝贵资源和教育契机，寓教育于生活之中。幼儿喜欢模仿，成人的言行举止是幼儿学习的良好榜样。采用角色扮演的教学方法，从生活中寻找素材，以幼儿接触过并感兴趣的"照相"这一日常生活活动为模拟对象，分角色表演，开展游戏活动，是一次成功的充分挖掘和利用生活资源的教学例子。

  听完这堂课，笔者受到了启发，开始思考这样一个问题："幼儿园教学能很好地应用角色扮演的教学方法，那么幼儿师范学校能不能把'表演'搬上课堂，让'角色扮演法'在语文课堂大放光彩呢？"

二、案例描述

（一）角色扮演法在幼儿师范语文课堂应用的可行性

角色扮演法，以能力的培养为目标，以互动与创新、全真化模拟为特征，由教师在课堂上设计一项任务，引导学生积极参与教学活动，让学生扮演各种各样的角色进入角色情境，去处理问题和矛盾，达到加深学生对专业理论知识的理解并能灵活应用以解决实际问题的目的。现代职业教育的教学观念基本上是"以学生为本位、以能力为核心、以就业为导向"，着重培养学生的动手能力和工作技能，使得学生一毕业参加工作时就可以马上把在学校学到的专业知识和技能应用到实际工作中。因此，注重"表演实践"的角色扮演法十分适合当前幼儿师范教学的需要。课堂是学生展示才华的舞台，也是学生未来工作的空间。

传统的教学模式是以"讲授—接受"为主的教学模式，这种模式以"教师中心、教材中心、课堂中心"为理论核心，侧重于教师对学生的管教以及对学生学习的控制，通过课堂教学实现对学生进行系统的知识文化灌输教育。如今，社会生活日新月异，学生思想也在跟着变化。如果教师还按照传统的教学模式开展教学，上课还"满堂灌"，学生听课无精打采，课堂气氛势必会死气沉沉，教学效果就可想而知了。中职教师亟须打破这种沉寂，需要用有意义的"发现式学习"和有意义的"接受式学习"，充分调动学生的学习积极性，把学生自身拥有的优点挖掘出来加以利用。作为中职生的幼儿师范生同普通高中生相比，存在一些缺点：文化基础相对薄弱，学习主动性、自觉性不高，好动，缺乏刻苦学习的精神等。但他们也有人们容易忽略的闪光点：精力旺盛，活泼好动，喜欢参与，热衷表现自己，动手能力强。

角色扮演法正是利用了中职生的优点，变课堂学习为"动脑、动口、动手、动情"的活动，有助于激发学生的沟通与交流意识，提高学生的表达与交流能力，提升中职语文教学质量。

（二）角色扮演法在《廉颇蔺相如列传》中的初次尝试

在讲《廉颇蔺相如列传》时，笔者尝试使用了角色扮演法。首先，学生初中时学过"完璧归赵""渑池相会""负荆请罪"的白话文版，对故事情节十分熟悉；其次，《廉颇蔺相如列传》故事情节紧凑，矛盾冲突明显，画面感强，非常适合排演成剧；最后，幼儿师范的学生多才多艺，热爱表演艺术。所以如若能在文化课堂中充分利用他们的才艺，不仅能够调动他们的学习兴趣，还能促进文化知识的吸收，收到寓乐于教、事半功倍的效果。

因此，笔者决定让学生用角色扮演的方式，把这三个小故事当作三场剧来"表演学习"。在讲解字词、疏通文义之后，笔者让学生开始用角色扮演法，将司马迁笔下的故事搬到课堂上来。学生扮演得十分生动、贴切，课堂气氛十分活跃。在扮演结束后，笔者又趁热打铁，引导学生思考：大家扮演的两大主角"廉颇"和"蔺相如"分别有着什么样的性格特点？作者从哪些方面运用哪些方法来表现人物的性格特点？采用启发式的提问方式，为学生创设情境，使学生由直观的感性认识上升到理性认识，从而将课堂转向本课的教学重点——《史记》刻画人物形象的方法。得益于角色扮演的亲身体验，学生能很快地讨论分析出结果。这样，一堂课下来，学生既体会到了角色扮演法的乐趣，又掌握了本课预设的教学重点，收到双赢的教学效果。

(三)角色扮演法在《孔雀东南飞》中的成熟使用

经过《廉颇蔺相如列传》教学中使用角色扮演法的尝试，学生体会到表演学习的无穷乐趣。笔者课后通过调查发现，学生对课文的理解更深刻，对人物形象的分析更深入，对语文课堂的兴趣更浓厚，这一喜人的教学效果得益于角色扮演法的合理使用。后来，在讲授长篇叙事诗《孔雀东南飞》时，学生就主动要求用角色扮演法来学习。

使用角色扮演法的前提是学生明确课文发生的背景环境，厘清故事情节的发展脉络，揣摩人物形象的性格特点，从而编制出一个简单又精致的剧本。为此，笔者将《孔雀东南飞》8课时的授课时间安排如下。前4课时的任务是疏通文言文文意，为课文分段，拟订小标题，厘清故事情节，讨论分析人物形象，明确人物性格特点。后4课时的任务是学生分角色表演，教师总结点评。前4课时其实是在为剧本表演做准备，准备充分后，教师将学生分组，选定组长充当导演的角色。各角色由学生自行安排，教师只做协调，充分相信学生，不过多干涉。学生课余时间编写剧本，表演排练，最后将《孔雀东南飞》在课堂上表演出来。

最后的表演环节涌现出不少创意和惊喜。有的组侧重突出刘兰芝婆婆的凶狠，添加了一个刘兰芝给婆婆敬茶的情节。扮演婆婆的学生面对刘兰芝低眉顺眼、毕恭毕敬献上来的茶，嫌茶太凉，拒绝喝。刘兰芝把新换的茶再次端到婆婆面前，婆婆刚喝一小口就把茶杯摔在地上，大喊："你这个黑心的，想烫死我！"学生把婆婆的角色扮演得气场强大、蛮横无理，与课文中婆婆百般刁难刘兰芝、冷面无情的形象十分吻合。有的组用心添加了一个媒婆的角色，从媒婆的角度讲述刘兰芝与焦仲卿的爱情悲剧。扮演媒婆的学生为求逼真，模仿影视剧，在脸上画了一颗醒目的"媒婆痣"，拿着手绢，翘着兰花指，说话夸张、搞笑，令人捧腹。有的组别出心裁，在尊重课文原著的基础上，做出适当改编，为刘兰芝和焦仲卿设计了一个喜剧结局，体现了学生的美好心愿及对封建礼教的憎恨，符合新时代学生男女平等的观念。有的组插入了音乐剧的元素，主人公诉说自己的遭遇到最打动人心的地方时，自然地唱了起来，让学生享受了一场视听盛宴。学生在新的剧本中展现了精彩的人物形象，教师也在他们创造的精彩人物中感受到他们的创新能力和信心。

在分组角色扮演结束后,教师对学生的表演进行了点评,然后由全体学生投票评选出"最佳表演者""最佳导演"和"最佳表演组"。在教师的鼓励与同伴的肯定下,学生的自信心得到极大增强,创造潜能得到激发,认识和分析问题的能力得到培养,对文本及人物的认识提升到一个新的高度,对语文课的兴趣空前高涨。笔者相信,这堂让学生演主角的角色扮演课和《孔雀东南飞》这个故事会给学生留下深刻的印象。

(四)角色扮演法从初次尝试到成熟使用的摸索和改进

从在《廉颇蔺相如列传》中初次使用角色扮演法到《孔雀东南飞》对角色扮演法的成熟使用,笔者和学生经历了一个不断摸索和改进的过程,具体体现在以下几个方面。

首先,形成了剧本,系统性强。在初次使用角色扮演法的《廉颇蔺相如列传》课堂上,由于经验不足,笔者未要求学生编制表演提纲、撰写简单剧本,以致学生表演时缺失剧本支持,表演不太连贯。例如,在"完璧归赵""渑池会"之后,故事的矛盾冲突由赵国与秦国之间的较量转到廉颇和蔺相如个人的冲突摩擦,此时理应有一个衔接转换,应当安排一个旁白角色道出廉颇与蔺相如二人不同的发迹史及当时战事连连、尊崇武将的时代背景,铺垫廉颇对蔺相如凭口舌之功跃居高位的不服气和嫉恨愤懑,但学生忽略了这一点。再如,在表演"负荆请罪"时,蔺相如发表了"先国家之急而后私仇"的论断后,紧接着扮演廉颇的学生就上台"负荆请罪"了,稍显突兀,若能安排一个旁白把蔺相如"先国家之急而后私仇"的言论转述给廉颇听的情节表现出来,会更符合事实逻辑。以上细节上的缺憾皆因笔者未要求学生构思表演逻辑、编制表演提纲、撰写表演剧本。有了首次的经验,在《孔雀东南飞》中笔者做出了改进,要求学生拟定剧本,为学生疏通文义、厘清故事情节、分析人物形象,为剧本定稿做准备。有一组的剧本用心添加了一个媒婆的角色,从媒婆的角度讲述刘兰芝与焦仲卿的爱情悲剧。各个故事的背景、情节的转换衔接都由媒婆娓娓道来,线索明晰,逻辑性强,形成了系统,整体十分连贯。

其次,不拘泥于原文,合理改编,有惊喜涌现。《廉颇蔺相如列传》是历史题材,不太容易做创意改编,因而学生的表演基本上"照本宣科",中规中矩。而在故事情节生动、人物形象鲜明的爱情悲剧《孔雀东南飞》中,学生在尊重原文的基础上做了合理改编。比如,加入媒婆角色;改编为大团圆结局的喜剧,让有情人终成眷属;转换故事年代背景,表演刘兰芝和焦仲卿的现代爱情故事,展开古今对比;加入音乐剧元素,唱出心中的情感等。这些改编都涌现出不少惊喜,让人眼睛一亮。这些合理的改编是学生充分发挥主观能动性的结果,学生的创造能力得到培养,想象思维得到锻炼。

再次,学生准备充分,排练预演,正式表演更自如。在初次应用角色扮演法时,学生直接在课堂上表演,未经排练,有脱词、跳词甚至忘词卡壳的现象出现。而在成熟应用时，学生利用课余时间排练磨合，正式登台表演时没有了初次登台的紧张，表演更自如，各个角色之间的配合也更默契，表演得更流畅自然。

最后，添加了学生投票评选和教师点评环节。在《孔雀东南飞》表演结束后，笔者对各个角色进行了点评，并添加了学生投票评选"最佳表演者""最佳导演"和"最佳表演组"的环节。在教师的鼓励和同伴的肯定下，参加表演的学生的自信心得到极大增强，思考和创造潜能得到激发，认识和分析问题的能力得到培养，对文本及人物的认识提升到一个新的高度，对语文课的兴趣空前高涨。

三、案例反思

(一)角色扮演法应用空间很大

角色扮演法不仅仅适用于幼儿师范语文课，在幼儿文学、教师口语等课程上同样适用，拥有广阔的应用空间。幼儿主要是以"听赏"的方法阅读幼儿文学，他们要么聆听，要么吟诵，要么表演于游戏中。幼儿教师不仅要会生动地讲读幼儿文学，还要能绘声绘色地表演幼儿文学，这就决定了角色扮演法在幼儿童话、幼儿戏剧等幼儿文学创编上的重要性。在教师口语课程中，教师可以设置情境，用角色扮演法让学生体会所扮演角色的交际方式，揣摩对方角色的交际心理，进行口语交际训练。

(二)角色扮演法要有步骤地进行

角色扮演法要有步骤地进行。首先，教师要做好宣传，做好动员，充分调动学生的情绪，接着就是挑选参与者。参与者可以自己报名，也可以全班参与。教师可以将全班学生分组，做好把关工作。参与者确定后就开始为表演做准备，选择好题材，写好剧本，经过反复修改后定稿。没有问题后，表演者方能进行表演。正式表演时，表演者根据剧情的需要布置表演情境，可以即兴发挥。在表演前，作为观察者的教师也要有充分的准备，带好笔记本，随时记下每位表演者的优缺点，为表演结束后的教师点评做好准备。表演结束后，全体学生参与讨论和评价，教师做点评。

(三)角色扮演法对教师的要求更高，教师必须充分准备

角色扮演法看起来对教师没有什么要求，实际上，它对教师的要求更高。角色扮演法虽然由学生主导，由教师担任顾问的角色，但教师的作用是不容忽视的。因为角色扮演法并不是为了表演而表演，它的重点在于演出之前的资料收集、讨论交流、表演后的评价反思等，而每一个环节都需要教师的协调支持，可以说教师起的是"宏观调控"的作用。教师应把热闹的活动和宁静的思考结合起来，把对局部的品味与整体的学习结合起来，把语文课与表演课甄别开来，力求体现出语文课的"语文味"。这种教师角色的转变，并非对教师的要求降低了，相反是增加了。因为学生一旦操作失当，就可能只有热闹可看而没有思考可言。所以，教师必须在宏观上积累丰富的教学经验并不断更新自己的教学观念；在微观上亲身参与每个环节，具备一

定的应变能力，一旦有状况出现，及时协调、适时调整，这样才能使角色扮演法在语文课上的应用更加有效。

　　角色扮演法在幼儿师范语文课堂上的应用，是一个在实践中继承与发展的过程，也是一个改革与创新的过程。坚守角色扮演法的理念，不拘泥于角色扮演教学模式的具体操作，不断摸索改进，角色扮演法一定能永葆活力。

高效简笔画课堂教学案例

青岛幼儿师范学校　李爱娟

一、案例背景

我所任教的年级是幼儿师范五年制的大一级部。学生前三年的美术学习主要是美术基本知识的学习，后两年的学习主要是美术应用能力的学习，此阶段的学习为他们从事幼教工作打下坚实的基础。

如今，学前教育行业发展迅速，社会对幼儿园和幼儿教师的要求在不断提高。实践证明，美术在幼儿园的教育教学中起到了非常重要的作用，而简笔画在学前教育专业的美术学习中又具有核心价值。

在给大一学生上第一节简笔画的时候，我进行了一次简笔画水平的摸底测试，即在一节课的时间内，看他们自己能画出多少简笔画。测试的结果是画得最多的学生画出了15个形象，最少的画了5个，并且所画的内容大部分是太阳、星星、月亮、瓜果、树木等简单的形象。第二节课，我跟学生做了一次关于简笔画学习的问题交流。大部分学生感觉简笔画的形象太多太杂乱，对于简笔画的学习不知道从哪里入手；还有些学生说以前也尝试背过一些形象，但收效太慢，背过的形象在一段时间以后又被忘掉了，所以又失去了信心；还有的学生说自己的临摹能力还行，但是缺乏变化能力。

了解到这些问题后，我开始思考。学生大二时就要离校到幼儿园实习，在校时间就剩下一年，学生在美术课上除了学习简笔画还要学习手工制作、色彩、环境创设等其他课程内容。简笔画的课时设置较少，那如何在较短的时间内，帮助学生提高简笔画绘画能力，为他们从事幼教工作打下良好的基础？这是我所面临的问题。我积极探索，希望能够找到解决问题的方法。

二、事件描述

在课堂上，我开始改变以往单纯的临摹简笔画的教学方式，开始探索变化规律，使学生能够收到举一反三、灵活运用的学习效果。

我首先讲述了一个学生在见习中遇到的事情：幼儿园老师让见习学生帮她画一

幅小猴子做操的儿歌插图范画，这名学生找了一天也没找到小猴子做操的动态形象，她该怎么办呢？我提出第一个问题，请同学们分组讨论帮助她想一个办法。同学们七嘴八舌地讨论起来，有的小组说自己创作一个；有同学反驳说如果自己创作的不好，形象就会很难看，就不会给幼儿一种美的享受；有的小组说找一个别的动物或人物做操的形象，把它变一下就行。同学们讨论了一下，觉得最后这个办法可行。

我接着又提出第二个问题：如何将别的动物、人物做操的形象变成小猴子做操呢？同学们又开始讨论。有的小组经过讨论回答说："把别的动物的头部、脚、尾巴换成小猴子的就行。"同学们对这种做法表示认可。我总结说，这种变化方法叫变特征。然后我出示一张大象走路的形象，请同学们通过变化特征把它变成别的动物、人物走路的形象。同学们开始变起来。变化完后，我通过实物投影仪让同学们把变化的形象进行讲解，重点讲述变了哪些地方以及如何变的。同学们的作品真是五花八门、丰富多彩：有的变成了小兔走路，有的变成了小猪走路，有的变成了小猫走路，还有的变成了动画片里的人物、动物走路……（见图50-1）同学们的思路一下子打开了，课堂气氛变得活跃起来。

图 50-1　变特征

我趁热打铁在黑板上出示一张小狐狸站立的动态形象，接着抛出第三个问题：我想把小狐狸站立的动态形象变成小狐狸走路的动态形象，如何变呢？请同学们结合以前学过的人体的形态特征，即一竖、二横、三体积、四肢来思考变化。同学们分组讨论如何把站立的动态变化成走路的动态，讨论结束后把变好的走路的动态形象画在纸上，运用实物投影仪进行分享交流（见图50-2）。分享交流后，我进一步提升变化难度，要求学生在小狐狸站立的动态的基础上，进一步变化出其他的动态形象，如跑、跳、弯腰、侧面等动态形象。同学们的思路已经彻底打开了，创造出来的动态形象生动可爱，有踢毽子的、有吃冰激凌的、有侧面的、有抬头的、有揉眼睛的等，动态各异，百花齐放，达到了预期的课堂学习效果。

281

图 50-2 变动态

最后，我提问："通过变化一个动态形象的形体结构变出其他的动态，这是在变化什么呢？"同学们齐声回答说："变动态。"

在学习完"变特征""变动态"这两种变化方法之后，我给出另一个动态形象，让同学们通过"变特征""变动态"这两种变化方法对其进行变化，看哪个小组变得形象、动态最多。小组之间展开了激烈的竞争，与刚开始的茫然状态形成了鲜明的对比。最后，变得最多的小组在 10 分钟内变化出了 40 多个形象，小组分工明确；最少的一个小组也变出了 20 多个动态形象。变化完之后，我让同学们进行了阶段总结与反思：通过这两个变化方法，你会变化出多少形象、动态？同学们感慨地说可以变太多了。

在学习完"变特征""变动态"之后，我又出示了小猫走路的动态形象（画好形象后用剪刀沿边缘线将它剪了下来）。我把小猫走路的动态形象放在草地上，让同学们说出小猫在哪里走路；接着我又出示另外一张背景图把小猫走路的形象放上，让同学们看小猫又到哪里了（见图 50-3）；最后，我请同学们总结这是在变什么。同学们回答说"变背景"。

图 50-3 变背景

我进行了课堂小结："通过以上学习的三种变化方法，即'变特征''变动态''变背景'，并对三种变化方法进行灵活运用，你就会变化出自己所需要的动态形象。"

我又出示了其他班级同学的优秀作业，与同学们一起分享，进一步开拓同学们的变化思路。

同学们在课堂总结发言中纷纷表示，自己以前总是找不到学习简笔画的规律，仅背几个形象的收效总是不大，并且背的形象也很容易被忘记。通过这节课的学习，自己找到了变化规律，对今后的简笔画练习帮助很大，收效显著。

三、点评与反思

高效课堂是学生主动学习、积极思考的课堂,是学生充分自主学习的课堂,是师生互动、生生互动的课堂,是学生对所学内容主动实现意义建构的课堂,是通过教师在一定时间的教学之后学生取得最大的、具体的进步的课堂。如何形成高效、持久的课堂教学效益,越来越成为教育工作者研究的重要课题。

(一)创造性地设计、整合、拓展教学内容

苏霍姆林斯基曾说:"只有当教师的知识视野比学校教学大纲宽广得无可比拟的时候,教师才能成为教育过程的真正的能手、艺术家和诗人。"教师要善于设计、整合本学科教学。设计教学就是要精心地设计教学的一切程序,包括整合资源、开发课程、研究学生(学情)、创设情境、尊重体验、预设教学等诸多因素。

设计教学时,首先,教师要进行课程研发,建构对学生有吸引力的课程;其次,教师要创造性地使用教材,对美术教材做有选择性的取舍、补充,不要墨守成规。

最后,教师设计教学时还要善于整合学生资源。这里的学生是广义的,指教师教过的一切学生。教师在课堂上,可以让班上的学生进行合作探究、对话交流。教师还可以利用以往学生的智慧,把它作为一种课程资源储蓄下来。教师对课程内容的深刻理解有助于教学计划的落实。教师在深入研究学生状况及教学内容的同时,应分析可获得的教学资源,以便挖掘教学内容潜在的教育意义。

本节课的教学内容是我在多年的简笔画教学实践中慢慢反思总结出来的一种简笔画变化规律。"授人以鱼,不如授人以渔。"学生在掌握了简笔画的变化规律和方法之后,就会举一反三加以运用,大大提高了简笔画学习效率,并且学生可以把这种规律运用到其他的课程学习中,提高学习能力。东坡先生云:"博观而约取,厚积而薄发。"教师只有重视知识的不断积累、反思,才能得心应手地做好教学工作。

(二)开放教学课堂,引领学生自主探究

教师的教学方法是提高学生学习有效性的催化剂,教师应改进课堂教学结构和教学方法,充分调动学生学习的积极性和主动性,提高课堂效率。

探究式的教学方式让学生主动地获取知识、应用知识和解决问题,在实践中去体验和学会学习,以提高自身获取信息和处理信息的能力。它不仅是一个结果,更是一种经历。探究式的教学方式充分体现了"以学生为主体,以能力发展为主"的现代教育理念。

在课堂教学中,我重视学生的参与性、探索意识,强调学生的体验、探究、实践在教学活动中的重要性,尽力做到给学生充裕的实践空间,放手让学生大胆地动手、动脑去发现问题、解决问题,提高他们自身对事物的认知水平。在本节课中,我主要用三个问题贯穿课的始终,即怎么办、如何变和变什么。学生在一个个问题

的引领中讨论、思考、作答，从而于无形中解决了本节课的教学重难点。同时，我在课堂教学中注重培养学生的创新精神，使学习成为获得积极、愉快、成功体验的过程，充分体现学生在学习中的主体性地位，使其真正成为学习的主人，逐步建立和形成旨在充分调动、发挥学生主体性的多样化课堂教学方式。

总之，高效课堂是一种理念，更是一种价值追求、一种教学实践模式。教师要踏踏实实地从学生实际出发，从素质教育的目标出发，使我们的课堂教学建立在更加有效的基础上。

幼儿师范幼儿歌曲弹唱课程改革案例分析

青岛幼儿师范学校　张　毓

一、案例背景

幼儿歌曲弹唱课程（简称儿歌弹唱）在幼儿师范学校的音乐教学中是一门重要课程。传统的幼儿歌曲弹唱课程设置不合理、教学模式过于陈旧等诸多因素导致学生毕业后走上幼教岗位无法迅速承担起音乐教育工作，跟不上学前教育的快速发展。因此，幼儿歌曲弹唱教学改革势在必行。

（一）实施幼儿歌曲弹唱教学改革的重要意义

《幼儿园教师专业标准（试行）》明确指出要重视幼儿园教师职业特点，加强学前教育学科和专业建设；完善幼儿园教师培养培训方案，科学设置教师教育课程，改革教育教学方式。如何培养出高素质、高能力的幼儿教师，对于培养幼儿师资的教育工作者而言任重道远。

在幼儿师范音乐课程体系中，幼儿歌曲弹唱是一门综合性课程。它既涵盖了乐理知识、钢琴弹奏技巧、声乐演唱方法、和声理论、边弹边唱技巧等多种内容，同时又需要将理论与实践密切结合以适应幼儿园教学。它不仅体现出系统、全面的专业课程特点，更承载着提高幼儿素质的重要任务。因此，该课程对于一位幼儿教师能否胜任工作、完成幼儿园音乐活动任务有重要意义。

（二）传统幼儿歌曲弹唱教学的问题分析

传统的幼儿歌曲弹唱的教学模式走的仍是专业院校的路子，教学目标偏重于钢琴技能训练。学生在中专三年中以接受钢琴弹奏与声乐演唱的技能训练为主，大专才开始接触幼儿歌曲弹唱课程。由于幼儿歌曲弹唱除了理论之外还需要大量练习，学生的学习时间就显得非常紧张，导致学生理论知识不扎实、实践能力差。青岛市开展的不同层次的幼儿园问卷调查也集中反映出一些问题。例如，学生掌握一首儿歌并弹熟需要太长的时间；遇到转调等问题就进行不下去，在弹奏时不能随时关注幼儿，弹与唱声部不协调等。其实这些问题归结到一起就是传统的教学模式已经不适应幼儿园的快速发展了。

二、事件描述

面对这些问题,最好的解决办法就是求变,即在继承传统的同时,摒弃一些过时的教学理念,大胆开创新思路,以实用性强为原则,以满足幼儿园用人需求为目标,力争培养出有用的、好用的、优等的幼儿教师。

为了提高学生的综合运用与实践能力,我根据实际情况,以某一级学生作为研究对象,全程跟踪、指导该年级学生五年的相关学习情况,认真分析当下的幼教趋势,围绕幼儿园的用人要求,整合教材,调整教学模式,创新评价方式,最终总结出理论系统化、实践实用化、技能专业化的新教学理念,采用理论实践相结合、以点带面、小课题大舞台、伴奏音型扩展等多种方法,力争使学生的弹唱达到炉火纯青的程度,使学生在真正意义上胜任幼儿园的音乐教育工作。

(一)课程改革具体实施方案

结合《3—6岁儿童学习与发展指南》的精神,我进一步分析了艺术领域的相关目标,确定以此作为新课程改革的理论依据。在实践中,我从教材、教学模式、培养目标、评价方式等几个方面入手开展教学。

1. 突出幼教特点,编制校本教材

传统的幼儿歌曲弹唱课程一直没有一本真正适合学前教育专业特点的教材。以前的教材大都缺乏一定的系统性。幼儿歌曲谱例的匮乏使得理论与实践无法有机结合,所以总结编制出适合学前教育专业特点的教材是唱响整个课程改革的第一音。

我从学校附属幼儿园原来的教材中汇集了近20套全国现行教材,既包括北京师范大学出版社、华东师范大学出版社等出版的通用教材,也包括山东省统编教材及《青岛市幼儿园课程教师指导用书》等。之后根据小班、中班、大班的不同年龄特点,我从中选取了70首具有代表性的幼儿歌曲作为教学谱例,并给每一首儿歌编写弹唱提示,汇集成一本实践教材,同时配合理论教材《幼儿歌曲弹唱》,最终形成了具有学前教育专业特点的、理论与实践相结合的校本教材。

2. 制定"一点两线"的培养目标

幼儿师范传统教学过于强调钢琴技能训练而忽视了儿歌弹唱与编配技能训练,导致学生实践能力弱。有的学生虽通过了钢琴十级考试,但面对一首简单的儿歌时却无从下手,这充分显现出传统培养目标的不均衡性。

为了高效贴合幼教实际,我制定了以服务学生全面发展为出发点,以专业技能与儿歌弹唱为两条主线的培养目标,一点两线,双管齐下,努力打造"双技能型"学生。通过五年的学习,学生不仅能有较高的钢琴演奏技能,还能自如弹唱幼儿歌曲。在制定新的培养目标时,我充分考虑学生年龄层次、技能水平不同等因素,遵循由易到难、循序渐进的教育原则,合理规划、统筹安排、整体布局,充分体现分层次教学的理念。具体调整方案如表51-1所示。

表 51-1　具体调整方案

年级	类别	教学内容	过关考核
一年级 (中专)	专业技能	・音乐理论知识 ・钢琴基本演奏方法 ・C、G、F调式的基本训练 ・C、G、F调式的相关乐曲	基本练习考核
	幼儿歌曲弹唱	・弹唱8首带正谱伴奏的幼儿园小班歌曲 （一升一降范围内）	
二年级 (中专)	专业技能	・C、G、F、D及关系小调的基本练习和乐曲	练习曲、乐曲考核
	幼儿歌曲弹唱	・大、小调歌曲编配理论 ・编配并弹唱16首幼儿园中班歌曲 （两升一降范围内）	
三年级 (中专)	专业技能	・三升三降范围内调式的基本练习和乐曲 （相当于钢琴考级三、四级水平）	
	幼儿歌曲弹唱	・编配并弹唱16首幼儿园大班歌曲 （三升三降范围内）	幼儿歌曲弹唱考核
四年级 (大专)	专业技能	・巩固所学所有调式基本练习 ・大型乐曲弹奏 （相当于钢琴考级五、六级水平）	
	幼儿歌曲弹唱	・民族歌曲编配理论 ・编配并弹唱30首幼儿园大班歌曲 （三升三降范围内及民族调式）	幼儿歌曲弹唱 舞台展示
五年级 (大专)	专业技能	・大型作品弹奏 （相当于钢琴考级七级以上水平）	
	幼儿歌曲弹唱	・学习两首艺术歌曲编配及弹唱 ・社会实践	

3. 构建"一体两翼"的教学模式

幼儿歌曲弹唱是指学生在一瞬间将乐谱上的歌曲通过视觉反映到大脑，大脑马上指挥左右手伴奏，嘴巴在唱旋律歌词的同时耳朵还要对伴奏效果进行检查。这就要求我们的学生要具备一心多用、心口合一的同步运作能力。这种看似简单的弹唱实际上是一种综合能力，是对钢琴弹奏、声乐演唱、乐理、和声、曲式等一系列音乐专业基础知识的综合运用。传统的幼儿歌曲弹唱的教学模式只是将传统技巧训练与实际运用能力机械叠加，这种类似填鸭般的学习使学生依然停留在只知其一不知其二的程度上，更不能做到活学活用，无法适应幼儿园的音乐教学任务。

为此，我们改变了原来单纯以键盘弹奏技能和声乐演唱技能为主的教学模式，进一步贴合幼儿园实际，突出强调幼儿歌曲编配与弹唱技能学习的重要性，延长弹唱学习的时间，将其由原来的两年扩展到五年。以"一点两线"的培养目标为基点，我们形成了以幼儿歌曲弹唱为主体、钢琴弹奏与声乐演唱为两翼的"一体两翼"式教学模式，从而提高学生的综合实践能力。在这种新教学模式下，学生有了更充足的时间来提高幼儿歌曲弹唱技能，而钢琴弹奏与声乐演唱能力的不断提高也为弹唱提供了较强的技术支持。

4. 采用综合性评价方式，多角度考查学生的各种能力

传统的评价方式只有每周的汇课和期末考试，缺少对学生综合素质的评定，有一定的片面性。《幼儿园教师专业标准（试行）》明确指出要加强学前教育学科和专业建设，改革教育教学方式，建立科学的质量评价制度。因此，我们在改革中采用综合性评价方式，该方式主要由日常检测、课堂过程性评价、过关考核与舞台展示三部分组成，这部分成绩合而为一形成学生的最终成绩，这使得教学评价更为全面。

日常检测在沿用传统评价方式的基础上，加大了平日汇课成绩在期末总成绩中所占的比例，由原来的30%提高到50%，强调平日练习的重要性。

课堂过程性评价是新增加的一种评价方式，它不仅关注学生的弹唱技能，而且注重教学过程中学生综合能力的培养与发展，如团队合作能力、创新能力、解决问题能力等，这些能力的培养对于21世纪的学生来说是至关重要的。在课堂上，我们通过各种评价量表来考量学生在不同学习阶段所要培养的能力。例如，合作探究组内互评表考查学生的团队合作能力，儿歌编配小组展示评价量表测评学生的表达、创新等综合能力。

第三种评价方式是过关考核与舞台展示，这是改革的亮点。过关考核每年一次，成绩分为优、良、合格、不合格，还给优秀的考生颁发证书以资鼓励。舞台展示又称为技能大练兵，主要是在学生进入大专一年级之后进行的。各班学生从学过的所有幼儿歌曲中抽一首按学号逐一登台弹唱，有自弹自唱、互弹互唱、学生弹老师唱等多种形式。

综合性评价方式大大激发了学生的学习动力，使学生变被动学习为主动学习，锻炼了学生的综合弹唱实践能力。

（二）收获与成效

学生能否将在校所学融会贯通，只有通过见习与实习才能检验出来。在见习和实习的过程中，我会让学生带着任务去，通过亲手实践，在干中学，巩固钢琴即兴伴奏与弹唱技能，解决实践中产生的问题，使他们的专业技能更上一层楼。同时，我也会下到幼儿园进行指导，一方面帮助学生解决实践中遇到的困难，另一方面与幼儿园的院长及一线教师进行面对面交流，了解最新的音乐教学资料、最新的教学方法及学前教育的最新动向，这为接下来的教学提供了目标与方向。

经过五年的学习，学生的幼儿歌曲弹唱实践能力得到了大幅度的提高。学生能在较短时间内将一首全新的歌曲完成编配及弹唱，能熟练进行转调，并将歌曲内容有情感地表现出来。学生在弹奏时也能最大限度地关注幼儿。在毕业生实习中，许多幼儿园对这一届学生的弹唱能力给予了充分的肯定。我们在示范性幼儿园开展访谈调查研究时，园长们对学生的弹唱能力大加赞赏，肯定了我们的改革。

学生在五年中取得了骄人的成绩，例如，在全国初等音乐师范教育学前教育学生钢琴弹唱比赛中一举获得13个奖项，在山东省职业学校学前教育专业学生技能大赛中获得一等奖，在青岛市中等职业学校职业技能大赛中获得了六项全能一等奖等。

三、点评与反思

(一)坚持实践导向的反思研究，完善幼儿歌曲弹唱教学体系

当今社会对人才知识结构需求的不断更新以及现代教育技术与教学手段的迅猛发展，在给传统幼儿师范教育带来挑战的同时也为其开拓了更为广阔的发展空间。我们要适应幼儿园教育理念不断进步与更新的现状，为幼儿园培养一支高素质、能力强、边弹边唱自如的教师队伍。这就需要我们始终坚持反思、学习、再反思、再学习的精神，通过选编校本教材、调整教学目标与内容、革新教学模式、采用综合性评价方式等系统的改革过程，不断完善幼儿歌曲弹唱教学体系，使职前教育与幼教实践最新的发展动向同步。比如，在教材使用上，我们就不断进行反思，结合学生的实际情况与幼儿园的用人需要，总结出以教材理论为支点、以大量儿歌范例为脉络的教学理念。我们对比使用过的几个版本的教材，发现多数教材理论很翔实、难度适中，但缺少大量的幼儿歌曲实例，这对于强调实践能力的幼儿歌曲弹唱课程略显不适。为了改善此状况，我们在以一本针对五年制幼儿师范生的儿歌编配教材为理论依据的同时，又从若干套幼儿园现行教材中吸收70首有代表性的幼儿歌曲，编辑成库，作为教学资料，增强学生的练习实效。

(二)以《3—6岁儿童学习与发展指南》为导向，提升学生歌曲弹唱的专业素养

教学改革的一个亮点就是大练兵活动，它让学生得到了充分的展示与锻炼，促进教学相长，取得了很好的成效。但是我们并没有停留在现有的成绩上，而是对活动及时进行了总结与反思。结合《3—6岁儿童学习与发展指南》，我们再次进行了思考。《3—6岁儿童学心与发展指南》明确指出："幼儿艺术领域学习的关键在于充分创造条件和机会，在大自然和社会文化生活中萌发幼儿对美的感受和体验，丰富其想象力和创造力，引导幼儿学会用心灵去感受和发现美，用自己的方式去表现和创造美。""幼儿对事物的感受和理解不同于成人，他们表达自己认识和情感的方式也有别于成人。幼儿独特的笔触、动作和语言往往蕴含着丰富的想象和情感。"我们通过

这种"小课堂大舞台"的形式来激发学生弹唱的内在兴趣，在提高学生技能技巧的同时提升他们的审美能力和水平，提升美的想象力和创造力。

由于幼儿歌曲弹唱是一门综合型课程，它的教学目标也是围绕培养学生的综合能力而开展的，所以我也在思考能否将幼儿歌曲弹唱与幼儿舞蹈创编、舞台剧表演等课程相结合，挖掘更深层、更有广度的教学新模式，把学生培养成高素质、高水平的幼儿园综合型人才，这将是我们下一步研究及论证的重点。

基于"全实践"理念的高职学前教育专业实践教学体系构建

——以上海行健职业学院为例

上海行健职业学院 李 娜 王增收

一、问题的提出

上海行健职业学院学前教育专业是学院的重点专业,是上海市幼教师资职前培养的主要基地。

2002年,为了适应上海市经济和社会发展的需要,改善幼教师资严重短缺的现状,经上海市教委批准,我校人文系设立了学前教育专业。2005年学前教育专业独立建制,成立学前教育系。2008年我校在学前教育专业下增设幼儿保健方向。上海市各级各类幼儿园新进教师中有大量教师毕业于上海行健职业学院,幼儿园的总体满意度保持在90%以上。100多名毕业生担任了幼儿园保教主任。

学前教育专业主要培养德、智、体、美全面发展,具有现代教育理念和良好的职业道德,掌握学前教育专业理论知识及技能水平,能适应幼教事业发展需求,具备较强业务能力,拥有创新精神和主动学习能力,能够在幼教机构等部门从事教育教学、科研、培训或管理等工作的实用性、专业性与宽适应性人才。本专业所面向的职业岗位群主要有托幼园所教师和早教中心教师。

二、建设基础

(一)校内外实践教学基地建设情况

1. 校内实训室

校内已建成多间综合实训室和艺术实训室,见表52-1。

表 52-1　校内实训室介绍(部分)

实训室名称	使用课程	主要实训项目
钢琴房	琴法课程	钢琴基础实训、幼儿歌曲弹唱实训、幼儿歌曲即兴伴奏实训
电钢琴房	琴法课程	钢琴基础实训、幼儿歌曲弹唱实训、幼儿歌曲即兴伴奏实训
形体房	舞蹈课程	幼儿舞蹈实训、幼儿民族民间舞蹈实训、幼儿舞蹈创编实训
音乐室	音乐课程	幼儿歌曲弹唱实训、幼儿歌曲即兴伴奏实训
育婴师实训室	0～3岁儿童早期教养高级育婴师课程	婴幼儿生活照料实训、婴幼儿日常生活保健与护理实训、婴幼儿教育及家长指导实训
微格教室	各科教学法课程、学前儿童教育活动设计课程	学前儿童教育活动设计实训
幼儿保健实训室	学前儿童疾病预防与护理课程、学前儿童营养与膳食管理课程、托幼机构保健工作综合实训	学前儿童疾病预防与护理实训、学前儿童营养与膳食管理实训、学前儿童健康检查实训、幼儿园卫生消毒实训
仿真幼儿园教室	学前儿童游戏课程、学前儿童教育活动设计课程	学前儿童教育活动设计实训、学前儿童游戏环境创设与指导实训

2. 校外教学实践基地

我校学前教育专业自 2002 年以来，依托上海市托幼协会以及部分区县的教育局，与 400 家以上的学前教育机构建立了紧密联系和良好的合作关系，并为上海市金山、崇明等郊区教育局提供订单式的人才培养服务，其中 11 所合作关系较为密切的幼儿园及早教机构成为我校的签约校外实训基地。

(二)师资队伍建设情况

1. 专业指导委员会及特聘专家

专业的发展，在办学理念、发展方向等方面依靠一支理论素养高、实践能力强，在学前教育领域有一定影响力的专家团队。为此，我校学前教育专业特聘了一批在上海乃至全国学前教育界有一定影响力的专家、学者和优秀的幼儿园教师担任专业指导委员会成员及特聘专家，并且聘请了多位园长担任学前教育教学质量检测委员会成员。他们专门负责通过各种方式对专业教育教学过程中的种种问题提出改进意见和建议。

2. 校内专任教师

目前，我校学前教育专业通过培养与引进，初步建立了一支结构合理（专业理论组、艺术组、公共课组），素质优良的"双师型"师资队伍，其中青年教师都具有硕士以上学位。

3. 兼职教师

此外，我们还大量聘请了该领域的行业专家和教师作为我们的兼职教师，包括幼儿园园长、优秀教师、区妇幼保健所的医生等参与该专业的教学、课程建设和实训基地建设等工作。

三、校内外实践教学的具体做法

为了能够使学前教育专业的教学过程紧密结合幼儿园的实际教学过程，我们坚持在理论教学中融入工学结合的理念，以模拟幼儿园工作情境为学生学习的任务，逐步实现理论教学实践化、实践教学多元化的办学特色；同时，我们依托上海市托幼协会以及部分区县的教育局，与更多优质的学前教育机构建立联系，逐渐完善"观摩、见习、实习三位一体"的实践教学模式。这一实践教学模式，使我校学前教育专业实践教学和技能技巧的培养在全市范围内处于引领地位，缩短了学生入职后的适应期。

（一）实践教学体系构架介绍——纵向体系

为了保证实践教学的有效性，我们经过多年的探索，逐渐完善和构建了"系列化""系统化"的实践教学体系，包含课程实践、幼儿园见习、幼儿园顶岗实习（一个学期）等几大模块。

按照学生的认知规律和幼儿园教师的成长规律，我们从基础到专业、从感性认识到理性认识、从单项到综合，循序渐进安排实践教学内容，不断深化关键技能，促进学生实践技能的提高及实践智慧的增长。见表 52-2。

表 52-2 实践教学体系构架介绍

时间	实践教学形式	实践教学的目的和要求
第一学年	课程实践＋入园体验	1. 初步了解、熟悉幼儿园保育教育工作的基本内容和特点，加深对保教工作及其重要性的认识。 2. 初步接触幼儿、观察幼儿、了解幼儿，感知幼儿身心发展的特点。
第二学年	课程实践＋幼儿园观摩（上学期） 幼儿园见习（下学期）	1. 接触幼儿、观察幼儿、了解幼儿，进一步了解幼儿身心发展的特点。 2. 全面了解、熟悉幼儿园保育教育工作的基本内容和特点，加深对保教工作及其重要性的认识。 3. 协助带班老师进行幼儿园日常管理和教育工作，提高自身的组织、协调能力。

续表

时间	实践教学形式	实践教学的目的和要求
第三学年	课程实践＋幼儿园顶岗实习	1. 全面了解、熟悉幼儿园保育教育工作的基本内容和特点，加深对保教工作及其重要性的认识。 2. 接触幼儿、了解幼儿，逐步形成尊重幼儿、关心幼儿、理解幼儿的学前教育理念，增强事业心和工作责任感。 3. 将所学的学前教育理论知识和技能综合运用于幼儿园保教研究和实践，在实践中检验、巩固、提高、丰富所学的理论知识和技能。 4. 实践幼儿园全面的保教工作，初步学会组织幼儿一日活动的方法，培养初步的从事幼教工作的实际能力。 5. 积极参与幼儿班级日常管理和教学工作，提高自身组织能力。

(二)校内外实践与专业课程的关系——横向体系

我们在不断完善校内外实训基地、不断拓宽实践渠道、不断增加实践资源的基础之上，在促进实践教学"时间上贯穿、空间上拓展"的同时，还致力于在"课程上渗透"，即保证校内外实践与专业课程之间的内在连贯性和协调性。见表52-3。

表52-3　校内外实践与专业课程的关系

时间	校内外实践安排	对应的专业课程
第一学年	课程实训（校内）＋入园体验（校外）： 1. 初步了解幼儿园保育教育工作的基本内容和特点，加深对保教工作及其重要性的认识。 2. 初步接触幼儿、观察幼儿，感知幼儿身心发展的特点。	学前儿童心理学 学前教育学 幼儿卫生与保健 幼儿教师口语
第二学年	课程实训（校内）＋幼儿园观摩（上学期） 幼儿园见习（校外）（下学期）： 1. 接触幼儿、观察幼儿，进一步了解幼儿身心发展的特点。 2. 全面了解、熟悉幼儿园保育教育工作的基本内容和特点。 3. 协助带班老师进行幼儿园日常管理和教育工作，提高自身的组织、协调能力。	幼儿园班级管理 幼儿行为观察与指导 学前儿童游戏 学前儿童语言教育 学前儿童数学教育 学前儿童社会教育 学前儿童科学教育 学前儿童美术教育 学前儿童音乐教育 学前儿童健康教育 幼儿园实用美工

续表

学年度	校内外专业实践安排	对应的专业课程
第三学年	课程实训(校内)＋幼儿园实习(校外)： 1. 接触幼儿、了解幼儿，逐步形成尊重幼儿、关心幼儿、理解幼儿的学前教育理念，增强事业心和工作责任感。 2. 将所学的学前教育理论知识和技能综合运用于幼儿园保教研究和实践，在实践中检验、巩固、提高、丰富所学的理论知识和技能。 3. 实践幼儿园全面的保教工作，初步学会组织幼儿一日活动的方法，培养初步的从事幼教工作的实际能力。 4. 积极参与幼儿班级日常管理和教学工作，提高自身的组织能力。	幼儿园教育环境创设和玩教具制作 幼儿园教育活动设计与实施

四、实践教学体系的创新与效果

(一)对学生实践能力培养的作用

凭借系统化、系列化、连续性的实践教学体系，我们培养的学前教育专业学生的实践能力经受住了实践的考验，获得了明显的提升。例如，在第三、四、五、六届全国高校学前教育专业论文评选活动中，我校学生毕业论文获一、二、三等奖；在全国高职高专英语写作大赛中，我校学生获全国一等奖、三等奖；在全国第二届大学生艺术展演中，我校学生获上海市活动艺术作品类一、二、三等奖。

此外，为了体现高职院校学前教育专业学生的职业技能，我们在加强对学生艺术技能技巧培养的同时，从2009年开始，对部分毕业生开设育婴师(三、四级)职业技能培训，平均通过率高达80%。为了能够继续拓展学生的知识面，加强职业技能的培养力度，我们不断扩大培训范围，为学生毕业时能获得毕业证书、幼儿园教师资格证书和育婴师相关证书提供保障。

(二)对学生就业的作用

相对完善的学前教育专业实践教学体系强有力地提升了学生的就业能力。学生就业状况良好，连续多年保持较高的就业率(90%以上)，并受到社会和就业单位的高度评价。

(三)对教师教学能力的作用

良好的教学机制不仅对学生的能力提升具有明显的促进作用，而且对教师专业的发展和教学能力的提升也有强有力的推动作用。逐渐完善的实践教学体系，催生了一批优秀教师。例如，陈云华教授领衔的幼儿钢琴弹唱课程被评为国家级精品课程，舒仙桃副教授主讲的幼儿卫生与保健是上海市市级精品课程。陈云华教授领衔的幼儿钢琴弹唱教学团队被评为市级先进教学团队。同时，我校以教科研带动课程和教学改革。近年来，学前教育系教师承担市级课题12项，并且与幼儿园等单位联系，开展多项横向课题研究。此外，根据高职院校特点，全系专业教师自主编写教材。我校学前教育专业团队，参加上海市32所高职高专院校教学比武大赛荣获二等奖。《"师范教育"和"高职教育"相融合的学前教育专业育人模式的创新与实践》，获2013年上海市教育成果一等奖。

五、点评与反思

(一)实践教学体系构建存在的困难和问题

任何事物的发展都会经过一个漫长的过程，而这样一个漫长的过程还会持续下去，使事物逐渐走向完善。

时至今日，经过多年的发展，我们学前教育专业实践教学体系已经形成并相对完善。然而，不可否认，这一实践教学体系也存在着一定的不足之处，这些不足之处恰恰是它进一步完善的着力点和突破点。

首先，学前教育人才培养过程中的教育理念需要进一步革新。当前，根深蒂固的传统教育观念依然在某些方面起着作用。从课程编排和设置来看，理论知识型课程内容在专业课程中依然占据较大比例，超过实践教学课程内容。究其原因，是人们对理论知识的重视依然超过对实践技能、实践能力和实践智慧的重视。

其次，教育评价还是以量化考核为主，评价标准单一。人才培养的评价是人才培养活动的评判环节，它衡量着人才培养活动的成功与否，是人才培养的风向标。然而，我们的评价依然以"一刀切"的量化评价为主，依赖知识化、分数化的人才评价标准。知识化的内容、标准化的答案、分数化的成绩，没有充分反映学生的学习水平和操作能力。人才培养缺乏多元化的人才观和成才观，培养的专业人才缺乏特色、缺少个性；不注重因材施教，而是像工业化大生产，习惯用统一的标准、统一的方法、标准的答案去指导和教育学生。学生往往个性不突出，缺乏创新力，入职后只能按部就班工作，面临复杂多变的幼教问题时会束手无策，难以应对。

最后，实践教学体系对师资水平提出了更高的要求。如果说课程是教育开展和运行的核心，那么教师是保持教育有效性的关键因素。我们一直重视教师团队建设，通过挂职锻炼、业务进修等方式，积极推动教师专业化水平的提升，使"双师型"教师比例不断提升。但是，"重理论轻实践"的传统教育培养出来的教师，往往缺失学前教育实践一线的经验，无法完全适应和满足"全实践"教育理念指导下的职业教育教学。

(二)对实践教学体系构建的展望

在我国的学制中,学前教育主要是指对3~6岁儿童所实施的保育和教育。这个年龄段的儿童天真稚嫩,活泼好动,缺乏基本的生活自理能力,在发展中有其特定的年龄特征与独特要求,需要学前教育教师能够针对特定情境和儿童的个别差异采取灵活多变的教育形式。学前教育的这一独特性对从事学前教育工作的教师的实践能力提出了非常高的要求,因此,培养学生的实践能力理应成为学前教育专业人才培养的核心。学前教育专业应当将专业知识的学习与教育实践紧密结合起来,锤炼学生的教育技能,锻炼其实践能力,提升其教育智慧,从而把学生培养成为既有扎实的理论知识又有较强的组织管理能力和一定创新能力的实用性人才。

基于以上认识,我们将从以下几个方面积极建构实践教学体系。

1. 调整课程结构,突出实践课程

课程是教育教学的核心,是人才培养的载体。课程设置是否合理将直接影响人才培养的质量。

我们的人才培养方案和教学体系依然存在着比较严重的"重理论轻实践"的倾向:在课程数量上,实践类课程占整个课程体系的比重依然明显偏小;在课程安排上,通常先是理论课程,后是实践课程。这样的安排不仅影响了理论课程的教学质量,也制约了实践课程的教学效果,使学生的实践能力差,不能很好地适应幼儿园教育工作。

因此,我们应该切实转变观念,合理安排理论课程与实践课程的比例,突出实践课程,使理论课程与实践课程交叉进行,使理论学习与实践互相促进,加强教育实践活动的设计,增加教育实践环节,重视培养学生的实践能力。

2. 构建全程化的教育实践模式

同样,在我们学前教育专业人才培养的过程中,教育实践在整个教学计划中一直处于较次要的地位。教育实践仅仅包括体验观摩、见习、实习,而且存在时间短、形式单一、内容不连贯、理论与实践相脱节等问题,难以发挥教育实践在建构师范生专业知识中的效能。

基于这些问题,我们必须树立系统化、序列化、全程化的实践教育观,构建完善的教育实践体系或模式,努力做到教育实践的全时间段、内容多元化、手段与形式多样化,做到每个阶段都要有相对应的时间、相对应的阶段目标、相对应的内容要求等,将教育教学实践贯穿于专业教育的全过程。

3. 改进教学方法,增强课堂教学的实践性

尊师重道的文化传统根深蒂固,使得当前的教学模式依然是以为教师中心的。学生在教学活动中处于被动地位,其积极性与创造性都受到某种程度的约束。

因此,在构建和完善学前教育专业实践教学体系的过程中,我们应当实现从

"教"向"学"的转变,实现"知识授受"向"问题解决"的转变;改革理论灌输式的教学方法,采取理论教学与案例教学相结合、研究性学习、问题引导式学习、任务式学习等方式,使理论知识的教学融入对实践的观察和分析;增强课堂教学的互动性和实践性,引导学生自觉地应用理论知识观察与分析实际问题,实现做中学、学中做、教学做合一。

体验式教学在学前儿童美术教育课程教学中的尝试

石家庄幼儿师范高等专科学校　马晓琳

一、问题的提出

学前儿童美术教育是研究学前儿童美术能力发展特点及美术教育规律的一门学科。在教学中,我时常发现由于学生缺乏对儿童身体和心理发展特点的理解,他们对儿童美术理论及儿童美术创作表现特征的理解存在困难;同时也正是由于缺乏对儿童艺术思维和创作表现特征的理解,学生在接触实践时便不能科学合理地根据儿童的特点来组织和指导幼儿园美术教育活动。针对此问题,也结合个人的教学经验及教学反思,同时基于"学习儿童美术首先需要了解儿童、理解儿童"的学习要求,在大专班二年级下学期的学前儿童美术教育活动与指导这门课程的教学中,我进行了体验式教学的尝试。

二、案例描述

(一)教学案例一

本次课的教学内容是儿童美术能力的发展及其美术创作的表现特征,教学目标是使学生能够理解儿童美术能力发展的阶段并熟悉不同阶段儿童在美术创作中所表现出的特点。根据教学内容及教学目标,我设计了"三次绘人游戏"。

活动伊始,我首先安排同学们准备好绘画工具并提醒同学们注意听绘画要求。"请同学们闭上眼睛,用你的非优势手(一般为左手)画一个人。"指导语完毕后,同学们一片哗然、疑问重重。我再次重复要求后,同学们开始作画。画完后,同学们睁开眼睛相互欣赏作品,然后一片爆笑,不可思议地看着自己的画同时也"取笑"着别人的作品。"请你们睁开眼睛依然用你的非优势手再画一次人。"我下达第二次绘人指令。这次,同学们都努力认真地力图较好地控制自己的笔画出满意的形象。"请你们睁着眼睛用自己的优势手画一次人。"我下达第三次指令。同学们看上去轻松多了,并且较快速地完成了绘画作品。画完后,我组织同学们相互欣赏作品,讨论交流自己每次作画时的动作感受并结合自己三次作画的画面形象进行分析,最后请两名同学来分享自己三次绘画时的不同感受。

学生一：第一次画的时候，我明明知道人长什么样子，但是因为看不见，并且左手也不灵活，所以画的时候画完一笔就不知道下一笔落在哪儿，而且不能控制笔的方向。画出来的人几乎看不出是一个人，只是一些乱七八糟的线条和不规则的形状。第二次画的时候，我能看到了，也知道想要画在哪儿，不过因为左手不够灵活所以画出来的线条不流畅，但是努力控制后也能够画出一个人的形象。第三次就可以灵活控制手了，想怎么画就怎么画，画出来的画就是我的真实水平了。（见图53-1）

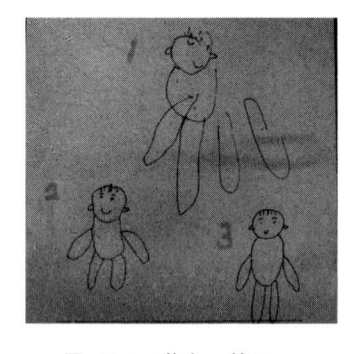

图 53-1　学生一的画

学生二：第一次画的时候，心里想得很好，但是下笔画的时候就不知道往哪里画了，并且闭着眼睛用左手画就更不灵活了，每次画下一笔的时候都要把整个胳膊抬起来挪动一点再画，结果画出来的人是断裂开的，头和身体分开了，脚也不在应该在的位置。第二次画的时候，我就用力控制自己的动作，但是即使很努力有时候也控制不好。画手指的时候，笔很难控制且动作很生硬，所以画出来的线条很不流畅。第三次就自如了许多，线条也流畅了，也把我想画的画出来了。但是也有一个问题，因为自己能控

图 53-2　学生二的画

制笔了，所以就担心画得不好看，画的时候就会很小心，所以画出来的形象很小。（见图53-2）

在学生体验、讨论、分享之后，我进一步提出了问题："请大家想一想，我们为什么要以这样的方式来尝试画三次人呢，只是为了有趣、好玩吗？从这个活动中，你能体会到与我们所学有关的内容吗？"我以此问题来引出本次课的重点内容。

（二）教学案例二

在第一次活动中，同学们的亲身感知及我的讲解总结，推动了同学们对儿童美术能力发展的特点及其美术创作表现出的特征的理解。在这次活动之后，借助同学们对活动的热情，我又尝试设计了一次体验活动：让同学们抛开外在一切，遵从内心，用艺术的符号表达感受。活动目的是希望同学们借助个人的真实感受，唤回成人"童年的精神"，从而拉近成人与儿童的距离，理解儿童的创作；同时，本次活动的创作主题源于先锋演奏家约翰·凯奇的音乐作品《4分33秒》（他在钢琴面前默坐了4分33秒，创作了一段没有乐音和旋律，也没有节奏的不朽音乐，给听众创造了一次用心聆听音乐的机会）。这次体验活动也能使同学们更深层地了解艺术的本质。

教 学 篇

此次的体验内容为"校园散步",即同学们在愉悦的情绪和自由的状态下,漫步校园中,感受所到每一处的美及它在生活中的故事和特殊的记忆……在轻松惬意的体验中,我要求用艺术符号的形式(线条和色彩)表达自己的感受。

第二次上课时,我让同学们带着自己的作品与大家分享自己的创作过程及感想。在分享之前,我看到同学们脸上带着一种愉悦满足和急于分享的期待,她们害羞地虚掩着自己的作品,还流露出一丝不自信。她们从来没有尝试过"跟着感觉走"的创作方式,也许她们依然担心自己的作品不被认可。但是,在这个课堂上,她们才是这些作品的权威,因为只有她们最清楚自己的漫步校园的感受和对学校的感情。

《校园散步一》(图53-3)是一幅极具抽象风格的作品。作者介绍了她的思绪和"散步的路线":"画面中下部层层的心形,代表我最喜欢的宿舍区;下方的椭圆表现的是运动场;中部偏左的一竖排'E'字形,代表我们的教学楼;最顶端的螺旋形表示我所在的教学楼。创作到此时,我本来略带一丝喜悦的心情,突然被一位情绪低落的同学打乱了(她在学习生活中的怨气使她对学校产生了消极的情绪)。她的情绪使我对我的学习环境也产生了不满的态度,于是我开始在这里加上沉重的板块,使用不愉快的颜色,如黑色、灰色、褐色……"

图 53-3 《校园散步一》

《校园散步二》(图53-4)的作者说:"我们的学校就是这个样子——有蓝色的天、绿色的树、砖红色的教学楼和灰色的水泥地面……几种颜色交织出我印象中的校园。你看到了吗?扎着马尾的小女孩走出了一条曲折的线,使整个校园更加灵动和富有生机与活力!"

通过这两次体验式学习活动,我和同学们感受到了"教"与"学"的快乐。更重要的是,探究"为什么我们可以这样画?""为什么

图 53-4 《校园散步二》

我们画的跟以前不一样?""为什么我们敢大胆地去画?"等一系列问题,使得同学们更清晰明白自己体验的目的,也使同学们较为深刻地理解了儿童美术的基础理论。和朋友分享教学经历时,她们感叹道:"老师竟是这样有趣的工作!"同学们课后说:"老师给了我们一个很好的机会,让我把埋藏在自己童年时期不能用语言完整表达的内心世界用绘画的方式淋漓尽致地表达出来了。我很享受这个过程,我很珍惜这种

体验，它能释放我的过去，也有利于我的未来……"这种"教"和"学"怎会不快乐！

三、案例反思

我们曾经也是孩子，为什么许多年之后，我们忘记了自己当初的样子？成人离开了童年，便遗忘了童年。作为成人的我们依然可以尝试通过自己的感知与体验，去唤醒我们内心那个沉睡的"孩子"，去走近儿童，理解儿童能力的发展，理解儿童的想象世界……以"共情"的方式让学生通过"躬行"来觉知"儿童"，这样才能激励他们走近儿童、探究儿童的心门。

体验式教学是一种学习者在实践中领悟知识的教学方式，是通过使学习者在所处的环境中感受，引发其产生与环境或事物相关联的情感反应，并由此生成个人对事物和问题的领悟，从而在心理上、情感上、思想上逐步形成对事或物的认识以实现教育目的的一种教育方式。或者说，体验就是学习者自己在自身情感的引领下，去寻找一种直观的感觉，然后把这种感觉上升为对事物的"感悟"和认知。体验式教学还具有实践性和理解性两个特点。实践性是指学习者在具体的实践活动中与环境或事件相互作用，在此过程中，学习者的情感不断被触发随之得以升华，这时学习者就会结合自己的已有经验主动地建构对信息的解释，学习者的整个心理活动就会处于一种积极主动的状态，体现为一种积极的学习活动；理解性是指学习者在活动中产生的对环境和事件全面而深刻的体验，使其与学习对象之间达成默契，从而产生情感上的共振共鸣状态，西方学者也把这种状态称之为情感暗合，即"移情"。

在我教学时所设计的体验活动中，"三次绘人"的游戏使学生自己通过体验"闭着眼睛无法控制动作"到"睁开眼睛能有目的地去画，但使用非优势手依然不能灵活地控制笔"再到"能控制手部动作并灵活地绘画"这一过程，来试图理解儿童绘画能力发展的各个阶段，以及由于儿童生理心理发展特点的制约而产生的独特的美术创作表现方式。儿童美术能力的发展在一定程度上受其动作和认知发展的制约。因此，体验活动的设计采用"制约"学生动作、降低其动作的灵活性的方式来引领学生以自己的亲身感受去理解儿童。此外，我还通过分析学生体验中的另一方面感受——"对事物的认知阻隔能力不断提升，动作的发展也趋于成熟，反而使得自己在绘画时产生了顾虑而不能像之前那样'放肆'地去创作"，来解释"成长的经历和社会经验对儿童大胆表现和想象力有部分程度的制约"，以此再进一步渗透儿童美术教育应尊重儿童的意愿和想法的理念。对儿童能力发展的理解和科学的美术教育观的树立，是开展美术教育的重要基础。所以，教学以一种不同的方式来促进学生对这部分内容的理解，不仅为学生学习实践内容做铺垫，也为学生具备基本的儿童美术教育素质奠基。

在"校园散步"的体验活动中，学生讲述自己的创作过程及作品所传达的意味，从中可以看出已是成人的学生已经开始像儿童一样用符号语言表达自己对校园的感受了。艺术的感觉促使她们把握画面整体的和谐感，如《校园散步一》："我认为再勾勒几个图形，加上几根线条，添一些重色，看起来会更舒服！"她在自我表达与艺术感觉中进进出出……这种感觉恰似儿童。儿童艺术表达的方式正是由自己的情感支配的，儿童时常驾驶着艺术符号在自己幻想的世界和真实的世界里穿梭，穿梭中留下的轨迹便是他们倾心吐露后的艺术作品。对于这一点，学生在自己体验之后便有了更深刻的体会。

《校园散步二》让我们想到莫奈的《日出》。印象派反对因循环守旧的古典主义。马奈、雷诺阿和莫奈等画家都把"光"和"色彩"作为绘画追求的主要目的，他们倡导走出画室，描绘自然景物，发现和表现户外自然光下的色彩，以迅速的手法把握瞬间的印象，使画面呈现出新鲜生动的感觉。同时，印象派强调对内心主观意象的表达。《校园散步二》不就是印象派的再现嘛。这时，我和学生惊喜地发现：原来，像孩子那样，人人都可以成为艺术家，因为我们常说"儿童都是艺术家"。

综上所述，我认为体验式教学在学前教育专业实践课学前儿童美术教育活动与指导中的尝试是引领学生接近教育对象、让学生产生职业情境的一种教学方式。亲身感受中产生的情感共鸣是由己及人的。对儿童的解读与理解仅停留在口头或空悬在脑旁是远不能指导自己的教育行为的。著名教育家苏霍姆林斯基说："我们教师们与之打交道的，是自然界中最娇嫩、最精细和最敏感的东西，是小孩子的大脑。当你想到大脑时，就要想象这是一朵挂着露珠的娇嫩的玫瑰。要做到摘下花朵而又不使露珠跌落，需要多么小心谨慎。"如此娇嫩可人的孩童，在他们可塑性最强的时段，能与我们一起度过，难道作为幼儿教育工作者的我们不应该怀着自己真诚的情感，带着我们鲜活的感受去走近他们、聆听他们、拥抱他们、理解他们，和他们一起共同成长吗？

关于幼儿园五大领域教育目标的教学思考

——以科学领域教育目标的教学为例

徐州幼儿师范高等专科学校 陈 颂

一、背景介绍

《幼儿园教师专业标准（试行）》明确要求幼儿园教师具备教育活动的计划与实施能力。在幼儿教师的职前教育中，学生的幼儿园五大领域活动设计课程的学习是该能力养成的重要且必经的途径。在五大领域活动设计课程中，教育目标因其对教育活动的设计与组织起到指导性的作用，所以成为课程的教学重点。而关于教育目标的教学，学前教育专业的教师往往有一个共识："教育目标不好讲。"五大领域的教育目标是非常明确的：总目标基本来源于《幼儿园教育指导纲要（试行）》，年龄阶段目标参考《3—6岁儿童学习与发展指南》（本文简称《指南》），最后是编写具体教育活动目标的原则或注意事项。现实中，学生编出来的教育目标不尽人意，即不是犯与原则不符的错误，就是乏善可陈、毫无新意。如何改变这样的教学结果，怎样找到这部分教学内容的重难点并突破它们，是笔者想要探讨的问题。本案例以科学领域教育目标的教学为例来探讨这个问题。

二、事件描述

一门课程的教学最直接的参考材料就是教材。笔者所在学校为大专层次，所使用的教材为陆兰老师编著的《幼儿科学教育与活动指导》。科学教育的目标处于该书的第二章，该部分内容的逻辑十分清晰：科学教育目标的制定依据——总目标；从三个维度进行分析——年龄阶段目标；列举了《指南》及人民教育出版社《指南解读》的部分相关内容——单元目标；教育活动目标及编写原则。笔者第一次进行教学时完全遵循了教材的顺序；在教学设计上，导入环节进行的是上节课内容的复习，结束环节布置了以空气为主题的大班教学活动目标的设计练习。结果，这样的教学环节经过教学实践的检验，可以说是失败的。

对教师而言最大的打击就是自己在课堂教学上的失败，这样的失败并不用别人来告诉你，它是无声的。它体现为学生抬不起的眼睛、有气无力疲惫的状态、皱起的眉头、不经意的叹气。一节课结束后，学生根本不愿与教师对视，恭敬而陌生地叫着"老师",这时可以断定,教学失败了。笔者的第一次科学教育目标教学就是这样的状况。笔者感到了深深的挫败感——明明教学环节与逻辑那么清晰,究竟哪里出了问题?笔者喊住了学生想问问他们对于教学的反馈。学生面面相觑过后,在笔者一再询问下的反馈是"觉得这个内容好没劲""听听就过去了,也没什么""老师一直说,一直说,都把我说懵了""怎么编目标啊"……

笔者在得到了学生的反馈后,把反馈信息整理成几个需要解决的问题:学生对于该内容的兴趣需提升;教学重难点要清晰,详略要得当;教学环节需重新安排,要给学生思考和吸收的时间。带着这些问题,笔者重新翻看了教案,并参考了其他教师的教案,试图寻找解决的办法。几乎所有教师的教案的核心教学目标是学生掌握幼儿科学教育的总目标及各年龄阶段的目标,并具备具体科学教育活动目标的编写能力;重点是学生掌握幼儿科学教育的总目标及各年龄阶段的目标;难点是具体科学教育活动目标的编写。可笔者发现了一些自己未曾注意过的疑点:教案中的重点具体指掌握幼儿科学教育的总目标及各年龄阶段的目标的什么呢,是教材的表面内容吗?肯定不是,如果是,笔者的第一次教学就不会那么失败;讲解难点时,用什么方法给学生提供哪种思路才能让学生真正编写出好目标?这些问题和疑惑,似乎给笔者指明了方向,笔者开始努力着手解决这些问题。

对于如何提升学生的学习兴趣这一问题,笔者又找了几名学生交流。"有用的知识可能会感兴趣""理论太空了,师兄师姐说理论没有用,所以不爱学"等类似的回答让笔者突然觉得能够真正指导教育实践的内容可能才是学生最感兴趣的、最需要的。笔者开始依托这个思路去和经验丰富的教师及教学团队探讨,并听了一些五大领域教育目标的课程。这些讨论让笔者很受启发:指向真实教育实践的内容能激发兴趣,能够在真实教育实践中直接使用的内容和能力才应该是教学真正的重难点。因此,笔者用这个思路重构整个课程。

在激发学生兴趣时,笔者用来自实践的反馈,让学生明白会编科学教育活动目标是在幼儿园天天用得到的必备技能,强调学习该技能的重要性。按照维果茨基的最近发展区理论,学习目标要适度,要高于学习者的现有发展水平,达到学习者的可能发展水平,这样才能有效地激发学习者的学习动机。于是笔者用最近发展区理论对课程内容进行了调整。学生已有的经验是已学过的语言和健康领域的教育目标内容,所以,教育目标的定义、层次关系等内容不用展开讲。学生需要达到的水平是科学教育活动目标的编写,这需要通过突破教学重难点来达成。教学重难点的设置力求具体,能直接指导实践。教学重点是学生掌握幼儿科学教育的总目标的核心精神,即不重幼儿科学知识的获得,而重探索精神和能力的培养。

教师根据重难点重组教学环节,必须让学生自己把握课堂节奏,要做到这一点,需要灵活地使用教学方法。笔者采用了设置问题的方法,把知识点和实践中的问题联系在一起,把知识点作为解决问题的参考答案,让学生先思考解决办法,再渗透知识，从而直接指导实践。例如，在各年龄阶段的目标的侧重点教学中，笔者明确解决了在教育实践中制定科学活动目标可以直接参考哪些知识点的问题。为解决这一问题，笔者采用了支架教学的理念。支架教学理念中教师的"教"是一个必要的脚手架，支持学生不断地建构自己，不断建造新的能力。笔者采用学生通过阅读提取要点的学生学法，并为学生提取要点设置支架问题，根据学生回答情况适当讲授幼儿动手操作和思维能力培养的侧重点。

教学难点，即具备科学活动目标的编写能力的突破采用任务驱动法。任务驱动法要求学生的学习活动与任务或问题相结合，让学生带着真实的任务去学习。笔者布置任务后，按学生完成任务的程度来决定需要提示学生注意哪些原则。例如，笔者设置将大班科学活动"转动的陀螺"的教育目标改成小班的目标的任务，用这个任务检验学生对各年龄阶段的目标的侧重点的应用程度，根据学生完成情况渗透科学活动目标制定需要全面、细化、处于幼儿最近发展区的原则；设置将大班科学活动"有趣的弹簧玩具"改成教师表述角度的任务，用这个任务渗透表述角度原则；设置以空气为主题的大班教学活动目标的设计任务，让学生概括一个可借鉴的编写目标的思路，根据学生的回答总结，给出建议思路：从科学现象和原理出发，根据幼儿年龄特点选出具体的幼儿能够探索的科学内容，然后将科学内容指向能力维度目标和情感维度目标的编写。

在经过了几次修改和尝试后，笔者终于结束了科学教育目标的教学中的挫败感，从而看到了变化：当有问题时，学生开始主动地说了，即使有时候回答得不着边际；学生的眼神显示出他们被教学中的认知冲突所吸引；学生会七嘴八舌地提出一些问题。这并不能说五大领域活动的教育目标的教学取得了成功，因为教育是不言成功、永无止境的，只能说，比起之前，笔者通过自己的思考进步了。

三、反思

笔者在经历过科学领域教育目标的教学的失望和欣喜后，对整个教学改进的过程进行了总结概括，希望能对五大领域教育目标的教学有一些帮助。

（一）五大领域教育目标的教学核心是编写目标能力的培养

一个教育活动会有维度不同的数个目标，而目标根据教育活动的性质、学生的情况有主次之分，并且目标间的主次关系决定了教育重难点的设置。对于五大领域教育目标的专科层次教学，教育目标的核心是学生编写目标能力的培养，这点是教师必须清楚的。教师清楚了这一点，那么教学重难点的设置和逻辑关系也就明晰了：总目标是编写目标能力培养的精神取向；年龄阶段目标的侧重点是编写目标的直接参考；具体活动目标编写原则的教学要点不在原则，而在于通过练习培养编写能力；单元目标是各领域目标的组合形式。

(二) 以实践为取向重新思考五大领域教育目标的教学内容

越是有经验的教师，越清楚地明白这一点：为了达到良好的教学效果，教材上的内容是必须经过重组的。可是现行的五大领域活动设计的教材多如牛毛，该用哪些内容，又如何组织呢？这就需要一个清晰的重组教学内容的思路：以实践为取向，直指实践中教育活动问题的解决。依据这个思路，笔者有两个推介做法。第一，大胆地删减书上的内容，例如，五大领域活动目标中几乎都有目标设置的宏观依据，对于专科生来说，他们知道设置总目标的依据在实践中的指导意义并不大，所以这部分知识可以作为自学内容。对于书上的概念，教师也可以简要地让学生掌握要点，减轻学生认知和记忆的负担。第二，换个角度思考书上的知识点，将书上的知识点当作实践中解决问题的参考答案，先呈现问题，引发认知冲突，按照学生的回答来决定知识点的讲解。

(三) 采用多样的教学方法为五大领域教育目标的编写提供支架

随着教育的变革发展，教学方法也一直在丰富和多样化。现今的教育实践更强调学生的学法及教师的教法对学生学法的支持和引导。即使在面对五大领域教育目标这样比较明确的内容的教学时，教师也要以学生的学法为先，让学生来掌握课堂的进度和节奏。在教学重点和难点的教学中，教师要用问题引发学生思考，让学生通过阅读、思考、讨论、任务驱动来突破。教师在教学过程中的作用是提供支架让学生突破教学重难点。例如，笔者为学生提取要点设置支架问题，在培养学生科学活动目标的编写能力时采用的任务驱动法，都是笔者采用教学方法为学生提供支架的体现。

教学没有止境，愿所有的教师都能在帮助学生解决实践问题的道路上前行。

参考文献

1. 崔连斌，王楠，刘洪沛. 学习设计. 北京：北京大学出版社，2013.
2. 屈勇. 现代教育技术. 成都：西南交通大学出版社，2013.
3. 孟兆怀. 实践教学行与思(第2辑). 成都：电子科技大学出版社，2011.

相信童话背后的力量

——儿童文学"童话"章节教学案例分析

运城幼儿师范高等专科学校　夏　晶

一、案例背景

儿童文学是学前教育专业学生的一门必修课。"童话"章节是儿童文学课程的重要内容之一。有一次,进行到"童话"章节的最后一次课时,两个对口升学班的合班课上出了一些意外。

对口升学班的学生有三年的中专学习经历,对学前教育专业的课程有不同程度的了解,因此比起高考升学班,她们通常比较活跃,而且想到什么就说什么。

导入环节,我问:"大家小时候应该都读过童话,你们对童话最感性的认识是什么?"

我叫起一名学生。她想了想说:"老师,童话都不是真的,都是骗人的……"

当时班上有100多名学生,而且全是女生,不知谁开了个头,大家唱起了光良的《童话》:"你哭着对我说,童话里都是骗人的……"

唱完后,那些姑娘们兴致勃勃地看着我,想听听我怎么说。

我脑袋一蒙,怎么办?

我们的学生以后要从事幼教工作,但是她们觉得童话都是骗人的,那么我们的课怎么继续?

二、案例过程

(一)顺藤摸瓜

我接着问:"你们说童话都是骗人的,为什么?"

学生A:"童话里都是公主和王子,现实中哪有什么公主和王子?"

学生B:"童话里的公主和王子过上了幸福的生活,现实中哪有这样好的事情?"

学生C:"童话里的小狗会说话,小猫会钓鱼,现实生活中的小狗只会汪汪叫,小猫只会喵喵叫。"

听了这几名学生的回答,其他女生纷纷说:"对呀,对呀。"

(二)第一个瓜——公主王子

我示意她们安静,说:"现在请大家以小组为单位,回忆你们记忆中有公主和王子的童话,用证据来讲讲这篇童话是怎么骗人的。"

大家兴致很高,议论纷纷。

小组 A:"我们选择的是《灰姑娘》。如果没有仙女的帮助,灰姑娘怎么可能去参加王子的舞会,进而被王子爱上呢?而现实中没有仙女。"

小组 B:"我们选择的是《白雪公主》。王后有一面魔镜,白雪公主吃了毒苹果竟然又活了过来,现实不是这样的。"

……

我说:"如果灰姑娘自己不想参加舞会,即使她的后妈没有阻止,有仙女支持她,她也不会去的,更不会碰上王子。所以童话里的公主、王子、仙女以及魔法、宝物,只是童话的外衣。童话的内在是善良待人、认真生活、端正生命态度。请你们试着这样分析你们刚才选择的童话。"

小组 B:"白雪公主遇上王子前,不是一帆风顺的,但是她善良对待周围的人和事。她三次死里逃生,正是因为她的善良。"

小组 C:……

(三)第二个瓜——猫能言狗能说

我说:"除了王子和公主的童话,还有小狗会说话、小猫会钓鱼的童话。请大家欣赏《猜猜我有多爱你》,然后请大家说一说自己的感受。"

(具体内容略)

学生 D:"与其说这是一只栗色的小兔子和一只栗色的大兔子之间的故事,不如说这是一个小孩子和妈妈之间的故事。"

学生 E:"小孩子喜欢张开手臂表示很多、很大和很高。"

学生 F:"小兔子虽然那么小,但是想出了各种动作表达它对大兔子的爱,这样稚嫩的动作和挖空心思的语言让我们感动,也让我们想起了我们小时候。"

……

我说:"《猜猜我有多爱你》让我们想起自己小时候,让我们想起自己的父母。这样的感情存在于任何一个已经长大的人的记忆中,难道这样的童话故事不是真的吗?请再欣赏一篇佐藤和贵子的《换一换》,说说你们的感受。"

(具体内容略)

学生 H:"可以让孩子们认识不同动物的叫声。"

学生 I:"小鸡在路上,一直在学习别的动物的语言,像是在学外语。"

学生 J:"小鸡学会了汪汪汪才吓跑了大花猫,真是知识就是力量呀。"

……

我说:"这只小黄鸡就是一个在成长路上行走的孩子,它换声音其实就是一种主动的学习。很多时候，孩子学习看似没有任何意义的游戏，其实都是成长的表现。"

(四)第三个瓜——幼儿园里的童话故事

我问："你们在幼儿园实习的时候，幼儿园的有些课程是从童话故事开始的吧？大家想一想，说一说。"

学生 L："我记得，为了让刚升入大班的小朋友知道自己是幼儿园最大的孩子，要做其他人的榜样，老师就给大家讲《我做哥哥了》的故事来引导小朋友。老师还根据书中情节设计了游戏。小朋友玩得很开心，也对升入大班后的身份有了更深的理解。"

学生 M："有一次，幼儿园老师讲了《花格子大象艾玛》，引导小朋友认识到每个人都是特别的自己，要自信，要勇敢。"

……

我总结道："童话天马行空、缤纷多彩，猫能言狗能说，正契合了儿童的泛灵观，即他们认为世界上的万事万物都是有生命的。德国童话大师凯斯特纳曾将幻想力称为儿童的第三力量。不管童话的外在如何，童话只有一个目的，就是让现实中我们习以为常的事件、情感、态度变得不寻常，让孩子能够在奇妙的幻想中重新认识善良、友谊、团结、感动等一切美好的词汇。"

(五)瓜熟蒂落

接下来，我问："请结合我们熟悉的童话，思考童话背后的什么力量可以丰富人格、充盈生活、给生命以启示呢？"

对于这个问题，学生进行了深入的交流，发表了自己的看法。我将学生的答案总结成以下三点。

1. 童话里的爱

童话里有栗色大兔子对栗色小兔子的爱……有了这些各式各样的爱，才能使友谊、宽容、感恩、进取、积极、自信等这些完整人格所必须具备的因素在童话里有血有肉、温暖真实。孩子阅读这样有爱的童话作品，才会成长为一个有爱的人，有爱的人对生活有热情，这就够了。

2. 童话里的理

优秀童话里的人生哲理是与高超的想象与幻想相伴而生的，例如《换一换》中的"知识就是力量"、《白雪公主》里的"善良是一种优秀的品质"。人生很漫长，有困难，有诱惑，有选择，总之曲折坎坷。怎样顺利克服困难，怎样拒绝诱惑，怎样做出选择，童话将这些人生哲理在孩子的童年时代就告诉了他们。他们或许体会不到，但是这些故事里的哲理会随着好玩的故事渐渐变成他们人生路上必备的生命智慧。

3. 童话里的趣

童话里的幻想、夸张、拟人等手法创设的情节和意境，让孩子们趣味盎然地自由驰骋，将快乐因素挥发到极致。爱吃蜂蜜、爱散步、爱唱歌、爱幻想的小熊温尼·菩,掉进兔子洞的爱丽丝,木偶匹诺曹等,和他们的朋友一起,经历了很多奇妙有趣的事情,这些事情让读书的孩子由衷感到快乐。童话的趣味性,让孩子们能静下心来阅读,让人生在童年里变得充实。

总结完后,我问:"童话是骗人的吗?"

学生纷纷表示:"我们要重新认识童话了。"

我趁热打铁,布置作业:"选择一篇你喜欢的童话,准备一节精彩纷呈的童话阅读讨论课。"

三、案例反思

(一)切实了解学生的学习意愿

8个班级上同样一节课,到最后一个班级出了意外。前面7个班级有没有学生也认为童话是骗人的呢?但是她们没有发出声音,我就按照我的思路讲了下去。我是不是并没有真正了解学生对所要学习的知识的认知状况呢?

因此,在今后的教学活动开展之前,我们可以通过面对面谈话、微信留言等多种方式,切实了解学生对将要学习的知识的认识程度,以及在新内容开展过程中学生最期望了解的知识等,让课堂教学更加有针对性,也更契合学生的学习意愿。

(二)引导学生独立思考

孔子说:"学而不思则罔,思而不学则殆。"学生认为童话都是骗人的,其实这是她们在听了光良的《童话》后得出的结论。我相信这不是她们认真研究童话后得出的结论。因此,学生独立思考能力的训练就显得尤为重要。

本次课上,我顺藤摸瓜,并且把摸到的瓜用一个个问题一一破解。在破解过程中,学生的回答体现了她们的分析和思考。我在瓜熟蒂落后,让她们在课下继续思考。这些思考以她们的兴趣为基础。有了第一次思考,就会带动以后的每一次思考。这样,走上工作岗位后,她们也会成长为会思考、有创造力的老师。

(三)使课堂内容与职业素养相联系

教育部《关于全面提高高等职业教育教学质量的若干意见》强调以就业为导向,强调建立突出职业能力培养的课程。

此节课,根据对口升学学生有幼儿园实习经历这一情况,我引导她们回忆幼儿园里的童话故事,使学校的教学内容与职业需求相联系,激发学生的学习热情和学习动力。学生只有对童话有正确的认识,才能在幼儿园工作中准确有效地运用童话故事解决现实问题。对于没有幼儿园实习经历的高考升学班,教师在学习内容的讲述过程中,应该重点介绍该内容在幼儿园课程中的作用,激发学生的学习热情。

我们的学生毕业后是要走上幼教岗位的。她们长大了,不再相信童话了,那她们以后怎么能由衷又快乐地把自己读过的童话讲给眼睛闪闪亮、脑袋里有奇思妙想的孩子们呢？因此，在高职院校，儿童文学课程任重道远。我们不仅要告诉学生童话是什么，还要让他们看到童话里的爱、理和趣，让这些将要走上幼教岗位的女孩子相信童话背后的力量。这种力量是美妙的真实，这些真实能在每一个鲜活的生命过程里洒满阳光。只有这样，当学生成为幼儿园老师的时候，她们才能在工作岗位上根据孩子的需求和状况，用恰当的童话故事吸引孩子的注意力，并借此帮助和引导孩子成长。

放飞思想

——师生互动的魅力

运城幼儿师范高等专科学校　王　婷

一、教学背景

0~3岁家庭教育是学前教育专业学生的一门专业选修课，在大二第一学期开设。我从2011年起担任这门课的教学任务。

之前有20个班开设这门课，由于师资、教学资源紧张，该门课是以三四个班合班课的形式在图书馆多媒体教室进行的。我认为教学效果特别不理想。学生太多，课堂纪律有点失控，加上大教室无形之中又让部分同学放松了对自己的要求，所以说话、睡觉、玩手机的现象很普遍。我缺乏多班上课的经验，遇到这种情况，进行各种说教后收效甚微，我都快对自己失去信心了。

本学期26个班的0~3岁家庭教育还是以该种形式进行，这个课该怎么上？值得反思。

二、教学过程

上课了，我先热情洋溢地向同学们问好："各位同学，大家早上好！"（用自己积极的状态去感染同学们）我果然得到了同学们同样积极的回应，还真是开了个好头。

"从今天开始我们一起来学习0~3岁家庭教育这门课。说到家庭教育，大家并不陌生。我们一直说家庭是孩子的第一所学校，父母是孩子的第一任老师。我们每个人都属于一个家庭，也都受家庭成员的教育与影响。良好的家庭教育会让一个人受益终生，失败的家长也会让孩子和自己尝尽世间苦寒。大家想一下，我们长这么大，有哪几年跟父母在一起的时间是最长的？""小时候。"同学们一起说。"具体是什么时候？""上学之前。""对了。也就是说，我们3岁前几乎时时刻刻和父母在一起。俗话说，'3岁看大，7岁看老'。我们今天学习的这门课是0~3岁家庭教育，那3岁之前孩子应该接受什么样的家庭教育，父母应该成为什么样的父母呢？"

为了激发同学们的学习兴趣，我列举了成功的和失败的家庭教育案例。为了让同学们感受不同家庭教育方法的利弊，我将生活中常见的现象作为例子。

乐乐是个2岁的小男孩，一天妈妈带着乐乐去天天家做客。天天是个2岁半的小男孩，觉得有个小伙伴一起玩真开心。看到乐乐拿起天天的小汽车，天天过来说："这是我的。"乐乐就跟在天天屁股后面，专注地看着天天玩。天天妈妈说："天天，你是哥哥，让弟弟玩一下你的汽车嘛！别那么小气！"天天低头看着自己的小汽车一脸不愿意。乐乐不再坚持要汽车，回头去玩皮球。乐乐要离开了，非要把皮球带走，妈妈说了半天他都不放手，最后还哭了。

"这是我们在生活中经常遇到的现象，如果你是孩子的妈妈，你会怎么处理这个问题？"（问题提出后直接给出我自己的观点是我的惯用做法，今天一个声音提醒我，何不听听同学们的观点呢？）我说："大家现在和周围的同学一起来讨论一下解决方案，并告诉我为什么。"

同学们很快投入激烈的讨论，氛围比我想象中的还要好。我想，也许这就是课堂中师生互动的魅力吧。看到这种情境，我挺欣慰，为自己刚才做出的这个决定叫好。我走下讲台（这是我以前上这门课时很少做的），走到同学们中间，听听大家都有什么样的解决方案。走下讲台，拉近了我和同学们之间的距离，也便于我提醒那些还没有进入状态的同学积极地参与到讨论中。在与同学们的沟通中，我听到很多不同的观点，发现有的同学还是很有想法的。此时又一个念头冒出来——我要给同学们一个展示自己的机会，挑几位有代表性观点的同学上讲台分享自己的观点，拓宽同学们的思路，也增强发言同学自信心。10分钟之后，我走上讲台，说："我听到了很多不同的解决方案，非常棒，现在请几位同学走上讲台给大家分享一下他们的观点。"同学们听完我说的话，眼神中充满了期待。我想这步棋应该又走对了。

"有请第一位同学。"我说道。这位女同学上来后，比较自然地站在台上。她说："我认为这个皮球乐乐不应该拿走，这是天天的皮球。如果皮球让乐乐拿走了，他就会养成这样的坏习惯，以后去别人家里总要拿东西走。""大家同意她的观点吗？"我问。"同意。"有一部分人说着并给予这位同学掌声。我接着说："谢谢这位同学的分享。她认为我们不能让孩子养成这个坏习惯。她把观点说得很清楚，很好。但是我还想要更详细、更具体的解决方案。比如，你不让乐乐拿皮球的时候该怎么劝他？你想象这两个孩子现在就在你眼前，你怎么处理？"

"有请第二位同学。"第二位这位同学上来后很紧张，拿着纸的手有些发抖。我拍了拍她的肩膀说："加油！"大家也给了她一些支持的掌声。她说："我觉得天天的妈妈应该先跟天天说，'你是哥哥，你把皮球让弟弟玩一下'。然后先让乐乐把球带走玩，过两天再还回来。乐乐还可以把自己的玩具带过来让天天玩。这样可以让孩子们学会分享自己的玩具。"虽然她的声音有些小，但我还是听清楚了。我说："你是第一次当着这么多人发言吗？"她点点头。我说："你第一次当着200位同学讲话，并且把自己的观点表达得很清楚，真不错。我第一次上台比你还紧张。你比我强多了。相信自己，下次会更棒！加油！"她笑着走下台。我问大家："你们同意她的观点吗？"部分同学高呼"同意"。"她强调孩子们要一起分享自己的玩具。"我总结道。

这个时候有一位同学举手，我很高兴，示意她上讲台说。这位同学特别自信地上来，侃侃而谈："我觉得这个玩具是天天的，所以天天妈妈应该先征求天天的意见。如果天天愿意让乐乐拿，那就让乐乐拿；如果天天不愿意，那就让乐乐放下，并告诉乐乐这个皮球的'爸爸妈妈和好朋友'都在这儿，如果他把它带走了，它的'爸爸妈妈和好朋友'会伤心的。他要是想玩，下次再来玩。"大家为她鼓掌。我点评："她的观点体现到了尊重孩子的理念，同时也突出了泛灵论的观点。在孩子的心目中，任何东西都是有生命的。"后来我得知她是班长。

我看到班里有两名男生，就想请一名上来说说男生的观点。大家拍手叫好。在互相推辞下，两名男生中终于有一名走了上来。他说："如果天天让拿，就让乐乐拿；如果天天不让拿，乐乐妈妈就要对乐乐说回去给他买一个。"我很高兴，又听到了不同的观点。"回去买一个，这也是家长惯用的招数。"我补充说。

"我很感谢这几位同学和大家分享自己的观点，我想很多同学应该还有不同的解决方案，我们就不一一介绍了。现在我就这个问题和大家谈谈我的观点。"我发现同学们眼中充满了期待，那种强烈的求知欲望让我很激动。这是我在以前说完问题直接说解决方案时从来没有看到过的眼神，我再一次为自己今天的做法感到高兴。

接下来我分享了自己的观点。

……

在分享自己观点的同时，我结合同学们的观点详细点评各种做法的利与弊，同时亮出自己处理这个问题的教育理念：尊重孩子，理解孩子。

三、教学反思

教育部《关于全面提高高等职业教育教学质量的若干意见》强调以就业为导向，加强工学结合，突出实践能力培养。在0~3岁家庭教育这门课中，我紧紧围绕这个目标，为同学们列举各种常见的典型的家庭教育问题，并分享我提供给家长们的解决方案供同学们参考，提高同学们解决实际问题的能力。

但是，在"填鸭式"的教学中，我发现再有用的知识也会让同学们失去兴趣。本节课让我明白，良好的师生互动能够调动同学们的积极性，引导他们思绪飞扬，让他们真正成为课堂的主人。通过这节课的教学，我收获了很多，现在把本节课的收获总结如下。

（一）激发了同学们的学习兴趣，提高了他们学习的积极性

我先用自己的激情感染同学们，让同学们接受我这个人，继而激发同学们对本门课程的兴趣。熟悉的案例加上小组的分享交流，也调动了同学们的积极性，还活跃了课堂气氛。

（二）给同学们展示的舞台，增强了同学们的表现力和自信心

从小组讨论到在众人面前分享自己的观点，对每个人而言都是一个很大的突破。

同学们如果能有更多的机会站在舞台上，那么他们的表现力和自信心是很容易被培养起来的。

(三)了解同学们的现有水平，为接下来的教学做准备

在听了不同同学的发言后，我能感受到有些同学对理论知识的把握和运用较好，可有些同学根本不会用理论知识解决遇到的问题。同时，高考升学班的同学和对口升学班的同学在理论知识的学习、掌握与运用上存在很大的差距，同学们的教育经历与背景影响到他们自己的处理意见。我也逐渐明白在接下来的教学中该如何做。

(四)教学更有针对性，课堂纪律良好

通过同学们的发言，我也从更广的角度了解到同学们心中的疑虑，能更有针对性地帮同学们解决问题。同学们带着问题听得很认真，课堂纪律问题也相应得到了解决。

(五)师生互动促进教学相长

三人行，必有我师。同学们的观点让我受益匪浅，也让我的解决方案更全面。同学们在讨论后再听我的总结，印象也更深刻，学习效果也更好。这样有魅力的课堂我喜欢。

你们尽情绽放，我只是一个欣赏者

——幼儿师范语文课堂教学案例分析

郑州幼儿师范高等专科学校　刘冬勤

从事多年语文教学工作、有多年学习积累的我，似乎可以以一位"老"教师自居，可以自信地展开我的教学，洋洋洒洒地播撒知识，施展自己的教学艺术了。但是社会的发展、当今学子的心理变化、幼儿师范生对语文知识的实际欲求，使知识的传授、课堂教学的展开不再像想象中的那么简单。实际的教学效果总是和自己的期望有一些差距，我一直在思考这个问题，寻找如何改变教育观念的途径，进而形成较为科学的教学理念，并且一直实践着如何进一步优化课堂教学。

之前的一次教学经历，让我记忆犹新，也使我的思考有了新的收获。

一、案例描述

这是一个星期一的早晨，阳光明媚。我心情愉快，信心满满地迎接这一天的教学工作。今天，学生要学习曹明华的散文《美》，对此我已进行了充分的备课。

第一节课在102班上。102班是一个较优秀的班集体。走进教室，前排的几个学生跟我热情地打招呼："老师好！"我报以同样的热情和微笑。那个很懂事的高个子男生主动帮我打开投影仪，一切好像都很美好而且井然有序。上课铃响起，我发现有几个学生还在赶美术作业，大大的宣纸铺满桌面，上面是一朵娇艳的牡丹花，地上铺排着各色颜料；还有几个学生耳朵眼儿塞着耳机在听歌，浑然不知上课铃早已响起。这还得了？我收起笑容，提高嗓门："这是语文课，请把语文书拿出来，××把你的'大牡丹'收起来，这是美术课吗？×××别在那儿神游了，快把音乐关掉！"经我这么一发威，教室立即安静了，全体"进入状态"。我也步入正题，字正腔圆地开讲："今天，我们学习散文《美》，请同学们认真阅读课文，思考老师提出的问题。课文共描绘了几幅画面，分别表现了什么美？"……教学就这么"井然有序"地在一问一答甚至是在自问自答中进行着，和我交流的只是班上一贯认真的那几个学生。我看到刚才被我批评过的几个学生自始至终都低着头，没有和我对视，没有回答任何问题，甚至没有表情。一节课沉闷地过去了。走出教室，我深感疲惫和沮丧，内心还在愤愤地念叨："这帮不爱学习的孩子，唉！"

第二节在103班上。这个班的学生一向活泼好动。这不，趁着下课时间，他们正在听歌。我也放松心情和大家一起欣赏，觉得挺好听。上课铃响了，他们仍意犹未尽。我索性让他们听完。音乐结束，我将计就计："这首歌美吗？美在哪里呢？"那个平时爱说爱玩的小徐同学大声激动地说："老师，意境美。""怎么美呢？"我追问，她哑在那儿，同学们哄笑。旁边的小汪同学平时就挺文艺，此时举手说："歌词中用到了城郊牧笛、雨中的石板路、斑驳的城门、盘踞的老树根这些意象，既描绘了凄美的画面，又有古典诗词的婉约美。"（大家报以掌声）另外一个活跃分子小李同学也按捺不住说："老师，这里有一个爱情传说，您知道吗？"她讲述了这个凄美的爱情故事，同学们听得入神。我继续引导："生活中美的东西很多，还有哪些景、哪些人、哪些事让你觉得很美呢？"他们讲述了许多许多。一个学生说，有一次她和一个同学一起逛街时，旁边的路人被汽车撞伤了，那个同学迅速拿手机拨打120，那时她觉得这位同学很美。一个学生说，家乡的麦田最美，蓝天下金色的麦浪和空气中泥土的芬芳是她永远神往的美景。另一个学生说爸爸妈妈的脸庞是最美的。每次放假回家，当她拖着疲惫的身体、拉着沉重的行李走到家门口的时候，爸爸妈妈总是在家门口守候着，路灯下他们望见女儿时那激动、温暖的笑容，很美、很美……我被他们深深打动了。这些学生爱美，也懂美。接下来，我们一起阅读欣赏了曹明华笔下的美。我们一起阅读、品味散文中优美的文字，分享那美好的画面，感悟着自然美、人性美、社会美，提升了对美的认知。下课了，我的心里美滋滋的。多么动人的课堂，这是他们带给我的！

二、分析反思

103班这节课的教学效果是我没有预料到的。学生的回答让我看到了他们的世界是充满无限想象力的，他们思维的发散性很强并富有开拓性，他们对课文的内容有自己独特的感受。为什么102班的教学效果不好呢？是不是102班的学生本身就思维僵化、语言迟钝、不富有想象力呢？当我试图把责任推到学生那一边的时候，我不仅没有释怀，而且本能的职业道德和良心让我内疚。102班学生可爱的小脸浮现在我眼前：又聪明又爱说的张静宜、多愁善感爱看书的吴双、语言极富表现力的张梦惠子……冷静下来，我清醒地认识到，我才是造成课堂沉闷的"罪魁祸首"。结合现代语文教学的新理念和新思想，以上两节课的教学对比又一次印证了我们在课堂教学中应遵守的原则。

(一)真正做到以学生为主体，运用机智的教学方法将教学内容和学生的兴趣结合起来

学生是课堂的主人翁，教师是课堂的发现者、开发者、欣赏者、组织者和引导者。在102班，学生用热情的笑脸迎接我，而我却毫不顾及他们的情感状态和需求，不是用一个教育者应有的智慧结合课文内容巧妙地把他们的快乐和热情引入课堂，而是简单粗暴地给他们当头一棒。学生冷静下来了，而学习热情也瞬间被冷却。在

103班这节课的教学中，我自始至终没有去干涉学生的学习行为，充分体现了以学生为主，让学生在课堂中交流、讨论、联想、讲述……我只是结合学生的兴趣做了适当的引导。学生在课堂上尽情地发言，抒发对"美"的感悟与思考。他们爱美更懂美，他们把课文内容延伸了、拓展了，赋予了一篇稍显陈旧的20世纪80年代大学生的散文以鲜活的时代气息。学生真正成为学习的主体。课堂是他们学习的演练场。

(二)语文课堂教学要充分体现开放式教学思想

新课程所提出的开放式教学思想，并不是放任学生，而是对教材的开放，对学生评价的开放，提倡多元化教学，这当中包括学生对教材的不同体验和感受。102班的教学实际上是被我一个人掌控的。我看似提出了问题，进行了启发式教学，但实际上那完全是我备课时设计好的一条"单线"，我试图让每一个学生的思路都走上我这条轨道。103班的这节课就体现了学生对课文内容的不同理解。我并没有批评学生的看法、做法，没有强调只有我的才是对的。只要学生不违反人性，有正确的思维逻辑，追寻向往真善美，那么他们的回答我都给予肯定。

总之，新课程理念引导下的语文教学还有许多东西需要我们去探究、去实践。这是我前不久上课时的真实经历，我记录了它的过程。两节内容完全相同的课，收到两种完全不同的效果。这种对比可能正体现了新课程理念下的语文教学思想：以学生为主体；教师是发现者、开发者、欣赏者、组织者和引导者；让学生在课堂中交流、讨论、争辩、质疑；不放任学生，而是开放教材，开放对学生的评价，提倡多元化教学。

我是一位语文教师，我喜欢用感性的语言来表达：我发现每一个孩子的内心都有一朵灵动的、美丽的花，他们渴望绽放，愿我的课堂能造就美丽天地——你们尽情绽放，我只是一个欣赏者。